中国社会科学院创新工程学术出版资助项目

贺海仁 著

法 人 民 说

FA REN MIN SHUO　　FA REN MIN SHUO

中国社会科学出版社

图书在版编目(CIP)数据

法人民说 / 贺海仁著. —北京：中国社会科学出版社，
2013.12
ISBN 978 – 7 – 5161 – 3339 – 2

Ⅰ. ①法… Ⅱ. ①贺… Ⅲ. ①法理学 – 研究 – 中国
Ⅳ. ①D920.0

中国版本图书馆 CIP 数据核字（2013）第 235677 号

出 版 人　赵剑英
责任编辑　任　明　周慧敏
责任校对　王兰馨
责任印制　李　建

出　　版　中国社会科学出版社
社　　址　北京鼓楼西大街甲 158 号 （邮编 100720）
网　　址　http://www.csspw.cn
　　　　　中文域名：中国社科网　　　010 – 64070619
发 行 部　010 – 84083685
门 市 部　010 – 84029450
经　　销　新华书店及其他书店

印　　刷　北京奥隆印刷厂
装　　订　北京市兴怀印刷厂
版　　次　2013 年 12 月第 1 版
印　　次　2013 年 12 月第 1 次印刷

开　　本　710×1000　1/16
印　　张　21
插　　页　2
字　　数　373 千字
定　　价　55.00 元

仓廪实而知礼节，衣食足而知荣辱。

——管　子

序　言

　　自 1911 年中国社会建立共和制度百年来，中国政治哲学如果还有一以贯之的东西，人民主权论则当之无愧，这一点使中国社会缓慢、曲折却精准地步入现代性发展的轨道。改革开放时期的中国社会重新校准了现代性轨迹，通过实践理性重述了一切属于人民、依靠人民和为了人民的人民主权论。

　　法人民说是人民主权论的中国概念。作为解释现代政治制度合法性的工具性概念，它有简化和统摄现代性价值观和理念的功能。在通常的情况下，人们在表达现代社会的价值观时，不论书面阐释还是口头表达，往往将自由、人权、民主、公正、平等、法治等现代性概念一起言说，在行文或表达时略显冗长和不便，有挂一漏万的可能性。我希望用法人民这一术语整合自由、人权、民主、公正、平等、法治等现代性价值观念，以作为体现我国现代性价值体系的总体性概念，这一概念强调了法治、人权和民主，包含了自由、公正和平等诸价值观，甚至可以说，法人民理论的全部价值趋向在于实现人的自由和幸福，确立小康之后法理学的性质和方向。

　　人民主权说确立了人民在国家统治中的最高地位，取代了通行于传统社会的神义论及其他超验的国家正当性意识形态观念。在传统社会，国家权力不会来自于人民，人民作为被统治的对象无权对统治权提出异议或主张，更谈不上对统治权实施有科学、有效力的制约了。现代性降临之后，西方社会率先在国家领域展开了"除魅"的历史运动，成就了具有全新内容的"哲学上的突破"，在统治的基础、方式和目的等各个要素方面发生了根本性转变，形成了国家权力来自于人民、通过人民并为了人民的学说和制度，这也是我在本书中想要重述和论证的主题。

　　1865 年林肯在盖提茨堡演说中言简意赅地提出政府合法性的三个维度，即民有、民治和民享（"government of the people, by the people, for the people"），通俗易懂地表达了政府权力来源、政府治理方法以及行使权力的目的。毛泽东在《愚公移山》中说："我们也会感动上帝的，这个上帝不是别人，就是全中国人民。"把人民置于上帝或天的位置上，体现了人民主权思想的精髓，这是过去任何时代都不曾有过的事情。现代性是一个有待圆满和完成的承诺，在真实的历史环境中，虽然人民没有完全登上在天之位，更有不少人或团体打着人民的旗号僭越人民权力，但由人民占据"天位"的理念则不容质疑。用法人民的概念重述现代性价值观具有时代和历史的双重意义。法人民思想表达了人民自我统治的原理和方法，人民通过意志和理性在国家范围内实施自我决定和自我管理，不受制于任何其他超验的标准，确立了国家合法统治的出发点和基础，为我国作为现代性国家提供了合法性理据（第四章、第五章）。

国家统治的合法性的首要方法在于确立终极规则。中国社会自古便有论证统治合法性的语言逻辑和方式，最为显著者莫过于老子的表达。老子曰："人法地，地法天，天法道，道法自然"，提出了具有等级效力的统治规则秩序。人法、地法、天法和道法的排列顺序有无限的讲法，归根到底说明了人无不在规则约束之下方为人的道理。人法是出发点，落脚点在自然法，人法最终要服膺于自然法。法自然要求满足人们"自然而然"的生活需要，儒家适时提出了"率性而为"本性，看到了"饮食男女，人之大欲存焉"的自然现象，不露声色地指出了人的"食色，性也"的自然属性，为道家的法自然思想提供了互补的材料，成为儒道合流的重要证据。不过，无论道家还是儒家都没有把法自然思想转化为具有现实人性基础的自然法思想，也没有借助于权利的观点推出法人民思想。自然法是本性的法、人性的法，只有借助于人权这一概念，自然法完成了向自然权利的过渡，把自然权利转化为具有政治功能的人权概念，使要求自然而然生活的人获得在此岸生存和追求幸福靠得住的承诺和保证。

从法自然到法人民转变是传统社会与现代社会分野的一个重要标志。在中国文化语境下，"法人民"是对老子"法自然"一词的推演使用，启用了法自然一词中"法"所具有的效法、依靠和根据等含义，但重要的是法人民概念引申出来的政治哲学思想，它以人民主权论为主线，包含了法治、人权和民主三个相互关联的内容。法治、人权和民主是三位一体的概念，法治是形，人权是用，民主则是体，统一于人民这个总体性范畴之下。法治的要义在于分配和限制国家权力，其目的则在于保障人权，而要使法治产生这样的效果则需要体现人民意志的良法，因此，法治、人权和民主相互依存、相互支援构成法人民学说的三个主要面向。

改革开放之后成长起来的法律学人在学术渊源上同时承袭了马克思主义法学和西方自由主义法学，缺乏从自身的文化传统中吸取法治资源的自觉意识，认为法治起源并来源于西方社会，这种看法自有其道理。重读历史典籍，看到儒家人士批评商鞅变法产生了"法律大于君令，百姓从法胜于从君"效果（第一章），我是何等的震惊！商鞅固然没有提出限制君权的思想，但在变法实践中形成了"从法不从君"的真实局面。商鞅变法之后的几千年中国社会中，哪还曾出现过律大于君的局面呢？君高于法、官强于律的状况一直主宰着中国政治实践。汉廷独尊儒学之后，外儒内法的治国方略重人治而轻法治，倡内修而抑外治，削弱了法律的统治力量，混淆了法律和道德之间的界限，遂成为中国社会缺乏法治传统的主要病理。

"内圣外王"是中国传统知识分子安身立命的最高理想。在"志于道"的使命感召之下，传统知识分子生产、维系和发展了具有世界意义的伦理规范，高扬了知识精英的献身精神和利他主义的清风道骨，提出了人在各种行为领域从善如流的规范要求。然而，我们需要谨慎对待"士"与"士大夫"的关系，士人可指士大夫但不等同于士大夫，士魂也不等于士大夫精神。在士大夫与国家的关系上，士大夫精神中固然包含了限君的理想，流淌着天下为公的血液，但很难说入阁的士人能够完美地处理好修身与政治的关系，何况士大夫中存在着道德缺陷的"顽钝、嗜利、无耻者数辈"（朱熹语）。"与君共治天下"更多的是传统知识分子一厢情愿的说法，有自我提升的意思，但还没有达到历史共识的程度。退一步讲，即使这种状况存在，又怎样区分和甄别士大夫被收编进而与政治合谋的历史事实呢？在君权政治的大格局下，当新的历史变局来临的时候，原有的士大夫精神甚至有可能成为历史前行中潜在障碍（第二章）。

政府与社会有着极其复杂的互动关系，有什么样的人民就有什么样的政府，把所有的问题都指向政治精英和文化精英并不能解决所有的问题。中国社会深受儒家思想影响，让现代性法治在中国生根发芽并非易事。厌诉的普遍存在不可笼统归责于权利意识不发达，中国现代法治的方向性选择及其困境比理论解说更为复杂（第三章）。在国家理论上，民众难以认同国家是一种"不得不存在的恶"，人与人之间的关系也不会因宣称起源于自然状态下"一切人对一切人的战争"得以建构。毋宁是，中国政治哲学是在家庭的隐喻并以此为中心展开讨论的，除非消除了家庭观念或熟人关系观念，中国法治的成长必然呈现具有其独特性的性格，这就要求我们不是抛弃熟人关系而是要对熟人关系作出新的认识和解释。

　　传统社会解体后，从熟人社会到陌生人社会转变成为建构近现代哲学思想不假思索的前提，向陌生人社会进发成为不证自明的历史潮流。然而，从任何角度看，走向陌生人社会是对现代性的误判，它不仅与新熟人社会的历史事实不相符，也割裂了人与人之间自然的纽带关系，为熟人陌生化、陌生人敌对化提供了错误的理论指导。在陌生人概念中隐藏了敌人的影子，敌人概念则是留存至今的野蛮文化，正是在这一点上，野蛮社会不仅没有远离现代社会，而且以相当隐蔽的方式留存下来，陌生人理论应当对此负有责任（第六章、第七章）。重提新熟人社会不是复古主义的表现，而是要在人性需要的基础上重塑以新熟人为基点的人与人间的和谐关系，寻找现代性认同的社会学基础。现代性开启了自由个体走向权利的新时代，但享有自由的人不是孤立的单子，他或她只有通过自由重建新的人际关系时，由启蒙所开创的新时代才具有现实性和未来发展的动力。在新熟人社会理论的命题下，不是去熟人化而是再熟人化为现代性的发展提供了新的解释方向，而自由解构熟人关系和自由建构熟人关系具有价值均等的历史意义。

　　从人性的意义上，人总是会对与自己熟悉的事物发生关联，本能地排除陌生的事物，在没有熟悉的事物的情况下拟制熟悉的事物恰恰体现人性的价值。在现代性社会，家的形式发生了变化，但家及其隐喻仍然存在于社会关系的各个方面。源于人性的"亲亲"原则没有变化，只是如何从"亲亲"走向"泛爱众"。每一个紧密的共同体，不论它们在形式有多么不同，都是对家的拟制和模仿。重新认识现代民族国家是理解现代性的关键因素。正如安德森所分析的那样，现代民族国家是一个"想象的共同体"，想象的方法来源于拟制的熟人关系，它用公民的成员身份代替了家的成员身份，但民族国家并没有消灭家庭成员关系。从发生学的角度看，人类文明究竟是如何产生的呢？牢记英国著名法律史学家梅因的话是重要的："真的，如果没有其中之一，即'收养的拟制'，准许人为地产生血缘关系，就很难理解社会怎样能脱出其襁褓而开始其向文明前进的第一步。"拟制的血缘关系与文明具有的直接关联，在某种程度上，人类进步的标志就是拟制血缘关系扩大化，它扩大了而不是缩小了熟人关系的领域。以揭示现代性的工具理性为要务的韦伯在其晚年孜孜追求体现了熟人关系的"法感情"的时候，不仅想通过这个概念逃出冷冰冰的现代性"铁笼"，也从历史社会学的角度展示了推动现代性背后的真正动力。

　　在当代社会，全球化是构成理论有效性的前提和新的内在视角。在全球一体化格局下，从人类社会的角度上扩展新熟人关系的具有重要的社会学意义。世界人权宣言的起草者同意用"人类大家庭"、"兄弟般的精神关系"等概念处理新世界的人际关系，与其说是一种创新或采纳了来自中国或东方国家的观念，不如说重新发现了支撑人类社会的世界公民伦理身份（第十章）。不论世界政府或共和制度是否可欲，从观念上改造人类社会认同的基础是建构全球伦理社会关键的一步。现代人权理论包含了充满张力的多维度目标，但受害人的权利救济问题是权利哲学中的首要问题。按照霍布斯的理解，权利问题就是受害人的权利救济问题，它赋予了受害人认定自己是受害人资格以及受害人自我救济的自由，在理论上完成了权利主体与救济主体的高度统一（第八章、第九章）。受害人只有在享有人的主体资格的前提下才能获得来自法律和道德上的救济。人是普遍意义上的人，非人不是人，也就不享有人权。敌人不是人也不是受害人，对敌人而言不存在权利救济问题。谁拥有树敌的特权，谁就拥有了消灭敌人的无限权力。世界人权宣言所倚重的家庭伦理观念要求在世界范围内诉求一种"不被敌人的权利"，这种认识基于康德的人的目的论、德里达的好客论以及中国儒家的大同观念，但要把这样一些观念转化为行动，则要借助于人权的规范力量，让它成为反人类罪的有机组成部分，不仅从观念上也从规范的角度消除由来已久的敌我政治观。

托克维尔发现的大多数民主制度容易导致同样性质的暴政，威胁到了少数人的利益和权利（第十一章）。历史事实已经揭示，多数人的概念越来越成为不可靠的遁词，极易发展为打压少数人的堂而皇之地工具。在"我们都是少数人"的新的历史阶段，捍卫少数人的权利就是捍卫每一个人的权利，成就真正的民主观念和民主实践。民主的发展历史就是统治权从代表制走向代理制的过程，代理制的完善和扩大化趋势是衡量民主程度高低的重要标志，但由于地理、人口、年龄等客观因素，在穷尽代理的事项之后，要为代表制民主留下空间（第十二章）。根据这种认识，有必要建构统权和治权相分离的两权分离制度，就中国的民主实践而言，就是要建构以人民民主代表制为中心的新型民主制度。

民主的实践理性反驳了那种没有民主经济也能发展的反民主认识，回答了进一步改革开放对深化经济体制改革的价值。改革开放的总体导向是国家向社会和公民放权让利，这意味着来自国家以外的实践主体获取了自我决定的空间和自主权（第十三章）。虽然经济、社会和政治领域中的自主权的程度各有轻重，分别表现为经济领域中的自由型自主权、社会领域中的自为型自主权和政治领域中的松绑型自主权，但它们共同开启了社会和个人自治的大方向。民主的实践理性成为改革开放三十年的内在动力，这一实践理性先于明晰的民主理论和成体系的民主制度，民主与经济的可持续发展成正比例关系，民主越发达，经济就越繁荣，这一命题被中国三十年改革开放的实践所证实。

20世纪80年代以来的中国社会是改革开放的重要历史时期，对改革开放内在动力和方向的进一步梳理和解释的时代决定了我们这一代学人的所思、所言和所为。相对于"挨打"和"挨饿"的中国历史阶段难题，解决"挨骂"问题是小康之后中国社会的主题和历史任务，解决的总体方法就是要建构自由、法治和民主的新熟人社会（第十四章）。从小康社会到后小康社会是一个关键的历史时期。把从1978年到2020年称为小康社会时期乃是基于执政党的政治承诺，从"基本实现小康"、"总体上实现小康"到"全面建成小康"是对小康社会一以贯之的政治承诺。一旦全面实现小康的历史任务完成，对后小康社会的任务以及相关的新政治承诺就有必要提出来，小康之后的政治法律理论从现在开始就应进入社会科学研究的视野并给予严肃对待。

法人民说重复了人民主权论的精神，再现了每一个人都是自己的主人这一现代社会最为基本的道理。套用黑格尔的表达，虽然密纳发的猫头鹰要等黄昏到来才会起飞，但法人民学说的金树是常青的。在我们这个时代，法人民者就是遵循现代性道路但又没有忘本的人，他们的言说就是要营造时代的新精神，努力建构一个正义的或接近正义的社会制度，而衡量正义的社会制度的标准就是法治、人权和民主。就中国的情况而言，建构有中国特色的法人民制度只会加深而不会排斥对法治、人权和民主的诉求。

目　录

第四部分 结论与展望

附 录

第一部分

法治的中国问题

第一章

法的统治与立国之道

> 所谓亡国，非无君也，无法也；变法者，非无法也。有法者而不用，与无法等。

> ——《淮南子·主术训》

先秦法家是人类历史上第一个以法命名的学派和思想体系，春秋战国时期的百家争鸣大景观也以儒法斗争为纲纪。然而，在历史乃至当代语境中撰写对先秦法家不具有否定性结论的文章需要有更多学术勇气，更遑论对法家思想的提倡和发扬了。历史上不乏饱学之士尝试为先秦法家做一些平反昭雪的工作，大多未能取得显著性效果。法律观念史的研究表明，对先秦法家整体上的排斥、轻视甚至污蔑是中国传统法律文化的特征，中国没有法治的传统，历代官员不敢以法学自居，民众观念上不相信法律，盖与此有很大的关联。商鞅是先秦法家的重要代表人物，也是身体力行的法律实践者，他通过法律的统治奠定了秦国统一天下的制度框架。21世纪初，中国依然面临着强国、富民和中华民族复兴的历史任务，这促使我们有必要从内在视角再次审视和评估商鞅的法制遗产。

一、法律与战争状态

公元前361年，中国社会处于战国时期，天下处于战争状态。是年，秦孝公向天下发布求贤令。

> 昔我缪公自岐雍之间，修德行武，东平晋乱，以河为界，西霸戎翟，广地千里，天子致伯，诸侯毕贺，为后世开业，甚光美。会往者

厉、躁、简公、出子之不宁，国家内忧，未遑外事，三晋攻夺我先君河西地，诸侯卑秦，丑莫大焉。献公即位，镇抚边境，徒治栎阳，且欲东伐，复缪公之政令。寡人思念先君之意，常痛于心，宾客君臣有能出奇计强秦者，吾且尊官，与之分土。①

招贤令是历史上绝无仅有的以国家名义招聘治国能手的邀请邀约，它回顾了秦国自缪公以来的历史，指出了秦国的时代困境、求贤目的以及求贤承诺。招贤令的意图在于富国强兵，提出强秦的两大目标：对内克服"国家内忧"，消除厉、躁、简公、出子等四世遗留下来的乱政局面；对外收复失地，恢复穆公时期的霸主地位。

卫鞅闻是令下，西入秦。入秦之前的卫鞅是魏国国相公叔痤的中庶子。中庶子实为门庭舍人而非国臣，相当于作为宾客的士人。② 历史到了春秋战国时期，士人已经成为一个独立的社会阶层，逐渐形成了独特的士文化。士人的总体特征是"游"，按照余英时的理解，"游"至少有两层含义：

> 第一是周游列国，寻求职业；第二是从封建关系中游离出来。他们代表着中国史上知识人的原型。③

士子首先需要"安身"，然后才可以"立命"。士人的安身之本就是"学术"，即知识，德国哲学家卡尔·雅斯贝尔斯观察到："在帝国解体的困境之中，在战乱和动荡的时代，孔子便是那些想通过他们的建议使国家得以拯救而到处游历的许多哲学家中之一员。对于所有这些哲学家来讲，出路便是知识。"④ 先有学，后有术，不同之学规定了不同的术路。士人的专业各有差异，但最终都服务于治乱的共业——治乱是百家的共业，这一点司马谈说得最为明白。

---

① 《史记·秦本纪》。
② 私养门客是战国时期士人分化的具体表现，私养门客的制度化，正是和国君养贤的制度化平行的，参见余英时《士与中国文化》，上海人民出版社2003年版，第47—48页。
③ 余英时：《士与中国文化》，上海人民出版社2003年版，第602页。
④ ［德］卡尔·雅斯贝尔斯：《大哲学家》（上），李雪涛等译，社会科学文献出版社2010年版，第128页。

夫阴阳、儒、墨、名、法、道德，此务为治者也。①

根据章学诚的说法，自王官之学散落后，百家之学便登上了历史舞台。② 春秋之时，统一的王官之学被打破，形成了百家的局面，同时，"道术将为天下裂"，使百家"多得一察焉以自好"，士人根据自己的喜好研习不同的学派思想及其技巧，为安身立命提供本事。卫鞅作为卫国贵族理应学习六艺之术，却选择了"刑名之术"，走向法家之路。

刑名是法家的别称，但刑与名各有所指时则不能成就法家的事业。春秋之前，刑专指刑罚措施，适用于庶人和外族之人，还没有成为社会成员一体遵守的行为规范和普遍准则。名的出现以及对名的阐释使刑开始向法过渡。名家是百家之一的重要学派，但它的独立性没有儒、墨、法三家显著，盖因三家都把"正名"作为立论的前提和前设，使名家的主张自然而然地成为各自理论的组成部分，名家已内化在各个学派当中。何谓正名？正名就是立规矩。儒、墨、法三家均强调正名的重要性，儒家说："名正则言顺，言顺则事成。"墨家说："中效则是，不中效则非。"法家主张用法来立规矩，这个法不是自然法，也不是礼法，而是由君王或国家颁行的成文法。

商鞅少好学刑名之术，在其成年阶段又身处具有法家传统的魏国。《晋书·刑法志》云："秦汉旧律，其文起自魏文侯师李悝。……商君受之以相秦。"魏文侯时期的魏相李悝是开启中国成文法传统第一人，在他担任魏相的时期，制定了影响深远的中国第一部较为系统的成文法——《法经》。《汉书·艺文志》列李悝的著作《李子》为法家之首，按照章太炎"著书定律为法家"③ 的说法，法家的开山鼻祖应为李悝。据说商鞅入秦携带了李悝的《法经》，增加了商鞅入秦的传奇色彩，提高了《法经》的地位。传说归传说，真正重要的是这些记载显示了商鞅的法家本色。在与秦孝公的前三次会谈中，商鞅分别从五帝、三王和五霸等三个维度提出了治国之术，重点谈论的是德治或礼治，就仿佛是一个儒家之人向秦孝公推介以德治国的方略。只是到了第四次会面，商鞅才抛出以法家为路线的强国之术，令秦孝公"不自知膝之前于席也"，"大悦之耳"。商鞅与秦孝公的四次会谈透露出这

① 《史记会注考证》卷130，第7页。
② 王官之学是古代学术的总称，若用以教学，则分六艺，具体科目为礼、乐、射、御、书、教，但在实践中则以"四术四教"统之。《礼记·王制》云："乐正崇四术、立四教。顺先王诗、书、礼、乐以造士，春秋教以礼乐，冬夏教以诗书。"
③ 《检论·原法》。

样的信息，商鞅熟悉五帝三王之术，知晓延续已久的治国方略。这一信息之所以重要，是因为有作为的变法人士都看到了当时思想和体制的不足，并且针对性地展开他们的变法运动。

在商鞅的时代，五帝三王之术仍然是维护摇摇欲坠"周天下"的官方意识形态以及思想基础。然而，五帝之术在孔子的年代也是遥远的传说，这些传说给后世最大的印象是统治者以身作则的表率和禅让的美德。就禅让行为而言，自从周公制礼作乐之后，帝王的更替不是随随便便的举动，他的一切行为都需要用礼节制。周人传子之制为救殷制易生争斗之弊而设，"亲亲"原则决定了不论周天子还是各诸侯国君的选任都在亲属之间进行，"尊尊"原则所确立的嫡长子继承制更加明确了统治者的候任范围，这一形势使禅让不仅不可能再现，在观念上也是反动的，更勿论形成禅让制度了。忧心如焚的孔子在世的时候就为恢复周礼而四处奔波，但仍未能阻止颓势，乱象没有因为孔子确立的仁学而消减。

仁学在战国时期的最大继承者是孟子（约公元前390—前305）。在商鞅入秦前后，孟子在同一时间段内也游走于各国之间，用"口舌之功"向国君推销其治国之术，但屡遭奚落：

> 道既通，游事齐宣王，宣王不能用。适梁，梁惠王不果所言，则见以为迂远而阔于事情。当是之时，秦用商君，富国强兵；楚、魏用吴起，战胜弱敌；齐威王、宣王用孙子、田忌之徒，而诸侯东面朝齐。天下方务于合从连衡，以攻伐为贤，而孟轲乃述唐、虞、三代之德，是以所如者不合。①

孟子游说的内容大概是商鞅在与秦孝公前三次会谈时的德治，被君王们认为迂腐而不能用。形势强于人，凡是启用了法家思想家的国家都逐渐强大起来，并在战国的危局中立于一席之地。法家的首要目标在于保国和强国，还不是为了平天下，这也是法家受到各诸侯国重视的重要原因。法家在战国时期的逐渐兴起，一方要注意法律治乱的实用主义目的，另一方面也要正是法律在治国理政中的正当性功能。

在天下大乱的格局下，商鞅看到了人性中暴露出来的固有的自利本能：

---

① 《史记·荀卿》。

"饥而求食，劳而求佚，苦则索乐，辱则求荣。"① 不是消灭这些"民之情"，而是通过法律的治理给予最大化的引导和控制，就可以在一个竞争性环境中确立良好的秩序。在商鞅变法前夕，如何看待法律以及确立新的统治策略成为争论的焦点问题。代表旧势力的甘龙认为："圣人不易民而教，知者不变法而治。"商鞅针锋相对地指出："三代不同礼而王，五霸不同法而霸。"② 商鞅的反驳意见既指出了历史事实，也透露出战争状态下变法的理由。正如高道蕴观察的那样："公元前350年商鞅在秦孝公宫中的争论恰好反映出，当时在中国改革旧法创立一个公法领域的行为是何等危险，那意味着将法律从传统中分离出来。"③ 其实，危险不仅来自于法律要从传统治理模式中脱颖而出，法律也要成为治理国家的首要工具和方法，这是王官之学散落的表征，也是天下礼崩乐坏的必然反映。

从可以观察到的历史现象看，法在历史结构中正在替代礼而成为主导性的规范力量，仁学无力扭转这个趋势，商鞅变法不过是顺势而为的自然举动，虽然这并不否认个人因素在其中的能动作用。法律的功用在于治理乱象，但法律的有效性确立了紧急状态中的公共秩序。当被认为的歌舞升平、四平八稳的社会呈现出礼治不能约束的情形时，紧急状态就出现了。法律的治恶说正是建立在这种规范的隐喻基础上，这是法律获得正当性的基本理由。紧急状态是非常状态，当原有的秩序被打乱或认为秩序被打乱时，紧急状态就会显现，前者是社会学紧急状态，后者则是哲学紧急状态。法律理论是在社会学紧急状态的背景下展开的对哲学紧急状态的归纳、分析和规范。战争状态则是法律存在的前提条件，没有战争状态就没有法律，没有国家也没有法律，这或许是霍布斯政治哲学成为近代社会科学先驱的价值所在。霍布斯所描述的人与人之间的战争既是对社会学意义上的战争状态的归纳，也是对哲学意义上的战争状态的规范。④ 因此，法律是在战争状态中生成和发展起来的治国方略，只有在战争状态或隐喻的战争状态下，法律的价值才能体现出来。

---

① 《商君书·算地第六》。

② 《商君书·更法第一》。

③ 高道蕴：《中国早期的法治思想?》，载高道蕴等编《美国学者论中国法律传统》，中国政法大学出版社1994年版，第229页。

④ 关于自然状态下人与人的战争关系的讨论，见［英］霍布斯《利维坦》，黎思复等译，商务印书馆1985年版。

二、作为案例的君臣政治契约

商鞅入秦事秦乃是关于外人的历史叙事，外人的问题包括"关于外人的问题"和"外人的问题"两个方面，它们均关涉外人提出问题以及向外人提出问题。①商鞅作为外人获得秦国的礼遇并委以重任并不是一个孤立的现象。在秦国的几次关键性历史时刻，事秦者几乎大多是从东方来的游人士子，无不成就了秦国立国、强国和统一天下的宏伟大业。这方面的代表人物有秦穆公时的由余、百里奚、秦惠公时的张仪、秦昭公时的范雎、秦始皇时的李斯等。外来的游人士子所在国家无一例外地是秦国的敌人，但来自敌国的游人士子则不在敌人的范畴之内。许倬云说：

> 战国才智之士，不论文武，多有出仕别国为客卿，各国朝廷也不十分在意（秦一度有逐客之议，终究并未实现）。②

敌我关系是具有现实和规范双重性质的人与人之间的战争关系。在我国的历史文化语境中，对来自远方的人要么尊称为"友"，要么敬称为"客"，而鲜有将外来人作为敌人看待并加以处置的。由于没有事先预设的敌友政治观，当各个诸侯国使用乃至重用来自敌国的游人士子的时候，并没有或有必要经历一个"化敌为友"的心理转换过程。以周天下为核心的封建制度正在以前所未有的速度瓦解，但天下的观念和格局并没有消除。一个人既是具体国家的臣民，也是还未消亡的周天下的子民，后者作为一种象征决定了个体身份上的同质性，未能产生公法意义上的敌我政治观，这是商鞅事秦并获得重任的一个重要的历史背景。

商鞅变法十年后即取得了秦国大治的成就③：

> 行之十年，秦民大悦，道不拾遗，山无盗贼，家给人足。民勇于公

---

① 有关外人的专门讨论，见［法］德里达等《论好客》，贾江鸿译，广西师范大学出版社2008年版。

② 许倬云：《我者与他者》，生活·读书·新知三联书店2011年版，第26页。

③ 商鞅入秦之后，其官位随着功绩逐次升高，先任左庶长变法维新，后任大良造统领国政，遂成为一人之下万人之上的总理大臣。商鞅变法大致可以分为两个时期：第一，公元前361—前348年，任左庶长。第二，公元前348—前338年，商鞅从左庶长擢升为大良造，以首相身份主持国政。

战，怯于私斗，乡邑大治。

《战国策·卫鞅亡魏入秦》记载："道不拾遗，民不妄取，兵革大强，诸侯畏惧。""道不拾遗"、"大治"等词是传统社会描述治国理政的最高标准，厌恶法家的司马迁也毫不吝啬地把这些词给了商鞅。百家对大治的标准和要求是不同的，但高抬儒家的司马迁对孔子的为官政绩的评价也不过如此：

> 与闻国政三月，粥羔豚者弗饰贾；男女行者别于涂；徒不拾遗；四方之客至乎邑者不求有司，皆予之以归。①

需要注意的是，商鞅变法最大的成效就是使"秦人大悦"，这既是商鞅变法取信于民的反映，也是让普通民众在变法中收益的结果，这个因素是成功变法的真正内在动力。徙木立信和刑太子傅的事例体现了统治者要守法的法治精神，表达了统治者与被统治者共同信守法律的契约精神。信守承诺往往被视为个人道德素养的重要标志，"信近于义"，但当承诺是统治者面向被统治者发出时，就构成了具有政治伦理性质的契约，成为衡量统治者德性和取信于民的标志。非鞅的司马光高度评价"秦孝公不废徙木之赏"：

> 臣光曰：夫信者，人君之大宝也。国保于民，民保于信，非信无以使民，非民无以守国。是故古之王者不欺四海，霸者不欺四邻，善为国者不欺其民，善为家者不欺其亲。不善者反之，欺其邻国，欺其百姓，甚者欺其兄弟，欺其父子。上不信下，下不信上，上下离心，以至于败。所利不能药其所伤，所获不能补其所亡，岂不哀哉！

良好政治的本质是统治者与被统治者之间的信任关系，尤其体现在被统治者对统治者的可信任方面。政治欺骗往往表现在两个方面：要么在作出承诺后不履行或不恰当履行其承诺，要么一开始就是不想履行的虚假承诺，这两个方面都会造成社会和国家"上不信下，下不信上，上下离心，以至于败"的局面。

---

① 《史记·孔子》。

　　商鞅与秦孝公的良好互动关系是商鞅成功变法的另一重要因素①。商鞅的政治主张和变法措施所以能在秦国变为现实，是与秦孝公的强有力支持分不开的，把商鞅变法称为"秦孝公任用商鞅变法"更能够体现历史原貌。②按照春秋战国时期士的期待性解释，士与君王应当有师生、朋友和君臣三种关系。"帝者与师处，王者与友处，霸者与臣处，亡国与役处。"③若是师生关系，士对于君王有教诲的职责，若为君臣关系，士则有服从王命的义务。朋友关系则是平等的关系，相互之间互敬互信。商鞅与秦孝公之间的关系既不是一般的师生关系，也不是一般的君臣关系，也很难说是朋友关系。

　　商鞅与秦孝公之间是一种契约关系，形成了君臣共同治理秦国的权力关系。招贤令作为一份邀请邀约对接受强秦条件的所有受邀约人均有效力，对发出邀约的秦孝公自然形成了必要的约束，这个约束力因天下人作为理所应当的见证人而得以增强。在商鞅的主导之下，随着秦国的逐渐强大，秦孝公不断兑现他的承诺，最终收复河西故地之后，"秦封之於、商十五邑，号为商君"。事实上，早在收复失地的前六年，秦国就显现出了它的崭新形象："秦人富强，吴子致胙于孝公，诸侯毕贺。"招贤令说："三晋攻夺我先君河西地"，欲"东伐"，又说"诸侯卑秦，丑莫大焉"，复言"国家内忧，未遑外事"。可以说，强秦需要完成的三件大事，即"内忧"、"遑外事"和"东伐"均一一现实，秦孝公兑现了他"尊官分土"的承诺。

　　秦孝公信守了承诺，甘愿退居二线放手让商鞅实施一系列改革，甚至在事关自己的儿子犯法的问题上任凭商鞅依法处置，可以说，秦孝公是第一位守法之君，法下之君。《战国策》记载："孝公行之八年，疾且不起，欲传商君，辞不受。"秦孝公死前欲禅让君位于商鞅，体现了真正的尧、舜之道。当然，这种情况不能仅从人格的力量上作出理解，君主从"家主"向"国君"的转变，以及士人从"家臣"到"国臣"的转变是推进"家国"

---

　　① 在儒家眼里，商鞅与秦孝公不是得君行道的典范，儒家的道统结构中不包含法律的因素。余英时说："'得君行道'是儒家最古老的观念之一，孔子、孟子则代表了追求'得君行道'的原型。所以《孟子·公孙丑上》既有'管仲得君，如彼其专'之语，又有'夫子加齐之卿相，得行道焉'之问。但孔、孟都是失败的先例。"见余英时《朱熹的历史世界：宋代士大夫政治文化的研究》，生活·读书·新知三联书店 2011 年版，第 421 页。

　　② 参见刘海年《秦统治者的法律思想》，载刘海年《战国秦代法制管窥》，法律出版社 2006 年版。

　　③《战国策·燕策》。

向"国家"转型的两个重要的身份解放运动。①

　　法治的要义不在于法律的内容是否苛刻和烦琐，也不在于实行法治的国家是否"法外施恩"，而在于法律对统治者阶层是否起到了同样的制约作用。真正实行法治的国家，首先制约了国家权力。制约国家权力是法治有效性的主要标志，虽然这样做并非就可以全然实现了法治。② 商鞅意识到"法之不行，自上犯之"，提出了一系列限制和约束统治者权力的主张和措施，在我国法制史上出现了"今秦妇人婴儿皆言商君之法，莫言大王之法"③ 的局面，其效果限制了君权，高扬了法权高于君权的法治精神。商鞅变法限制君权的实践行为与春秋时期管子的法理念是相通的。管子说："不为君欲变其令，令尊于君"，④ "君臣上下贵贱皆从法，此谓为大治。"⑤ 韩非是法家的集大成者，但韩非"法、术、势"并举，不仅刻意将君权置于整个法律体系的顶端，也将君权放置在法律之外，遂将商鞅开创的带有限制君权性质的法治因素破坏殆尽，几乎抽干了法家的真精神。

三、权威典籍中的非鞅论

　　先秦法家的没落具有复杂的政治文化原因，例如汉儒在政治上取得正统地位，在制度设计上抑制法家的成长，然而，《史记》等权威典籍对先秦法家的否定则具有风向标式的先导作用。商鞅在史记列传中位列第八，这自然与各个人物在历史舞台上的出场顺序有关，但对法家人物单独列传的唯有管仲、商鞅和李斯，这三个人都在不同时期居于相位，他们既有法制理念，也有推行这一理念的政治条件，无不取得了彪炳史册的历史功勋。⑥ 不过，司马迁虽然为商鞅单独列传，却充满了矛盾心理，站在儒家的立场上对商鞅诋毁有加，成为中国历史上第一大悬案。

---

　　① 牟宗三提出了士与元首的双重解放对废井田、立郡县的意义："士不再是贵族的家臣，而凭自己的知识才能在社会上得到一客观的地位，影响到中国社会形成了士农工商职业的区分，这是士的解放。元首不再纠缠于贵族的家族之中而成为一国的元首，得到了超然的地位，这是元首的解放。"见牟宗三《中国哲学十九讲》，上海世纪出版集团 2005 年版，第 143 页。

　　② 按照现代社会对法治理想标准的理解，法治应当包含一系列相互依赖的普遍性要素，参见夏勇《法治是什么：渊源、规诫与价值》，《中国社会科学》1999 年第 4 期。

　　③ 《战国策·秦策一》。

　　④ 《管子》卷六，《法法》。

　　⑤ 《任法》。

　　⑥ 值得注意的是，法家集大成的韩非与老子并叙，还夹杂了庄子和申不害的生平言论。

《史记》有一些难以证明的具有传说性质的记载，这些传说不乏夸张和神奇，给人留下了无限想象的空间。下面这一段老子与秦国乃至与秦帝国关系的记载足以令人震惊：

> 自孔子死之后百二十九年，而史记周太史儋见秦献公曰："始秦与周合，合五百岁而离，离七十岁而霸王出焉。"或曰儋即老子，或曰非也，世莫知其然否。

言说者周太史儋即使不是老子也能够体现出这段记载的分量。这段文字把孔子、老子、周代、秦国联系在一起，形成了中国历史上为数不多的大历史想象观以及神奇的隐喻文本，它借老子之口预言秦国要霸、可霸和能霸。这是一种预言，一种有关历史规律，或用老子的话讲，一种"道"的具体表现。史学家既有义务忠实记载历史，精心梳理前朝往事，又在笔端透露历史玄机，有意无意间掌控了历史，成为主导历史的人。

从春秋到战国，能被史学家称为霸王的国家不在少数，著名的有春秋"五霸"、战国"七雄"，但收拾天下残局者唯有秦国——这个地处中国的西北部，被人称为文质不开的野蛮国家。[①] 本杰明·史华兹就把秦国与古希腊城邦斯巴达相提并论。[②] 站在文明角度看待"野蛮的他者"，从古希腊的亚里士多德到近代的黑格尔都有涉猎。然而，无论这种文明中心主义的观察视角是否可以成为考察世界历史的一个维度，对秦国乃至中国都不适用。作为周天下的一个诸侯国，秦国由于其祖上的显赫功绩具有封国的正统地位。《史记·秦本纪》说：

> 秦之先，帝颛顼之苗裔孙曰女修。女修织，玄鸟陨卵，女修吞之，生子大业。大业取少典之子，曰女华。女华生大费，与禹平水土。已成，帝锡玄圭。禹受曰："非予能成，亦大费为辅。"帝舜曰："咨尔费，赞禹功，其赐尔皂游。尔后嗣将大出。"乃妻之姚姓之玉女。大费拜受，佐舜调驯鸟兽，鸟兽多驯服，是为柏翳。舜赐姓嬴氏。

---

① 秦人"与戎翟同俗，有虎狼之心，贪戾好利而无信，不识礼仪德行。苟有利焉，不顾亲戚兄弟，如禽兽耳"，见《战国策·魏策》。

② 参见［美］本明杰·史华兹《古代中国的思想世界》，程钢译，江苏人民出版社 2004 年版，第 344 页。

这段文字同样赋予统治秦国的嬴氏家族无比荣耀的传奇色彩。嬴氏的先祖辅佐大禹治水有功，又因调驯兽鸟复立新功，比之其他诸侯国更具有显赫的一面以及拥有正统的地位和历史合法性。[①] 因此，在商鞅变法之前，说秦国不以儒术治国同样缺乏事实根据。作为商鞅变法的反对者，甘龙、杜挚等贵族旧势力的反对意见总体上仍然属于德治论和礼治论的范畴。在更早的时候，在著名的秦缪公与由余的对话中，秦缪公告诉来自戎地的由余，"中国以诗书礼乐法度为政"，指责商鞅的人说他为了推行法治而行"燔《诗》、《书》而明法令"之举，证实了王道之学在秦国的存在。

太史公说商鞅"天资刻薄"、"少恩"，并"恶名于秦"，其证据是商鞅"迹其欲干孝公以帝王术，挟持浮说，非其质矣。且所因由嬖臣，及得用，刑公子虔，欺魏将昂，不师赵良之言"。由商鞅的人品之恶推及其行为之劣，乃至商鞅的代表作《开塞》、《耕战》诸篇也被作为证明商鞅刻薄的证据。太史公虽然指认了法家的某些正价值，但仍系统地强化了法家"刻薄"的一面：

> 法家严而少恩；然其正君臣上下之分，不可改矣。……法家不别亲疏，不殊贵贱，一断于法，则亲亲尊尊之恩绝矣。可以行一时之计，而不可长用也，故曰"严而少恩"。

《史记》用儒家的标准衡量法家人士，如用道德衡量人的行为是否有罪，开创了儒家全面否定法家的先例，法律独有的性质和价值在此存而不论，单就个人品行与法律性质画等号就足以显示了儒家的偏见。产生了黑格尔所批判的心理史观，"这种历史观点知道怎样来鄙视和贬低一切伟大事业和伟大人物，……这种理智断定，一连串这些伟大的行为所构成的伟大行为和活动，固然在世界上创造了伟大的东西，并且给行为人带来了权力、名誉和声誉等后果，但是归属于个人的不是那种伟大的东西本身，而只是落在他身上的这种特殊而外在的东西；由于这种特殊的东西是一种结果，因而它好像应当是他的目的，甚至是他唯一的目的。"[②] 心理史观充其量是一种佣仆的心理观。

---

① 清华简《系年》的发现，为"秦族东来说"提供了强有力的文献支撑，参见王洪军《新史料发现与"秦族东来说"的坐实》，《中国社会科学》2013年第2期。

② ［德］黑格尔：《法哲学原理》，范杨等译，商务印书馆1961年版，第127页。

法律不讲恩，这是古今中外法律所有的基本品质，这与法律治恶说的精神明通暗合。法律之所以不讲恩在于法律是以行使"合法暴力"为特征的强制规范体系，这与道德、习俗等规范形成了鲜明的对比。在法律与道德的诸种相互依存的关系中，唯有法律的不讲恩的冷峻特征方能显出道德讲求恩德的光辉品质。与道德规范相比，法律总体上只具有否定性价值，它只是在维持社会关系原状或避免一定社会关系恶化方面具有独特的价值。① 这个道理儒家虽然明了却视而不见，将论战的矛头指向了法家人士的个人品质，到了人身攻击的程度。在《盐铁论》"非鞅"篇中，由贤良、文学士发出的讨伐之声最引人注目：

> 今秦怨毒商鞅之法，甚于私仇，故孝公卒之日，举国而攻之，东西南北莫可奔走，仰天而欢曰："嗟乎！为政之弊，至于斯极乎！"卒车裂族夷，为天下笑。斯人自杀，非人杀之也！

以追求仁义道德为目标的文学、贤良对商鞅之死以及族夷欢呼雀跃，不惜抛开平日里的斯文雅言，发出了"善有善报，恶有恶报"的庸俗评判。在事实判断方面，下面的表述就与后来儒家大师荀子入秦亲闻亲见形成的印象大相径庭：

> 商鞅峭法长利，秦人不聊生，相与哭孝公。……其后秦日益弱。

又说：

> 今商鞅弃道而用权，废德而任力。峭法盛刑，以虐戾为俗，欺旧交以为功，刑公族以立威，无恩于百姓，无信于诸侯，人与之为怨，家与之为难。

盐铁会议上的儒士们不是非鞅的首创者，系统且颇具权威性的非鞅论当属《史记》。《史记·商君列传》行文约3300字，在近三分之一的文字中，司马迁借赵良这个儒家人物对商鞅口诛笔伐。在赵良与商鞅会谈场景中，与

---

① 有关法治的否定性价值的讨论，见［英］约瑟夫·拉兹《法律的权威：法律与道德论文集》，朱峰译，法律出版社2005年版，第194—196页。

其说商鞅与赵良在对话和辩论，不如说这是一场儒家集体对商鞅的审判，在这个特殊的法庭上，充当法官的儒家并没有给商鞅答辩的机会。这是一场不公平的审判，儒家既是一方当事人，也是法官。

在赵良判词中，商鞅治秦的功劳几乎全部被抹杀，并且添加了太史公评语中没有的新内容。商鞅被认为具有以下几个方面的人生污点或道德缺陷：第一，非名；商鞅依靠景监这一旁门左道的方法觐见秦王，相秦无名。第二，非功；商鞅相秦不为百姓事，以大兴土木为能事；第三，非教；商鞅以法为教，以法吏为师；第四，非寿；商鞅用法律而不是礼数对待贵族，将导致减寿；第五，非人；商鞅劓公子虔、杀祝懽、黥公孙贾等是不仁人的表现。非名、非功、非教、非寿、非人等"五非"论足以让商鞅死于非命，除非商鞅"听赵良言"：归还封地，辞官罢相，隐退山林。赵良判词以恐吓威胁的方法让商鞅就范，直言在秦孝公死后对商鞅动手："秦王一旦捐宾客而不立朝，秦国之所以收君者，岂其微哉？亡可翘足而待。"处死商鞅的判决在先，商鞅"谋反"举动在后，"欲加之罪何患无辞"在这里活灵活现地体现出来，可谓人言可畏，历史不忍细读。

从赵良判词同样得出了商鞅"严而少恩"的结论。支持这个结论的一个主要证据就是劓公子虔和黥公孙贾。劓刑和黥刑都是古代中国刑法中极为残酷的肉刑，然而，包括劓刑和黥刑在内的酷刑在孔子向往的西周就已经存在，并在周公旦的誓言和教导中得到了不折不扣的执行。《尚书·酒诰》中就有"放弑其君则残之"的明确记载。不可思议的是，被儒家谴责的这种不能体现恩情的酷刑（如凌迟、刺字等）却保留下来，至清末的沈家本时代才最终废除。就这里所提到的几个酷刑的残忍程度而言，黥刑最轻，劓刑次之，宫刑则最为残酷，但与车裂刑比起来则是小巫见大巫了。商鞅被处死后又被车裂，而指责商鞅实施酷刑的人在看到商鞅被处以更残酷的刑罚的时候，不仅未能用同样的标准谴责对商鞅用刑的人，反而颇生快意。需要提及的是，《史记》在行文中虽然没有从正面提出商鞅谋反的事实，仍借用秦惠公之口巧妙地将谋反的罪名加于商鞅，以致成为历史上著名的疑案。①

---

① 朱维铮对该案考证后指出："假如司马迁所记商鞅的末路属实，那么只能说这是正言若反。第一，证明商鞅法令已贯彻到秦国边境，因而旅舍主人，见商鞅拿不出通行证，便拒绝他投宿。第二，证明商鞅到自己的封邑发兵，无非借以保护自己流亡郑国，而秦惠王派兵越境追杀，恰好反证商鞅没有反秦。第三，证明秦军杀害商鞅后，才将他五马分尸，因而作为'公子虔之徒'的秦惠王，宣称商鞅因造反才被车裂，可谓事后追加罪名。"参见朱维铮的博客：http://www.china-review.com/cat.asp? id=25088。

四、荀子师徒入秦与杂道文化

商鞅变法一百多年后，儒家大师荀子（约公元前313—前238）入秦，打破了"儒家不入秦"的惯例。在考察了秦国的山山水水之后，荀子发表了他的游秦观感：

> 其固塞险，形势便，山林川谷美，天材之利多，是形胜也。入境，观其风俗，其百姓朴，其声乐不流污，其服不佻，甚畏有司而顺，古之民也。及都邑官府，其百吏肃然，莫不恭俭、敦敬、忠信而不楛，古之吏也。入其国，观其士大夫，出于其门，入于公门；出于公门，归于其家，无有私事也；不比周，不朋党，倜然莫不明通而公也，古之士大夫也。观其朝廷，其朝闲，听决百事不留，恬然如无治者，古之朝也。故四世有胜，非幸也，数也。是所见也。故曰：佚而治，约而详，不烦而功，治之至也，秦类之矣。虽然，则有其諰矣。兼是数具者而尽有之，然而县之以王者之功名，则倜倜然其不及远矣！是何也？则其殆无儒邪！故曰粹而王，驳而霸，无一焉而亡。此亦秦之所短也。①

这是对秦国的一曲讴歌、一幅赞美图。倘若没有最后一句关于秦国"无儒"的评价，单看荀子称道秦国民为"古之民也"，秦吏为"古之吏也"，秦士大夫为"古之士大夫也"，秦朝廷为"古之朝也"的颂扬，就知道荀子给秦国打了高分。荀子的言语当中流露了太多的溢美之词，但也有夸大的成分，说秦国"山林川谷美"，但这一描述改变了长期以来秦国穷山恶水出刁民的看法，更为重要的是，儒家开始改变对秦国的敌视态度，以自己的方法理解甚至讨好秦国。荀子眼中的秦国已经到了大治的局面，按照他自己的话说就是"治之至也"。在国际威望上，秦国也已到了"威动海内，强殆中国"的地步②。

荀子是战国后期的儒家巨人，但同时强化了法律在治国理政中的作用，"隆礼重法"的思想开创了礼法并治的新格局。荀子的思想"对秦汉时代的

---

① 《荀子·强国篇》。
② 《荀子·强国篇》。

儒家影响极很大,特别是对此后封建正统思想的形成曾起过开路的作用"。①
甚至封建正统思想的奠基人董仲舒也不得不"作书美孙卿"。② 荀子入秦的
动机不可考,他的身份既不太像说客,似乎也没有像商鞅那样有事秦的愿
望。入秦的荀子更像一个访问学者。秦昭公把荀子作为儒者对待,只是由于
秦昭公儒家无用论的话引得荀子滔滔不绝,大发议论,指出了秦国的弱点,
暗示秦国无儒必亡的结局。

商鞅入秦在历史上是一件大事件,这一事件比之后来荀子、李斯和韩非
子师徒三人相继入秦更具历史意义,荀子、李斯和韩非子进入的虽然都是秦
国,但已是留下商鞅印记的秦国。商鞅要解决的是强秦的任务,后三人要面
对一统天下的主题。倘若没有商鞅强秦在前,何来李斯等人辅佐秦王一统天
下?荀子入秦的时代显然昭示了一种时代气氛,秦国持续不断地推行商鞅之
法,其国力早已超越了霸天下的程度,一种人人可以感知和梦想的"一统
天下"的气象正在形成。在荀子的影响和支持下,他的高足李斯学完"帝
王之术"后决定入秦。我们难以知道荀子教授给李斯的帝王之术的具体内
容,如果它仍囿于"三皇五帝"意义上的治理理念和技术,则仍然没有跳
出纯儒的圈子。从李斯后来在秦国的主张和推行的治国路线看,他当然是不
折不扣的法家。从史料的详细记载看,李斯对入秦事秦做了充分的思想准
备,具有极为明确的目标。临行前,李斯向老师表达了入秦的动机和目的:

> 今秦王欲吞天下,称帝而治,此布衣驰骛之时而游说者之秋也。③

李斯是朝着秦国的帝王事业而入秦的,不同于商鞅当年为了强秦而入
秦。此时此刻,秦国已经发生了翻天覆地的变化,天下格局也从七国相互制
衡走向了以秦国为中心。李斯初见秦王时就对天下的大势做了如下总结和
分析:

> 自秦孝公以来,周氏卑微,诸侯相兼,关东为六国,秦之乘胜役诸
> 侯,盖六世矣。今诸侯服秦,譬若郡县。夫以秦之强,大王之贤,由灶

---

① 张国华等:《中国法律思想史纲》(上),甘肃人民出版社 1984 年版,第 113 页。
② 刘向:《孙卿叙录》。
③ 《史记·李斯列传》。

上骚除，足以灭诸侯，成帝业，为天下一统，此万世之一时也。①

　　荀子时代的秦国已经显露出帝国的气势，对秦国而言，其他六国"譬若郡县"，统一天下只是一个时间问题。荀子并不打算阻止秦国吞并天下的"狼子野心"，李斯入秦前向他阐发的一番告别演说词不是间接证明了自己希望秦国统一天下的心愿吗？历史显示出足以引起人们遐想的场景乃是，老师入秦在先，随后弟子事秦在后，而且这位老师居然还享有儒家大师的称号！需要注意的是，李斯入秦后不久，荀子的另一个高足韩非子也现身于秦国，后者对秦王的影响甚至超过了李斯的作用。

　　除非我们不认可荀子是儒家人物，否则可以推断儒家在协助秦国统一天下中发挥了重要作用；除非李斯和韩非子双双背叛了老师的教诲，否则荀子之学中当然包含了中央集权统治所需要的"帝王之术"。李斯以政治实践家的身份践行了帝王之术，而韩非子从理论上高度概括了这个帝王之术。如果说荀子入秦时对秦国"无儒"感到遗憾，那么李斯和韩非子入秦或事秦，是不是间接弥补了无儒的缺憾？不过，历史中的学术图谱却难以清晰统一，韩非子被后世誉为法家的集大成者，司马迁却将其划入老子学派。李斯被荀子亲自送到秦国，在历史上却留下了酷吏的恶名。

　　李斯和韩非子既然向荀子学帝王之术，又准确预测秦王变帝王的大趋势，那么统一天下之后的秦帝国应当采用什么样的统治之术呢？在大世将出的时候又有什么样的政治哲学可以作为正当性根据呢？这些问题随着秦国日益强大以及不可挡的前进趋势而日渐明显，像荀子这样的儒家大师当然不会视而不见。

　　荀子不是那种凭借弟子出名的学者，李斯和韩非子吸取了荀子之学中的法律思想，加重了法律在治理天下中的分量，相对降低了礼或道德对于统一之后的天下的主导作用。荀子改变了礼法的本末之争，而将法与礼转换为工具—目的论的关系。荀子之所以能够成为儒家的代表人物，就在于他系统地提出了用法来推礼的思想和机制。法是实现礼的工具和手段，越是重法，就越是加强了礼的功能和作用，这样一来，后期儒家既通过法律确立了儒家的正统地位，也可以在统治失败的时候把罪名推给法家。

　　荀子既是杂儒的开创者，也是杂法的先行者。按照儒家早期的类型划分标准，儒家分为纯儒和杂儒。汉以后，儒家的学说中注入了法家、道教、阴

_____

　　① 《史记·李斯列传》。

阳家、兵家甚至佛家的因素，这已是不争的事实。儒家为体，其他学说为用，形成了支配中国社会两千余年的思想和政治统治模式。汉廷虽然在统治策略上提出了"罢黜百家，独尊儒术"的主张，但并未改变儒家的杂道性质，"儒术"早已不是那个纯儒了。儒家强调王道，但在政治实践中并不排斥霸道，王道以德，霸道以法，形成了"外儒内法"的统治格局。

宋朝理学家张栻有言，"学者要须先明王伯之辨，而后可论治体。"① 王伯之辨即王霸之辨，这几乎成为中国学术史、政治史、思想史的主线，如同今人论统治之术，则先要论国体而后可论政体。在历史上，主张王道者有之，主张霸道者有之，主张杂道者有之。然而，实际情况如何呢？且看唐高宗李治与令狐德棻的一段对话。唐高宗问："何者为王道、霸道？又孰为先？"令狐德棻对曰："王道任德，霸道任刑。自三王已上皆行王道，唯秦任霸术，汉则杂而行之，魏、晋已下，王霸俱失。"② 这就承认了中国历史的治理之术先行王道，王道衰，霸道兴，而后王霸合，遂使王道、霸道俱失，出现了所谓的杂道。杂道中既有王道的成分，也有霸道的因素，但是，这已不是那个原先的王道，也不是原先的霸道了。

中国历史改朝换代的战争结束之后，为证明本朝的合法性，对前朝往事给予彻底否定成为了不断割断历史的坏传统，而刻意丑化和贬低前朝往事则是固有的手法。汉初，陆贾向刘邦献国策：

> 居马上得之，宁可马上治之乎？……向使秦已并天下，行仁义，法先王，陛下安得而有之？③

事实上，汉朝对秦朝的口诛笔伐并没有让它停止"汉承秦制"的工作，"行仁义"、"法先王"的儒家教义更多体现为官方的话语表达，却与统治的具体实践往往发生背离，温文尔雅的"外儒"外观包裹的则是冷峻严厉的"内法"。《汉书》卷八三本传记说：

> 博尤不爱诸生，所至郡辄罢去议曹，曰：岂可复置曹邪！文学儒吏时有奏记称说云云，博见谓曰：如太守汉吏，奉三尺律令以从事耳，亡

---

① 张栻：《南轩先生文集》卷十六，史论汉家杂伯。
② 刘昫：《唐书列传》卷二十三，令狐德棻传。
③ 《史记·陆贾传》。

奈生所言圣人道何也，且持此道归，尧、舜君出，为陈说之。其折逆人
如此。

朱博是西汉末期的人物，官至哀帝建平时期丞相，他的上述言论与官方
儒教表达迥异，但表达了外儒内法的实际情况，而这不是唯有汉朝独有的统
治格局。陆贾以法得天下，以儒治天下的建议虽然令人向往，却不是历史事
实。可以说，外儒内法是二千多年来传统社会的主线，法家思想一直贯穿于
统治思想和治国实践当中，只不过这里所讲得法家是已经被改造的后期法学
或杂法。

法家亦有纯法家和杂法家两种，前者以商鞅为代表，后者以韩非子为代
表。纯法家的时代因为商鞅之死而式微，其标志乃是术、势、律并立，法律
为此丧失了它的科学性和自主性，间接地使建构法治国家的努力付之东流。
牟宗三说："中国老习惯中所说的法治是按照法家传下来而讲的，所以一提
到这个名词就令人可怕。"[1] 对法家全盘否定造成的严重后果之一，就是给
后来的历朝历代的统治者提供了不依法办事的正当性理由，提到法治就有苛
政之嫌，提到执法人员就是酷吏，以致学人不敢以法为教，政治家不敢以法
为纲。

五、作法自毙的法治精神

商鞅时代的秦国处死了商鞅，其后继者却继承了商鞅变法几乎全部的遗
产。大多数史学家不得不承认，商鞅变法奠定了秦国统一中国的制度性框
架。刘向曾给予商鞅极高的客观评价：

> 秦孝公保崤、函之固，以广雍州之地，东并河西，北收上郡，国富
> 民疆，长雄诸侯，周室归籍，四方来贺，为战国霸君，秦遂以疆，六世
> 而并诸侯，亦皆商君之谋也。夫商君极身无二虑，尽公不顾私，使民内
> 急耕织之业以富国，外重战伐之赏以劝戎士，法令必行，内不阿贵宠，
> 外不偏疏远，是以令行而禁止，法出而奸息。[2]

---

① 牟宗三：《中国哲学十九讲》，上海世纪出版集团2005年版，第126页。
② 《史记·商君列传》集解新序论。

北宋王安石称商鞅变法后"百代遵其制"。唐德刚认为，商鞅变法开启了中国"第一次政治社会制度大转型"的序幕，郭沫若则肯定地说：

> 秦王政后来之所以能够统一中国，是由于商鞅变法的后果，甚至于我们要说秦汉以后的中国的是由商鞅开的幕，都是不感觉怎样夸诞的。"[1]

在阐释中国历史的阶段性特征时，牟宗三认为，三大事件构成了中国历史的主要结构：周公制礼作乐、先秦法家开出的政治格局以及从辛亥革命到当代的民主建国，这一判断再次证明了先秦法家的重要历史地位。[2] 在商鞅死后的117年，一个适用于全中国的商鞅版"秦法制"建立起来，秦帝国短命的事实没有妨碍秦法制在汉以后在中华帝国中继续存活下去，延伸到1911年成立中华民国。

对历史事件和人物的证明评价既要建立在历史事实基础上，也要遵循科学的方法论。如果跳出儒家观点的圈子，"法治的模式为中国历史的研究这提供了一个框架，从而超越了在评价中国早期法律改革中的基于道德义愤的判断。"[3] 下面从"作法自毙"词义和政治国家产生等方面评判商鞅变法中的法治因素，并归纳商鞅心目中的法律国图景。

（一）作法自毙中的法治精神

商鞅之死，历史上有许多说法，阶级斗争论和儒家的报应论均认为商鞅死有余辜。抛开这种意识形态的立场和争论，在某种程度上商鞅死于他领导制定的法律及其法律体系。商鞅既是该法律体系的创建者，也是该法律体系的"以身试法"者。《史记·商君列传》：

> 商君亡至关下，欲舍客舍，客人不知其是商君也，曰："商君之法，舍人无验者，坐之。"商君喟然叹曰："嗟乎！为法之敝，一至此哉！"

---

① 郭沫若：《十批判书》，东方出版社1996年版，第303页。

② 见牟宗三《中国哲学十九讲》，上海世纪出版集团2005年版，第140页。

③ 高道蕴：《中国早期的法治思想?》，载高道蕴等编《美国学者论中国法律传统》，中国政法大学出版社1994年版，第351页。

　　查验身份然后才可以入住旅店，这应是当时秦国的一条法律规定，① 商鞅在逃亡路上不敢亮明身份，旅店经营者也不敢让商鞅入住，否则将产生连坐的法律后果，这说明法律的效力已经达致全国，并在最底层和边远的地方得到了不折不扣的执行。问题的关键在于，为什么旅店经营者拒绝无身份之人入住就让商鞅发出了法律之弊的感叹，难道这个旅店经营者任人无证入住就可体现法律之善吗？"为法之弊，一至此哉"的记载颇令人生疑，即使商鞅真的说过这样的话，极有可能的意思是在特定语境下的自我嘲讽，这也是为什么后人将"为法之弊"改为"作法自毙"的一个重要原因。"为法之弊"之"为"可当"作"解，"为法之弊"可当"作法之弊"解，但将"作法之弊"的谐音改为"作法自毙"则使原本的含义发生了质的改变。如果为法之敝的对象在商鞅那里只限于舍人之法，作法自毙的对象则扩展至所有立法者制定的法律。

　　然而，上述商鞅自我嘲讽之说颇难成立，主要依据是"喟然叹曰"与所叹内容似乎相反。喟，因感慨而叹气，人发出感叹的原因很多，不唯独伤感悲伤之时才叹气，"喟然"有赞美认同之意，这在经典文献中屡见不鲜，如："于斯之时，天下大说，向风而听，随流而化，喟然兴道而迁义。"（《史记·司马相如列传》）"夫子喟然叹曰：'吾与点也！'"（《论语·先进》）"颜渊喟然叹曰：'仰之弥高，钻之弥坚，瞻之在前，忽焉在后。'"（《论语·子罕》）孔子和颜渊在喟然叹曰时均表达了赞美和宽慰之意，由此推论，商鞅所发出的喟然叹曰只有在对舍人守法的举动表示敬意才合乎逻辑，在这个意义上，不是"为法之弊"而是"为法之利"才可以使前后语句意思相连，更能体现商鞅变法所追求的效果。

　　把"为法之弊"改为"作法自毙"固然不失为攻击法家的方法之一，满足了历史上不同的人对法家人物口诛笔伐的快意，然而，在现代社会中，作法自毙这一成语却歪打正着地与法治的真谛发生了关联。作为引申义，作法自毙可能包含的一个意思是立法者所立之法有可能伤及自己，为了避免作茧自缚的结局，立法者最好不要制定严刑峻法，但这恰恰使得立法者为了避免受到法律制裁，在制定法律之初就最大限度地把所有的法律义务都给了他人，而把法律权利留给了自己。倘若立法者自己制定的法律也要受其约束，

---

　　① 试比较《旅馆业治安管理办法》第 6 条、《中华人民共和国治安管理处罚条例》第 58 条关于住宿条件以及对无证入住的处罚规定。

在违法的情况下受自己所立之法的制裁，这就接近了今人所论法治的核心。[①] 立法者不受其制定的法律的约束，或者在明显违法之后仍然享有免责的特权，无论立法者制定的法律在惩罚范围和处罚措施上是否严酷，都与法治的标准相去甚远。

法律严酷的标准不仅在于它的处罚后果是否残忍，而更在于在同等条件下是否适用于所有人，即使在今天我们也很难认同入店查验身份的做法体现了法律的严酷性。严刑峻法不是恶法的表征，轻处宽罚并非就是良法，人人受制于法律并在违法的情况下受到法律制裁，法虽严酷也不失为良法，在同等条件下社会成员的一部分人不受法律制约，适用于其他社会成员的同一法律在制裁措施上虽轻且软，也是恶法的表现。

（二）政治国家与法律的统治

"商君相秦十年，宗室贵戚多怨望者。"贵族是特权阶层，世卿世禄。春秋之后，贵族政治的局面开始走向瓦解，但并没有彻底崩溃。齐、楚、魏等国虽然采取了法家思想并且早于秦国变法，但并没有对贵族统治形成制度上的威胁，只有商鞅在秦国的变法真正触动了贵族的统治，这是商鞅变法成功的重要因素。梁启超曾有言："始终未行贵族政治者，唯一秦国耳。"[②] 这不是说秦国立国以来始终没有出现贵族统治，这个判断只有在商鞅变法之后才能成立。商鞅开启了一个以国家为本的新体制以及相应的国家政治哲学，瓦解了贵族统治，确立了法律的统治，在君主、国家和法律之间确立了非人格的权利义务关系。法律统治要求所有的人同等地适用于法律的规定，无贵贱、尊卑之别，这与礼治所倡导基于身份原则的差别对待体制形成了鲜明的对比。

秦帝国之初，关于帝号的讨论首先确定了国体的性质。在此之前，有许多关于最高统治者的称呼，如"王"、"帝"、"天皇"、"地皇"、"泰皇"等，"泰皇"最为尊贵。秦始皇在诸多的选择当中，去掉"泰"字，保留"皇"字，又采用上古"帝"的名号，合成"皇帝"。"始皇帝"作为新的政治概念中断了"三皇五帝"传统，表达了开启新时代绝对规范的意义，

---

① 苏格拉底不肯逃狱的理由是他要遵守城邦的法律，因为城邦的法律是他与城邦的约定，这就把自己视为是立法者的成员。在亚里士多德著名的法治概念中，除了规则之治、良法之治外，还包括需要普遍遵循的"守法之治"，守法之人包括统治者自身，有关讨论参见［古希腊］柏拉图《游叙弗伦苏格拉底的申辩克力同》，严群等译，商务印书馆 1983 年版；［古希腊］亚里士多德《政治学》，吴寿彭译，商务印书馆 1965 年版。

② 梁启超：《先秦政治思想史》，浙江人民出版社 1998 年版，第 48 页。

发明了官僚国家治理的新形式，具有开天辟地的意义。昂格尔在评价秦法制的历史意义时指出：

> 有组织的行政官僚开始确立起来了，他们的许多特点深深地刻画了中华帝国和现代西方官僚政治。毕竟，政府正在把日益广泛的社会活动纳入自己的控制和指导范围之内而斗争，把从前被认为是社会自我调节秩序组成部分的领域政治化。①

官僚制国家是在封建制国家的废墟上建立起来的拟制国家，它摧毁了以家庭伦理为基干的封建等级秩序，构建了官僚法为精神的公共统治秩序。在国家范围内只有一个也是唯一的最高权威；"法自君出"的权威原则确立了君王的最高法律地位和权威力量，任何与之相悖的权威，无论来自伦理的权威还是道德的权威，都要在这个政治权威面前让步和屈服。只有在官僚法律体系面前，国之忠和家之孝的经典冲突才得以突显出来，最终则使家威服从于国权。国法高于家法使国家成为凌驾于任何人和社会组织的力量。

国法与家法分离的事实不能忽视君王既作为国之君与家之长的双重身份。在任何意义上，视国为家的君王以爱民的角度阐释这种情怀则无可厚非，然而，将国家利益与君王的利益不加区别地混同，就会得出君王"以我之大私为天下之公"的结论，② 在这个意义上，出自君王的法律则是执行君王私利的工具。当法律成为超越君王私家利益成为治理国家的正当性工具，约束君王的行为就不再是由传统、习俗乃至具有恐吓性的天人感应力量来决定，而由法律作为天下公器发挥约束所有人的规范作用。"夫不待法令绳墨，而无不正者，千万之一也。"③ 公器作为行为的准则，即使君王也不能改变，在这一点上，只要看看传统法律词汇汇总将众多的度量衡术语（如规矩、方圆、尺度、绳墨等）作为法律的隐喻就可以一目了然。

借助于官僚法律体系，国家拥有了属于自己的统治领域并强制性居于权威之首，开启了政治国家的历史纪元。政治国家统治具有非人格化特征和法律的普遍有效性。摆脱了情感和习俗制约的官僚法律体现了冷冰冰的理性的

---

① ［美］昂格尔：《现代社会中的法律》，吴玉章、周汉华译，译林出版社2001年版，第96—97页。

② 《原君》。

③ 《商君书·定分第二十六》。

单一力量，这使得法律可以有效地不加区别地适用于所有的人，从而提高了大国统治的效率。在《商鞅》一诗中，王安石有针对性地说："今人未可非商鞅，商鞅能令政必行。"对于一个通过战争统一了广袤国土的政权而言，为了保障令行禁止，避免再次分裂和新的战争，没有什么通过人为的制度设计更能维护大一统的局面。

（三）商鞅的法律理想国

商鞅"以身试法"的举动令人想起苏格拉底对雅典城邦法律的遵守，而对政治国家的建构则确立了世界上最早的世俗君主制国家，这一切都与他追求的理想国具有千丝万缕的关联。在《商君书》的主要篇章中，商鞅通过法律的视角为国家治理描绘出理想的目标和途径。法律的重要性和有效性在于定分止争，在于禁奸除恶。法律禁恶的功能几乎是所有变法人士的共同认识，但并非所有的国家都获得了强国富民，统一天下的基业。这是因为"国皆有法，而无使法必行之法。国皆有禁奸邪刑盗贼之法，而无使奸邪盗贼必得之法。"① 严刑峻法固然是使法必行之法，却不是唯一的方法，关键要在全社会形成学法、知法和用法的大环境，如此则"势不能奸，虽跖可信也；势得为奸，虽伯夷可疑也。"② 在对法律作出了这样的定性和功用之后，商鞅通过以下的理念和措施勾勒出理想的法律国家的面貌。

1. 君王任法去私，依法治国。商鞅认为国家大乱和不能有效治理的根源不在于"非其法乱也，非法不用也，"③ 而在于君王"释法制而任名誉"，"以私害法"，导致民众从君而不从法。"民不从令，而求君之尊也，虽尧、舜之知，不能以治。"④ 为此，商鞅明确提出了与儒家截然相反的为君之道："言不中法者不听也，行不中法者不高也，事不中法者不为也。"⑤

2. 以法治官，坚守法律面前人人平等的原则。商鞅是我国古代为数不多地坚守法律面前人人平等的法学家之一，他明确提出："刑无等级，自卿相、将军以至大夫、庶人，有不从王令，犯国禁、乱上制者，罪死不赦。有功于前，有败于后，不为刑损。有善于前，有过于后，不为亏法。"在此要义下，对于官员实施更为严格的惩罚，"守法守职之吏有不行王法者，罪死

---

① 《商君书·画策第十八》。
② 同上。
③ 同上。
④ 《商君书·君臣第二十三》。
⑤ 同上。

不赦，刑及三族。"①

3. 民众守法是自治的表现，不仅可以抵制来自官吏的非法侵害，也可以达致大治效果。商鞅提出法律应当简明易懂，不仅要公布于众，而且要设置专门的法官负责解释法律。"吏民欲知法令者，皆问法官。故天下之吏民，无不知法令。吏民知民知法令也，故吏不敢以非法遇民。"更为重要的是，"万民皆知所避就，避祸就福，而皆以自治也。……故天下大治也。"②理想的"有道之国"是"治不听君，民不从官。"③

以上几个方面揭示了商鞅的君为守法之君，官为守法之官，以及民为守法之民的理想国。当然，君、官、民所共同遵守的法律并不建立在法律作为公意的良法基础上，这是认识传统法治与现代法治格外需要注意的地方。

六、结论

非鞅论作为历史传统消解了法律在中国人心目中的地位，但描述商鞅正价值的言论并没有在历史上销声匿迹，每当国家发生重大危机、有为的政治家实施变革之际，后者的声音就会显现出来。梁启超在百年前指出，"我国不采法治主义则已，不从事于立法事业则已，苟采焉而从事焉，则吾先民所已发明之法理，其必有研究之价值，无可疑也。"④ 在梁启超心目中，法治主义的法理及其精神就是商鞅之法的要旨。先秦法家的法派学说没有建立现代意义上的法治模式和标准，但也不必然支持一个不受制约的权力主义政府，在重要的意义上，倡导使统治者（君主、官吏）服从于法律的精神有助于重新认识我国法治在起步时面貌。

毋庸置疑，先秦法治的思想自然与儒家理想国要求相距甚远，也与现代法治的理想标准存在较大的距离。商鞅的弱民、愚民和重刑思想让憧憬仁人道德的儒家十分厌恶，也令提倡自治和权利的现代法治主义者不满。从历史客观主义的角度看，秦法制确立了近代官僚国家的制度体系，开创了用法律而不是道德约束公权力的制度和实践。需要注意的是，由商鞅变法确立但经汉朝改造的秦法制具有杂道的显著性特征，这可以使统治者在认为和平时提

① 《商君书·壹刑第十七》。
② 《商君书·定分第二十六》。
③ 《商君书·说民第五》。
④ 梁启超：《梁启超法学文集》，范中信选编，中国政法大学出版社 2000 年版，第 71 页。

倡儒家的仁爱之治，在认为是战争状况时毫不留情地启动法律之治，以便交替使用以德治国和依法治国的治国方略，这是认识我国传统政治制度的前提，也是在现代性来临之际实施革新不得不面对的背景因素。对秦法制实施现代化的改造，需要在继承秦法制的实证主义法学的基础上，强化法律生成过程的民主性，并以现代性的基本理念作为贯穿始终的主线，完成内生性法律与移植性法律的有机统合。

第二章

士大夫精神的衰落与法治意识的觉醒

中山先生说得好，中国今日之当行共和，犹幼童之当入塾读书也。我们套他的话，也可以说，中国今日之当行宪政犹幼童之当入塾读书也。

——胡适《我们什么时候才可有宪法？——对于建国大纲的疑问》

辛亥革命确立了共和国体制，第一次在古老的华夏大地建立了现代民族国家。从那时起直到现在，共和的主题一直就没有中断过。不过，有了共和国的观念不等于有了共和国的制度，有了共和国的制度不等于有了共和国的实践，直到今天我们还行走在建构共和国的路上，因此，共和国建设仍然是一项未竟的事业。总结利害得失，原因固然很多，但法治不行是重要因素，这也是最易被人忽视的因素。五四运动价值观的拟人形象是"德先生"和"赛先生"或"和女士"，但"法先生"从未引起人们的普遍尊崇。大凡国家均有秩序，共和国作为国家的一种形态亦有其秩序，作为共和国秩序的正是让欧美国家在两百年间持续强大和富裕的法治秩序。百年来，我国有过这样或那样的秩序，唯独缺乏持续有效的法治秩序，这或许是我国共和国建设史上最大败笔。

一、梁启超的忏悔

法治源于欧美并作为其立国之根本，且在制度实践中一以贯之，遂成为治国理政的不二法宝。我国人或认为只是到了 20 世纪 80 年代才体认到依法治国的价值，这是一种理解，也是一种误解。事实上，关于依法治国重要性的判断是曾经被中断了的认识，一度被遗忘的历史。举世闻名的先秦法家学说和历史实践暂且可以不谈（这段历史多被误读为需要回避的历史教训），在 19 世纪末维新变法（从 1840 年到 1911 年）的特定时期，一批改良家和政治家在内忧外患的压迫下就已经充分意识到法治国家的价值，其时不少学人以社会学的比较方法分析治国理念和方略之利弊，其见识和水准颇为精当，并非后来法律学人能够随便超越。19 世纪 70 年代，黄遵宪明确指出：

> 余观欧美大小诸国，无论君主君民共主，一言以蔽之日，以法治国而矣，此固古哲先王之所不料，抑亦后世法家所不能知者矣。①

1909 年严复的《法意》出版，在一段评论孟德斯鸠的按语中写道：

> 不佞初游欧时，尝入法庭，观其听狱，归邸数日，如有所失。尝语湘阴郭先生，谓英国与诸欧之所以富强，公理日伸，其端在此一事。先生深以为然。②

当时改良家冲破既有观念的约束，直言改变千年不变之政体而无所畏惧，其言论和话语蔚然成风，颇能形成影响后世的思想气候，以致变法维新时期等同于春秋战国"百花齐放，百家争鸣"的思想大解放时期。③ 在野学者如此，入阁理政者也是如此。在国将不国的危急时刻，张之洞提出"西学之中，西艺非要，西政为要"或"政尤急于艺"等政改主张，颇有打着红旗反红旗之嫌，孙中山也说他是"可谓为不言革命之革命家"。④ 与皇权体制以及观念相比，像"西政为要"这样的主张可谓大逆不道了。此等主张在当时以及其后是否适合中国国情是一回事，朝野上下不以妖言惑众之名取缔或惩治则是另外一回事。如果没有意识到"西政"在治国方面的有效性以及改良家对政体弊端的深刻洞察，自然喊不出"西政为要"这样有颠

① 黄遵宪：《日本国志》卷五《刑法志》序一，上海古籍出版社 2001 年版。
② 《〈法意〉按语》，《严复集》第 4 册。
③ 夏勇：《飘忽的法治：清末民初中国的变法思想与法治》，《比较法研究》2005 年第 2 期。
④ 人称张之洞在经济上倡导工业主义，文化上奉行礼治主义，政治上维护专制主义，然而，张之洞在光绪二十七年（1901）致刘坤一等人的电牍内容却令人生疑，该电牍称"西法最善者，上下议院互相维持之法也"，该电牍主张仿效英国国会上下议院制度，州县长官由全省绅民公举，并建议刘坤一等"本此意而思一可行之法"。

覆国体嫌疑的口号。然而，共和国的国体既立，始终缺乏与之相应的保障共和国安全的法治实践，以致共和国的建设事业屡屡受挫，共和国的目标也难以企及。在历史转型的关键时刻，虽不缺乏保卫共和国的仁人志士，却很难说找到保卫共和国的恰当方法。

经历了戊戌变法、辛亥革命、洪宪僭位等重大历史事件后，在五四运动前夜，从欧洲游历归来的梁启超写下既带有自我忏悔又告诫国民的一段话：

> 若是法律定了不算账，白纸上撒些黑墨来哄人，方便自己的要他，不方便的就随时抹杀，那么何必要这些法律？就有了立法权又何用呢？讲到这一点，那些半野蛮半开化的军阀不足责了，就是我们高谈宪政的一派人，也不能不分担责任。因为他们蔑法的举动，我们虽然不是共犯，但一时为意气所蔽，竟有点不以为非了。就只一点，便是对国民负了莫大罪责。我如今觉悟过来了，所有要趁个机会，向国民痛彻忏悔一番。并要劝我们朋友辈，从此洗心革面，自己先要把法治精神培养好，才配谈政治呢。①

梁启超通过对欧美国家的社会学考察，切身体会到法治作为立国根本的道理，明确提出先法治后政治的主张。当时中国社会不论军阀和宪政倡导者，往往以违法的方法维护共和体制，在梁启超看来无疑是南辕北辙之举。辛亥革命后颁布的临时约法原则上宣布了公民的权利和自由，明确了国家的义务和边界，在制度框架上体现了"千年未有之大变局"，形成了新国体所需要的基本规范。然而，无论复辟派和宪政派以非法的方法解决共和国的重大危机，致使法律所维护和保障的秩序荡然无存。法律与共和具有同构性，对此卢梭说过：

> 凡是实行法制的国家——无论它的行政形式如何——我就称之为共和国；因为唯有在这里才是公共利益在统治者，公共事务才是作数的。②

共和体制是形，人民主权是魂，这在法理上自成体系，然缺乏法治的保

---

① 梁启超：《欧游心影录》，东方出版社 2006 年版，第 96 页。
② ［法］卢梭：《社会契约论》，何兆武译，商务印书馆 2003 年版，第 49 页。

障甚或随意诉诸纯粹的权力和力量，再好的体制都会走向暴政，而从一种暴政走向另一种暴政损害的则是共和国的体格和品质。

政治是权力和力量的博弈，按此逻辑推演，世上本无好政治和坏政治之别，有的则是有约束政治和无约束政治的对立。对政治的法律约束就是法治，法治是对权力的划分、能量分配和运作实施制约的唯一非暴力力量。统治国家的权力是权力之中的权力，能否对统治权进行有效的法律制约是衡量法治国家的重要特征，也是区分传统国家与现代国家产生的必要标志。传统政治并非没有约束机制，习惯或惯例、内心约束以及道德等是对传统政治的习惯性制约力量。在某种程度上，习惯性制约力量所产生的效果甚至比法治政治还有成效，不少人因此津津乐道的王道政治就是看到了习惯性制约力量所产生的这种成效。就中国封建传统政治而言，在习惯性制约力量之外还存在着对政治的制度性制约力量，例如，具有中国特色的台谏制度既对百官行为产生了制约，也对限制君权也发挥了一定的作用。然而，无论习惯性制约行为还是制度性制约机制都是对政治的非法治制约力量，它们内在于统治权也服从于统治权，而未能成为先于或高于政治的力量。台官不过是"天子耳目"，① 对统治权缺乏有效的制衡，对此，余英时指出：

> 尽管汉儒抬出"天"来限制皇帝的权力，宋儒抬出"理"来压制皇帝的气焰，都未见有显著的作用。所以讨论中国历史的特质，我们首先要注意这个相当特殊的政治传统，这不是价值问题，而是事实问题。②

传统社会有"天理"和"情理"压制皇帝的惯例，却无"法理"的理念和传统。朱熹提出大臣有"正君的职责"，③ 但并非人人都有这样的职责，更无制度性的规范力量约束君权。与非法治政治形成鲜明对比的是，法治政治对所有参与政治的人配置了有差异却平等的规则，形成认法不认人，从法不从君的法治型规则。"从帝制转民治的要点，便是把无限制的权力（un-

---

① 《宋会要·职官》四五之四三："天子耳目，寄与台谏，而台之为制，则有内台，有外台。外台即监司是也。"台官从唐时正式设立，至宋时完善，后并入谏官以致最终消失。

② 余英时：《关于中国历史特质的一些看法》，载《文史传统与文化重建》，生活·读书·新知三联书店 2004 年版，第 140 页。

③ 参见《朱子语类》卷十六。

checked power）转成有限制的权力（checked power or limited authority）。"①
梁启超期盼的先法治而后政治的理想就是对这一规则的指认和期盼。然而，
对于那些"半野蛮半开化的军阀"而言，因为军阀政治既不能依从法治政
治的规律，也抛弃了非法治政治的约束，成为中国历史上"无法无天"典
型时期。

袁世凯复辟三天后，梁启超在"百念灰尽"之下写下著名的讨袁檄文
《异哉所谓国体问题者》。在该文中，梁启超强烈谴责袁世凯倒行逆施的复
辟行为，重申了共和国作为新国体的意义。在他看来，清末立宪改革之所以
失败，在于"夫外蒙立宪之名，而内行非立宪之实，此前清之所以崩颓
也"。指责清朝贵族阶层及其利益集团因立场阻挠行宪是不够的，介入政治
领域的政论家和政治家也要负有责任：

> 吾以为中国现在不能立宪之原因，盖有多种：或缘夫地方之情势，
> 或缘夫当轴之心理，或缘夫人民之习惯与能力。然此诸原因者，非缘因
> 行共和而始发生，即不能因非共和而遂消灭。例如上自元首，下及中外
> 大小独立宜暑之长官，皆有厌受法律束缚之心，常感自由应付为便利，
> 此即宪政一大障碍也。

举国上下官员皆以便利的功利原则各行其是，不愿受法律的制约，致使
共和国所保护的自由秩序荡然无存。以共和的方法保卫和维护共和国体正体
现政治的伦理品质，而所谓共和国的方法唯有法治而无他法。

何为立宪，何为共和？且听下面一段论述：

> 盖立宪者，国家有一定之法制，自元首以及国人，皆不能为法律外
> 之行动。贤者不能逾法而为善，不肖者亦不能逾法而为恶。

这是晚清清廷"宪政专家"杨度在其《君宪救国论》中的一段文字，
梁启超说这段文字"深叹其于立宪精义，能一语道破"，把元首和贤者都纳
入国人范围内受法律限制体现了法治国家的本义。戴雪被视为系统总结近代
法治理论的第一人，戴雪对法治的定义与杨度的法治述异而意同："全国人
民以至于君主本身都需要受治于法。倘使法律不能为政，以至于全国无法

---

① 唐德刚：《袁氏当国》，广西师范大学出版社 2004 年版，第 49 页。

律，必至全国无君主，复无任何遗产之可言"①，然而，需要反思的是在学理上深谙宪政的杨度却成为反宪政、推动帝制的最为重要的代表人物。

杨度领导的声名狼藉的筹安会成为袁世凯复辟的急先锋。筹安会的"六君子"大多是极具名望的文化精英，被世人永记的严复、刘师培赫然忝列其中。严复作为"信、达、雅"译文标准的首倡者翻译了包括达尔文、孟德斯鸠、亚当·斯密、斯宾塞等人的代表作，这些著作在今天也是文人学者绕不过去的经典。杨度、严复均是维新变法时期的代表人物，主张共和、立宪行宪一度是他们出世扬名的基本理由。令人不可思议的是，用其言论启蒙世人的文化精英在最需要坚守宪政原则的时候却反其道而行之，这不能不引起后来者的足够重视。需要不断追问的是，满脑子接受了现代化观念的中国文人何以会在历史的关键时刻反戈一击？畅言法治的人为何对人治不能忘怀？呼唤自由的人为什么在历史关键时期反而要对他人实施显而易见的专制？

虽然筹安会、宪政协进会、全国请愿劝进会等"非政府组织"都"代表"了一定范围的"民意"，但其合法性和权威性仍显不足，复辟派认识到在转变国体的问题上需要通过国民议会这一法律上的最高权力机构，完成类似于公决的程序。被人"劝进"做皇帝不同于黄袍加身的政治惯例，袁世凯复辟称帝在形式上借用了"民主选举"方法，足见民主的思潮渐入人心。1915 年 11 月，在共和体制建立四年之后，经过全国代表大会 1993 名代表的一致决议，推选袁世凯为第一位"选举"产生的皇帝，上演了一场共和国历史上的"丑剧、闹剧和悲剧"。② 在《君宪救国论》一文中，杨度赫然提出"以专制之权，行立宪之业"的"行宪"主张，此说犹如用专制的方法推行民主，用人治的方法实现法治，用恩赐的方法保障人权，制造了"专制的民主"、"人治的法治"、"奖赏的人权"等现代怪胎。以宪政之名，行专制之实遂成为近现代中国政治的主要病理，其危害性不仅在于未能有效实现共和的使命，也深深地误导了民众，阻碍了现代化在中国的进程。袁世凯等政客集团玩弄权术、强奸民意虽有不可推卸的责任，但带有士大夫气质的知识分子也应负有极大的责任。排除知识分子中"其书则经，其人则纬"（全祖望论李光地语）的机会主义因素，士大夫传统中固有的"贤者逾法而为善"的观念依然根深蒂固。

---

① ［英］戴雪：《英宪精义》，雷宾南译，中国法制出版社 2001 年版，第 228 页。

② 参见唐德刚《袁氏当国》，广西师范大学出版社 2004 年版。

二、士大夫精神与革命特权

中国传统知识分子在修齐治平的大学思维指导下充满了内圣外王的情愫，内圣与外王是一个问题的两个方面，但内圣外王本质上是某种神义论的再现。据考证，内圣外王本是道家语，原指君人南面术的神明状：

> 圣王之与神明，同义而殊称耳。……君人者，掩其聪明，深藏而不可测，此之为"内圣"。……显其度数，崇高而不可逾，此之为"外王"。①

内圣外王者扮演了道德立法者的角色，它如同高高在上的神明谦卑地向芸芸众生指明前进的道路，规范和解释他们认为可欲的生活。圣王意识不为少数人所垄断，在人人都可做圣王或素王的儒学影响下，就有了千千万万的内圣外王者，出现了"六亿神州皆尧舜"的壮丽景观。既然都是圣王，人人行善促善，又何需暴恶的法治？富勒郑重其事地说过："在一个由天使组成的社会中，法律就没有必要存在了。"②然而，与理想中的圣人社会相反，历史呈现的现实却是从人们似乎总是暴露在争私利、好争吵以及爱议论当中。仅有内圣的情结倒也无妨，但将这一情结外王化则具有了威权的特质，它让胜王败寇的逻辑更加凸显外，成就了与现代社会精神格格不入的专制局面。人人皆为尧舜式的立法者不会导出现代民主立法的景观，内圣外王开出的是圣人正义论，而不是自由民主正义论。

> 圣人正义论是圣人制法，进而法依圣人，使法律制度成为具有政治权力的圣人意志的工具。圣人（无论其含义是个人、阶级还是民族）相信自己的道德天性，以为尽心知性即可得天义和天理。③

从孔（《易传》）、孟（《万章》）、荀（《王制》）经春秋公羊传、春秋纬、孝经纬到心学的内圣外王，圣人正义论一脉相承、一以贯之。

---

① 张舜徽：《周秦道论发微》，中华书局 1982 年版，第 65 页。
② ［美］富勒：《法律的道德性》，郑戈译，商务印书馆 2005 年版，第 66 页。
③ 刘小枫：《儒家革命精神源流考》，上海三联书店 2000 年版，第 103 页。

原始儒家教义以仁作为立意的基础，强调内在规范性约束，较少讨论甚至鄙视外在性的规范体系。后世儒家引法入礼，用外在性规范弥补内在的规范之不足，但求证的仍是内在性规范的完美和高尚，正是在这一点上，后世儒家本在应当反思的时刻却戛然而止。内在性规范（譬如良心、自明或自我克制等）的重要性毋庸置疑，但其有效性一旦超越了自我或本我主义的关系而走向人与人之间的利害关系，则往往有失去控制的危险。相比而言，出于对人性的经验观察，麦迪逊假定，如果不受到外部制约的限制，任何既定的个人或个人群体都将对他人施加暴政。对任何个人的"外部制约"，包括奖励和惩罚，或者对奖励和惩罚将要发生的预期，来自其他人而不是既定的个人自己。[1]内圣外王高调抛弃了外在制约规则，无限放大了内部制约的有效性。

需要真正反省的是儒家教义中的革命精神。刘小枫指出："内圣外王根本就是儒家革命精神的核心，而这核心中的要核与华夏政制文教一体相系。"[2] 开启了华夏文教源头的汤武革命成为枪杆子里面出政权的最早范本，更被历代儒家大儒阐释为奉天承运、以德配天的典范。孟子美化汤武革命的言论引人注目："贼仁者谓之贼，贼义者谓之残。残贼之人谓之一夫，闻诛一夫纣矣，未闻弑君也。"[3] 春秋战国时期天下大乱，礼崩乐坏，其世态景象正如孟子所描述的那样："世衰道微，邪说暴行有作，臣弑其君者有之，子弑其父者有之，孔子惧，作《春秋》。"对汤武革命做出正当性处理正是使"孔子惧"的原因之一，孟子篡改了孔子的真意由此可见一斑。如果联想明末清初唐甄在其《潜书》中"自秦以来凡为帝王者，皆贼也"的判词，秦以来的所有政权无不具有独夫民贼的属性，革命论的唱腔也延续了几千年而不绝于耳。

梁启超为什么认为高唱宪政的人也要对法治不畅负有责任呢？无论当时的维新派、革命派，抑或保皇派都或多或少带有士大夫的气息和特征，留存或保持了士大夫的传统精神，这一点恰恰与共和的法治理念背道而驰。士大夫的传统精神昭示了以道为己任的天下为公成例，作为这一精神的担当者无不以仁慈的素王形象作为安身立命的根本。在士大夫眼里，人民始终是被救

---

① 参见［美］罗伯特·达尔《民主理论的前言》（扩充版），顾昕译，东方出版社 2009 年版，第 14—16 页。

② 刘小枫：《儒家革命精神源流考》，上海三联书店 2000 年版，第 66 页。

③ 《孟子·梁惠王下》。

济和需要拯救的对象，缺乏宪政理论所要求的主体资格和身份，延续着早已存在的家长制思想和青天意识，只不过这一次借助了宪政名目。余英时揭露说：

> 一位西方思想家在二十世纪末曾对中国知识人的这种精神感到惊讶。他指出中国知识人把许多现代价值的实现，包括公平、民主、法治等，看成他们的独有的责任，这是和美国人大相径庭的。在美国，甚至整个西方，这些价值的追求是大家的事，知识人并不比别人应当承担更大的责任。[①]

在轰轰烈烈的共和运动中，真正的统治者仍然是饱读诗书的士大夫阶层，他们既是文化精英也是政治精英，在这种格局中，宪政制度中缺乏大众应有的位置，这也是中国传统士大夫精神与宪政冲突的主因。

天道理论虽然不具有宗教性质却具有神性的因素，从天道向人道的转变也是从神义论向人义论的转向。现代性的降临让人类社会失却了超验意义上的"天"，取而代之的则是世俗的"法"，从而进入"有法无天"的历史阶段。就中国的情况论，以"王道安危"为主线且延续了两千多年的帝制在1911年走向了终点。共和制终结的不仅是改朝换代的历史革命循环论，也终结了支配这一规律的"天道"，而唯有终结支配改朝换代合法性的天道基础才能彻底结束历史革命循环论。与王道相对应的不是霸道而是人道，后者将个人权利和自由置于政权合法性的顶端，只是在这个意义上，中国社会才中断了传统社会的循环论而步入现代性的新时代。人道政治以人民主权论为核心和要义，以民主和法治为方法论，反对一切暴政和专制，更为重要的是，人道政治剥夺了士大夫的革命特权，让他们不再是理所应当的民众代表人。在历史进步论者看来，现代性社会的任何人要从事救济天下的事业，首先应当获得民众的授权和认可，而在这样做的时候，他们不再享有圣人的美誉，而只是普通民众认可并经他们同意的代理人。无论是"六经注我"者还是"我注六经"者都被剥夺了往日才有的"为万世开太平"的想象和特权，他们的所作所为都要在"人法"面前接受审查。与此同时，标志"天道"的一系列因素（这些因素包括但不限于尧舜、汤武、周公、素王等）

---

① Michael Walzer, Thick and Thin, Moral Argument at Home and Abroad, University of Note Dame Press, 1994, pp. 59 – 61. 转引自余英时《士与中国文化》，新版序，上海人民出版社 2003 年版。

随着共和国的建立逐渐失去其正当性和合法性。

中国传统士大夫精神的最高理想是"学而优则仕"，在"士"与"仕"之间有着天然的纽带。经科举参与政权的仕人形成了一个独特的专门集团，该集团以皇权为中心，在抽象和具体的"天"的指导下从事着"治国、平天下"的专业。然而，放眼望去，在历史的地平线上存在的是芸芸众生，是沉默的大多数人，他们中的大多数人是日出而作、日落而息的农耕者。这些被孟子视为"无恒产也无恒心"的人既没有参与政治的资格，也缺乏参与政治的能力。事实上，在几乎自治的状态下（皇权不下县既是民间自治的体现，也是皇权无力统治广袤疆域的无奈举措），他们也缺乏参与政治的兴趣。① 农民的日常生活只要不受外界的强烈干预就会世世代代过下去。除了极其罕见的大规模暴力冲突，农民的日常政治乃是他们作为弱者利用"弱者的武器"而实施的"假装的服从"，只要生活还可以在最低层面维持并且没有威胁到基本的生存，生活"还可以过下去"，这种假装的服从就不仅必要，也理所应当也成为日常政治的重要组成部分。历代的农民革命恰恰证实了这样一种普遍的观察和理论，斯科特观察到：

> 就其真正发生时的重要性而言，农民叛乱是相当稀少的——更不用说农民革命了。它们大多数被轻而易举地粉碎，即使非常罕见地成功了，令人悲哀的是其达到的结果也很少是农民真正想要的。无论是哪种革命的成功——我并不想否认这些成果——通常都会导致一个更大的更具强制力的国家机器，它比其前任更有效地压制农民以养肥自己。②

这种表述对东南亚农民起义有效，对中国历史上的农民起义也同样适用。对一个农业社会而言，农民所参与的大规模武装斗争不是日常生活的常态。如同在动物界，只要不受人类的干预，动物们就会在自然法则的支配下有序地生存。在中国的农业社会中，农民与其说是社会人，还不如说是自然人，他们需要的是符合自然的"法"，而不是更符合社会的"天"。然而，天道则被掌握了话语权的士大夫阶层垄断，在对天道的解释中，士大夫精神

---

① 余英时回忆说，20 世纪 40 年代中期，五四运动已经经过去了二十多年，但所谓的新思潮仍然浮在大城市的知识分子层面，并没有进入广大的农村，连陈独秀的故乡及其临县的人也都不理解他的"革命思想"，见余英时《中国文化的重建》，中信出版社 2011 年版，第 73 页。

② ［美］斯科特：《弱者的武器》，郑广怀等译，译林出版社 2007 年版，前言。

的人法因素悄悄地掺杂在了天道之中，以致道不是那个道，法也不是那个法了。

　　共和体制确立了近现代中国国家的历史合法性。以共和制为基石建立的一系列国家和社会制度成为衡量一切行为合法的标志，它包括遵循共和体制和用法治的方法维护共和体制两个方面。用共和国的方法保卫共和国，就是用法治的方法保卫共和国，但此等认识在我国共和国发轫时期并非人人可知。民国初年，由国民党发动的二次革命开始了以暴易暴、武力解决合法性的先例，① 仅从法治标准看，袁世凯僭越共和制复辟称帝是一种违法行为，护国运动的人士以武力护法也是一种违法行为。护国运动只在革命的意义上才具有正当性，但以武力护法重启了革命与法律之间长久冲突的历史难题。②

　　通过武装斗争恢复革命者心中的目标，推翻被认为是非正统的统治者，这在文化渊源上继承了"讨逆"或"清君侧"的历史传统，秉承了具有历史合法性的汤武革命精神。汤武革命的实质是用革命的方法改朝换代，顺应天命。在共和国的历史背景下，天的担当者被转化为人民，替天行道也被转化为替民行道，人民被置于天的地位。在这里，天虽然是遥远的存在，却不是不能把握的彼岸之物，当胜利者获得政权以后，天的实质内容就会以某种追认的方式得以确立，天因此从抽象走向具体，从天上来到人间。然而，人民不是天，只是被形式化了的天。如果只在形式上替代了天，维护民威的方法仍旧与维护天威相同，而在维护天威的方法中，革命始终具有合法性。护国运动用传统的方法维护和更新共和国体制没有也不会达到它可欲的目标。用革命的方法维护共和体制，不同于用革命的方法建立共和体制，其结果仍然是革命的成果，而非共和国的成就。

　　如果用解释天命的方法阐释共和国的机理，恰恰落入了旧有的方法。在这方面儒家以礼治国的方法论中表现得尤为突出。儒家既重视以周礼为核心的制度规范，也重视修身达道的个体自觉。《大学》云："自天子以至于庶

---

　　① 关于二次革命以及"宋案"所带来的严重后果，唐德刚指出："在民国史上政争不循法律途径，而用枪杆，这是第一次。袁（至少是袁党）之杀宋，是一错；而国民党之以暴易暴，兴兵倒袁，则是再错。……一错、再错之后，此例一开，接着三错、四错随之而来，就变成武力之上、军阀混战了。"见唐德刚《袁氏当国》，广西师范大学出版社2004年版，第65页。

　　② 1915年蔡锷等人发起了著名的旨在恢复共和体制的护国运动。云南起义誓师大会上的誓言代表了护国者的心声："誓与民国同生死，誓与四万万同胞共生死，拥护共和，反对帝制，中华民国万岁。"

人，壹是皆以修身为本。"在儒家看来，倘若不是把修身作为立国之根本，礼崩乐坏的局面将长期存在。依礼为准则作为修身者无不以自我立法者的角色自由阐释礼的含义，期间充满了意念、个人意志、心性等规范性力量较弱的特征，而在文化融合的过程中，道家的道法观念和经过改造的佛学（特别是禅宗）强化了个体自我立法的力量和功能。

就社会理论而言，修身者通过修身自觉约束了自己，在自我行动中实现了天、地、人的高度统一，凡此可以提高人类社会总体的善，不失为社会进步的重要途径，自觉修身者保证自身不作恶，并在此基础上推行善与人同的利他主义方案，推动了社会和他人的幸福和福祉。不过，对善、道或礼的自我阐释和自我行动并非总是一致的，相互之间的冲突和对立也屡见不鲜。若用其中一种理解作为全体人都遵循的规范，除非他人也恰好有了同样的理解和自觉的服从，否则将会导致修身者相互之间的内部冲突。修身者把自己理解的善果外化为行动，如果不是通过榜样和示范的力量，对善的推行往往会容易借助于强制的手段，在这些手段中不乏起义、战争和革命等。只是基于良好的动机和目的，就使有些修身者看来，既然我是为你好，而你修身不够，我为什么就不能用自己的方式救民于水火呢？在实现这些善的方法中，修身者事先设计好了确立的明确目标，为此目标的任何手段都被证明是合理的，即使在实现这一特定目标过程中一度证明某一个手段是错误的，但随意的转化手段也未尝不可。这种用强制的方法推行"为你好"的逻辑恰恰落入了不折不扣的家长制的总体范畴。

三、体用说的逻辑

在中国历史上，旨在改朝换代的起义无不扛起了替天行道的大旗，然而，改朝换代改的是"天子"而不是"天"。辛亥革命独自采用了现代性话语不仅否定了"天子"，也改变了"天"，正所谓天道变，人道也随之变。这个重大变化可用杜牧论盘子走丸说作出解释：

> 丸之走盘，横斜圆直，计于临时，不可尽知。其必可知者，是知丸不能出于盘也。[1]

---

[1] 《樊川文集·注孙子说》卷十。

丸不出盘在于盘始终存在,除非盘被打烂,盘中之丸始终没有出盘的机会。不过,倘若崩盘使盘中之丸竞相出局,丸是否仍为丸也是值得怀疑的。丸需要有"横斜圆直"的行动自由,当原有之盘不能够提供如此自由,就需要造就新盘。儒家所倡导的旧式革命或"反贪官不反皇帝"或"反暴君不反帝制",结果仍是盘中丸缺乏长久"横斜圆直"的行动自由。辛亥革命因其反帝制造就了一副横跨中国历史新的历史之盘,使得原有的盘中之丸一夜之间过渡到新的盘面上,新的历史起点就这样形成了。然而,新的历史之盘却因中体西用的解释论和不断革命行动论而迟迟未能构建完工,以致那几万万个丸一度徘徊于新旧历史之盘中,既不能"横斜圆直"于临时,也不能于长久。

中学为体,西学为用是晚清名臣张之洞的名言。对于一个既要改变现状又要维持传统的社会而言,中体西用说代表了近代中国主流意识形态,成为近现代改革家的指导方针和行动指南。西学不仅指代表坚船利炮的科学技术,也包括促成科学技术产生的制度因素,对西学的这种认识虽然来之不易,但在晚清变法路线中逐次得到认可。其实,最令人困惑的问题还不是对西学的认知问题,而是对待中学的态度和如何安放中学的问题。传统中学包括义理、经济、考据、词章四科,义理为中学之重,称为真正的大学自然不为过。熊十力解释道:"四科之中,义理居宗,而义理又必以六经为宗。"①可以认为,支撑中体的就是以义理为中心的经学体系。经济、考据、词章三科在义理之学的框架下生存和发展并且产生了阶段性的辉煌,为此亦体现出它们内部之间的体用辩证关系,即义理为体,经济、考据、词章为用,后三者作为日常之用无不践行了义理精神。然以西学之用替代经济、考据、词章之用,或在经济、考据、词章之用之外增添西学则产生了巨大矛盾。熊十力质问道:

　　　　中学有体而无用,将何以解于中学亦自有经济考据诸学耶?西学为有用而无体,将何以解于西人本其科学哲学文艺宗教之见地与信念亦自有其人生观、宇宙观?理解所至,竭力赴之,彼自有其所追求和向往之深远理境,非止限于实用之知识技能耶?且无用之体,与无体之用,两相搭和,又如何可能耶?②

① 熊十力:《读经示要》,上海书店出版社 2009 年版,第 6 页。
② 同上。

无论中体西用或西体中用都会出现无用之体或无体之用的尴尬局面。由此看出，所谓的中体与西用本不相容，且大有冲突之势，这或许是无数胸怀大志的改革家心中永远无法道出的苦痛。在国将不国的危局下，中体西用说的意图与其说为了维持中体，不如说为西用的正当性开启方便之门，这样的口号和言论比之早期维新派"托古改制"说自然是前进了一步。

在中外历史上，以人民的素质、智力或财产等未达到治国理政的程度成为少数政治或文化精英剥夺民众参与政治的通例。孙中山及其国民党在民国执政时期的训政说十分能够说明问题。1920 年 11 月 9 日孙中山在上海中国国民党本部会议的演讲中专门解释了他的训政理论。

> 须知共和国，皇帝就是人民，以五千年来被压做奴隶的人民，一旦抬他作其皇帝，定然是不会作的。所以我们革命党人应该来教训他，如尹伊训太甲样。①

尹训而不是社会契约论是孙中山共和理论的基础，但与尹训不同的是，"孙训"是在人民还没有做皇帝的时候就断定人民还不会做皇帝，它在政治实践产生了著名的"军政"、"训政"和"宪政"等孙训三原则。② 孙训的实质是圣人正义论所倡导的"帝王师"或"先知先觉者"，教训者的对象是"未成熟的人民"，后者有待于被引导、被教育和被教训，至于人民什么时候成熟起来以及什么时候"亲政"则取决于训政者的判断，正如尹伊看到太甲"改邪归正"后被重新引入到权力中心的位置。

在中国传统政治思想史中，民众常常被描述为等待圣人降临的无头脑的肉体，经典的中国传统国家起源观一直在重复这样的观念。一旦民众做主的时代来临，民众固无共和的知识和能力，然而，民众又何曾有过学习和掌握、资格、机会和条件？维新变法时期的严复对此有深刻的理解和批判。在《辟韩》一文中，他反对把救民于水火的圣人抬高到超人的地步，他质问道：难道圣人们是带着羽毛、鳞介或爪牙降临到世间的吗？难道他们没有受

---

① 叶匡政编：《孙中山在说》，东方出版社 2004 年版，第 127 页。孙中山把人民称为皇帝，毛泽东在《愚公移山》也表达了同样的观点："我们也会感动上帝的，这个上帝不是别人，就是全中国人民。"

② 二次革命后，孙中山在组建新党时要求入党人员宣誓，誓词中有"如离开我而讲共和，讲民主，则是南辕北辙"一语，又有"再举革命，非我不成"等诸语，参见唐德刚《袁氏当国》，广西师范大学出版社 2004 年版，第 102 页。

到过寒冷、疾病以及凡人的其他一起沉浮变迁之苦吗？倘若他们是与其他人同样的人，那他们是从哪里获得特殊的智慧的呢？倘若人们真是不得不等待圣人们教给他们最起码的入门文化，那么在圣人到来之前，他们不早就已经灭绝了吗？① 与其说严复认可了韩非子关于"千世而一出"的圣人罕见论，不如说回到了由经验可以证实的公共理性，成为当时为数不多的质疑皇帝未着装的中国男孩。

他人需要引导和需要引导他人都是人类启蒙之前的实用状态，但这种状态根本上与启蒙精神背道而驰的。康德指出：

> 启蒙运动就是人类脱离自己所加之于自己的不成熟状态，不成熟状态就是不经别人的引导，就对运用自己的理智无能为力。当其原因不在于缺乏理智，而在于不经别人的引导就缺乏勇气与决心去加以运用时，那么这种不成熟状态就是自己所加之于自己的了。②

不能够做出判断的社会成员固然需要启蒙，但是，自诩可以为他人做出判断的人也需要启蒙，代替他人的"先知先觉者"剥夺了他人自我判断和自我决定的资格和自由，使他人先天地成为民法上的无行为能人或限制行为能力的人，因而，"被启蒙"的行动一开始就违背了社会契约的签订、履行及其精神指向。

辛亥革命后，以帝制为标志的中体土崩瓦解，随之建立的是中国人所不知乃至陌生的共和体制。共和体制是现代性的产物。现代性不等同于西方性，现代性作为包容性更广的范畴囊括和超越了西体。把共和国建制称为现代性建制更为妥当，发轫于西方社会的现代性不是"地方性知识"的汇集，也不是西方范式特殊化的结果。资产阶级革命以前的西方也需要通过变革和同样艰难的适应过程才能步入现代性轨道，在 20 世纪前后，即使对西人而言，共和国建制也是新鲜事物，这也解释了西方社会的现代性仍然是"一项未完成的方案"（哈贝马斯语）。

共和国建制再造了新的公共权威，它要求在公推的权威下实施国家权力的和平过渡和交替，终结不断革命循环论。共和国的公共权威既不是天

---

① 《严复集·辟韩》，中华书局 1986 年版。
② ［德］康德：《什么是启蒙》，载康德《历史理性批判文集》，何兆武译，商务印书馆 1991年版。

赋的，也不是什么圣人自修来的，而是由公民共同约定公推出来的人间权威。无论其形式和规模如何，共和国建制都要求以理性的方法解决政权的合法性问题，以便实现卢梭在《社会契约论》一书中所要解决的核心问题：

> 要寻找出一种结合的形式，使它能以全部共同的力量来卫护和保障每个结合者的人身和财富，并且由于这一结合而使每一个与全体相联合的个人又只不过是在服从自己本人，并且仍然像以往一样地自由。①

共和国建制作为这样一种结合形式，通过将每一个结合者的权利让渡给全体，形成公意和公共权威。社会契约论是以承认人的自然权利为前提的现代性假设命题，它否弃了一切超验的权威和神义论观念，确立了现代国家合法性的基础，结束了自然状态下各自为政的无政府主义，为人人平等的社会提供了新的理论基础。然而，强调人的自然权利对社会契约论的重要性还是不够的，倘若人人享有的自然权利不能以契约的方式转让给一个实体，自然权利就没有保障。因此，不仅主张人们享有自然权利而且要求人们转让自然权利就成为社会契约论前后相依的内容。中国传统士大夫对社会契约论既无深刻理解的历史环境，也缺乏认同的基础。就传统士大夫的精神实质而言，人民是被救助的客体，而不是依据自然权利可以自救的主体。人民既无自然权利，也无可以转让的自然权利以致可以形成现代性的政府和国家。在此意义上，无论中体西用说还是西体中用说都缺乏说服力，以张之洞为代表的传统士大夫型的改革家从一开始就没有步入现代性的洪流当中。

四、知识分子的反抗与守法精神

传统士大夫不属于现代知识分子原因之一，乃在于前者始终没有忘记参与政权的心态和抱负。传统士大夫在救济天下的圣人情结中向往与君共治的理想政治生活，即宋代文彦博所说的"陛下与士大夫共治天下"。士大夫与君共治有君师、君友、君臣三种形态。君师确立了士大夫对君主所要承担的指导和启蒙的地位，② 君友关系则强调士与君之间的平等和谐的滋润功能，

---

① ［法］卢梭：《社会契约论》，何兆武译，商务印书馆 1982 年版，第 16 页。
② 《礼记·学记》称："君之所不臣于其臣者二……当其为师，则弗臣也。"

而君臣关系则被纳入典型的官僚制范畴之中。君师、君友和君臣关系形成的基础或有不同，君师看重的是"迎请"、君友强调"受托"、君臣基于"受雇"，但都显示了士大夫参与政权的深浅程度而不是有无的问题。① 不论何种关系，都无法摆脱士大夫要么私下要么公开地与政权合作的性质，即使那些心在庙堂而身在江湖的士人也从另一个方面体现了士大夫的在场情结。

鉴于学而优则仕这一被积极倡导的学术和政治主张，中国传统文化具有引导和鼓励士人参政的制度因素，然而，在士人入阁的情况下，如何调整"道"与"势"的关系则始终缺乏制度性答案。一旦"道"与"势"发生冲突，士大夫就难以像独立的士那样毫无顾虑地批判君主，更不用说君主权势的构成要件中就包含了君师、君友和君臣合谋因素。君师、君友和君臣关系下的士大夫并非一定丧失了守道的精神和操守，但身为帝师、帝友或帝臣本身就凸显了士大夫与政权不得不妥协性的一面。掌握政治权力的士大夫既体现了权势，也分享了权势可能带来的利益，这些利益被墨子精确地概括为"富之、贵之、敬之、誉之"，按今人的话，就是财富、权力、地位和荣誉。因此，如何坚守"从道不从君"的守道原则始终是士大夫面临的人生困境。

在与政权的合作问题上，孔子退出从政生涯后给出了明确答案："笃信好学，守死善道。危邦不入，乱邦不居。天下有道则见，无道则隐。"② 恪守善道者不仅至死不渝，洁身自好，更重要的是要与无道的危邦划清界限，采取消极的不合作态度，保持真正的士所具有的独立人格和尊严。按照历史无善邦的逻辑，士在原则上就要坚守不与政权合作的立场，儒家对后世知识分子风骨的塑造很大程度上就体现在这个方面。

士与士大夫的重大区别在于前者始终作为政权的局外人而在天地间游走和著书立说。士的总体特征是"游"，按照余英时的理解。"游"至少有两层含义："第一是周游列国，寻求职业；第二是从封建关系中游离出来。他们代表着中国史上知识人的原型。"③ 现代知识分子从代表保守、权势和不变的封建关系中脱离出来之后，就具有了圈外人和流亡者的身份。流亡是一

---

① "中国的士尽管有超世间的姿态，但始终属于统治阶层，具有统治意识，'劳心者治人'，也就是说中国知识人是在政治体制（意识）内部做监督和批评，他们的自我自制在于依靠儒家道德实践和心性修养的提升。"见朱坤容《杂志与思想：近现代日本知识人的一个侧面》，《读书》2011年第10期。

② 《论语·泰伯》。

③ 余英时：《士与中国文化》，上海人民出版社2003年版，第602页。

个真实的情境，也是一个隐喻的情境。萨义德指出了现代知识分子游的流亡特征：

> 流亡就是无休无止，东奔西走，一直未能定下来，而且也使其他人定不下来。无法回到某个更早、也许更稳定的安适自在的状态。而且，可悲的是，永远无法完全抵达，永远无法与新家或新情境合二为一。①

流亡的隐喻情境更像是寻找永恒精神家园的旅行。在春秋战国时期，主要由士人的积极参与造就了"百花齐放，百家争鸣"的伟大的思想解放运动，但唯有让士作为列国的圈外人而不是局中人才能够成就这一历史功绩。

士的自由流动性（free-floating）成就了士拒绝服侍政权的气节和独立人格品质，但倘若缺乏"士志于道"的远大抱负，士的"游行"、"游说"和"游侠"的流动性标准就会失去行动的方向。道是士的根本大法，也是士赖以生存的最高准则，失掉了道这一大法，也就失去了士赖以存在的合法性基础。士的守法精神就体现在这种守道弘道的历史运动当中，而守道的方法之一便是批评无道的政权，乃至不惜"贬天子"。孔子说："天下有道，则庶民不议。"虽然士、农、工、商共同作为"庶民"均有发表公论的资格和权利，但"议天下"却是士的专职和职业伦理，其典型的代表是稷下学宫派的"不治而议论"说。②"不治"是指"无官守"，它无意与政权一道筑起官僚政治，士人通过自由的立场批评政治，维护了道德和社会正义。

在西方社会科学中，自然法表达了善的普遍性和抽象性，体现了一定社会阶段的正义原则，成为向具体的经验世界输送合法性的最终依据。自然法提倡者的最初的立论主要在于反对教权，实现人间秩序的世俗化和合理化，为了实现这一目的，却产生了维护君权的理论旨趣，在斗争策略上只有坚守君权才能抵制教权，君权代表了世俗的权威和秩序，但君权的合法性来源于人民授权而不是上帝。因此，经过社会契约论的包装和设计，以君权为代表的法律秩序便具有了牢不可破的效力，尽管该效力在理论上仍然需要接受自然法的检验。

---

① ［美］萨义德：《知识分子论》，单德兴译，生活·读书·新知三联书店 2002 年版，第48 页。

② 参见《史记·孟子荀卿列传》。

恪守实证法就等于认同了宗教革命之后的自然法，这种寓自然法于实证法之中，以及通过实证法维护具有人权内容的自然法，让包括知识分子在内的西方社会成员体悟到守法的必要性和可能性，强调了人人守法的自觉性以及必然性，既然君王也是人，自然也和其他人一样负有守法的义务。① 强调君主和其他人一样守法使西方的君主体制具有了法治的因素。宗教革命作为一次性革命完成后，人间的法律秩序虽然不是完美无缺的，恶法也时时再现，但完善法律品质和取缔恶法的方法已不是摧枯拉朽的革命，而是要通过法治的方法做"修修补补"的功课。恶法也要遵守，恶法也是法，这就是一次性革命留下的最大成果之一，它继承了西方知识分子从苏格拉底就开始形成的守法传统和以身殉法的守法精神，由此开创的公民不服从也成为恶法向良法改进的重要方法。

承认人的不完美性、理性不及以及需要控制而不是消灭人的欲望开出了西方社会法治理论的现实基础。在人人都不是完人的经验主义前提下，坚守人间秩序的最低限度为法律治恶说提供了依据，这与儒家的内圣外王论形成了鲜明的对比，也导致了东西方社会对治国态度和方法上的差异。法律与国家的同构性指向依法治国而不是以德治国。法律重在惩罚，道德旨在奖赏。惩罚的标准是具体、规范和易于操作的，相比而言，道德的标准则是模糊、宽泛和难以精确操作的。在很多情况下，我们或许知道什么是最邪恶的事物，却很难对什么是最完美的事物达成一致意见。富勒说：

> 我们可以适用更为客观的标准来衡量对刚好符合要求的表现之偏离，但是要用这种标准来衡量接近完美的表现却很难。正是在这种常识性的观念的基础上，我们建立起我们的制度和惯例。②

法律治恶的观点及其制度设计虽然降低了人的完美性、减少了道德总量，却迎合和关照了主要由市场经济所带来的世俗化社会的法则，克服了暴力行为所导致的无政府状态。在这个意义上，法治社会尽管不是完美的社会，却有可能或必然是安全的社会。因此，只要法律平等适用于每一个人，

---

① 据考证，君主（rer）这个头衔本身源于行正当之事，即依法（recte）行事，转引自［美］爱德华·S. 考文《美国宪法的"高级法"背景》，强世功译，生活·读书·新知三联书店1996年版。

② ［美］富勒：《法律的道德性》，郑戈译，商务印书馆2005年版，第39页。

"弃灰于市者斩"的规定也不显其残酷，相应地，如果法律面前不平等以及社会中的有些人在同等条件下可以不接受法律的制裁，对故意杀人者只给予6个月拘役也是"刻薄寡恩"的表现。

五、好人行为有效论

人生而自由，但却无不在枷锁之中，这是卢梭对人的真实生存状况的准确描述，也表达了冲破枷锁走向自由的人类理想，若将这句话改为"人生而自由，但却无不在规则之中"也一样真实有效。支撑西方社会发展的自由主义是法治自由主义，那种无拘无束、逍遥自在的中国道家式自由观却不曾出现。边沁指出：

> 在一个法治的政府之下，善良公民的座右铭是什么呢？那就是严格的服从，自由地批判。①

逍遥式自由不同于法律下的自由，前者毋宁是一种自在自为的天然状态，而后者则强调规范意义上的有条件的自由，因此，先学会服从法律，然后提倡和争取自由，这是我国直到今天也需要努力学习和借鉴的"其他民族的优秀的先进文化和观念"，但这种观念只有在国家治理的层面才是有效的。制约人之行为的规则大致可以分为自然规则和人为规则两个方面。自然规则包括自然规律以及模仿的自然规律，后者因为被认为是"自然而然"而具有了自然规律的性质。自然规律适用于自然界或物理世界，模仿的自然规律则适用于社会世界。模仿的自然规律包括伦理规则和道德规则，它们都因带有"自然禀赋"而成为社会法则的重要组成部分。伦理规则基于血缘关系作用于熟人社会，它支配了家或拟制的家这样的具有自然情感意义上的人类共同体。在人类历史相当长的发展时期中，从家出发界定和规范人与人之间的关系形成了蔚为壮观的伦理哲学、伦理经济、伦理政治和伦理宗教。在家的隐喻之下，伦理规则成为先于一切意识形态和政治行动的出发点和归宿。

随着人类交往范围的扩大和生产力的逐步提高，尤其商品经济在各个时代、各个民族之中或其相互之间展开后，只适用于特定人群和共同体的伦理

---

① ［英］边沁：《政府片论》，沈叔平等译，商务印书馆1977年版，第98页。

规则需要用"人"的概念做出补充,即发展出适用普遍的人的规则。道德规则就是关于普遍的人的观念、实践及其法则,有关人类意识的讨论、性善恶理论等确立了道德哲学、道德经济、道德政治和道德宗教的性质和走向。伦理规则和道德规则假定人的先赋性和自然性,这样的认识使它们与自然规律产生某种联系,以致认为这是自然规律的组成部分了。既然自然规律不是人力可以改变的,那么模仿的自然规律也应当不可改变。一旦伦理规则和道德规则具有了自然规律的属性,在天、地、人之间就产生了相互的关联性,为天人共存的观念和学说奠定了基础。

传统哲学因其非科学的思维易于走向"寻根"的不归之路,这既是亚里士多德"创造起源"的哲学方法,但何尝不是中国传统哲学"言必称尧舜"的思维路径?从天的想象到尧舜正义再到"圣人满地跑"的诗化浪漫,无不影响和支配了中国传统学术的科学转型。历代具有良知的士大夫在"外王"难以企及之后,向内开拓并彰显"内圣"的一面,其言其学虽不乏人文关怀和人性的光辉,但也容易走向大而化之的不实之论。"由于这种思维模式均带有彼岸和终结关怀特征,即'念头不在世道上'(顾宪成语),因此,它除了能够增进想象水准和提供思辨能力外,对于实际问题的解决,却少有成效。朱熹无所不包的'理'与王阳明囊括一切的'心',就不切实际的意义上讲已难分轩轾。"① 在《逍遥游》中,惠子批评庄子之言"大而无用",司马谈不留情面地认为"儒者博而寡要,劳而少功,是以其事难尽从"。传统学术以大而全的面貌出现,其极端局面产生了梁漱溟指出的中国学问有术无学的面向:

> 凡是中国的学问大半是术非学,或说学术不分,离开园艺没有植物学,离开治病的方法没有病理学,更没有什么生理学解剖学。……既无学术可以准据,所以遇到问题只好取决于自己那一时现于心上的见解罢了。从寻常小事到很大的事,都是如此。中国政治的尚人治,西方政治的尚法治,虽尚有别的来路,也可以说是从这里流演出来的。申言之还是艺术化与科学化。②

对人的行为及其活动领域进行分类并配置相应的规则是社会科学产生

---

① 韩东育:《道学的病理》,商务印书馆 2007 年版,第 31 页。
② 梁漱溟:《东西文化及其哲学》,商务印书馆 2006 年版,第 36 页。

发展的主要线索。与自然科学一样，社会科学作为科学对于事物和行为的观察和总结不是"综合分解"的学问，而是"分解综合"的产物。不同于注重事物整体结构下关照个别事物的综合分解方法，分解综合方法从不能再分割的个体元素出发并通过这些元素的排列组合判断整体事物的合法性，从而获取一种系统的思想。① 前者是传统哲学的方法，后者是政治科学的方法。作为近代政治科学的奠基人之一，霍布斯最早系统地利用了科学的方法探讨人的行为，而且他一直为自觉应用自然科学的方法而自豪，毕生为之呕心沥血。他高度赞扬几何学以及价值，号召道德哲学家向几何学家学习：

> 对人类行动模式的认识，如果能像数字关系一般确切，普通人对权利和不公的谬见所维系的野心与贪婪，就会失去力量，人类就可享受可靠的和平，（除了人口增长所引起的争夺地盘）人类似乎不太可能陷入战争。②

政治科学的方法完成了人之思维方式从一团蒙昧混沌的"非理性"走向清晰明澈的"理性化"过程，导致了从"自然哲学"向"科学哲学"的转变。列奥·施特劳斯认为，霍布斯的政治哲学采用科学方法所取得成就比之伽利略和笛卡尔创建近代科学的地位要逊色，但仍然是不可忽视的特色。③ 科学方法要求具备专门的研究领域以及与该研究领域相匹配的研究手段，形成合乎科学学科分化的规范模式，以解释特定领域事物发展的现象和规律。

虽然世间事物的道理都是相通的，但对于具体事物而言都有其特定的发展空间和领域，离开了事物赖以存在的特定空间和领域，对特定事物的理解就是不完整甚至是错误的。政治科学想要成为一门科学就应当对人的行为领域做出界分，并在被分化的领域中研究特定行为的运作规律和发展方向。中

---

① 何怀宏指出了"系统"和"分析"与"博"和"专"关系上的差异，批评了国人学者缺乏思考理论的能力的一个成因，"传统所说的'博与专'、'通人与专家'太偏重于知识，其目的常是一种狭义的学术成果：积累、说明和解释材料（且主要是历史材料）。而我所说的'系统'与'分析'则主要是关涉到如何正确地思考，其目的是产生一种有意义的思想理论。"见何怀宏《良心论：传统良知的社会转化》，上海三联书店1994年版，第395页。

② ［英］霍布斯：《论公民》，应星等译，贵州人民出版社2003年版，献词。

③ 参见［美］列奥·施特劳斯《霍布斯的政治哲学》，申彤译，译林出版社2001年版。

国传统哲学在起源时就注意和适当划分了人的行为领域，也提出了不同行为领域的规则，只是由于政治的强行干预，在"分解"还没有完全完成时就开始了"综合"的工作。需要着重讨论的是修齐治平作为中国传统哲学划分和规范人的行为的经典方法和路线。对修齐治平的主体、适用领域及其规则做出仔细的分析可以发现它们有通的一面，也有不通的一面。历代学者津津乐道修齐治平路线的关联性和一致性，却忽视了其中的特殊性，缺乏对不通层面的解释，最终使这一路线未能走向科学化的道路。

中国传统文化假设人人都具有成圣的潜质和品质，重视个体人的价值以及能动作用。在大学的"八条目"中，修身条目占据核心地位。朱熹说："'修身'以上，明明德之事也。'齐家'以下，新民之事也。"修身的目的在于齐治平，修身的方式是格物致知。当然，修的词义暗含人的某种不完美性和缺陷，但不必然导向对人的总体性否定，这异于基督教对人的原罪性指控。修的词义或者承认人的总体性框架的可接受性但需"修饰"或"修补"，或者承认人的朴素的"玉石"本性但要"琢磨"，这等于认可了人的可塑性和可造性，以此达到完美或恢复完美的境地。然而，修身的方法是"反省"、"自察"、"体悟"等内在的约束机制，这些方法不具有现代心理学或精神分析学的功能，它们或者是非科学的方法或者是反科学的。就非科学而言，修身未能提供一套人人可以遵守的明确的规范标准，某些被极力倡导和推荐的修身的方法还带有神秘化色彩，在极端情况下这样的法则或成为反人情灭人欲的理由。把朱熹发扬光大的格物致知学等同于现代科学方法只是后人的想象，修身之法最终落在了那个无所不包且负有达道使命的心上，而道教佛家所讲的"精舍"、"精气"与孟子"浩然之气"有异曲同工之妙。需要注意的是儒家的心性学所透露出来的修身个人主义倾向，他们将自我体悟和自我解释的修身之法向世人推荐，以致使极具私人化的内在向善规则成为人人需要服从的公共规则。① 余英时说：

　　"道"的唯一保障，便是每一个知识人的内心修养，虽然是真是伪还得要由每个人自己来判断。②

---

　　① 朱熹指出，"言既自明其明德，又当推以及人，使之亦有以去其旧染之污也"（《四书集注·大学章句》）。人皆有德性，只不过被污染了，因此需要通过自修洗去附着于德性之上的污染物，达到净化心灵的目的。《大学》三纲领中的"新民"，与汤之盘铭中的"苟日新、日日新，又日新"相匹配，也与《诗》中的"周邦虽旧，其命维新"相暗合。

　　② 余英时：《士与中国文化》，上海人民出版社2003年版，第618页。

对道的伪判断实例在历史上在在多有，荀子指责处士"心无足而佯无欲"，"行伪险秽而强高言谨悫"即是明证。①

修身理论成就了好人立世达人的行为规范和准则，这也是好人治国论的重要源头之一。好人在家庭中的表现是孝子，在政治上的角色是圣人，在社会上的载体是君子，孝子、圣人、君子共同构成了儒家眼中的"新民"。虽然成为孝子不等于成为君子，成为君子不等于成为圣人，而且孝子、君子和圣人的行为领域及其规则各有不同，然而，一旦好人的总体性概念得以确立，家、国和天下的领域就变得模糊起来，以致衡量好人的规则是不断叠加的完美规则，这样的规则既不会出现在"家"中，也不会出现在"国"中，自然也不会出现在"天下"中，或许人们只能在"心"所构筑的"道"的领域中才能发现这样的好人或新民。

儒家的好人论从愿望的角度无可厚非，在承认人人都有可能成为好人或圣人的前提下，好人论的主张倒也比哲学王治国更要体现平等的原则。然而，对好人的评判准则在人的不同场域应有所不同，虽然这种不同只是行为效力上的差异而不会涉及价值判断。如果把修身、齐家、治国、平天下分为相互关联但又相对独立的四个实践场域，那么修身之法、齐家之方、治国之理和平天下之道皆有其特殊性，由这些特殊性所产生的具体规则对好人的判断也有所不同。

（1）修身：诚心正意者是好人

在修身"反求诸其身"的总体性要求下，"必慎其独"是衡量修身者的重要法则。朱熹承认"小人阴为不善，而阳欲掩之"的事实，但对此只能通过"自明"加以解决，他人无法据实判断："然其实与不实，盖有他人所不及知而己独知之者。"虽然有没有真正做到诚心正意最终要由修身者内心判断，但是"虚心"、"去喜"、"去恶"② 等标准仍具有一定程度的客观性。如果身有所"愤懥"、"恐惧"、"好乐"、"忧患"，修身者就不能做到正其心，为此朱熹推荐"心不在焉、视而不见、听而不闻、食而不知其味"的回避路线，而一旦将人之喜怒哀乐等人性属性作为衡量修身的准则，则向掩盖或抑制人性私欲的方向推进了一步。在这样的修身标准下，社会得到了一个个高大、无私无欲却朦胧的好人。

---

① 《荀子·非十二子》。
② 《荀子·解蔽》："人何以知道？曰：心。心何以知？曰：虚壹而静。"《韩非子·扬权》："故去喜、去恶，虚心以为道舍。"

（2）齐家：以礼行动者是好人

礼治主导了中国传统社会的观念、思想和行为。礼的内容虽然庞杂，但其指向却是家的领域，礼主要是关于"家人"的伦理规范及其体系。如果礼治是一种人治的学说和实践，那么这种人治则是对熟人的治理事业。家人既包括具有血缘关系的熟人，也包括拟制的血缘关系的熟人。从社会学的角色理论看，传统社会是由君、臣、父、子、夫、妇、兄、弟、友等九种角色构成，其中每一个角色都构成一个"伦"，君臣、父子、夫妇、兄弟、朋友等五种社会关系是从众多种社会关系中提炼出来的最重要的几种人伦关系。① 规制这五种社会关系的礼通过"仁"、"敬"、"孝"、"慈"、"信"等标准达到其理想状态。② 在熟人领域中礼的规范才能发挥效力，也只有在熟人领域中，"仁"、"敬"、"孝"、"慈"、"信"等标准才能得到相关当事人的认知和自觉遵从。一个人只要被纳入到一个个具体的"人伦"关系中，关于礼治的诸种规范就会自动发挥作用。因此，把礼治规则视为家法更为恰当，这种意义上的"法"更具有伦理规范的性质，它的效力适用于或仅仅适用于特定关系的人群及其共同体。

（3）治国：依法行动者为好人

家国同构是中国传统社会在人的治理事业中的一个显著特征，以齐家的方法治国，正所谓"君子不出家而成教于国。……一家人仁，一国兴仁；一家让，一国兴让；一人贪戾，一国作乱。"③ 但家国同构的实践没有抹杀家与国之间的差别，也不会导致家和国同一性的结论。在家之外存在着国的实践领域，家与家、家族与家族的相加总和也不必然等同于国家。人们可以把国想象为家的扩展形态，但除非把国人全部视为熟人或拟制的熟人，在熟人关系之外的陌生人仍需要国法来管理。法律是国家存在的重要标志，无法就无国，反之亦然。法律的地位在中国历史上不高，法律的作用常常遭到误解或鄙视，但法律作为国家的同构物件却始终存在。法律的总体要求是所有的人（君主或许例外，这个例外是"法制"与"法治"的差别，而不是家与国的差别）在法律面前平等，并在国家范围内通过成文法或判例法对所有人的行为实施无差别的管理。儒家礼法并用，但也承认法的独立存在，只

---

① 参见瞿同祖《瞿同祖法学论著集》，中国政法大学出版社 1998 年版，第 305 页。

② 《大学》说："为人君，止于仁；为人臣，止于敬；为人子，止于孝；为人父，止于慈；与国人交，止于信。"

③ 《四书集注·大学章句》。

不过儒家不像法家那样把法作为治理国家的首要方法和第一手段。在历史上，以礼入法加强了礼的地位，却破坏了法律的完整性，这或许是法的效力在中国历史上始终不能独显的重要因素。

（4）平天下：德性生活者为好人

德性生活的本义是让君子遵循有絜矩之道。絜，度也。矩，所以为方也。《大学》言："所恶于上，毋以使下；所恶于下，毋以事上；所恶于前，毋以先后；所恶于后，恶于从前；所恶于右，毋以交于左；所毋以左，毋以交于右。此之谓絜矩之道也。"朱熹解释说："与民同好恶而不专其利，皆推广絜矩之意。能如是，则亲贤乐利各得其所，而天下平矣。"① 把德性生活放置在天下场域讨论并不足怪，德的概念在所有行为领域中都有可能出现。令人惊异的是，《大学》在专门讨论平天下的时候往往将"德"与"财"并列，虽扬德抑财，却并不主张过德行生活而灭财。"德"和"得"可互换，对于统治者而言，得财、得土不如得众，得众就是得人心，"有德此有人，有人此有土，有土此有财，有财此有用。"人心是人之性的表现，好利恶害就是人之性。故此，在天下领域，人的概念隆重登场，它超越了个体之人、家人、国人等具体的身份。在天下领域做个好人，就是要"己所不欲，勿施于人"，并且要尊重人性的好恶及其走向。

（5）好人行为有效论

好人是任何社会都需要建构的社会主体，但好人并非一开始就成为好人，好人本身就需要以各种规范加以引导。不存在抽象的好人，好人只有在特定的行为领域内才有效，把特定行为领域中的好人放置到其他领域就可能变为坏人。卡尔·施密特指出："在道德上邪恶、审美上丑陋或经济上有害的，不一定必然成为敌人；而就朋友一词所具有的特殊政治含义来讲，在道德上善良、审美上靓丽且经济上有利可图的，不一定必然成为朋友。"② 结合上面的讨论，请注意"修"、"齐"、"治"、"平"在汉语中的原始含义，它们在意思上的相近性不意味着就可以混同使用或借用。近代中国社会以来，"人治"、"礼治"、"法治"和"德治"的概念成为探讨人的治理事业关键词语。从古今对比的角度看，"法治"和"礼治"成为一对范畴，其研究结论多为扬法治而抑礼治；从中外对比的角度看，"人治"和"法治"构

---

① 《四书集注·大学章句》。

② ［德］卡尔·施密特：《政治的概念》，刘宗坤等译，上海人民出版社2003年版，第139页。

成一对范畴，其结论亦为扬法治而抑人治，在这样的对比研究中，德治或归于礼治或并于人治。事实上，从彰显法治的重要性和有效性的意义上而言，以上的对比研究并非不成立。从具有多场域的行为实践看，如果把修、齐、治、平的行动领域和路线分别归纳为人治、礼治、法治和德治（"四治原则"）则具有意想不到的效果，为科学地对待人的规则的治理事业拓展了新的方法论基础。

六、结语

人的行为四治原则既尊重了历史和文化，也可以凸显法治国的价值以及法治的局限性。在国家范围内，衡量好人的标准就是合法与非法。倡导修身之人的人治方法，鼓励人的聪明才智和专业特长尽情发挥出来，成为一个个智者，但智者一旦进入国家的范围内，其才智和能力均要与其他人一样受到同等约束；需要始终不渝地在家庭范围内提倡孝道，但孝子进入国家的范围内，就只能让孝服从于法，不学舜帝背法救父，不让皋陶之法空转；坚守人的德性，平等对待天下所有的人，但不因其为善而可以逾法。人治、礼治和德治都是善治，它们是人类社会进步和前行的力量，没有这些力量，人类或可以在物质上渐渐优裕舒适，在生产力上进化发达，却未必称得上文明。重要的是，在人治不显、礼治崩坏、德治失灵的社会和时代，让法治坚守人的底线虽然不会放大人性的光辉，却可以不使基本的社会秩序崩塌。

第三章

中国法治的自我建构和方向性选择

在西方成长起来的思想和知识近百年来深刻改变了当代世界，但是我们很难把它看作是一种纯而又纯的西方孕育的产物。

—— [印度] 阿马蒂亚·森《身份与暴力》

在走向现代化过程中，我国的法治建设吸收或移植了大量源于西方的法治要素，努力服务于建构我国民族国家的现代性任务。然而，即使运用相同的法律原理和学说，法治在中国化过程中也产生了不同甚至相异的效果。例如，接受权利观念与拒绝认同个人主义并重，倡导国家责任却不必以国家主义为前提，等等，这既反映了当代中国法律制度与法治原理的家族相似性，也与中国传统文化产生了内在亲和力。本文对权利与调解、孝与国家责任等关系范畴的分析展示了合法与合理、西方与中国、传统与现代之间的冲突和纠结，均关涉中国法治的现代化走向。不是现代性本身出了问题，需要否弃的不是现代化的走向，而是要对现代性的性质和面向作出新的解释，这取决于对现代性的判断建立在陌生人社会还是新熟人社会的基础上，对此所做的取舍和把握有助于从我国的内在视角建构具有中国特色却不失普遍性的法学理论。

一、哈贝马斯的提问

法律制度和法律文化是考察国家属性的基本标准。2001 年 4 月，当代法哲学家哈贝马斯第一次访问中国。在中国社会科学院学术报告厅所做的题为"论人权的文化间性——假想的问题与现实的问题"的首场演讲中，哈贝马斯依据交往行为原理讨论了人权的普遍性和特殊性。2002 年 5 月，美国法学家德沃金对中国首次学术访问，在清华大学做了"认真对待人权"的演讲。同关心中国问题的众多外国学者相比，哈贝马斯和德沃金的论域及其对中国问题的关注并没有超出理论想象的范围。哈贝马斯和德沃金学术进路和理论出发点或有不同，但在演讲宗旨上均捍卫了以个人主义为中心的宪政国家基石，这种观念也是西方思想家认识和判断中国社会的前提和预设。哈贝马斯在中国社会科学院演讲后，当天下午参加了《读书》编辑部的小范围讨论会。① 开会伊始，他提出了想要着重了解和讨论的三个问题：第一，中国当代的法律制度与西方法律制度以及与中国传统法律制度之间的关系；第二，中国的宗教和法轮功问题；第三，中国当代"自由派"和"新左派"的争论问题，这三个问题可以分别概括为"法律"、"宗教"和"学术"三个方面。

来自中国社会科学院法学研究所的信春鹰教授对哈贝马斯的提问作出了简明却不乏深度的回答。她认为可从三个方面概括中国传统法：第一，没有权利和分权概念；第二，没有公共领域和市民社会的分化；第三，不鼓励个人去伸张权利，主张无讼的社会和谐观。中国当代的法律制度从渊源上讲是19 世纪末从德国经日本移植过来的"大陆法系"，但移植运动没有把它的理论和哲学一起引进来。1949 年以后，中国法哲学有了一些新的特点，受苏联法哲学的影响，强调法律工具论。改革开放后，西方经典的自由主义法学思想在中国的法律哲学和法律制度中有了表达和表现。在哈贝马斯的追问下，信春鹰教授谈到了普通法系传统对中国的影响，开始强调法律职业、法官队伍建设等。当信春鹰提到法律制度改革是政治体制改革的一部分的时候，哈贝马斯插话说法律制度的改革的基础应当是彻底民主化的社会，如果没有基本的自由、平等以及政治参与的权利，就没有基本的社会公正，现代法律制度就无从谈起。哈贝马斯的这一评判为理想的而不是现实的当代中国法律制度提出了标准，再现了一个西方学者心目中的法治国家标准。②

本章关于中国当代法律制度的解释从信春鹰教授与哈贝马斯对话中的部分内容为基本线索，笔者愿意相信这些内容是当代乃至未来中国法治建设以及对外学术对话绕不过去的主题。在第一部分，我从当代中国的国家

---

① 《读书》是当代中国最有影响力的公共知识分子话语平台，是有所谓"自由派"和"新左派"之争的主战场。数十年来，它在介绍和评价国内外的经典文本的同时，开辟和发展出体现自己风格的公共领域。

② http：//www.cc.org.cn/，2001 年 5 月 25 日，曹卫东根据录音资料整理。

制度而不是党政实践惯例讨论国家制度设计问题，重在说明和阐释；第二部分从权利话语和调解制度这两个维度讨论当代中国法律制度的悖论，揭示调解的本质在于妥协和让步，这与争取权利的思维形成了内在的紧张关系；第三、四部分则从中国文化角度讨论现代性面向问题，指出中国法律制度为什么具有中国性，本部分将从讨论"孝与国家责任"开始，揭示中国传统文化与现代性的冲突，认为不是现代性在中国水土不服的适应性出了问题，而是现代性理论对人与人关系的定位和属性出现了方向性误判。

二、作为自治体系的国家法律制度

（一）"统"与"治"的辩证历史

中国是一个历史悠久、统一的多民族国家，在公元前221年形成了以皇权为中心的郡县制，这种政治制度有别于此前"三代"的统治模式，它以高扬"国法"而不是"家法"而具有划时代的历史意义。作为家法的礼是"治家"而不是"治国"的规则体系，体现了伦理政治和家庭成员之间的权利义务关系。经由商鞅变法，秦国率先瓦解了家国体制的政治、经济和文化基础，采纳了迎合世事的法家主张和学说，开创了"废井田、开阡陌，废封建，立郡县"的崭新格局，成就了帕森斯所称的"哲学上的突破"。哲学上的突破是指某一民族在文化发展到一定的阶段时对自身在宇宙中的位置与历史上的处境经历一种系统性、超越性和批判性的反省；通过反省，新的思想和话语表达方式得以确立，整个文化或制度进入了一个崭新的、更高的境地。在公元前一千年之内，希腊、以色列、印度、中国等古老民族先后方式各异地经历了这种"突破"。① 郡县制在西汉有过短暂的"分封"复辟，但未从根本上影响延续了中国两千多年的政治法律制度。②

从统与治的辩证关系看，"统而不治"和"治而不统"将导致不同的政

---

① 关于中国式的"哲学上的突破"，见余英时《士与中国文化》，上海人民出版社2003年版，第83页。

② 封建制和郡县制的主要区别在哪里呢？我们用历史学家唐德刚的一段话作为解答："在封建制下，那统治中国各地区的统治者（多时多达1800个）都是世袭的封建主（分公侯伯子男五级）。他们属下的土地，大致都属国有。但是在郡县制之下，这些封建公侯被取消掉了，代替他们的则是一些省级和县级，有一定任期的官吏（政治学上叫'文官制'，civilservice）。同时全国的土地，也化公有为私有，人民可以自由买卖，也就是搞农村市场经济，不搞'公社'了。"见唐德刚《晚清七十年》，岳麓书社2006年版，第6页。

体模式，形成各自不同的治理策略。秦政制采取了"既统又治"的统治模式，国家的政治权力高度统一，形成了世界上最早的政治官僚组织架构。①带有"秦记"的郡县制度有两个重要的特征：一是治理的范围"止于县"，县以下的乡、村则实施自治，这是国家和社会分离的最显著的标志。通过这个分离，政治权力被限定在"国"的范围内，政治权力以外的权力则由以家族为代表的社会组织享有；二是"官"和"吏"的分野。"官"是经过科举选拔程序进入统治阶层的"政治人"，"吏"则是服务于"官"的"事务人"，日常的政治事务的运行往往要借助吏的力量。② 这个统治模式形成了中国两千年的"超稳定的系统结构"。要认识中国的传统制度以及它的连续性进程，就应当处理好皇帝、官、吏和普通民众之间的权利和义务关系，正确统合"家"、"国"、"天下"的三元场域结构，从规则的角度看，传统社会形成了"齐家以礼"、"治国以法"、"平天下以德"等相关却不同的规范体系，这与西方社会关于"市民社会"和"国家"的二元统治观形成了鲜明的对比。

20 世纪初，中国率先在亚洲成立了第一个共和国，确立了主权在民的现代型国家，建立了以民族国家为目标的共和体制。在中华民国时期，以现代性为标志的宪政模型在文本意义上基本得以确立，六法全书的制定和颁行进一步强化了现代国家的形式合法性。不过，宪政制度、现代国家以及其他现代性制度的元素是被"嵌入"到中国社会结构中，原有的"家"和"天下"的观念和制度并没有因此而消亡，它们只是被扑面而来的现代制度遮蔽了，这或许是当代复古主义者的主张和思想仍具有一定市场的重要原因。③ 正如下面所分析的，无论宪政的实践如何展开以及实施的效果如何，由民族国家作为单一的力量解释中国问题的努力仍然存在观念和文化上的障碍。

（二）作为自治体系的国家制度

阐释中国当代的国家制度，就不能忽视法律制度设计及其结构的规范性

---

① 在秦帝国立朝之初，在国体问题上采"分封制"还是"郡县制"曾有过激烈的讨论，见《史记·本纪第六》卷六。此外，官僚法是昂格尔讨论中国法律特点的核心词，以区别现代国家的法律制度，参见［美］昂格尔《现代社会中的法律》，吴玉章、周汉华译，译林出版社 2001 年版。

② 事君之人为官，官皆命于王，这成为官与吏、役的重要区别。吏、役是官的派生物，从属于官。《周礼·天官》："云凡府史皆其长官自辟除者，明府史即庶人在官者，不命于王也。"

③ 从中国文化的起源和内在发展视角讨论现代性问题显示了当代中国学人的志气和抱负，以史学方法论证中国治理秩序原理强调了历史观念和制度的连续性，兼容了现代性的某些因子，参见秋风《华夏治理秩序史》，海南出版社 2011 年版。

存在。在现代社会的顶层设计中，法律制度都是顶层设计中最为重要的方面或组成部分。中华人民共和国成立后，在指导思想上采纳了人民民主专政的学说和理论，接受了苏联的苏维埃代表制的政体形态。然而，无论马克思学说还是苏联的社会主义体制，都不是本源于中国传统社会的文化和政治资源，它们仍然是近代以来的法律移植运动在新的历史时期的延续。民族国家、宪政、共和等国家治理方式是西方社会的产物，无产阶级专政、马克思主义、一党政治、人民代表大会制度等同样是西方社会的产物。五四宪法综合体现了上述不同特色的西方理论和制度，被中国法学界寄予厚望的1982年新宪法承继了五四宪法相当多的原则和内容。不过，即使从民族国家的角度看，中华人民共和国的国家结构既不是纯粹的单一制国家，也不是纯粹的联邦制国家，而是统一、多民族的自治国家，在这一点上中国传统治理实践的惯性发挥了不可替代的作用。

第一，地方国家权力的固有性。国家权力属于人民，这是共和体制与郡县制重大区别之一，也是中华人民共和国通过法律构建民族国家的重要表征。今天讨论中国的"大一统"问题，强调的是国家权力源于人民权力这一终极性渊源，而与传统社会描述大一统概念所使用的"天"或"皇权"具有本质上的区分。然而人民的权力不能等同于国家权力，国家权力也不等同于中央权力。依托于人民权力的国家权力被有效地分为"中央国家权力"和"地方国家权力"两个部分，[1] 后者作为一个专有术语意味着人民权力被平行地分配给中央和地方，由中央和地方两级治理主体共同分享。地方享有了固有的自治权力，它与中央权力一样，来自通过宪法性文件的人民授权，而不是中央的授权。地方固有的自治权力是国家权力的组成部分，通过法律规定的权限和运行方式体现人民的意志。当然，地方在享有其固有的权力的同时不排除中央通过授权的方式将其权力赋予地方代为行使。[2]

第二，地方自治的多样性。中国是世界上人口最多的国家，从权利角度看由一个个具体公民构成，这一个个公民不是孤立的个体，他们分别或

---

① 宪法第2条规定，中华人民共和国的一切权力属于人民。人民行使国家权力的机关是全国人民代表大会和地方各级人民代表大会。

② 关于中央和地方的关系，毛泽东在《论十大关系》中指出，"处理好中央和地方的关系，这对于我们这样的大国大党是一个十分重要的问题。这个问题，有些资本主义国家也是很注意的。它们的制度和我们的制度根本不同，但是它们发展的经验，还是值得我们研究。"在这篇经典性文章中，毛泽东在正面意义上使用了地方"独立性"概念，其基本含义应当理解为地方所享有的"正当的权利"，为此，他号召地方在中央统一领导下有权"争取"权利，而不应被视为"闹独立"。

共同属于省、市、县、乡镇、村等组织机构中。① 在制度设计上，每一个省、市、县、乡或镇都是一个完整的区域自治单位，有权在不与宪法、法律和行政法规相抵触的前提下在本区域自治单位范围内实施自我治理。各区域自治单位的最高权力机关（各级人民代表大会）和最高行政长官（如省长、市长、县长、镇长等）都是选举产生的，有的是直接选举，有的是间接选举。根据自治程度的高低，各区域自治单位享有不同自治权限，具体分为普通区域地方自治、少数民族区域地方自治和香港、澳门特别行政区地方自治三种类型。此外，农民则在自然村或行政村的范围内享有与城市居民自治性质相同的基层群众自治，乡村自治和居民自治成为基层群众自治的核心。

第三，国家最高权力机构的依附性。每一个地方区域自治单位在本区域范围内，就制度设计意义上而言，都存在一个最高的权力机构，即各级人民代表大会及其常设机构，它们有权根据宪法性文件的授权决定本区域自治范围内所有事项，有权决定由己出人民政府、人民法院和人民检察院工作和行动的合法性，这种设计体现了具有中国特色的"议会至上"制度，这种制度源于马克思"巴黎公社"的设想、前苏联的苏维埃组织形式并融合了自由主义民主的部分内容。单独考察每一个具体的地方自治单位，与联邦制国家下的各州一样，都拥有较为独立的立法机构、行政机构和司法机构。虽然我国还没有划分中央和地方权限的专门法律，但宪法、组织法和立法法都从不同角度划分了中央和地方的权限。全国人大拥有法定的最高权限，有权决定一切在全国范围内的重大事项以及国家主席、副主席、总理、中央军事委员会主席、最高人民法院长和最高人民检察院长的人选。这是大一统的体现，也是最高权威的体现，但还不是大一统本身。就法律的结构看，如果有一个"中央权威"的存在，在法律意义上就只能是指全国人大，其他中央机构的权力均来自这个最高权力机关，也受制于最高权力机关。然而，最高权力不意味着它是绝对的权力或无限的权力。作为最高国家权力机构的全国人大的权力是后定的，它受制于地方各级人大的功能性结构安排。② 没有县级人民代表，就不会产生省级人民代表；没有省级人民代表，就不会产生全

---

① 据不完全统计，全国有省级城市 34 个，地级城市 333 个，县级城市 2862 个。另外，有 11 个区公所，19522 个镇，14677 个乡，181 个苏木，1092 个民族乡，1 个民族苏木，6152 个街道，乡镇级合计 41636 个。

② 宪法第五十九条规定："全国人民代表大会由省、自治区、直辖市、特别行政区和军队选出的代表组成。各少数民族都应当有适当名额的代表。"

国人民代表；没有全国人民代表，就不会组成国家最高权力机构。设想一个或几个省没有或没有及时选出全国人大代表，或者县级人大没有及时选举出省级人大代表，就会发生中国式的宪法危机。

（三）民主"四化"建设：有待完成的国家制度任务

以上我们提纲挈领地描述了当代中国法律制度的规范性特征，还没有触及这样一种法律规范的实效问题以及它需要进一步改进的走向。① 在现代化、城市化和全球化思潮的推动下，对国家制度的各种改制主张和学说层出不穷，其中不乏截然对立的思想和政策导向上的争锋，而思想界的"左"、"右"之争有相当多的内容都会涉及这个话题。不过，大多数讨论都避不开对党与国家关系的论证（政府与市场关系的问题群中也隐含着党与市场的关系问题），这个主题乃是当代中国政治实践中最为重要也最具特色的方面。在改革开放之初，邓小平就敏锐地看到了党的改革对整个国家制度建设的极端重要性，提出了只要有政治改革就不能回避党的改革这一尖锐提问或经典难题。只有改革和完善党和国家的领导制度，才能"从制度上保证党与国家政治生活的民主化、经济管理的民主化、整个社会生活的民主化，促进现代化建设事业的顺利发展"。② 民主的"四化"问题将长期主导中国政治体制改革的性质和方向。在后小平时代，党的领导、依法治国和人民代表大会制度三统一论是对中国政治实践的表达，演绎了党、法律和人民之间的逻辑关系，但即使官方也反复强调当前的政治实践仍需要不断地完善和发展。在法律和政治关系如此紧密，而政治实践对法律还具有相当影响力甚至支配力的时候，从法律改革的角度推进政治体制改革，对于那些遵循了小平路线的改革者而言就属于题中应有之义。事实上，小平变法在方法上遵循了实验主义的渐进路线，这个路线在维护人民权利、自由和幸福的原则下，倡导个案或局部实验，成熟之后在全国范围内推广适用。正因为承认个案和局部领域的可实验性与先行性，就允许出现"差别对待"的问题，这是大一统下多元化和多样性的体现，在这方面的一个例子就是在香港和澳门实施的"一国两制"实践，很难相信在毛泽东时代或冷战时期，以实现共产主义为己任的社会主义中国在自己的领土内允许资本主义制度的长期存在和成长。

---

① 法律效力和法律实效是两个不同的问题，法律效力体现了法律的权威，它往往与法律实效有一定的距离，但不因此否认法律效力对法律体系的价值，有关的讨论详见［奥］凯尔森《法与国家的一般理论》，沈宗灵译，中国大百科全书出版社1996年版。

② 《邓小平文选》第2卷，人民出版社1994年版，第336页。

哈贝马斯或许不太了解中国实际运作的政治实践及其方法，对信春鹰教授提出把"法律改革作为政治体制改革的方法"没有给予应有的重视甚至不以为然，但是，对于政治民主，如果不是作为具体的改革方案，而是一种基于构建民族国家的原则和方向，哈贝马斯无疑是正确的，它也是中国作为民族国家正在努力实现的原则和方向，人们看到，"依法治国"和"国家尊重和保障人权"相继入宪都是朝着现代性方案迈进的具体例证。

三、双重理性的悖论：争取权利与大调解制度

（一）私权观念的兴起

1978 年党的十一届三中全会开启了中国改革开放的序幕，逐步确立了社会主义市场经济的大方向和大原则。不论社会主义市场经济如何具有特殊性，但按照市场经济规律办事，遵循市场经济的法则是不可动摇的原则。在三十年间，中国就建立起一套较为完善的市场经济体制。土地、人力、资本、技术等相继进入市场，并且以惊人的发展速度不断创造出经济奇迹；证券市场、期货市场、房地产市场乃至人才市场——这些前所未闻的具有典型市场经济特征的元素在摸索和争论中建构起来。市场经济向越来越多的非公有制经济主体开放，以致非公有制经济在重大经济指标上都超过或远远超过了公有制经济。① 随着深化改革步伐的加快，向非公有制经济主体开放市场的程度也在向更高、更广和更深的方面发展，被视为禁区和由国家垄断经营的市场领地越来越受到质疑，一种市场经济的大格局和大发展正在生成和发展。

以市场经济导向为中心的改革开放运动重新肯定了私益以及相应的观念、规则和制度设计。私权、私人财产不仅不是被限制或消灭的对象，而且成为着力扶植和保护的对象。肯定私有财产的价值趋向首先是通过"让一部分人富起来"的国家鼓励政策而进行的，尽管这项政策由于贫富差距加

---

① 据统计，非国有企业（国有及国有控股之外的企业，如工商个体户、个人独资企业、私营公司、外商投资企业以及它们相互之间形成的股份合作企业）2005 年占所有企业数量的比重 89.89%，2008 年提升至 95%，产值比重由 2005 年的 66.72% 上升至 2008 年的 71.66%，资产比重由 2005 年的 51.95% 升至 2008 年的 56.62%，利润总额比重由 2005 年的 55.96% 升至 2008 年的 70.34%，就业人数比重由 2005 年的 72.81% 升至 2008 年的 79.70%，2009 年国家统计局局长马建堂用数字反驳了国进民退的说法。新华网：http://news.xinhuanet.com/fortune/2009 - 11/24/content_12527933.htm。

剧后果的产生受到批评，但批评的重点已经不是致富和私有财产本身，而是公平获取财富的方法、手段及其分配机制。因此，获取财富、维持财富，然后再获取更大的财富成为主流价值观，以致是否拥有财富和拥有多少财富成为衡量人的价值的重要标准之一，而这是市场经济发展的必然结果。

1989 年到 1992 年是中国改革开放史上的重要年份，也包含了更多的疑惑、冲突、悖论和艰难，这一特殊时期日后被证明成为一系列有关进一步改革开放及其方案的重要转折点。1991 年 11 月，国务院首次发表了《中国人权状况》白皮书，称人权是"一个伟大的名词"，号召所有仁人志士要矢志不渝地为"充分的人权"努力奋斗。几个月后，邓小平到南方并发表了具有历史意义的讲话，果断地提出了发展市场经济"不争论"，"发展才是硬道理"的实用主义改革主张和路线。这两个事件的内在关联性尚不能确定，但是它们巩固了从 1978 年到 1992 年改革开放的初步成果，明确了改革开放的信心、方向和路线。从那时起到现在，新一轮对财富追求的运动更加积极、热烈乃至狂热，而对私人利益的认可度也在进一步提升和发展。

权利的观念和理论为私人利益的价值趋向提供了合法性的背景和方向。权利概念表达了私人主体的意志、愿望和利益，言说了私人主体追求财富的合理性以及保持财富可能带来的一系列个人价值。中国法学界对改革开放的过程和方向给予了充分的肯定，及时提出了权利本位说，指明了这个时代也是"走向权利的时代"。权利方法继承了早期马克思主义关于人的解放的哲学方法，借鉴了自由主义哲学的核心内容。这种在渊源和方法论上的判别固然重要，但更为迫切的是在改革开放过程中要用一种正当性话语表达私人主体的私人利益。权利是一个指涉性概念，它肯定了私性的合理性，表达了私性的过程和结果，打破了"大公无私"的观念，颠覆了"君子喻于义，小人喻于利"的古训，推动了人人可以言利的社会氛围和局面。在权利话语之下，权利的内涵和意义不断得到挖掘和张扬，从权利的利益说很快就走向了权利资格说、自由说、主张说和权能说，从不同的侧面深化了对权利本质的认识，为契约自由、平等对待和社会正义的命题提供了概念性工具和理论解说的资源。因此，对权利概念内涵的扩大化解释解放了被压抑已久的人性的某些方面，激发了利己的本能冲动，指认了人们在新的时代的位置和方向，确立了人在经济、社会和政治上的主体性属性。①

---

① 有关权利价值的判断，参见夏勇主编《走向权利的时代——中国公民权利发展研究》，中国政法大学出版社 2000 年版。

（二）妥协的权利

对权利乃至人权的探讨和接受虽然可以用来表达私人意志、愿望和利益等，却鲜有把权利与个人主义——这个自由主义哲学思想的基石连接起来。对权利的提倡与对个人主义有意或无意的排斥形成了令人惊异的反差，这种反差很难用"权利观念还不够发达"作出解释。权利主体可以利己，但不能自私；可以独立，但不能孤立；可以保护自己的权利及其财富，但不能"争权夺利"。例如，通过诉讼手段争取权利至今也未能随着权利观念普及而成为被社会广泛接受的事物。①

与权利的宗旨不同，调解体现了让步、妥协和中庸等传统价值。权利是对抗性的、调解是非对抗性；调解要求当事人放弃权利，而不是锱铢必较。调解之后，双方当事人"案结事了"，皆大欢喜，均有"面子"，而面子是中国人表达尊严的文化概念。比较德国法学家耶林对维护"面子"的方法，就有了"妥协的权利"和"对抗的权利"两种权利发展的路径。②妥协的权利观并不排斥权利本身，但它着重强调"争取权利"的方法，它糅合了"息事宁人"和"权利主张"的两个方面，成为和谐社会的主要方法论基础。妥协的权利实践不仅表现在人与人之间、人与集体之间，也表现在人与政府和国家之间。在行政诉讼法中，"不得调解"是一项重要原则，是依法行政原理的重要体现，但正是在依法治国方略不断深化的时候，无论是法学界还是司法界，对"有条件调解"的认识正在达成共识，这种变化很难用纯粹的依法行政的原理加以解说。因此，既主张权利又不放弃调解构成了当代中国法律实践的特色。

---

① 1993年由著名导演张艺谋执导的电影《秋菊打官司》风靡全国，其影响力至今不衰。影片讲述的是邻居打官司的故事。农村妇女秋菊因其丈夫被村长踢伤"私部"要求村长道歉，村长碍于面子宁可赔钱也不道歉，引发了秋菊打官司的一系列故事。故事的结局展示了秋菊的困惑和不解：村长被查明犯有故意伤害罪而被拘留。这是一个关于人格权的案例，在中国具有代表性。秋菊为了"讨要一个说法"动用了律师、法院等公力救济手段，然而对于秋菊而言，这些方法和手段都是为了让村长说一声"我错了"，以此达到和解的真正目的。村长是秋菊家的邻居，他们需要维系未来的多维度社会关系，而司法手段不仅未能也背离了当事人的愿望。秋菊的困惑也是当代中国人对法律和权利的困惑。对《秋菊打官司》中法律与习惯的冲突分析，参见苏力《秋菊的困惑与山杠爷的悲剧》，载苏力《法治及其本土资源》（修订版），中国政法大学出版社2004年版，第24—39页。

② 德国法学家耶林强调"斗争是法的生命"，斗争的主要方法就是诉讼，放弃斗争或诉讼不仅是弃权的问题，而是放弃做人的义务，参见［德］耶林《为权利而斗争》，载梁慧星主编《为权利而斗争》，中国法制出版社2000年版，第1—52页。

（三）调解律师的职业伦理

调解制度已成为中国法律制度最为耀眼的"品牌"，在某种程度上，它也是传统法律与当代中国法律保持连续性的主要因素。调解是中国人处理日常纠纷的重要方式，但何尝又不是一种国家的统治策略和方案呢？这种源于民间却被国家借用过来的纠纷解决机制浓缩了中国社会的文化性格——有缺陷却长久存在。被官方推崇的大调解制度显示了调解的民间性和文化性，被用来作为判断司法和政治正当性的标准，进一步表明调解开始从过去的非制度纠纷解决机制向制度性纠纷解决机制转化，提高了调解在制度建设中的地位和作用。然而，在大调解制度之下，强制调解的情况不可避免，为了追求"高调解率"，作为"调解人"的社会组织、法院或政府以违背当事人的愿望强行推行调解的事情时有发生，"各打五十大板"漠视了当事人的应有权利，"和稀泥"式调解反而成为"案结事未了"的原因。对于大调解制度本身的效果有待于进一步观察。

权利话语和倡导大调解构成了相互作用但又矛盾的组合体。一方面，鼓励和支持人民维护自己的合法权益，这是时代的要求也是宪法的制度性安排；另一方面应妥善处理好权利人与其他人和组织的和谐关系，绝不因为"打官司"而发生"一年官司十年仇"的局面。不可否认的是，调解本身所具有的基础是文化性的，而不是制度性的，是内生性的，而不是嵌入性的，它源于中国古老文化中对"和为贵"、"中庸"等儒家理念的自觉信奉和遵从。因此，权利观念虽然日益深入人心并正在作为衡量行为正当性的主要标准，但在通过诉讼的方式维权方面仍然受制于传统文化的制约。

诉讼被认为是一场民事战争，是在法庭上的硬对硬的较量，是针锋相对的利害计较，是"你死我活"的最后博弈，而这些情况对那些想要继续维持未来社会关系的当事人而言往往具有杀伤力，他们不愿意因为一场诉讼而"伤了和气"。正如观察日本社会纠纷解决机制的棚赖孝雄指出的那样，即使在资本主义高度发达的现代日本，当一个人说"这是我的权利"或"咱们法庭上见"的时候，无意间就给人威胁或强硬的味道，成为"宣战"的信号。权利确立了衡量个人利益及其界限的现代性是非标准，但它与传统文化"人际和谐"观念发生了冲突，后者强调忍让、妥协甚至迁就。在纠纷解决过程中，恰当的调解往往带来"四两拨千斤"的效果，在一场激烈的利益冲突中，调解显示了"以柔克刚"的功效，而这是"争权夺利"的权利方法不能比拟的。

受现代化大潮的影响，在权利和调解之间，前者的分量和比重都在增强，虽然这并不导致人们放弃对调解信念。我们从中国律师制度的迅猛发展中可以看到这一点。20 世纪 90 年代，中国的律师制度率先从司法制度的大板块中脱离出来，在制度上成为实实在在的"社会工作者"，律师既不是公务员或司法人员，也不是任何意义上的干部，只是依法为当事人提供法律帮助的法律职业人员。修改后的律师法明确了当代中国律师的使命①，认可了律师作为"民权标识"的崇高地位。② 虽然律师的社会地位仍有待于进一步提高——这取决于律师的职业伦理、政策导向和民间社会认可度等综合因素，但把律师称为"调词架讼"的"讼棍"时代一去不复返了。律师依赖于法律服务市场，是"靠法律生存"的一批人，这个特征决定了只有不遗余力地为委托人利益"斤斤计较"才能体现出他们应有的价值，这无疑增加了律师"为权利而斗争"的权重，除非调解对律师的获利性具有激励价值，偏重于诉讼而不是调解将成为律师工作的重点。为此，如何在"忍气吞声"与"为权利而斗争"之间开辟出一条中间道路成为社会建设和国家建设的共同任务。

四、谁来赡养老人：孝与国家责任

（一）无赖与父母官

自由主义哲学在方法论上划分了市民社会和国家的二元领域，成为理解现代国家性质的重要视角。在这种视角之下，国家的目的是保护私人权利，但如果没有一套分权制衡的制度，像所有其他权力一样，权力会越过应有的界限走向设立权力目的的反面，从而限制或剥夺私人权利，因此，时刻对国家权力保持警惕并将其限制在一定范围内是现代法治国家的任务。分权制衡的原则建立在人性恶的基础上，根据这种人性观假定，组成政府的成员被看作是一个个具体的无赖，但政府并不因此就一定具有无赖性。大卫·休谟说："在设计任何政府体制和确定该体制中的若干制约、监督机构时，必须把每个成员都设想为无赖之徒，并设想他的一切作为都是为了谋求私利，别无其他目标。"③ 罗素·哈丁对此做了深刻的解读："自由主义的核心含义是

---

① 《中华人民共和国律师法》第 2 条规定："律师应当维护当事人合法权益，维护法律正确实施，维护社会公平和正义。"

② 参见张志铭《当代中国的律师业：以民权为基本尺度》，载夏勇编《走向权利的时代：中国公民权利发展研究》（修订版），中国政法大学出版社 2000 年版。

③ ［英］大卫·休谟：《休谟政治论文选》，张若衡译，商务印书馆 2010 年版，第 27 页。

公民不应该信任政府，并且要提防政府。大卫·休谟提出，我们应该设计一系列政府制度，以便即使流氓占据政府职务时，也将为我们的利益服务。詹姆斯·麦迪逊及其他一些联邦主义者试图在美国宪法中构筑休谟所设想的制度。麦迪逊的看法实质上是，任何拥有权力的人至少部分地怀有为他们自身利益而滥用权力的动机。这也就是说，政府官员会有不为公民利益服务的动机。"① 不信任政府并且把政府存在看作是"不得不存在的恶"的观点强化了公民和政府之间的紧张关系。

中国社会受"家国同构"传统文化的影响，臣民和国家之间是"家长和家子"的关系，政府作为家长虽然专制却不失温情，这种观念不因封建制度的瓦解而消失。尽管在现实政治中圣人往往不在天子位，但这不妨碍政府和国家具有善的正当性，无赖无论如何都不应占据政府要位，哪怕无赖可以为民众带来利益。正如家不是坏的事物，国也不能被视为一种"最低限度的恶"，如果有问题也是它的执行者而不是政府。与休谟的无赖假定所适用的效果相反，无赖政治在现实中是"真理"，在观念上则是"谬误"，在两千多年的王朝更替中，发生变化的不是中国国家本身，而是具体的统治者。郝大伟、安乐哲指出："中国人对个人与权威的关系明显是非对抗性的，就如同个人与家庭的关系是非对抗性一样。"② 个人与国家之间不存在根本性的对立和冲突，也无须对有"父母官"之称的政府采取像无赖那样的防范和制约措施，因为父母官本应该按照儒家教义履行保护和抚恤子民的责任。此外，政府权力的界限"止于县"，在县以下的地方实行由家族负责的地方自治制度，子民的生老病死等社会保障工作完全由家族或家庭负责，国家只在重大的自然灾害发生时提供有限的慈善性救助。一个人既有受家庭或家族及其成员护佑的权利，也有为其他家族或家庭成员负责的义务，责任的大小取决于人与人关系的远近和亲疏程度。因此，政治责任和日常伦理之间具有明显的差异，子民的具体生活不属于政治的范围，子民之间通过血缘关系的纽带相互负责，产生了弥散性的社会连带责任机制。

（二）"养"与"敬"的背离

在家族连带责任关系中，孝是最高和最大的责任。对于成年的晚辈子女

---

① 罗素·哈丁：《我们要信任政府吗?》，载［美］马克·E. 沃伦编《民主与信任》，吴辉译，华夏出版社 2004 年版，第 20 页。

② ［美］郝大伟、安乐哲：《先贤的民主：杜威、孔子与中国民主之希望》，何刚强译，江苏人民出版社 2004 年版，第 117 页。

而言，以合乎礼的方式赡养父母乃是"天职"。① 孝的地位之高以致成为修身、齐家、治国、平天下的工具之首。孝的本质是"无违"，它贯穿于成年子女对父母生老病死全过程，正所谓"生，事之以礼；死，葬之以礼，祭之以礼"。子女给父母提供生存所需的物质条件只是孝的一部分，而且是其中很小的部分，纯粹的物质赡养恐怕还会走向孝的反面。子曰："今之孝者，是谓能养。至于犬马，皆能有养。不敬，何以别之？"重要的是用心尊重父母，做到精神上的愉悦和享受，而这只有在家这个温情脉脉的共同体中通过履行敬的义务才能实现。成年子女既是父母物质生活的义务主体，也是父母精神生活的义务主体，他要在"养"和"敬"两个方面完成对父母的人生义务。

近现代社会以来，随着民族国家的兴起和发展，一种新型的人际关系被逐渐建构出来。国家与个人发生了直接的关系，它不再需要中间组织（如家族）作为缓冲地带，国家第一次有了自己的人——公民。如同新教改革，教民不再通过教会这个中间机构直接就可以与上帝对话了，上帝拥有了自己的"子民"。有了自己人的国家开始逐渐替代家庭的部分或大多数职能。过去，一个人的生、老、病、死、教育等都由家庭承担和完成，家庭成员相互之间组成了抵御或减轻人生风险的"保险公司"，如今，家庭的职能开始由国家负责，这种情况在福利国家尤为明显和突出。② 因此，个人主义只在公民和民族国家关系的意义上才能成立和得到认可。

从家庭或家族走出来的个体人为此进入一个更大的家庭——国家，他对这个大家庭直接负责和承担义务，也享受由国家提供的一系列福利和社会保障，在这个意义上，难道不应该说人们仍然生活于"国家家庭主义"的氛围和环境之中吗？当然，这个问题还没有引起世人的重视。在现代社会生活中，"自己人"和"邻人"的关系扩大了，"在国家范围内建立社会福利，那是把邻人群体的大门向任何愿意加入的人们敞开"③。然而，家还不是国，国家虽然肩负起照管公民的基本教育和生活的任务，但在"敬"的方面却爱莫能助。孝发生了内涵上的分裂，产生了物质意义上的孝（"养"）和精神意义上的孝（"敬"）之间的冲突。随着民族国家社会保障制度的建立和完

---

① 子曰："夫孝，天之经也，地之义也，民之行也。"又曰："五刑之属三千，而罪莫大于不孝。"

② 关于家庭职能的转变，参见［美］加里·斯坦利·贝克尔《家庭论》，商务印书馆 1998年版。

③ Michael Walzer, *The Spheres of Justice*, NewYork：BasicBooks，1993，p. 39.

善，这两种意义上的孝的冲突情况日益激烈，出现了物质赡养充沛而精神赡养空缺的现代性现象。精神赡养需要解决的是老人们的"色难"问题，即要消除他们的精神世界的孤独感。保有家庭才能提供的温馨和情感，但这似乎越来越成为难以完成的现代性任务。对标榜价值中立的现代国家而言，一系列体现人的温情和道德价值的规范早已从自己的领地被清除出去，那些为了寻求家园的人，都成了无家可归的人。

（三）伦理义务与法律责任

就制度设计而言，我国法律制度一方面规定了国家对老人的"物质帮助义务"，也同时明确了成年子女对父母的"赡养扶助义务"。① 宪法第49 条规定："父母有抚养教育未成年子女的义务，成年子女有赡养扶助父母的义务。"该条前款的规定乃是父母的自然义务，古今中外趋同没有例外，但在由成年子女赡养父母的问题上却缺乏统一性。例如，联邦德国基本法规定了父母抚养与教育子女"至高义务"（第 6 条），而无赡养父母的内容。不过，我国宪法虽然确立了国家和成年子女帮助或赡养老人的共同义务，但《中华人民共和国老年人权益保障法》则把这种共同义务做了主次之分，规定家庭成员（主要指成年子女、配偶）是第一责任人，应承担赡养或扶养老人的主要义务，而国家的义务是次要和补充性质的。该法第 10 条规定："老年人养老主要依靠家庭，家庭成员应当关心和照料老年人。"在赡养的内容方面，赡养义务人应当提供力所能及的物质保障，包括但不限于生活费用、住房、医疗费用等，同时该法也规定了对老年人的精神赡养义务。该法第 11 条规定："赡养人应当履行对老年人经济上供养、生活上照料和精神上慰藉的义务，照顾老年人的特殊需要。"家庭成员的这些义务是绝对的、无条件的，除非赡养义务人丧失了赡养的能力。相比之下，对国家的义务则用了较多的较为含糊的道德话语，如"有关组织"或"有关部门"要负责老年人的基本生活；在赡养义务人无能力赡养的情况下，"当地人民政府根据情况要给予适当帮助"或"给予救济"。即便如此，该法在国家义务方面也没有忘记将它的模糊的次要义务尽量转嫁给"社会"，号召"提倡社会救助"（第 26 条）、"鼓励公民或者组织与老年人签订扶养协议或者其他扶助协议"（第 24 条）、"国家鼓

---

① 宪法第 45 条规定："中华人民共和国公民在年老、疾病或者丧失劳动能力的情况下，有从国家和社会获得物质帮助的权利。国家发展为公民享受这些权利所需要的社会保险、社会救济和医疗卫生事业。"

励、扶持社会组织或者个人兴办老年福利院、敬老院、老年公寓、老年医疗康复中心和老年文化体育活动场所等设施（第 33 条）"。因此，从法律的现有规定来看，孝的义务仍然保有了传统社会的观念和履行方式，它并未因老年人早已是中华人民共和国的公民这一基本事实以及宪法第 45 条的原则规定而改变国家免于或象征性地承担义务的事实。

究其原因，人们或许可以说国家忘记了自己的义务，为此应当加重国家的责任；或者说国家能力问题还不足以建立覆盖全社会的社会保障制度。前者关涉国家和公民的法律上的权利和义务关系，这恰恰是民族国家需要首先解决的问题，中国是否以及如何进一步推进民族国家的建设是一个重大的、基础性的工作，后者则涉及国力问题。这是两个具有相关因素的问题，在改革开放三十年后的今天，国家正在着力打造具有中国特色的社会保障制度，已经颁布实施的《社会保险法》试图为具有中国特色的社会保障制度提供基础性的法律规范。在一个人口大国难以建立像欧洲国家那样的高福利的社会保障制度，但建立与经济发展相适应的城乡一体化的社会保障制度却是可能的，而国家为其公民提供平等的福利不应当因其国力问题而免除，除非国家已经破产，国家为其公民提供与其国力相适应的社会保障制度都是第一和无条件的义务。

无论国家推行的社会保障制度的水平是高是低，都不能解决传统文化中"孝"的本质要求，尤其难以解决父母或老年人的"色难"即"精神赡养"问题。在社会保障制度下，国家可以有计划地解决全体公民在其年老时的"物质赡养"问题，逐步实现"老有所养、老有所医、老有所为、老有所学"的小康社会任务，但国家难以做到"老有所乐"的精神赡养问题，并将这一问题提升到国家义务的高度。在基本的生活有保障的前提下，老年人渴望来自子女和社会其他人的精神抚慰。当代中国一些关于"不孝"的司法案例中，老年人状告其子女的诉求开始从过去的"物质赡养"向"精神赡养"发展，一些"空巢老人"（即长期孤独生活的老人）借助公力救济的目的只是为了让子女"常回家看看"或可以多陪老人吃吃饭。① 在现代性话语支配下，权利观念、个性自由越来越发达，家庭观念却越来越淡薄，这些都对精神赡养问题构成了威胁，提出了挑战。

中国传统孝文化正在衰落，但还没有到真正死亡的地步。因为绝大多数

---

① 2012 年 12 月《中华人民共和国老年人权益保障法》作出修订，其第 18 条增加的条款规定："与老年人分开居住的家庭成员，应当经常看望或者问候老年人。"

人（包括哪些被现代性启蒙的社会、文化或政治精英）在观念上并没有放弃自己对父母尽孝的义务，尽管在实践效果上已大不如从前。中国社会对那些放弃或疏于尽孝的人总是给予有力的道义谴责，即使国家在物质赡养方面要负更大的责任。为了挽救孝心、孝行，不断有人提议在刑法中增加"不孝罪"，惩罚针对父母不孝的行为，如虐待、遗弃老人，不尊重老人的隐私权、婚姻权、财产权等，为此引发了社会的广泛关注和讨论。① 这些情况显示了孝道在中国人观念的重要性，反映了道德和法律以及传统与现代之间的内在紧张关系。

五、自由建构新熟人关系

（一）民族国家与文明国家

文明国家的概念由美国著名政治学家白鲁恂首创而被雅克着重发挥。在雅克看来，中国构建现代民族国家为形，打造文明国家是实，而这是由中国两千多年的文化传统决定的，它不因中国是社会主义国家或信奉马克思主义而有所改变，也不因近代以来中国着力构建民族国家的努力而有所偏离。将中国独自称为文明国家首先意味着中国不是也很难成为西方式的民族国家。民族国家兴起以来，威斯特伐利亚体系不仅支配着国家关系，也主导着以国内政治形态和走向。在近代民族国家建立之前的近两千年前，中国就以一种明确的国家形式屹立于世界，它不同于民族国家的特性在于："统一具有至高无上的重要性，国家机器的权力和作用，内部凝聚力的特性，大中华理念，中心王国的思想，族群观念，家族和祖训，甚至还包括中医。"② "文明国家"元素重家庭轻国家，重道德轻法治，重多样性统一轻单一民族认同。

中国人追求统一的力量，与其说是迷恋于中央集权的前现代心理需要，不如说是一种源远流长的习惯或生活方式，由此积淀的惯性力量压过了任何外来的学说、主张和思想，后者如果想要有所作为，要么以温和的方式改头换面以"旧貌"体现自己，要么通过强制的力量使劲"嵌入"到这个大一

---

① 2003 年 7 月，由四川省老龄工作委员会办公室、省委宣传部、省委组织部、省人事厅于联合下发《关于共产党员和国家干部带头敬老养老助老的意见》，该意见要求各级组织、人事部门要把尊老敬老作为考核党员、干部的内容，对党员、干部中不履行赡养义务，甚至虐待、遗弃父母、长辈的，社会舆论要严厉谴责，同时一律不予提拔任用……

② ［英］马丁·雅克：《当中国统治世界》，张莉等译，中信出版社 2010 年版，第 296 页。

统的共同体中，因此所导致的后果要么是无可奈何地"被同化"，要么往往造成历史进程的"巨大断裂"。不过，大一统自身不同于现代官僚制度所塑造的铁板一块的僵化、刻板和一致，毋宁说治理这个国家的是"统而不治"形态，这种统治形态有别于体现中央集权的"既统又治"形态，也与"治而不统"的地方割据或无政府主义拉开了距离。马丁·雅克观察到："我们不应当将中国看作一个通常意义上的民族国家，而应当将它理解成由许多拥有极大自治权的省份所组成的大陆体系国家。……我们可以将每个省都看作类似于一个民族国家，具有相应的人口规模和独特的文化。中国各省之间的差异比欧洲各民族间的还要大得多，甚至超过了东欧和巴尔干地区的那些国家。……尽管中国有着中央集权式的政府结构，但其实际运作方式却更像联邦制，比如某些经济政策的实施方面就是这样。"① 支持统而不治统治形态的文化理念是"和而不同"的多元一体儒家思想，以及开出了"天下"这个高于国家共同体的概念。

民族国家意味着一个民族就是一个国家，一个国家就是民族。民族虽然不是指向"一个纯粹的民族"，但要成为民族就需要具备一系列"共同"的因素：文化、历史、语言、习俗、记忆等。中华民族不是一个单一纯粹民族，也缺乏统一的语言、习俗或文化，用民族国家统摄中国社会无异于"削足适履"，更有可能出现"邯郸学步"的尴尬局面。在长期的历史发展中，典型的"中原人"或"华夏人"早已和被称为"蛮夷"的众多少数民族以通婚、杂居等方式融为一体，占据人口多数的汉民族是一个"杂种"的民族，汉人之不纯早已是不争的事实。天下的概念既然高于国家，它就要担负起统领和包容众多不同民族的任务。在历史上，"国将不国"的局面时有发生，典型的如元、清两朝，这些王朝由"异族"统治，但这并不妨碍"天下"的存在。顾炎武说："有亡国，有亡天下。亡国与亡天下奚辨？曰：异姓改号，谓之亡国；仁义充塞，而至于率兽食人，人将相食，谓之亡天下。……是故知保天下，然后知保其国。保国者，其君其臣肉食者谋之；保天下者，匹夫之贱与有责焉耳矣。"政权更迭，国家亡与不亡，那是统治者的事情，与没有参与权的老百姓关系不大，但是人欲横流、人性泯灭、人道尽失则是亡天下的征兆，关乎所有的人，对此人人都有担负中兴天下的责任和义务。如果中国作为文明国家的存在是一个历史事实，那么只有在天下的理念下而不是民族国家的学说中才可以得到理解。

---

① ［英］马丁·雅克：《当中国统治世界》，张莉等译，中信出版社 2010 年版，第 166 页。

（二）国家主义意识的缺乏

按照凯尔森的理解，国家是法律体系的非人格体现，法律代表和体现了现代国家的存在和成就。现代社会的法律是以宪法作为基础规范的具有等级秩序的强制规范体系，任何不能进入这个规范体系的规则或规范（如习俗、惯例、道德、伦理等）都不是法，也不应当把它们称为法律。民族国家是法制国家，它消解了一切饱含在习俗、惯例和道德规范中的传统权威，确立了至高无上的法律权威。然而，不同于民族国家的这种统治原理，中国传统社会没有把国家确立为最高的组织单位，也没有用单一的类似公民的概念把所有社会成员统合到国家这个政治单元中，社会成员分属于不同的组织，从基本的家庭组织开始直到作为人的天下的精神世界。

如果用民族国家的单一视角改造中国传统社会就需要承认作为主权单位的国家的最高性和唯一性，随之要求提高法律在所有治理结构中的首要地位。然而，正如梁启超指出："中国人则有文化以来，始终未尝认国家为人类最高团体。其政治论常以全人类为其对象，故目的在乎天下，而国家不过与家族同为组成'天下'之一阶段。政治之为物，绝不认为专为全人类中某一区域某一部分人之利益而存在。其向外对抗之观念甚微薄，故向内之特别团结，亦不甚感其必要。就此点论，谓中国人不好组织国家也可，谓其不能组织国家也亦可。无论为不好或不能，要之国家主义与吾人夙不相习，则甚章章也。"① 一种西方式的民粹主义至少在中国民间缺乏观念上的支持，如果产生也是"一个巨大而空洞的符号"（许纪霖语）或阿Q式的精神胜利法。不过，建立一套像样的天下体系是十分困难的，这样的体系从未在古老的中华大地上产生过，但是，天下无外的原则始终支配着中国人对自己、家庭和国家的看法，时至今日，这样观念也被用来与国际社会的"世界"、"全球"等概念相提并论，试图在全球一体化的当下提供重构世界政治秩序的文化和理论资源。② 当天下理念再次出炉并与现代性理论遭遇后，它就开出了关于现代性面向的问题。

（三）去熟人化：对抗的现代性问题

现代性理论是欧洲启蒙思想的重要产物，它提供了影响人类社会的一系列相互关联的观念、方法和制度体系，例如社会契约、人权、民主、法治、

---

① 梁启超：《先秦政治思想史》，浙江人民出版社1998年版，第5页。

② 对天下无外原则的阐述，见赵汀阳《天下体系——世界制度哲学导论》，江苏教育出版社2005年版。

自由、科学、工业化、城市化、共和、权力制衡、多党制等，揭示出人类生活和组织方式的重大变化和成就。没有工业文明的有力推进，缺乏对市场经济的精心呵护，特别对传统权威和宗教的无情抛弃，要取得这样一些成果是难以想象的。在标准的现代性叙事中，有两种意义上的现代性，一是从封建社会脱胎而来并与之正面交锋的工业社会，它瓦解了等级制世界观和宗教世界，消解了封建社会的结构。工业社会也被称为早期资本主义社会，它因其科学技术的发达、契约自由、稳定的经济增长等著称；二是立足于工业社会但对其给予理想批判的反思性现代性，它强调在职业和技术的系统性推动下所产生的对未来的不确定性，这种不确定性导致了地区、国家或全球意义上的"风险社会"。如果说早期现代性的成就还在或多或少地为未来许愿，或者像有人自豪地宣称找到了一劳永逸关于"历史终结"的预言，那么，反思现代性则看到了转瞬即逝的"当下"的"去未来化"，看到了现代性本身作为一个危险来源的实质。①

无论早期现代性还是反思性的现代性都是启蒙哲学在不同阶段的体现，它们之间的关联性要大于或多于其中的断裂。启蒙哲学在成功瓦解了一切束缚人的传统权威或"祛魅"之后，也削弱了人与人之间的自然的纽带关系，打造出一切以自我为中心的契约关系。对非自然关系的描述有时也被称为理性人的关系或非人格关系，这种关系本质上是对抗性关系，它表现为市场领域中的竞争和政治领域中的斗争，冲突而非和谐占据了社会关系的主要方面。在这个意义上，现代性产生了它自身无法克服的弊端，它在造就了人的自由和解放的同时，也在无意之间开创了人与人疏远、隔阂和机械性的属性，导致了人"自由但孤独"的"非自然人"状态，这同时是韦伯精辟提炼出的"铁笼"状态，呈现出后现代主义的"现代性碎片"。个体的人获得了前所未有的解放，但它是以社会总体性解体为代价的，事实上这个代价昂贵而且过于昂贵了。

（四）自由建构新熟人社会

对现代性的描述是一个方面，对现代性的定性与解决方案是另一个方面，后者作为一种理论体系总结了启蒙运动的实践，首次系统地提出和强化了陌生人理论。对社会关系的描述宁可选择陌生人而不选择朋友，宁可选择敌人也不选择陌生人。陌生人是一个令人始终不能放心的角色，它无法承担

---

① 关于反思性现代性的讨论，参见［英］吉登斯《现代性与自我认同》，赵旭东译，生活·读书·新知三联书店 1998 年版。

分崩离析的社会再次统一的社会功能。对"经济人"、"理性人"、"自由人"、"真的人"等人的属性判断和解说充斥在几乎所有的社会科学领域，都是陌生人在不同领域（经济的、哲学的、政治的或社会的）再现。陌生人理论自我决定和自我合法性，也是具有"地方性经验"的西方历史进程中的典型现象，还不具有理论上的规范性和经验层面的普遍性。

现代性瓦解了传统社会的熟人关系，但它没有也无力消灭熟人关系本身，只要人还是生活于现实当中，就不能摆脱天然或拟制的熟人关系。在日常生活的层面上，我们所处社会的依然不是陌生人社会，也不是传统的熟人社会，而是不断扩展的新熟人社会。大学、公司、俱乐部、社团、协会等扩展了熟人关系，为我们自由建立熟人关系提供了基础，搭建了更多、更新的桥梁。如果说传统熟人社会更多地以血缘或地缘构建熟人关系，现代社会则借用了自由这一手段能动地建构或解构熟人关系，其适用范围超出了血缘、地缘等领域。① 不可思议的是，陌生人理论否认了自由建构熟人关系的现代性本质属性，任凭从传统中解放出来的个体以原子式的生存方式自生自灭。陌生人理论看到了传统熟人社会不断瓦解的事实，却没有看到新的熟人关系借助于自由这一手段被建构起来的图景，对后者的忽视不仅使现代性总是处于"未完成"的停滞状态，也人为地割裂了"历史的连续性"。陌生人被赋予了越来越多的"危险"品行，随着利益冲突的加剧，不是拉一把让陌生人回到熟人的行列，而是让其进入敌人的阵营，出现了熟人陌生化、陌生人敌对化的"两化"运动，它的极端化表现就是"杀熟"和"敌我政治观"在现实生活中的反复演练。

对现代性的误判加剧了现代社会的冲突，对现代性病理的分析是康复现代性的智识性努力。新熟人社会理论不是一种元理论，只是为现代性找到重生的新理由。需要承认的是，新熟人社会一方面迅速地自由建构熟人关系，另一方面也在用同样快的速度解构熟人关系，"自由建构熟人关系"和"自由解构熟人关系"可能同时发生，发生的次数和频率也在加快，这个特征形成了新熟人社会的一个急需要克服的难点。对向现代化急行军的当代中国而言，新熟人社会的命题既可以让传统暂时有了保存的空间，争取了片刻的话语合法性，更为重要的是，它依然是在现代性叙事中的现代化表达，而不

---

① 传统熟人社会的论述，见费孝通《乡土中国　生育制度》，北京大学出版社 1998 年版。新熟人社会理论的详细讨论，见贺海仁《无讼的世界——和解理性与新熟人社会》，北京大学出版社 2009 年版。

是回归传统的复辟主义路线。只有建构成立，解构才有价值，正如哈贝马斯所论证的："解构劳动一泻千里，但只有当一个具有认知能力和行为能力的孤立主体的自我意识范式、自我关涉范式被另一个范式，即被理解范式（交往社会化和相互承认的个体之间的主体间性关系范式）取代时，解构才会产生明显的效果。"[①] 在历史上，任何一次看上去是复辟的行动都是为向前迈出一大步的前提准备，托古改制如此，文艺复兴也是如此。在这个意义上，权利与调解、孝与国家等关系命题的内在冲突就是可以理解的。在一个不断扩展的熟人社会中，面向未来的不再是"焦虑的社会"（贝克语），也不是你死我活的"阶级社会"，而是体现了自由和温情双重性格的现代社会。

六、结语

熟悉和陌生具有哲学上的辩证法关系，从不熟悉的事物走向熟悉的事物是一个人和民族成熟的标准。站在现代性法律和传统文化十字路口的当代中国社会正面临着艰难的抉择。2008 年 2 月，国务院首次向海内外发布了《中国的法治建设》白皮书。它从立法、行政、司法、普法教育、国际法律合作等方面较为全面地阐释了当代中国的法律制度，它宣称："法治是政治文明发展到一定历史阶段的标志，凝结着人类智慧，为各国人民所向往和追求。中国人民为争取民主、自由、平等，建设法治国家，进行了长期不懈的奋斗，深知法治的意义与价值，倍加珍惜自己的法治建设成果。"这段话表达了中国社会当下对法治的基本态度和信念。在哈贝马斯首次访问中国十年后，社会主义法律体系也被宣告形成。如何看待、解释和评判改革开放三十年的法治建设、成果及其特征将是后小康社会法理学的重要使命。

---

① ［德］哈贝马斯：《现代性的哲学话语》，曹卫东译，译林出版社 2004 年版，第 362 页。

第四章

基本规范的中国实践

> 非天子不议礼，不制度，不考文。……虽有其位，苟无其德，不敢作礼乐焉；虽有其德，苟无其位，亦不敢作礼乐焉。
>
> ——《中庸》

我国社会主义法律体系形成过程是一个重新起步和再造我国作为主权国家合法性的历史进程。彻底废除中华民国"六法全书"中止了中国国家在法律体系上的连续性，体现了构建新社会的理想主义革命思想，巩固了新民主主义革命成果。然而，法律体系的更迭没有中断我国共和国构建以来国家的连续性，也没有因为频繁修订宪法（不同于宪法修正案）中断我国社会主义法律体系在实质宪法上的内在关联。新中国成立前三十年的法律体系与后三十年法律体系之间连续大于断裂，联系它们的主线是代表基本规范的人民代表大会制度，这就从法律认识论的角度保持了我国法律体系的唯一性和连续性，实现了我国作为现代主权国家与宪法法律体系的同一性。

一、法律体系的废与立

中华人民共和国成立是现代中国历史上的大事件，成为阐释中国历史和社会发展的思想和制度背景。中华人民共和国作为共和国的特殊形式承接了现代性逻辑，开发出独具中国特色的合法性叙事。中华人民共和国的合法性源自新中国成立之初共同纲领所确立基本规范，并通过人民代表大会制度确立了我国的根本政治制度，这既是以六法全书为标志的旧法律体系失效的法理缘由，也是新生的我国宪法法律体系的效力理由。

（一）我国作为政治国家的连续性

中华人民共和国成立是对中华民国的政府继承。联合国恢复中华人民共和国在联合国的一切合法席位（包括联合国常任理事国）是对革命胜利后的中华人民共和国的承认。新中国承接了文化意义上的历史国家，[①] 但也是国际法意义上的连续性政治国家。政府继承的发生不妨碍新中国改变国家的类型和形式，如同辛亥革命改变了满清王朝统治下的中国的国体和政体，这些都是中国人民作为统一的政治共同体在历史关键时刻行使主权的表现形式。

辛亥革命后建立的共和体制是中国作为连续性历史国家改变其国体的近代案例。从君主制到共和制的转变标志着中国社会的现代转型，这种改变不同于推翻了秦帝国的汉王朝，虽然汉朝直至清朝的历代王朝更迭都呈现出政府继承的特征。中华民国废除了君主制国家，建立了以人民作为主权者的新的国体形式（《中华民国临时约法》第1条："中华民国之主权属于国民全体"），启用了以议会制为特征的政府组织形式（《中华民国临时约法》第4条："中华民国以参议院、临时大总统、国务员、法院行使其统治权"）。从作为国体的共和制的角度看，除了袁世凯恢复帝制时期，无论孙中山领导的临时政府、北洋军阀控制的政府，还是国民党执政时期的政府都具有形式上的共和性质，在它们之间相继出现的政府更迭依然是政府继承。中华人民共和国是共和体制的一种新形式，它的成立废除了国民党执政的形式共和体制，建立起体现人民大众意志和利益的人民共和国。

在政府继承学说中，对国际法体系和国内法律体系的继受从来都是内外有别的，这种差别性的对待恰恰反映了国家主权者的意志和决断。近代社会创设了近乎"人间上帝"的主权概念，在特定的领土范围内，主权者具有全然的正当性和至高无上的权威性，只要是主权者做出的决断，无论主权者的决断形式是否采用了民主的形式，其决断内容是否影响他国的利益，都不

---

① 对我国国家连续性的宪法承认，共同纲领基本没有涉及，1954年宪法在序言中表述了1840年以来的中国历史，1982年宪法在其序言中较为全面地概括了我国既作为历史国家也作为政治国家的连续性，"中国是世界上历史最悠久的国家之一"是对我国历史国家连续性的承认，1840—1911年是对政治国家连续性的承认，1911年中华民国成立至1949年中华人民共和国成立是对共和制类型的我国国家连续性的承认。

会影响法律继承的内容和效果，因此，在新的基本规范决定的法律体系形成之前，对待旧法律体系的后果处置主要还不是主权者的权能问题，而是新的执政者的治国智慧和技艺。

1949 年《中国人民政治协商会议共同纲领》第 55 条明确规定："对于国民党政府与外国政府所订立的各项条约和协定，中华人民共和国中央人民政府应加以审查，按其内容，分别予以承认，或废除，或修改，或重订。"事实上，不仅包括国民党政府签署和加入的国际条约或公约，对清朝和中华民国历届政府签订的国家条约或公约都可以根据主权原则选择性地继承或不继承，决定是否作为新法律体系的当然组成部分。

政治国家作为特殊的社会组织类型在体现社会组织共时性特征时也发挥了历时性的功能，后者呈现了政治国家的历史连续性。对于我国而言，作为连续性的政治国家具有三种类型的表达。（1）从公元前 221 年秦帝国的建立至公元 1911 年作为君主制的政治国家。这段时期的总体特征表现在君主是主权者，君主对外代表国家，对内代表人民，确立了君主制的国体形式。不同王朝的政体或有不同，但不妨碍中国作为君主制国家的独立存在。例如，在法律体系的继承方面，"汉承秦制"是对秦帝国法律体系继受的标志，也成为历代王朝法律体系的基础。（2）从公元 1911 年至今的作为共和国的政治国家。人民取代了君主的主权地位，宣布了在过去君主才有的权能，主权者发生了根本性的变化。虽然人民作为主权者在历史实践中未能得到充分的展开，但对共和国的理念表达和对形式共和国的坚守得以传承。作为共和国的政治国家是民主制国家的形式，在这里，不再是民主有无的问题，而是民主的程度问题，甚至假民主也在模仿民主的理念和实践。在力图实现真正的民主方面，我国社会主义国家没有超出作为共和国的民主制国家范围，中华人民共和国继承了自 1911 年以来共和国历史。（3）从新中国成立至今作为社会主义共和国家的政治国家。社会主义国家是人类历史崭新的国家类型，却不是独立的国家历史类型，社会主义国家无非是现代民主制国家的特殊形式。

宪法第 1 条第 2 款规定，"社会主义制度是中华人民共和国的根本制度。禁止任何组织或者个人破坏社会主义制度"。胡锦涛同志《在庆

祝中国共产党成立 90 周年大会上的讲话》指出："人民代表大会制度
是根本政治制度，中国共产党领导的多党合作和政治协商制度、民族区
域自治制度以及基层群众自治制度等是基本政治制度。""根本制度"、
"根本政治制度"和"基本政治制度"的提法和划分体现了中国政治话
语的特殊性。根本制度说明了我国社会主义国家的类型，它由根本政治
制度和基本政治制度构成。作为根本政治制度的人民代表大会制度则是
基本或基础规范的来源和基础，从法理上讲，"不能从一个更高规范中
得来自己效力的规范，我们称之为'基础'规范（basic norm）"。[①] 我
国宪法法律体系及其法律规范的一切效力根源来自于全国人民代表
大会。

　　以上的分析表明，在我国的历史国家和政治国家的关系中，存在着两种
类型国体表达，在共和国是体的情况下，社会主义国家是其形制；在社会主
义国家是体的情况下，人民代表大会制是其形制。人民代表大会制度作为我
国的根本政治制度是我国人民主权的代表形式，执政党的领导权和国家机构
所享有的国家权力都是这一代表形式的再代表，这是认识和解释我国社会主
义法律体系性质的前提和基础。

（二）废除"六法全书"的政治决断

　　中华民国的六法全书是我国历史上第一个打破"诸法合体"立法成例
的现代法律体系，完成了清末法律改革未能实现的建构现代法律体系的目
标。[②] 六法全书法律体系有其形成和发展的过程，一度曾是在中国国家范围
内普遍有效的行为规范和准则。

　　1931 年 11 月 7 日，中华苏维埃共和国在江西瑞金成立，这是在中
华民国之外成立的新类型的人民共和国。从法律体系的角度看，中华苏
维埃共和国成立宣告了在其管辖的范围内不再受中华民国法律体系的调
整和制约。1937 年 9 月，根据抗日战争的需要，中国共产党承诺"取
消苏维埃政府及其制度，中华苏维埃人民共和国变更为中华民国陕甘宁

---

　　① ［奥］凯尔森：《法与国家的一般理论》，沈宗灵译，中国大百科全书出版社 1996 年版，第
126 页。
　　② 六法全书特指中华民国政府存续期间制定和编纂的全部有效的法律规范，包括宪法、民法、
刑法、商法、民事诉讼法、刑事诉讼法等。

边区政府，执行中央统一法令与民主制度"，中华苏维埃中央临时政府西北办事处改称陕甘宁边区政府（1937年11月至1938年1月改称陕甘宁特区政府）。"中央统一法令"是指包括六法全书内容在内的中华民国的全面正式的法律规范和司法判例。从1937年9月直至1949年2月，陕甘宁边区的司法机关审理案件的依据包括了六法全书在内的部分规范。

统治国家的合法性在于法律的统一性。1949年国共两党展开激烈的军事斗争的同时，也开辟了法律合法性斗争的领域。蒋介石和谈条件中提出"宪法"、"国体"、"法统"等主张是对六法全书法律体系的挽留，再现了统治中国合法性标准的斗争。用法律统一中国在当时历史背景下当然是无稽之谈，如果是这样的话，就会出现军事斗争胜利，法律斗争失败的结局，最终将抹杀新民主主义革命胜利成果，更为重要的是，政治决断不必然依赖于任何合理性依据，全面废除六法全书作为一个政治决断遵循了自我决定的法则。

1949年2月中共中央发出了《关于废除国民党的六法全书与确定解放区的司法原则的指示》的通知，明确"在无产阶级领导的工农联盟为主体的人民民主专政政权下，国民党的六法全书应该废除。人民的司法工作，不能再以国民党的六法全书为依据，而应该以人民的新的法律作依据"。在人民的新的法律还没有系统地发布以前，应该以共产党政策以及人民政府与人民解放军所已发布的各种纲领、法律、条例、决议作依据，其基本原则是：有纲领、法律、命令、条例、决议规定者，从纲领、法律、命令、条例、决议之规定；无纲领、法律、命令、条例、决议规定者，从新民主主义的政策。该文件明确了在解放区以及在新中国成立后不再适用六法全书为代表的旧式法律体系，同时确立了新民主主义政策作为法律渊源的成例。

就一个连续存续的国家而言，改变国体并不当然要废除支持旧国体的全部法律体系，重要的是要废除旧国体赖以存在的基本规范，这是国体发生变更的显著性标志。从法律认识论角度看，基本规范确立了一个国家所有法律规范的合法性标准，一旦基本规范失去了效力，根据基本规范制定的法律体系也将失去法律效力，更不要说以明确的政治决断的方式明令废除。不过，六法全书的内容不是都代表了地主、资产阶级的意志和利益，六法全书对欧美及前清法律体系多有移植，尤其在民商法中包含了大量的可以承接的习惯性规范的内容,① 这种不加区别地全部废除造成了中国作为一个连续性国家在法律体系方面的空白,这在古今中外的历史上是极为罕见的。② 从法的阶级性和社会性的辩证关系来看,全面废除六法全书的政治决断忽视了法律赖以存在的文化和社会基础,人为地造成了历史国家连续性的断裂。革命固然需要有与过去决裂的信念和行动,但政治革命无法同时承载社会革命、文化革命,社会和文化等非政治性变革往往要靠启蒙的力量而不是一次性的政治革命。如果承认法律不仅是统治阶级意志和利益的体现,还包含民族、文化传承和习俗等精神性因素,那么对法律体系连续性的关注和考量就是立法者治国理政的必要技巧。

在新的法律体系未建立之前,全面废除已有的法律体系必然造成法律治理上的空缺状态,因此之故,为了不使社会处于骤然间的无序状态,需要通过法律以外的社会控制方法建构和维持秩序。陕甘宁边区已有的法律和法令数量少且缺乏系统,这些为数不多的法律还不能全面适用到全国,尤其缺乏统一的基本法律(如刑法、民法、商法和诉讼法等)。在法律体系发生断裂和法律规范出现空白的情况下,一种主要由中共中央以纲领、决议和命令等名义发布的政策成为不仅约束全体党员,也成为指导全体社会成员的行动标准,显示了政策制定者用以解释全体社会成员行动性质和范围的原则,担当起国家转型所要求的最低社会秩序。

以政策为主体的规范秩序必然是带有过渡性质的临时秩序,这与新中国成立前后国家和社会处于战争状态的实际情况相一致。一旦战争状态结束,政策的灵活性、非规范性和模糊性就要让位于法律的稳定性、规范性和明确性。全面废除六法全书的行动与以政策维系刚性秩序具有前因后果的逻辑关系,但废除六法全书的最终目的还是为了建构新的法律体系,在这个意义上,用政策治国是权宜之计,而不具有目的合理性。《共同纲领》第 17 条规定"废除国民党反动政府一切压迫人民的法律、法令和司法制度,制定保护人民的法律、法令,建立人民司法制度"。废除和重建工作是前后相继的工作,正所谓"不破不立",而且,"一切压迫人民的法律、法令和司法制度"可以解读为保留有利于人民的法

---

① 参见李龙、刘连泰《废除"六法全书"的回顾与反思》,《河南省政法管理干部学院学报》2003 年第 5 期。

② 马克思指出:"法的关系正像国家的形式一样,既不能从它们本身来理解,也不能从所谓人类精神的一般发展来理解,相反,它们根源于物质的生活关系",见《马克思恩格斯选集》第 2 卷,人民出版社 1995 年版,第 82 页。

律、法令和司法制度，这种表述与 1949 年指示相比更符合法律体系继受技术的一般规律和特征。

当然，六法全书在新中国成立之初被宣布废除却没有完全死亡，它在台湾地区依然是一个发生法律效力的具体存在，未来在大陆与台湾统一的问题上，六法全书的存与废的问题将再次进入政治家和法律家的视野。统一的法律体系是国家存在和统一的标志，统一的国家只能有一个法律体系。排除用军事斗争统一中国的情况，和平统一中国的法理基础将不可避免地涉及如何对待在台湾实施的"六法全书"问题，关涉大陆和台湾统一之后的中国法律体系统一问题。这是需要专文讨论的问题，不再赘述。

（三）"宪法缔造者"的法律体系

现代国家的第一部宪法既具有宪法律的形式，又起到了确立基本规范的作用。共同纲领不是正式宪法，但起到了第一部宪法的功能，发挥了立国的实质性宪法的作用。中华人民共和国的国家合法性源于共同纲领，这是包括五四宪法内在的其他几部宪法不曾有的功能，共同纲领之后的四部宪法继受了作为实质宪法的共同纲领，认可和发扬了共同纲领确立的国家类型和形式，开启了具有中国特色的制宪意义上的宪法惯例。

1949 年 9 月 29 日，中国人民政治协商会议第一届全体会议通过了《中国人民政治协商会议共同纲领》、《中华人民共和国中央人民政府组织法》、《中国人民政治协商会议组织法》等法律文件，史称"三大宪章"。根据这些基础性规范制定的法律、法令和命令形成了过渡时期我国特有的法律体系。[①] 共同纲领规定和预设了中华人民共和国的国体和政体，基本经济、军事、文化、民族和外交等制度，其中具有基本规范性质的国家制度，如人民代表大会制度、政治协商制度、民族区域自治制度、社会主义公有制度、中央与地方分权制度等成为后来四部宪法的基础内容。

　　《共同纲领》第 13 条规定："在普选的全国人民代表大会召开以前，由中国人民政治协商会议的全体会议执行全国人民代表大会的职权，制定中华人民共和国中央人民政府组织法，选举中华人民共和国中央人民政府委员会，并付之以行使国家权力的职权。"共同纲领预设了

---

　　① "在新中国无宪法的情况下，这三个文件应均属宪法性文件。以共同纲领为主体的三大文献，构成了我国 1949 年至 1954 年这一时期内的根本法。"见徐崇德《中华人民共和国宪法史》（上卷），福建人民出版社 2005 年版，第 41 页。

让人民最终认可或追认的空间和程序，在条件成熟时召开普选的人民代表大会。因此，过渡时期的法律体系缺乏我们今天称之为基本法律和法律这个重要板块的内容也就不足为奇了。

共同纲领所形成的法律体系是一个临时法律体系。根据中央人民政府组织法，中央人民政府委员会行使国家的全部权力，有权制定并解释法律和法令，政务院有权颁布决议和命令，政务院所属各部、会、院、署、行，在自己的权限内，有权颁发决议和命令，为此形成了以共同纲领为核心，以法律和法令为主干，以决议和命令为补充的过渡时期的临时法律体系。

> 从 1950 年开始，中央人民政府法制委员会按年编辑和出版《中央人民政府法令汇编》，在汇编体例上大致分为总类、政治法律、财政经济、文化教育、监察、人事编制等六个方面。所称法令者，不仅包括中央人民政府委员会发布的法律和法令、政务院及其委员会发布的决议、命令、指示，也包括中国人民政治协商会议全国委员会和省级以上地方人民政府发布的法令性文件，以及中央人民政府最高人民法院和中央人民政府最高检察署发布的决定和指示等。值得注意的是，法令名称并没有统一的规定，主要有：通则（包括暂行通则）、条例（包括暂行条例）、通令、规则、规定、决定、决议、命令、指示（包括联合指示、紧急指示等）等。

以上法的形式虽然各有不同，但被称为法律和法令者则专属于中央人民政府委员会，而法律和法令又要受制于共同纲领的原则和精神，使过渡时期的法律体系开始具有了简约意义上的结构特征，这样的特征决定了我国社会主义法律体系形成的历史起点。共同纲领具有临时性的宪法功能，根据共同纲领制定的大多数法律和法令也具有临时性，这就体现了临时性法律体系的特征。① 然而，即使在合宪性的主权变化的情况下，在特定时间内，所有法律体系都具有临时性的特征，由共同纲领作为中心形成的法律体系虽然简

---

① 拉兹指出："一种临时性的法律体系是指一定时期内有效的一种制度中的全部法律。……临时性或瞬间性的法律体系是法律体系的子项：对应于每一个临时性的法律体系，都有一个包括这些临时性体系内所有有效法律的法律制度存在。"见［英］约瑟夫·拉兹《法律体系的概念》，吴玉章译，中国法制出版社 2003 年版，第 42 页。

约，仍不失为一种法律体系。

共同纲领具有约法的性质，在普选的人民代表大会尚未召集和行使权力的情况下，共同纲领主要是各党派、社会团体等政治协商的产物，包含了政治契约所具有的政治理想成分，即实现"中国人民由被压迫的地位变成为新社会新国家的主人"。毋庸置疑，现代成文宪法诞生的技术路径大致上采取了先有宪法缔造者完成宪法文本的讨论和制作，然后采取全民表决或事后追认的路径，最终赋予第一部宪法以民主品质。第一部宪法只有浸染民主色彩才能获得现代性合法话语的认可，并与非现代国家的立国政制拉开距离。1789 年美国宪法由美国的宪法缔造者在制宪会议形成宪法文本，然后通过全国范围的表决，获得使宪法得以生效的人民批准手续。这就表明，在宪法缔造者与人民代表之间没有必然的代理关系，因为第一部宪法形成之前，人民还不能通过选举的方式让宪法缔造者作为他们的当然代表，但作为追认的代表理论则可以解决第一部宪法产生时的民主难题。① 在我国第一部宪法——《共同纲领》产生的过程中，主要由各党派和社会团结举荐的代表组成了我国实质宪法的缔造者，他们是人民的特殊代表，由他们共同协商制定的宪法和法律代表了全体人民的意志和利益。但与美国第一部宪法相比，共同纲领颁行之日就具有了法律效力，普选的全国人民代表大会产生后以追认的方式认可了第一部宪法的效力。

二、社会主义规范建设的缺失与基本规范的连续性

在如何建设社会主义的问题上，我国没有成熟的模式可以遵循和借鉴。在极"左"路线的影响下，社会主义建设的任务和目标不断遭到破坏，缺乏应有的规范性，法律建设缺失是 1956—1978 年期间社会主义建设失序的重要因素。不过，在这一时期，作为国家的社会主义中国并非没有法律体系，法律体系中的基本规范保障了虽然简陋却存在的法律体系，这与我国国家的连续性存在和发展具有内在的联系。因此，在看到我国社会主义建设缺乏规范性的同时，也要关注新中国成立以来我国法律体系的历史连续性，这

---

① 波斯纳观察到："美国《宪法》是在一次反对合法宪政权威的暴力革命之后，在触犯《联邦条例》规定的情况下，被采纳的。一些选民代表批准了《宪法》，但这些选民只是全部人口中一个很小的、不具有代表性的样本。"见 [美] 波斯纳《法律、实用主义与民主》，凌斌等译，中国政法大学出版社 2005 年版，第 305 页。

是法律体系认识论所持有的立场和方法，也是理解我国社会主义法律体系的一条重要线索。

（一）社会主义规范建设的缺失

从新中国成立直至十一届三中全会，通过党和政府的政策治理国家是一条主线，这既与没有及时建构起新的法律体系有关，也与执政党执政方式理念未发生根本变化有关联。不同于过渡时期的路线和任务，社会主义建设时期的使命主要是解决"人民对于经济文化迅速发展的需要同当前经济文化不能满足人民需要的状况之间的矛盾"，但在如何建设社会主义和解决社会主义矛盾的问题上却缺乏经验，以致后来背离了八大确立的目标和方向，使中国社会陷入了像"文化大革命"那样的"内乱"局面。为什么被历史公认为具有历史意义的八大路线未能得到贯彻执行而且很快就夭折了呢？为什么大规模、疾风暴雨式的军事斗争和政治斗争完成之后，中国社会在"文化大革命"期间又复现内乱状态呢？为什么由毛泽东同志精心参与制定的五四宪法在颁行不到三年就基本上不再发生实效？在总结这一段失败的历史教训时，邓小平在 1982 年 9 月党的十二大开幕词中指出："八大的路线是正确的，但是由于当时党对于全面建设社会主义的思想准备不足，八大提出的路线和许多正确意见没有能够在实践中坚持下去。八大以后，我们取得了社会主义建设的许多成就，同时也遭到了严重挫折。"思想准备不足的一个重要方面表现是在社会主义建设的蓝图中缺乏法律建设的设计和安排，没有意识到法律对社会主义建设中的地位和作用，更为重要的是对社会主义的规范建设尚没有提到议事日程。

社会主义的规范建设乃是一个有别于思想建设、道德建设和政治建设的外在规范实践体系，它要求将社会主义建设的政治决断通过法律规范的方式加以确定和保障，"不因领导人的改变而改变，不因领导人的看法和注意力的改变而改变"。作为法制建设的社会主义规范建设不仅要确保社会主义的建设成果，在必要时要限制和约束社会主义建设。在一个国家的基本规范存在的前提下，对法律体系的形式判断标准就是法律体系的结构是否科学和完善。法律体系的形式结构标准包括三个方面："第一，涵盖各个方面的法律部门（或法律门类）应当齐全。第二，各个法律部门中基本的、主要的法律应当制定出来。第三，以法律为主干，相应的行政法规、地方性法规、自治条例和单行条例，应当制定出来与之配套。"① 按照这三个标准衡量，从

---

① 乔晓阳：《关于中国特色社会主义法律体系的构成、特征和内容》，载全国人大培训中心编《全国人大干部培训讲义》，中国民主法制出版社 2004 年版，第 154 页及以下。

1954—1978 年间，我国不是没有法律体系，而是缺少门类齐全的法律部门以及主要的法律规范，民法、刑法、诉讼法等一般性法律规范处于空白期，法律体系的形式构建处于停顿状态，同时在法律实施上整个社会罕见地进入无法可依的历史时期。

1954 年宪法规定，全国人民代表大会是行使国家立法权的唯一机关，这就从宪法的角度垄断了国家的立法权，任何其他国家和地方机构都无权立法。从制定法律的角度看，全国人民代表大会的作为和不作为将决定法律体系的构建及其完善。不论立法工作都由全国人民代表大会承担是否科学，仅凭全国人民代表大会一己之力就可以构建出具有结构特征的法律体系是令人怀疑的。尽管如此，不重视或无视人民代表大会制度建设使全国人民代表大会长期处于无会可开或无事可议的瘫痪状态。1961 年没有举行全国人民代表大会。1965 年 1 月，三届全国人民代表大会闭幕之后，全国人民代表大会不再举行会议，直到 1975 年 1 月四届人大召开。此外，从 1957 年至 1979 年，全国人民代表大会及其常委会在很多情况下多采用"批准"国务院决定的形式间接行使立法权。

进入社会主义阶段的中国社会充满了多快好省建设社会主义的愿景和浪漫心理，缺乏与之相适应的法律规范，除非立即修改宪法并建立新的规范体系，指导和巩固社会主义建设的规范体系只能从非法律规范中去寻找，而这与通过建构法律体系规范社会主义建设的精神背道而驰。

1958 年 8 月，毛泽东在北戴河召开的协作区主任会议上说：法律这个东西没有也不行，但我们有我们这一套，还是马青天那一套好，调查研究，就地解决问题。不能靠法律治多数人。民法、刑法那么多条谁记得住了。宪法是我参加制定的，我也记不得。我们的各种规章制度，大多数，百分之九十是司局搞的，我们基本上不靠那些，主要靠决议、会议，一年搞四次，不靠民法、刑法来维持秩序。人民代表大会、国务院开会有他们那一套，我们还是我们那一套。①

---

① 全国人大常委会办公厅编：《人民代表大会制度建设四十年》，中国民主法制出版社 1991 年版，第 102 页。

　　这就清楚地表明，在 1954 年宪法颁布之后存在着两套显而易见的国家治理规范体系，一套是以宪法为基础的法律规范体系，一套是以党的决议和会议指示为主的政策规范体系，这两套规范体系发生冲突时则以政策规范体系为主。事实上，从那时起直到"文化大革命"结束，以毛泽东为核心的第一代党和国家领导人基本上放弃了依靠法律治理国家的计划和实践，实际运作的只有政策规范体系。① 如果政策性规范体系只在党的范围内发生效力，只对党员干部产生约束力，则具有本来就有的正当性。然而，在宪法法律体系已经存在的情况下，政策性规范体系会产生与之相符和相悖的两种情况，问题主要出现在二者相背离的情况，导致政治主权者和法律主权者并存的局面，前者是事实上的主权者，不是规范上的主权者。

　　政策规范体系与宪法法律体系在效力理由上存在差异，在它们之间也缺乏同一的基础规范。政策规范体系的基础规范源于党的代表大会，由党章及其基本党规来体现。宪法法律体系的基础规范源于全国人民代表大会，由宪法及其宪法性法律来体现。即使党章与宪法的基础性规范在事实上的同源性也不能否认逻辑上的二元呈现，除非人民通过修宪的方式将这两种性质不同的基础规范合二为一。事实上，党通过党章组织和再现自身，而通过宪法和法律领导国家和社会事物，两套规范体系并存的实践并不会必然否认宪法法律体系效力。

　　社会主义建设是从制度和实践两个方面重塑和体现人民主权的历史运动，人民之上再也无主权者就是社会主义的口号和精神。社会主义规范建设的一个重要使命就是要禁止和规范僭越人民主权的行为、主张和政治意识形态，实现新中国成立时向人民做出的政治承诺。任意替代和违反社会主义规范建设的活动背离了社会主义的发展规律和前进方向，是违反宪法

---

　　① 对于政策规范体系表现形式和实质，俞可平指出："会议、文件、政策、讲话、批示、指示、决议等是政务管理和党务管理的必要手段。但是，如果过分依靠会议、文件和领导的讲话，形成'文山会海'，那就会大大削弱党的执政能力和管理能力，增大党管理政务和党务的成本。更严重的是，依政策、会议和讲话来管理政务和党务，归根结底是一种人治，而不是法治。这与党所倡导的社会主义法治精神是格格不入的。"见俞可平《依法治国必先依法治党》，《学习时报》2010 年 3 月 18 日。

法律体系的行为。① 事实不是规范，标准的宪法惯例既包括行宪的事实行为，也包括行宪的规范行为，从违反社会主义规范的事实行为中推导不出宪法惯例，正如数个未被纠正的违法行为不能成为下一次违法的理由。上述毛泽东北戴河讲话是轻视法律在社会主义规范建设的重要事例，这也是产生文化大革命"无法无天"局面的思想和制度根源之一。

（二）法律体系规范的效力理由

毛泽东的讲话揭示了一个长期存在的政治现象，在宪法法律体系之外存在着另一个规范体系，后者就是人们熟知的政策规范体系，它在国家和政治事务中发挥了比宪法法律体系更具实效的作用。然而，从合法性角度看，政策规范的有效性不意味着已经存在的宪法法律体系被废弃，宪法法律体系在被认为需要发挥作用的时候依然具有法律效力。按照纯粹法理学的观点，隶属于法律体系的法律规范的效力来源于由基础规范决定的整个法律体系的实效。② 截至 1958 年，新中国成立以来形成的法律体系及其组成部分并没有在合宪条件下废弃，不同的法律规范依旧具有程度不等的规范效力。

法律体系的整体实效为法律规范提供了效力理由。1957 年国务院制定的《国务院关于劳动教养问题的决定》之所以有效力，是因为该决定由第一届全国人民代表大会常务委员会批准通过，全国人民代表大会常务委员会之所以有权批准该决定是因为 1954 年宪法的赋权，全国人民代表大会及其常委会之所以有权赋权是因为全国人民的赋权。这样一来，只要全国人民代表大会及其常委会还作为最高权力存在，一切由它赋权而产生的法律规范则都具有效力。

"在关于法律位阶的理论看来，法律体系在构成上包括三个基本层级，即基本规范、一般规范和具体规范，其中具体规范除了将具体的行政裁决和

---

① "将'背离宪法文本'的权力行为认定为'不成文宪法'，则它的结果必然是将违宪行为宪法化，'不成文宪法'就成为地地道道的反宪法、反宪政、反法治的概念。"见周永坤《不成文宪法研究中的几个问题》，《法学》2011 年第 3 期。

② "它们只有在整个秩序是有实效的条件下才是有效力的；它们的停止有效力，不仅在于它们已经在一个合宪条件下被废除，而且还在于整个秩序已停止有实效。"见［奥］凯尔森《法与国家的一般理论》，沈宗灵译，中国大百科全书出版社 1996 年版，第 135 页。

司法裁决纳入外，还将个人和社会生活领域诸多的私法行为规范一并包罗"，① 因此，不是立法机关制定的法律才构成法律创设的方式，并作为法律体系形成的唯一要素，这是法律形成论与法律认识论的重要分歧点。1950年11月3日《政务院关于加强人民司法工作的指示》明确了将最高司法机关和其他机关发布的决定作为法律渊源之一："我们国家新的法律还不能力求完备，但如基本大法中国人民政协共同纲领及中央人民政府委员会、政务院、最高人民法院及其他机关所发布的许多法律、法令、指示、决定，都是人民司法工作的重要依据。"无论中央人民政府委员会和政务院，还是最高人民法院及其他机关所制定的法律规范，都是对法律体系内容的完善和创造，是由更高一级的规范决定并产生它们各自的合法性，这种合法性归根到底要到我国社会主义宪法法律体系中去寻找。

由党的会议或党的领导人宣布另外一套治理国家和社会的规范体系，虽然降低了宪法法律体系的实效，却没有终止宪法法律体系的效力。"法律这个东西没有也不行"是对已经存在的宪法法律体系的认可，只不过是从外在陈述（external statement）者的视角看待法律存在的方法，② 言说者虽然承认基本规范及其法律规范，却将自己置于法律体系之外，成为法律体系的观察者，这种状况如果长期存在，自然可以形成一个政治惯例，但绝不会形成宪法惯例。

作为外在陈述者，言说者有可能以不服从法律规范作为行为的出发点。事实上，通过会议和党的文件规范党和国家的活动而形成的实践结果是否成为宪法惯例取决于对实质宪法的理解。并非所有的政治活动都可以成为宪法的组成部分，也并非所有的政治惯例都能够成为不成文宪法。《关于建党以来党的若干历史问题的决议》和《关于建国以来党的若干历史问题的决议》是党自我建构和自我审查历史的重大政治惯例，却不能作为宪法惯例给予宪法和法律上的地位。政治承诺与政治协议、政治惯例和宪法惯例是性质不同的两组问题。在政治与宪法的关系中，要成为宪法内容的政治活动应当获得合宪的正当性程序的认可。例如，在修改法律的建议权方面，任何政党、社会团体和公民都有权通过法律程序将其主张和要求写入法律，不是唯独执政党有这样的权利。宪法的修改提议权则专属于

---

① 张志铭：《转型中国的法律体系建构》，《中国法学》2009年第2期。
② 对法的内在陈述和外在陈述的讨论，参见［英］哈特《法律的概念》，张文显等译，中国大百科全书出版社1996年版。

全国人大常委会和五分之一以上的全国人大代表。宪法第 64 条规定："宪法的修改，由全国人民代表大会常务委员会或者五分之一以上的全国人民代表大会代表提议，并由全国人民代表大会以全体代表的三分之二以上的多数通过。"执政党在事实上总是行使宪法修改提议权，虽然可以视为一项长期有效的政治惯例，但仍不能视为宪法惯例。在成文宪法存在的前提下，宪法惯例必定是对成文宪法条款的解释和适用的结果，这与没有成文宪法的国家形成了鲜明的对比。

在我国社会主义宪政实践中，如果要以宪法惯例表达宪政实践，那么贯彻基本规范的实践和活动就是一以贯之的宪法惯例。包含在第一部宪法中的基本规范成为整体法律体系具有实效的理由，除非实质宪法的内容被新的政治决断更换。换言之，宪法的效力理由来源于第一部宪法中确立的实质宪法。① 根据这种法律认识论视角，作为我国社会主义法律体系的第一部宪法，确定了我国社会主义基本规范的内容：（1）以共和国作为国家形式，并以新民主主义共和国作为具体形式（《共同纲领》第 1 条）；（2）实行人民代表大会制度，以作为议会制的特殊形式（《共同纲领》第 12 条）；（3）采用"议行合一"的政权组织形式，由权力机关统揽国家权力，行政机关和司法机关附属之；（4）以地方自治制度作为中央和地方分权的基础（《共同纲领》第 16 条）。这些内容决定了我国法律体系的历史连续性和动态发展过程，表明了我国社会主义法律体系在整体上的实效功能。

（三）人民代表大会制度的连续性

古典实证主义法学强调基本规范对法律体系的统帅效力，指出了基本规范的获得和丧失对法律体系存在的意义。如果基本规范被新的基本规范所替代，由旧的基本规范所支配的法律体系也将失去效力，虽然新的基础规范以及法律体系可以吸收旧法律体系的内容，但在原理上应当完成重新立法的转换工作，就仿佛每一次吸收旧法内容的过程都是新的立法活动，但无论哪种情况，一旦新的基本规范产生并持续存在，它就为不同时期立法者的立法行

---

① 凯尔森指出："如果我们问为什么宪法是效力的，也许我们碰上了一个比较老的宪法。我们终于找到了这样一个宪法，它是历史上第一个宪法，并且是由一个僭位者或者某个大会所制定的。这第一个宪法的效力是最后的预定、最终的假设，我们的法律秩序的全部规范的效力都依靠这一宪法的效力。"见［奥］凯尔森《法与国家的一般理论》，沈宗灵译，中国大百科全书出版社 1996 年版，第 130—131 页。

为确立了同一的合法性原则。①

　　1954 年 9 月随着新中国第一部宪法的颁布和实施，具有临时宪法功能的共同纲领完成了它的历史使命，不再具有法律效力。共同纲领预设了自己的生命路线以及注定要被新宪法取代的设计方案，之后产生的四部宪法的基本规范都不是对早已确定的基础规范的替代，这就是说，在共同纲领以及之后的四部宪法之间不存在基本规范更迭的问题，这也解释了为什么在不同宪法下制定的一些法律规范至今仍然具有法律效力。

　　　　1979 年 12 月 19 日，全国人大常委会通过了《关于中华人民共和国建国以来制定的法律、法令效力问题的决议》，决定："从一九四九年十月一日中华人民共和国建立以来，前中央人民政府制定、批准的法律、法令；从一九五四年九月二十日第一届全国人民代表大会第一次会议制定中华人民共和国宪法以来，全国人民代表大会和全国人民代表大会常务委员会制定、批准的法律、法令，除了同第五届全国人民代表大会制定的宪法、法律和第五届全国人民代表大会常务委员会制定、批准的法令相抵触的以外，继续有效。"2004 年全国人大常委会法制工作委员会编辑的《中华人民共和国法律汇编》（1954—2004 年）中包含了 1954 年法律 2 部、1955 年法律 1 部，1957 年法律 3 部、1958 年法律 2 部、1978 年法律 2 部等。2011 年我国社会主义法律体系形成之后由全国人大常委会法制工作委员会编辑的首部法律汇编也收录了 1982 年以前的一些法律，如 1957 年《全国人民代表大会常务委员会批准国务院关于劳动教养问题的决定的决议》，1958 年《中华人民共和国户口登记条例》等。

　　无论前中央人民政府委员会制定、批准的法律，还是 1954 年以来全国人大及其常委会制定的法律都是法律。对"为什么法律依然是法律"问题的回答就在于新中国成立以来我国只有一个主权者，这个主权者保证了不同时期立法者之间的法律继承关系。存在的法律已是法律，一直在发挥法律意义上的效力，它们不因全国人大常委会重述才具有或继续具有法律效力，除

　　① 这种规则的性质，按照哈特的表述就具有了时间上的参照性，"在某种意义上是无时间限制的，即它不仅可能展望未来，引证一位未来立法者的立法活动，而且也可能回顾过去，引证一位过去的立法者的立法活动。"见［英］哈特《法律的概念》，张文显等译，中国大百科全书出版社 1996 年版，第 64—65 页。

非全国人民代表大会及其常委会通过修法程序明确废止。

表 4 - 1 共同纲领及四部宪法对国体和政体的表述

	国体	政体	相同点 （与下一部宪法相比）	不同点 （与下一部宪法相比）
《中国人民政治协商会议共同纲领》	中华人民共和国为新民主主义即人民民主主义的国家，实行工人阶级领导的、以工农联盟为基础的、团结各民主阶级和国内各民族的人民民主专政，反对帝国主义、封建主义和官僚资本主义，为中国的独立、民主、和平、统一和富强而奋斗（第 1 条）。	中华人民共和国的国家政权属于人民。人民行使国家政权的机关为各级人民代表大会和各级人民政府。各级人民代表大会由人民用普选方法产生之（第 12 条）。	(1) 国体：工人阶级领导、以工农联盟为基础的人民民主主义的国家； (2) 政体：国家权力属于人民；人民行使权力的机关是人民代表大会。	(1) 国体：新民主主义国家； (2) 政体：人民行使国家的权力机关也包括"各级人民政府"。
五四宪法	中华人民共和国是工人阶级领导的、以工农联盟为基础的人民民主国家（第 1 条）。	中华人民共和国的一切权力属于人民。人民行使权力的机关是全国人民代表大会和地方各级人民代表大会（第 2 条）。	(1) 国体：工人阶级领导、以工农联盟为基础的人民民主国家； (2) 政体：国家权力属于人民；人民行使权力的机关是人民代表大会。	(1) 国体：中国共产党是全中国人民的领导核心；共产党对国家领导。 (2) 政体：人民行使权力的机关是以工农兵为主体的各级人民代表大会。
七五宪法	中华人民共和国是工人阶级领导的以工农联盟为基础的无产阶级专政的社会主义国家。中国共产党是全中国人民的领导核心（第 1 条）。工人阶级经过自己的先锋队中国共产党实现对国家的领导。马克思主义、列宁主义、毛泽东思想是我国指导思想的理论基础（第 2 条）。	中华人民共和国的一切权力属于人民。人民行使权力的机关，是以工农兵代表为主体的各级人民代表大会（第 3 条）。	(1) 国体：工人阶级领导、以工农联盟为基础的无产阶级专政的社会主义国家。中国共产党是全中国人民的领导核心； (2) 政体：国家一切权力属于人民。	(1) 国体：无； (2) 人民行使权力的机关，是以工农兵代表为主体的各级人民代表大会。
七八宪法	中华人民共和国是工人阶级领导的以工农联盟为基础的无产阶级专政的社会主义国家（第 1 条）。中国共产党是全中国人民的领导核心。工人阶级经过自己的先锋队中国共产党实现对国家的领导。中华人民共和国的指导思想是马克思主义、列宁主义、毛泽东思想（第 2 条）。	中华人民共和国的一切权力属于人民。人民行使国家权力的机关，是全国人民代表大会和地方各级人民代表大会（第 3 条）。	(1) 国体：工人阶级领导、以工农联盟为基础的社会主义国家； (2) 政体：中华人民共和国的一切权力属于人民。人民行使国家权力的机关是全国人民代表大会和地方各级人民代表大会。	(1) 国体：人民民主专政； (2) 政体：无。
八二宪法	中华人民共和国是工人阶级领导的、以工农联盟为基础的人民民主专政的社会主义国家。社会主义制度是中华人民共和国的根本制度。禁止任何组织或者个人破坏社会主义制度（第 1 条）。	中华人民共和国的一切权力属于人民。人民行使国家权力的机关是全国人民代表大会和地方各级人民代表大会（第 2 条）。		

　　表 4 - 1 显示，虽然对根本政治制度的表述在不同宪法中有所不同，但
人民代表大会制度却始终一以贯之。人民代表大会制度在我国政治制度中居
于核心地位，是其他政治制度的基础和来源，这也是人民代表大会制度被称
为我国的根本政治制度的基本理由，与这一根本制度相抵触的任何其他政治
制度都是无效和非法的政治制度。① 凯尔森指出："法律规范的效力是不能
以它的内容和某种道德或政治价值不相容为根据而被怀疑的。规范之所以是
有效力的法律规范就是由于，并且也只是由于，它已根据特定的规范而被创
造出来，法律秩序的基础规范就是这一个被假定的最终规则，根据该规则这
一秩序的规范才被创造或被废除，才取得并丧失效力。"② 就宪法法律体系
而言，人民代表大会制度是使法律规范具有效力的唯一来源，没有人民代表
大会也就没有任何意义和任何历史阶段中的我国宪法法律体系。③ 新中国成
立以来，我国只有一个人民代表大会制度，也就只有一部实质宪法和一个法
律体系，而不存在不同宪法下的多个法律体系。④ 新中国成立以来我国缺乏
法治的传统和经验，一个重要的原因在于对我国唯一的一个法律体系赋予了
更多的政治渊源，忽视了新中国成立时一次性政治决断后形成的法律体系的
基本规范，为此不仅错误地解读出法律体系的多重渊源，也不合时宜地将宪
法法律体系之外的规范称为不成文宪法或宪法惯例。⑤

---

　　① 对人民代表大会制度性质和重要性的认识，参见董必武《董必武政治法律文集》，法律出
版社 1986 年版。

　　② ［奥］凯尔森：《法与国家的一般理论》，沈宗灵译，中国大百科全书出版社 1996 年版，第
126 页。

　　③ 有学者混淆了我国根本政治制度与基本政治制度的概念，认为"我国宪法经历了多次全面
修改，但中华人民共和国并没有因此改变。可见，新中国作为一个国家而存在的构成性制度，不是
全国人民代表大会制度，而是中国共产党领导下的多党合作和政治协商制，中国共产党的领导地位
是这个制度的根本和核心，是中国的'第一根本法'，是中华人民共和国得以构成的'绝对宪
法'"，参见强世功《中国成文宪法中的不成文宪法》，《开放时代》2009 年第 12 期；与上述观点相
互支撑的论述是"集体总统制"，见胡鞍钢《辉煌十年中国成功之道在哪里》，《人民日报》海外
版，2012 年 7 月 3 日。

　　④ 全国人民代表大会、基本规范、实质宪法与法的渊源具有内在的关联，在不同的意义上，
全国人民代表大会是基本规范的来源，也可以是实质宪法的载体。关于实质宪法和形式宪法的讨
论，参见［奥］凯尔森《法与国家的一般理论》，沈宗灵译，中国大百科全书出版社 1996 年版；
［德］卡尔·施密特《宪法学说》，刘锋译，上海人民出版社 2005 年版。

　　⑤ 关于宪法惯例中国化问题的讨论，参见强世功《中国成文宪法中的不成文宪法》，《开放时
代》2009 年第 12 期；姚岳绒《关于中国宪法渊源的再认识》，《法学》2010 年第 9 期；周永坤《不
成文宪法研究中的几个问题》，《法学》2011 年第 3 期。

三、我国社会主义法律体系形成三阶段论

改革开放是在解放思想、拨乱反正原则指导下进行的伟大社会工程，从一开始，改革开放路线就确立了规范建设社会主义的理念，这既是痛定思痛之后的必然结果，也是重新学习如何建设社会主义新中国的必然选择。"摸着石头过河"虽然不符合规范社会主义建设的主旨，但一旦找到了过河的路径，就会形成规范建设社会主义的基本方法。1978—1997 年是我国改革开放发展的重要时期，是我国社会主义法律体系形成的关键时期，在这一时期，我国社会主义的立法框架基本形成，为提出社会主义法律体系形成的政治承诺和在既定时间内实现这一政治承诺奠定了基础。

（一）立法框架的形成与"有法可依"的理念

从 1978—1997 年是我国社会主义法律体系形成的初创阶段，这一阶段的任务是要制定出改革开放和社会主义市场经济亟须的一般法律规范，这对于调整和规制基本的社会关系、经济关系和政治关系具有框架性的功效。1979 年全国人大常委会二次会议一次通过了 7 部涉及国家政治制度、刑事制度和对外改革开放方面的重要法律，拉开了我国大规模立法工作的序幕。1988 年 6 月，全国人大法律委员会提出了关于五年立法规划的初步设想。1991 年，七届全国人大常委会首次制定了立法规划，在立法规划中确定了一批建立和完善社会主义市场经济体制的立法项目。[①] 因此，从 1978—1997 年我国改革开放实践近二十年的时间里，我国的立法工作获得了较大的成就，填补了基本社会和国家关系法律短缺的空白，为提出和形成我国社会主义法律体系奠定了基础。

（1）在宪法相关法方面，制定和修改了宪法，完成了 1988 年和 1993 年两次宪法修正案，制定和修改了权力机关、司法机关组织法、民族区域自治法等；（2）在民法商法方面，制定了民法通则、婚姻法、继承法、公司法、外商投资企业法等；（3）在行政法方面，制定和修改了国家安全法、环境保护法、律师法、药品管理法、义务教育法、海关法等；（4）在经济法方面，制定和修改了反不正当竞争法、预算法、

---

① 关于 1997 年之前立法规划的讨论，参见李适时《为完善中国特色社会主义法律体系而不懈努力》，载全国人大常委会法制工作委员会编《中国特色社会主义法律体系学习读本》，新华出版社 2011 年版。

土地管理法、农业法、森林法、草原法等；（5）在社会法方面，制定和修改了工会法、红十字会法、未成年人保护法、妇女、老年人权益保障法、劳动法等；（6）制定刑法；（7）在诉讼与非诉讼程序法方面，制定和修改了刑诉法、民诉法、行政诉讼法、仲裁法等。

上述一般性法律规范虽然还不能涵盖国家和社会发展的全部关系，但一个清晰可现的以社会主义民主政治和社会主义市场经济为中心的立法框架已经形成。观念和理论是对实践的概念和总结，在有法可依立法框架的实践基础上，提出建构和形成社会主义法律体系的指导思想和理论才具有现实性和科学性。有法可依立法框架是形成社会主义法律体系的前奏和当然组成部门，作为前奏，它解决了改革开放初期无法可依的局面，作为组成部分，它回答的是形成社会主义法律体系的历史性问题。邓小平指出："应当集中力量制定刑法、民法、诉讼法和其他各种必要的法律，例如工厂法、人民公社法、森林法、草原法、环境保护法、劳动法、外国人投资法等等。"把邓小平同志在改革开放之初的这段话与截至1997年的立法框架法律体系相比，邓小平同志希望制定的主要法律在这一阶段大部分已经完成。

有法可依是所有国家依法治国的前提条件，无论对成文法国家还是判例法国家都具有相同的构成性意义。由于新中国成立后前三十年法律规范建设的缺失，有法可依的政治决断对我国尤其显得格外重要，它不仅提出了建设社会主义的方法论基础，也为规范建设社会主义中国提出了具有约束力的指导思想，要言之，有法可依既是建构宪法法律体系的手段，也是建设法治国家的目的。以邓小平同志为核心的党和国家第二代领导人提出了通过法律治理国家和社会的理念和政策，在立法实践中积极践行这种理念和政策，完成了我国改革开放关键发展时期所需要的重要法律的制定工作，深化了对我国社会主义法律体系历史性问题的认识。

（二）法律体系形成的历史起点、实践起点和逻辑起点

中华人民共和国从1949年新中国成立至今的连续性角度看，我国社会主义法律体系形成历史大致分为法律体系的初创阶段、立法框架形成阶段和形成阶段三个阶段，每一阶段都以前一个阶段为基础，并在选择性继承前一阶段立法的前提下发展和丰富法律体系的内容。

1. 社会主义法律的初创阶段是我国社会主义法律体系的历史起点。新中国成立后全面废除了以六法全书为代表的法律体系，代之而起的是体现人民民主专政和人民代表大会作为实质宪法内容的社会主义法律体系。实质宪法是国家存在的标志，它等同于国家政治统一体，只是在较为狭窄的意义上，实质宪法也等同于国体和政体。新中国成立以后我国只有一部实质宪法，共同纲领和四部宪法都是体现了实质宪法的形式宪法。新中国成立以来，特别是从1956—1978年，我国的立法工作在"左"倾思想的干扰下发展缓慢且一度停滞不前，未形成具有结构特征的法律体系，但社会主义法律体系的基本规范始终存在并发挥着纲领性的指导作用。共同纲领、1954年宪法、1975年宪法、1978年宪法和1982年宪法是前后相继的基础规范，它们在人民民主专政、人民代表大会、社会主义公有制、公民基本权利和义务、民族区域自治等基本的国家和政治制度方面具有同一性。不同时期的宪法对公民权利和义务、社会主义公有制的表达和范围或有差异，但这些差异在性质上却是相同的，而不存在本质上的区别。

一部宪法决定与之相适应的法律体系，宪法变化将会导致法律规范发生变化，这只是在修改实质宪法的情况下才会出现的现象。如果宪法被废除而代之以新宪法，就如同国民党"六法全书"中的宪法被取缔而代之以共同纲领，依附于宪法的法律体系随之失去法律效力，这其实是实质宪法发生了变动。衡量实质宪法发生变动的标志，除了要看国体和政体有没有根本性的变化外，还要看代表人民的权力机关在性质、组成方式和权限等方面是否发生了变化。共同纲领、1954年宪法、1978年宪法和1982年宪法都是在全国人民代表大会这一唯一主体下完成的。从新中国成立到1997年，我国法律体系尽管在结构上不完整，在内容上不健全甚至阙如，但并不能说我国那时并没有法律体系，不完整的法律体系也是法律体系，正如有缺陷的人也是人，更何况这种不完整性并不缺乏基本规范的内容和因素。

2. 立法框架形成阶段是我国社会主义法律体系的实践起点。法律体系的结构性特征决定了建构基础规范之后，应当分层次地解决次级法律规范，这也是从1956年至1978年我国社会主义建设的最大经验教训之一。立法框架的形成阶段并没有完整的立法规划和法律体系结构的设计方案，但这并不能否认基于实践需要而产生的有意识的立法计划，改革开放的伟大实践工程客观上要求与之相适应的立法实践。1978年十一届三中全会公报十分明确地指出："为了保障人民民主，必须加强社会主义法制，使民主制度化、法律化，使这种制度和法律具有稳定性、连续性和极大的权威，做到有法可依，有法必依，执法必严，违法必究。从现在起，应当把立法工作摆到全国人民代表大会及其常务委员会的重要议程上来。"1993年全国人大常委会提出在今后5年要制定150多部法律，其中大部分是有关市场经济建设的立法，满足加速发展的社会主义市场经济所需要的法律体系。因此，在这一阶段已经开始有了局部的关于法律体系建构的立法计划，而立法框架的产生和发展是立法计划的实践产物。立法计划也是立法规范，立法计划要解决的是无法可依的历史局面，在基本法律几乎是空白的历史情况下，还不能发挥立法规划建构具有全面性和全局性法律体系的功能。

3. 形成社会主义法律体系阶段是我国社会主义法律体系的逻辑起点。1997年中共十五大在执政纲领中明确宣示"依法治国，建设中国特色社会主义法治国家"的战略决策，同时要求"加强立法工作，提高立法质量，到2010年形成有中国特色的社会主义法律体系"，从战略、全局的高度提出构建适应改革开放需要的完善、全面法律体系的立法规划设想。法律体系的创建工作因此确立了新的起点，它不再局限于局部或重点领域的立法实践，也不再非要从社会亟须的立法需求作为推动力，而是立足于整体法律体系结构的完整性和严谨性，从法律规范相互之间的组成的科学性和合理性角度把握立法的速度、数量和质量。虽然作为整体建构的法律体系依然是对社会、政治、经济和文化等实践活动的反映，对某些社会关系的法律调整（包括制定、修改和废止法律）依然要根据国家和社会的需要程度遵循轻重缓急的原则，但整体法律体系建构的设想一旦提出并付诸实践，就会产生立法的新视角和新方法，形成结构主义方法论的整体效应。在这种新的方法论的指导下，为了满足构建法律体系整体需要，在立法者的立法规划和立法蓝图中就包含了更多的理性主义和理想主义成分，最大程度地体现立法者的立法抱负和立法成效。

> 在社会主义法律体系形成过程中，"初步形成"、"基本形成"和"形成"等概念是对社会主义法律体系形成的阶段性表达，也是立法者展示立法成果、检验立法效益的体现。不过，由"初步形成"、"基本形成"和"形成"法律体系形成的"三阶段论"虽然各具特色并具有不同的内容指向，但并非一定是立法数量和立法质量上的不同，从整体法律体系结构的角度看，不同形成阶段法律体系都是对法律体系理想结构的表达。如同所有其他事物一样，就法律体系而言，不存在最好的法律体系，只有更好的法律体系，即使2011年被宣布形成的社会主义法律体系也是朝向更好法律体系的阶段性法律体系。

从建设社会主义法治国家的角度看，已经形成的社会主义法律体系确立了依照法律治理国家和社会的起点，这个起点是对新中国成立以来我国社会主义立法实践的历史起点和实践起点的总结、继承和发展，为国家治理方略的转变提供了扎实有效的现实基础，也为我国法学研究提供了真实的法律资料和素材，更为重要的是，它确立了执政党依法执政的前提和基础，因而具有划时代的意义。

（三）　法律形成论和法律认识论

对我国社会主义法律体系连续性和历史性的认识，存在着"小三阶段论"和"大三阶段论"的区别。小三阶段论以1997年党的十五大作为起点，把我国社会主义法律体系形成历史分为"初步形成"、"基本形成"和"形成"三个阶段，这样的划分采用了立法体制的视角，体现了改革开放后我国社会主义法律体系的制定法成果，但它没有也不会改变新中国成立以来由基本规范和实质宪法所确立的国体、政权组织形式、民族区域自治等基本的国家和政治制度。

小三阶段和大三阶段论的差异主要体现在方法论上的不同，前者属于法律形成论，后者属于法律认识论。法律认识论以法律形成论为基础，但又不限于法律形成论，它包含了法律实践中的司法案例或判例、习惯和惯例等，超出了法律形成论视角之下的法律体系内容。更为重要的是，法律认识论在于认识和解释法律体系，注重法律规范的实在性、连续性及其效力，关注法律规范的存在及其法律体系整体上的约束力。文化的、社会的和政治学的视角不能替代法理学的视角，作为法理学的方法论具有"从法律认识法律"的独特功能，并且宣示了具有如下实在法律体系的内容和价值：（1）法律体系是国家的法律体系，只有在国家范围内，法律体系才具有法律约束力，一旦超出国家范围或在非国家领域，法律体系就会失去其效力。（2）国家与法律具有同一性，有国家就有法律体系，反之亦然，正是在这个意义上，国家不过是法律体系创制的规范体系和独特的社会秩序。（3）不同内容和级别的国家权力而不是别的什么权力（如社会权力、道德权力、宗教权力等）获得授权的方法有效性对国家治理的价值。

法律认识论体现了以科学为名的法律成就，排除了法律形成论视野中的道德考量、文化变量、政治意识形态等因素，[①] 消解了法律形成论——法律

---

① 关于法律认识论，凯尔森指出："法律科学的特定主题是实在的或真正的法律，不同于理想法，即政治的目标。正像个人的实际行为可能或不可能符合于调整这种行为的实在法规范一样，实在法可能或不可能符合调整这种行为的实在法规范一样。"［奥］凯尔森《法与国家的一般理论》，沈宗灵译，中国大百科全书出版社1996年版，作者序。

实施论这种颇为简单的逻辑链条，以为只要建立了完善的法律体系，法律实施工作才可以全面展开。法律形成论是法律实施论的必要条件，但还不是充分条件，在法律形成论和法律实施论之间并没有一个前后相继的因果关系。法律体系不能等同于法治，在法律体系形成和法治之间还有很长的一段路，这不是因为法律体系还不够完善和详备，也不是说法律越多越好，实现法治的方法依赖于以民主自由为核心内容的制度框架，或者激活早已存在于基本规范中的民主自由的因子。

四、余论

以上我们从法律体系认识论的角度解释了历史国家与政治国家的关联，阐释了中华人民共和国成立之后我国社会主义法律体系在规范性体系中的唯一性、规范性和连续性，回答了中华人民共和国立国和建国的合法性基础。虽然基本规范实践在新中国成立 60 年间并未能产生令立法者满意的法律体系，但作为唯一解释人民主权论的宪法法律体系是中华人民共和国连续且不中断发展的规范意义上效力理由，体现了人民决断的实质性宪法内容。毋庸置疑，继续追问这一实质性宪法的渊源，需要在政治、道德、习俗和文化等因素中找寻，这就超越了法律认识论，进入到法律形成论的理论视野当中。在经济全球化的背景下，传统主权论面临着来自事实（如欧盟一体化进程）和理论（如全球治理中的弱政府学说）上的挑战，但仍无法改变国内法律体系基本规范的效力，基本规范依然是现代民族国家合法性的最高准则。

第五章

启蒙法理学与中国的法制建设

> 启蒙运动就是人类脱离自己所加之于自己的不成熟状态，不成熟状态就是不经别人的引导，就对运用自己的理智无能为力。……如果现在有人问："我们目前是不是生活在一个启蒙了的时代？"那么回答就是："并不是，但确实是在一个启蒙运动的时代。"
>
> —— ［德］康德《什么是启蒙》

十一届三中全会以来，法理学界通过法治的视角对改革开放、治国方略、民主政治、市场经济、人权属性、道德前景、和谐社会、科学发展观等重大命题做出了积极、有益的回应和探索，确立了一系列构建现代国家亟须的正当性话语。这些正当性话语既是现代启蒙思想的产物，又进一步促进了改革开放时期人们的观念和思想，奠定了一个正义的社会结构所需要的知识资源和理论背景，标志着启蒙法理学的生成和发展。本章借助于启蒙法理学这一工具性概念，重新理解法律的正当性、法律权威、法律主权和国家关系等命题，试图把握中国法制三十年的精神实质和发展方向。本章未对三十年的法制建设在不同时期的具体损益做出评判，[①] 也不打算从事一项批判性研究（尽管这总是必要的），而是把三十年作为一个自觉建构的认识整体，并

---

① 对新中国成立三十年中国法制建设的系统总结，参见王人博等《新中国前三十年法制透视》，《法治论》，山东人民出版社 1998 年版；陈守一等《我国法制建设 30 年》，《法学研究》1979 年第 4 期；陶希圣《新中国法制建设》，南开大学出版社 1988 年版；对改革开放后不同阶段的法理学发展的系统总结，参见张文显等《中国法理学二十年》，《法制与社会发展》1998 年第 5 期；邓正来《中国法学向何处去——建构"中国法律理想图景"时代的论纲》，商务印书馆 2006 年版；苏力《道路通向城市：转型中国的法学》，法律出版社 2004 年版；郭道晖《法的时代精神》，湖南人民出版社 1997 年版；夏勇主编《走向权利的时代——中国公民权利发展研究》，中国政法大学出版社 2000 年版。

以整体的面貌和发展趋势作为框架分析法治的时代精神对中国现代国家建设的内在推动力。

一、十一届三中全会公报的法理学解读

法治的时代精神是指一种潜流，一种气质，一旦形成就决定了一个新时代的起点和方向。中国共产党第十一届中央委员会第三次全体会议所取得的一个重要成果就是结束了一个时代，开启了一个新的时代。它所结束的时代是无法无天的时代，内乱的时代；它所开启的时代是思想解放的时代，依法治国的时代。① 这次会议形成的一个历史性文件即《十一届三中全会公报》在整体基调上冷峻而不失乐观，睿智而不乏热情，透射出强烈的时代气息。如同那个时代的其他一些重大事件，这次会议的成果准备向中华人民共和国成立三十周年献礼，这无疑是一个意味深长的巧合。年轻的共和国成立三十年的时候迎来了这份大礼，难免不让人想到"三十而立"的古老智慧，这难道不也透露出中国社会从此摆脱幼稚走向成熟的启蒙意蕴？

《公报》反复强调的一个主题就是国家在未来社会中的中心任务。

————全会一致同意——，及时地、果断地结束全国范围的大规模的揭批林彪、"四人帮"的群众运动，把全党工作的着重点和全国人民的注意力转移到社会主义现代化建设上来。

————实现四个现代化，要求大幅度地提高生产力，也就必然要求多方面地改变同生产力发展不适应的生产关系和上层建筑，改变一切不适应的管理方式、活动方式和思想方式，因而是一场广泛、深刻的革命。

为了解决这一矛盾以及所确立的中心任务，公报借用了真理概念并提出了一系列影响未来社会格局的建议、措施和方略。公报肯定了真理大讨论的理论价值，张扬了思想解放的历史意义，使实践标准成为研判改革开放行动合法性唯一标准。

---

① 需要注意的是，1978—1982 年的中国社会仍然处在 1978 年宪法的框架之下。1978 年宪法序言所表述的新时期的总任务是：坚持无产阶级专政下的继续革命，开展阶级斗争、生产斗争和科学实验三大革命运动，它依然强化了"无产阶级文化大革命"、"毛主席的无产阶级革命路线"等极"左"的"文化大革命"思维。研究法律的人不能无视 1978 年宪法的存在和效力，从法律的角度看，1982 年宪法的制定和颁布才是"文化大革命"结束的正式标志。

　　会议高度评价了关于实践是检验真理的唯一标准问题的讨论，认为这对于促进全党同志和全国人民解放思想，端正思想路线，具有深远的历史意义。一个党，一个国家，一个民族，如果一切从本本出发，思想僵化，那它就不能前进，它的生机就停止了，就要亡党亡国。

　　实践是唯一的标准也是最高的标准，任何与实践相抵触的事物都应当或需要丧失其正当性和合法性，但实践作为标准的意义不在于实践就是真理，而是行动的规范和指南。实践话语只是要摧毁原来的、僵化的标准，为确立新的准则提供根据，而唯有在实践中这种新的准则才能形成并得到检验。换句话说，实践话语为破除"文化大革命"思维提供了有力武器，因为只有彻底否定了"文化大革命"思维，才能否定由这一思维所形成的观念、思想和体制，进而为新的观念、思想和体制的形成扫清障碍。在这个历史的关键时期，在确立"破"字当头的实践话语的过程中，"立"的路线和方向也在同时展开，这主要表现在治理国家的国是路线上。

　　在真理标准的指引下，公报首次确立了通过法治处理两类矛盾的原则，为在此之后提出依法治国的治国方略奠定了重要的基石。

　　对于社会主义社会的阶级斗争，应该按照严格区别和正确处理两类不同性质的矛盾的方针去解决，按照宪法和法律规定的程序去解决，决不允许混淆两类不同性质矛盾的界限。

　　用不同的方法解决人民内部矛盾和敌我矛盾确立了不同的矛盾解决路线，即民主的程序和专政的程序。人民内部矛盾遵循的是"惩前毖后、治病救人"的方针，走说服—教育—团结的路线。敌我矛盾显示的逻辑则是，凡作为敌人的，就要被消灭，直到敌人消失或没有反抗能力，为此采取的手段是多方面的，而衡量这些手段是否正确的标准是目的，只要达到了目的，手段也就被证明是正确的。[①] 这种方法虽然简单易行却极其容易混淆，混淆的结果通常不是把敌我矛盾归属于人民内部矛盾，而是把人民内部矛盾上升为敌我矛盾。在这种思维定式之下，矛盾不是越来越少，而是越来越多；被专政的对象不是越来越少，而是越来越多；社会的对立面不是越来越少，而

---

　　① 参见毛泽东《关于正确处理人民内部矛盾的问题》，《毛泽东著作选读》下册，人民出版社1986年版，第760页。

是越来越多，因此只提出严格区分两类矛盾不仅是不够的，而且也越来越不合时宜。真正需要确定的是，用一种超越两类矛盾解决的方法即客观的程序来解决所有类型的矛盾，这种程序既适用于解决敌我矛盾，也适用于解决人民内部矛盾。① 这种方法不是别的，正是宪法和法律的方法，即正当程序的方法，法治的方法。如果说在过去处理敌我矛盾的方法主要是"打击、压制、扣帽子"的专政方法，那么，从今往后就需要用正当程序的方法。需要注意的是，新的方法不是矛盾解决技术上的调整和重新组合，而是原理上的突破和结构上的转型，换句话说，它试图要突破原有的矛盾论及其解决机制。因为矛盾论既是阶级斗争论的组成部分，也是老式的敌友政治观的中国化。正因为如此，有一些似乎倾向于专门解决敌我矛盾的措施首先要求得到纠正。

会议认为，过去那种脱离党和群众的监督，设立专案机构审查干部的方式，弊病极大，必须永远废止。

以专案组的方法审查干部是造成冤假错案的重要原因，在某种程度上，它是形成"制造冤假错案—平反冤假错案—再制造冤假错案—再平反冤假错案"恶性循环论的原因之一。受制于这种方法，办案的历史如同翻烧饼，一会儿要把案件做成"铁案"，一会儿又要坚定不移地"翻案"。这种方式违反了正当程序的法治原则，直接侵犯了公民的合法权益，在这个意义上，只要像专案组这样的机构存在，就无法治，也无公民的权利可言。在这里，不是敌人也不是人民的概念，而是公民作为主体性的概念重新被解放出来，强化了公民在国家范围内的权利属性。公民既然身份出现了，而那个一直作为模糊背景的国家也开始显身，就是在这个时候，公民作为权利主体也就顺理成章地提出来。

宪法规定的公民权利，必须坚决保障，任何人不得侵犯。

衡量平反冤假错案的根据不是什么人的批示，也不是由权威人士设立和

---

① 这一原则在另外一份极为重要的历史性文件即《关于建国以来党的若干历史问题的决议》中得到加强："对于党和国家肌体中确实存在的某些阴暗面，当然需要做出恰当的估计并运用符合宪法、法律和党章的正确措施加以解决，但决不应该采取'文化大革命'的理论和方法。"

领导的专案组的结论，对于已经造成的冤假错案则应根据事实和法律予以充分有效的救济。

一旦在解决两类不同矛盾的方法上有所突破，一些关于法治原则的正当性话语就会如同泉涌般流淌出来，而在方向上则侧重于人民民主的维度：

> 为了保障人民民主，必须加强社会主义法制，使民主制度化、法律化，使这种制度和法律具有稳定性、连续性和极大的权威，做到有法可依，有法必依，执法必严，违法必究。从现在起，应当把立法工作摆到全国人民代表大会及其常务委员会的重要议程上来。检察机关和司法机关要保持应有的独立性；要忠实于法律和制度，忠实于人民利益，忠实于事实真相；要保证人民在自己的法律面前人人平等，不允许任何人有超于法律之上的特权。

这一段文字是公报对法律正当性话语的总体性概括，包括法律权威、法律忠诚、法律稳定、司法的相对独立性、法律面前人人平等、法制的十六字方针、宪法权利、平反冤假错案（权利救济）等方面。人们可以看到，这些正当性话语构成了一幅知识和思想图景，成为以后一些历史事件和治国方针的重要基石，[①] 更为重要的是，它形成了一个新时代的出发点，确定了三年后即 1982 年新宪法的基石以及三十年的法治的精神和走向。

1982 年宪法是新时代的第一部宪法，它既不是对 1978 年宪法的修订，也不是对 1954 年宪法的恢复，它的精神来源于十一届三中全会所确立的基本原则，秉承了《十一届三中全会公报》提出的法治的话语精神。十一届三中全会与 1982 年宪法的关系，正如同政治协商会议与 1954 年宪法的关系。1954 年宪法是新中国的第一部宪法，却不是中国的第一部宪法。中国自 20 世纪初在亚洲成立了第一个共和国开始，就有了无数部仅有形式意义的宪法，但由于革命、党争和内乱等因素，每一部宪法之间都没有承接关系，为此也就有了无数个不同形式的制宪会议，在每一个特定

---

① 不过，公报虽然规定了新的历史起点却没有创造新的原则和新的论点，人们在"五四宪法"中可以看到这些正当性话语的大多数的表述。例如，该宪法第 85 条确立了法律平等原则；第 18 条确立了服从宪法和法律权威的原则；第 79 条确立了人民法院依法独立审判的原则。因此，这些正当性话语一方面说出了人们当时想要说的话，体现了人们的意志和愿望，另一方面则是恢复了被"中断的历史"。

时期的法律体系的最高效力根据只能是与此相应的特定的制宪会议，而不是前一部宪法。这种不断地重新制定第一部宪法的状况反映了近代中国人通过法律建构权威的强烈愿望，但这种任意制造权威的构想导致了中国社会缺乏连续性的法律权威，从而是使中国社会在相当长的历史时期处于自然状态或接近自然状态的重要原因。与此相对比的是被世人津津乐道的美国1789年宪法，这是美国第一部宪法，也是迄今为止美国唯一的一部宪法，它透露出这样一种理念，即法律权威的生命力不在于第一部宪法，而在于修正宪法和实行宪法。在制宪、修宪和行宪的关系上，修宪虽然在整体上仍然属于制宪的范畴，但却摆脱了不断制定"第一部宪法"的思维，向行宪的道路迈进了一步。事实证明，不断制定宪法并不会导致行宪的结果，只有不断地行宪才有修宪的动力和源泉。在人心思定的历史背景下（人们常说，怎样改都可以，就是不要乱)，"修修补补"的治国方案已经显示出它优越性的一面，尽管重新制定"更好的""第一部宪法"的愿望仍然固守在一些善良的理想主义者的心目中。

二、启蒙法理学的精神

回顾十一届三中全会之前近三十年的历史，它基本上经历了过渡时期（1949—1956)、反右时期（1957—1966) 和"文化大革命"时期（1966—1976) 三个时期。如果说过渡时期是一个非常时期，是一开始就注定要被替代的时期，那么，反右时期和"文化大革命"时期则是另外意义上非常时期，这种非常时期的总的特征就是"与人斗"的斗争哲学，并在思想、路线和组织上为这种斗争哲学提供了相互支持的形式和方法。[1] 斗争哲学最终使社会始终处于自然状态之中，用中国人自己的话说，就是使社会处于"无法无天"的大乱状态，因此，终结这种状态就成为包括法理学人在内的所有有识之士的重要使命。[2]

---

① 关于"反右"与"文革"的关系，丛维熙认为"就其实质来说，反右派斗争给左的无限膨胀提供了土壤，使'文革'在1957年的预演，是'文革'法西斯暴行的序幕。当时，被批斗的右派也没有被戴上纸帽子游街示众，但究其运动的本质，是1966年'文革'的起步，见丛维熙《走向混沌》，中国社会科学出版社1998年版，第24—25页。

② 当然，在政治形态上终极"左"路线、结束"文革"运动只是消除了继续混乱的局面，并没有立即建立起可预想的社会秩序。即使在改革开放的过程中也由于种种原因，出现了新的社会混乱局面，其重要表现形式就是腐败现象严重、社会诚信丧失、黑社会猖獗等。原有的社会混乱的根源没有完全消除，新的社会混乱又接踵而至，这加重了人们重建社会秩序的愿望。

　　在这种历史背景下，中国法学界所展开的一系列具有历史意义的大讨论就具有时代意义。例如，关于法律的社会性和法律面前人人平等的讨论使法律开始走出阶级斗争的政治哲学，为二十多年后和谐社会的概念提出奠定了法理基础；关于依法治国的讨论确立了治理国家的战略性方案，否定了政策或道德治国的人治路线；关于市场经济就是法治经济的讨论确定了好的市场经济的基础；关于人权的普遍性的讨论破除了中国融入世界过程中的观念屏障；关于依法执政、依法行政的讨论宣示了法律权威的价值和国家的力量；关于司法改革的讨论强化了公平观念的程序性要件……凡此种种都代表了启蒙法理学的欣欣向荣。归纳起来，追求法治，并且赋予法治一些价值品质——这些品质包括但不限于正义、民主、公平、平等、人权、道德、善、正当程序、伦理等——是中国法理学对中国法制三十年的主要贡献，这些贡献确立了文明秩序和理性秩序所赖以生存的知识资源和思想渊源。

　　有关法与这些价值品质的讨论在三十年来是有阶段性的，但每一阶段的讨论都是富有意义的。所有的这些讨论既是真理问题讨论在法学界的延续，也是法学界确立自身价值的表现，它们均遵循了启蒙的逻辑。回顾历史，从五四运动开始，启蒙就是中国社会变迁的主旋律。在新文化运动中，启蒙更多的是通过破除迷信和封建主义，倡导人的自由和个性的解放，其对象是专制主义；在新民主主义的运动中，出于对民族救亡的燃眉之急的考虑，启蒙强调的是民族权利或群体权利，其对象是帝国主义。70年代末的权利启蒙继续了新文化运动未完结的启蒙主题，"'四人帮'倒台之后，'人的发现'、'人的觉醒'、'人的哲学'的呐喊又声震一时。'五四'的启蒙要求、科学与民主、人权和真理，似乎仍然具有那么大的吸引力量重新被人们发现和呼吁。"① 不过，这次的启蒙尽管重复了新文化运动时期的权利、民主、真理等理念，却具有自身的方法论特点，即建立在恢复被否定的具体权利的安排上。权利救济的主体已不再是抽象的人，而是一个又一个具体的公民。70年代末80年代初的大规模平反冤假错案运动的价值和意义怎样言说也不过分，在某种程度上，没有这一次历史上最大的权利救济运动，就没有改革开放的新局面，也没有后来迅速崛起的权利体系和权利哲学。因此，通过法治的视角对启蒙法理中的重要价值观念的认识、解读和阐释，不仅确立和巩固了法律的地位，也形成了独

---

　　① 李泽厚：《中国现代思想史论》，天津社会科学院出版社2003年版，第30页。

具特色的启蒙法理学。

启蒙法理学是启蒙哲学与中国改革开放的伟大实践相结合的产物，是启蒙哲学在中国的具体化，它包含三个组成部分：一是以一切人的全面解放和自由为志向的马克思主义法学；二是以道德权利为核心的自然法学说；三是以弘扬民族精神和文化为己任的历史法学说。马克思主义法学是被倡导和遵循的指导思想，但它已经不是经苏联法学转手而来的教条主义，而是需要重新理解和阐释的原理。人们需要完整地理解马克思主义，不是要对马恩大师的著作做出面面俱到的分析，而是要随着时代的发展提出总体性问题，提炼出与实践相契合的精神实质，这种精神实质虽然已经存在于马克思主义的思想当中，但仍需要做出与启蒙哲学精神相一致的创造性理解，在这个意义上，马克思主义法学中的法律就不再是"统治阶级意志和利益"的体现，而是全体人民意志的体现，是公共利益在国家范围内的最大体现。这种认识上的变化所产生的一个实践效果就是政治开始走向法律化的轨道，敌人的概念不再是法律调整的对象，人民的概念首先要由公民这一法律概念来表达。因此，不仅需要在公敌和私敌之间作为区分，也要在敌人和罪犯做出区分。①

对具有重大历史意义的"两案"的审理是法律重建公民身份的有益尝试，它首次尝试在"敌人"和"罪犯"、"党员"与"公民"之间做出区分，把政治标准和法律标准做出区分，从而把政治斗争法律化、技术化，显示了扭转法律政治化乃至法律道德化的非法治格局。在审理"两案"中，区分犯罪事实与政治错误是审判结果经得起考验的重要标准。② 然而，将审判置身于政治路线斗争之外，赋予它超出政治的独立品质，并不能完全摆脱政治策略的整体影响，因为在把法律视为工具论的特定的历史时期，犯罪，特别是反革命罪，在观念上仍是属于"敌我矛盾"。但是，通过审判来处理两类不同性质的矛盾，不管人们主观上的出发点如何，在客观上促成了解决矛盾方法和尺度的同一性准则的形成。1979 年召开的全国高级法院院长和军事法院院长会议，是中国司法史上的里程碑式会议。这次会议决定，家庭出身、个人成分和一般性的历史问题将不再作为判案的依据。遮蔽审判的因素逐渐被剥离，审判越来越走向它的本来面目，审判只依据法律和事实的理

---

① 三十年前，李步云就著文明确指出，"在司法上，我们讲公民在适用法律上一律平等。这里的'公民'是既包括人民，也包括敌对阶级的人在内"，《人民日报》1978 年 12 月 6 日第 3 版。

② 《社会主义民主和法制的里程碑——评审判林彪、江青反革命集团》，《人民日报》1980 年 12 月 22 日。

念正在恢复或形成。① 1997 年修订的刑法取消了沿用已久的"反革命罪"，而代之于"危害国家安全罪"，这是法治原理在立法上取得的另一标志性的成果。从罪犯敌人化到敌人罪犯化的转变虽然还保留着敌我划分的政治意识形态，但却使危害国家安全的人如同触犯其他刑律的人获得的是"犯罪嫌疑人"的法律身份，而不首先是敌人这一政治称号。关于犯罪嫌疑人的法律和学说将所有的涉嫌触犯法律的人都视为"人"，这些人固然要对他们的犯罪行为付出代价，但在刑事侦查、审查起诉、审判等各个环节对他们都保留着"人"的特性，这一点使他们顺理成章地成为人权保护的对象。

建构，始终在建构，这几乎成为中国社会科学领域的规范文风。在法律科学领域，国家和法律将要在共产主义社会中消亡的预言被社会主义中国的构建论所取代。因此，建构的话语首先指向中国作为现代国家的重构命题。马克思主义法学要在新的时代获得生命力，就需要对什么是社会主义国家重新做出解释。在社会主义国家的定义中，"社会主义"应当作为定语服务于"国家"这个对象。国家自身不是目的，不论是什么意义上的国家，国家都是被建构出来为特定目的服务的，这个目的最终被确定为人服务。这里的人是自由的人，由自由的人组成的联合体就是社会主义国家的奋斗目标和理想。② 倘若人不是目的，国家也不能保证一切人的自由发展，国家就失去了它存在的合理性。这样一来，人的目的性、以人为本、国家的正当性等就具有了相互支援的关联性，它不仅适用于社会主义国家，也适用于所有的现代国家。支持这种关联性的理论既需要从早期马克思主义那里获得资源，也需要借助于自然法的理论和学说。

打通马克思主义法学与自然法学说之间的区隔是推动中国法理学发展的重要标志，后者为马克思主义法学提供了更为丰富和更具说服力的理论资源。难能可贵的是，自然法学说也正是被理解为不仅是解构也是建构的现代性理论。自然法是关于一般国家原则和基础的总的学说，是启蒙思想家解释

① 信春鹰指出："从'无产阶级专政的刀把子'到'确保司法公正'，关于司法机关使命理念的变化反映了中国社会的巨大变化。司法机关不仅仅是政治国家实现政策目标的工具，也是社会实现其价值追求的一种机制。经济改革改变了原来的社会关系，'身份'逐步被'契约'所取代，行政命令逐步被法律规则所取代，立法的逐步完善和公众权利意识的增强使社会行为法律后果具有了某种可预测性，这一切都促进了司法理念的转变。而司法理念的转变反过来又成为促进制度变革的巨大的推动力。"见信春鹰《21 世纪，中国需要什么样的司法权力?》，载信春鹰主编《公法》第 3 卷，法律出版社 2001 年版。

② 重新理解马克思主义理论的论著，新近的代表作见叶汝贤《每个人的自由发展是一切人的自由发展的条件——〈共产党宣言〉关于未来社会的核心命题》，《中国社会科学》2006 年第 3 期。

国家和政府正当性的理论，换句话说，自然法就是关于现代国家的思想体系。不同于文化意义上的社会共同体，国家是被构造出来的政治共同体，它是拟制的、人造的产物。① 在虚构的自然状态社会的反衬下，自然法的精义指涉建立国家的必要性和合理性，预示一种社会从野蛮、愚昧和混乱的非理性状态走向文明的理性自治状态。在国家之前不存在一个历史学上的自然状态社会，这一点当然早已为人们所熟知，但在人类历史的各个时期的确存在着某种非理性的混乱和无序，这也是不争的历史事实。因此，终结自然状态不仅意味着终结一种无序状态，也标志着一个具体的社会从幼稚走向成熟。不同的启蒙思想家对自然状态的描述不尽相同，甚至相互冲突，但是终结自然状态的意愿十分强烈，而且在终结的方式上也是惊人的相似，即通过人们自愿地让渡部分或全部自然权利以建立法治国家。如今人们对这一套说辞已经不以为然，甚至斥之为非科学的胡言乱语，然而，由自然状态的假设出发所推导出来的命题在方法论上仍是重要的，这就如同给了社会科学理论家一个支点，这样就可以撬动这粒精神地球了。

　　真正有意思的是自然状态的假设所引发的一系列关于法治国家的概念群，如是权利、法律、国家、政府、社会契约等，这一切都可以成为理性的不同形式。理性的作用在于使人们认识到人性及其弱点，并且自愿让渡人某些"天赋权利"，以此在特定人群中展开正当性的治理，在这个意义上，理性就必然是一种限制，它一方面确认了人们自我治理的现代理念，另一方面则对这种自我治理设置了限度。对于启蒙思想家来说，如果说理性的词语可以成为构建自己的思想体系的重要基石，那么，法律就成为理性在现实王国的唯一代表，为此用法治国家取代自然状态是必然的选择。由此看来，不是要不要法律、要不要国家的问题，而是要什么法律、要什么国家就成为问题的重点。法治国家中的"法"不是别的，正是沿用了亚里士多德的"良法"。用良法治理国家既是人们"自愿服从"的基础，也是国家正当性的标志。良法的表现形式随着时代的不同而有所不同，但最终它汇集了一套抽象的话语体系，它们包括但不限于自由、平等、人权、民主、博爱、善、正当程序、公平正义等。

　　当然，无论马克思主义法学还是自然法学说都带有浓厚的西方色彩，它

---

　　① 霍布斯说国家是一个"人为的人"，国家是有人格的，真正的国家是相互同意的人们以契约形式创造的，如果不是这样，国家就只能是传统国家或"家国"。人们不仅创造了真正的国家，也意味着创造了上帝，因为"伟大的利维坦（Leviathan）的诞生，——用更尊敬的方式来说，这就是活的上帝的诞生"。参见［英］霍布斯《利维坦》，黎思复等译，商务印书馆1985年版，第132、164页。

们都需要中国化，体现中国特色，这一工作由带有民族精神的历史法学派所承担。法律文化论（代表人物如梁治平、刘作翔）、法治资源本土论（代表人物如苏力、邓正来）、新民本说（代表人物如夏勇）、新法家理论（代表人物如张志铭、王人博、陈弘毅）等都是历史法学派在中国法理学界的某种发展，这些学说在方法论或有不同，但在努力提倡中国传统文化的现代转型的法治方案上却具有合流的特征。① 在改革开放三十年来临之际，具有中国特色的历史法学派正在中国兴起，在建构未来社会的格局中，伴随着中国在全球治理结构的加重定位，这一法学派（如果可以称为学派的话）将在很长时期成为主导中国社会的主流法学思维范式。

可以看出，国家、自然权利和文化就这样构成了一幅理论体系和知识图景，言说中国作为国家的现代化进程，这一过程充满了古今之争、中西之争和传统和现代之争，乃至在理论界形成了又一次难得的百家争鸣局面。

三、法律的正当性

在很大意义上，认识和揭示法这一现象及其规律是法理学成为一门学科的主要理由。② 现代科学对现象的认识是从对事物的分类开始的，法律科学

---

① 饶有趣味的是，中国的一些重要的历史法学派的代表人物大多具有深厚的西学背景，他们绝不是那些食洋不化的人，他们深谙西方法学的学术谱系，具有娴熟的驾驭西方法学资源的能力，但是，正是他们在取得了巨大的西方法学的知识资源的同时，几乎无一例外地转身面向中国的传统文化，探寻中国当下的实践问题，并非机械地寻找中西古今的结合点，这种理论上的转向无疑开启了新的研究风气。不过，法律文化论过于"古"，以至人们可以很容易嗅到甲骨文散发的幽古的味道；法治资源本土论则过于"土"，有时候土得掉渣，一片残破的某氏族的家谱也被用作与国家法律平起平坐的重磅武器；新民本说过于"超前"，在社会结构改造还没有完成之前，它显得早熟；新法治理论则过分"含蓄和谨慎"，它总是要用大量的篇幅把自己的学说与秦始皇的"法治国"拉开距离，为此，有可能在理论上得到了"良法"，在实践中则失去了"法律"。

② 21世纪以前的法理学作为一门独立的学科应当从奥斯丁的理论开始，在此之前，关于法律的命题总是包含在政治、道德和文化，特别是哲学、宗教的命题当中。在这个意义上，关于善和权利的理论的确先于法律理论而存在，只是后来的论者虽然立足于分析法学理论却又不满于这一理论时，才又将法律与道德及其权利重新结合在一起。因此，至少从20世纪末的人们所接受的法理学知识角度看，法学理论被有效地分为分析法派、历史法学派、哲理法学派、自然法学派、法律经济学派、现实主义法学派、社会学法学派等。毫无疑问，任何一个致力于法学理论研究的人都不会轻而易举地承认自己属于哪种学派，除了其他一时难以厘清的因素外，学派相互之间的口诛笔伐有时达到了令人吃惊的地步。但是，有一个例外，那就是一些论者会在有意无意地宣称自己发现或创造了一个学派的时候。上述学派的形成和广泛传播是一种所谓的综合法理学产生了，博登海默在其《法理学、法哲学及其方法》中就宣布了这种理论。现在看来，就调和而不是综合各种各样的法学派观点方面，博登海默显示了他非凡的成就。

也不例外。① 大体说来，把法分为人定法和自然法不同于私法和公法的划分。对前者划分的目的可以概括为两个方面：一是人定法的基础问题，这是法证成自身有效性的命题，有关这方面的立论称为法的合法性理论，它构成了法律的内在基础。二是法与社会现象的关系，即法与历史、社会、文化、经济、政治等方面的关系，主要探讨法的来源问题。这一方面的探讨既合理区分了法的人定性质也保留了对自然和社会规律的某种尊重，另一方面的立论形成了法律的外在基础，可以概括为法的合理性理论。合法性理论和合理性理论也是富勒所说的法律内在之德和外在之德的命题，它们共同指向法律的正当性命题。②

法律是社会的产物，③ 法律越是真实地反映了社会现象，就越能够体现出法律自身的独特价值，这种独特的价值使得法律作为一个规则有别于其他规则。如果说所有的规则都是治理人行为的事业，那么就不是唯独法律规则可以做到这一点，伦理规则、道德规则和政治规则也应当是治理人的行为的事业，但法律规则是那种获得了独特性后又楔入社会关系中的规则。不同于伦理规则把人区分为"自己人"和"外人"，道德规则把人区分为"好人"和"坏人"，政治规则把人区分为"朋友"和"敌人"，法律规则把所有的

---

① 改革开放是三十年的实践逻辑，也是人们据以行动的合法性标志。改革是为了开放，开放进一步促进了改革，这一切都是为了通过改革打造开放社会的新格局。开放社会乃是相对于封闭社会而言的，在封闭社会中，人们往往是安全的，却是不自由的，而走向开放社会则意味着确立一种原则，即在这个社会中人们既是安全的，也是自由的。凡是有利于这一原则的思想、体制和方法都可以拿来作为改革的质料，这不仅体现在自然科学和精神科学两大传统领域，也反映在具有相对独立的第三领域即国家领域。对自然科学中"规律"的认识和对精神科学中"真理"的追求一直是三十年来中国理论界研究的核心命题，为此形成了大量的文献，相比之下，对国家领域的研究却受制于苏联国家学说的束缚而不能从容展开。然而，一旦新时代的气息扑面而来，国家领域的大门很快就被打开了，它突出地体现在对国外（特别是西方国家）法律思想和法律经验的借鉴和移植方面。法律借鉴和移植运动是法学界回应改革开放的具体的、独特的表现，也是法律形成自己的体系和领域的独特路径。在这种情况下，逐渐形成的法律职业共同体一方面要自觉地摆脱苏联法学思维影响，另一方面要确立新的时代条件下法律的正当性基础，这就是说，在确定"法律是什么"的时候首先要认识"法律应当是什么"。

② 关于法律的双重德性理论使富勒的法学理论具有了伸缩有余的解释空间，这就如同把人分为私德之人和公德之人一样扩展了人学的基础。

③ 在怎样考察法律的问题上，孟德斯鸠给我们开列了一份时空交错的清单："法律应该和国家的自然状态有关系；和寒、热、温的气候有关系；和土地的质量、形势与面积有关系；和农、猎、牧各种人民的生活方式有关系。法律应该和政治所能容忍的自由程度有关系；和居民的宗教、性癖、财富、人口、贸易、风俗、习惯相适应。最后，法律和法律之间也有关系，法律和它们的渊源，和立法者的目的，以及和作为法律建立的基础的事物的秩序也有关系。"见 ［法］孟德斯鸠《论法的精神》上册，第 7 页。

人都确定为"守法之人"和"违法之人",对于后者而言,自己人、好人或朋友也可能违法,也需要用法律去制裁。相反,外人、坏人或敌人,只要他们在法律范围内活动,他们就是守法之人。这样一来,法律获得了其内在基础,即合法与违法成为衡量法律的标准,它独立于其他的划分标准,具有清晰的自明性。法律有了自己的研究领域和关于人的上述划分的独特性,法律才是科学的。

在方法论上,对法律的科学性的追求遵循了自然科学的思维,逐渐泛化的"科学治国"或"技术治国"的命题莫不受此影响。对法的科学性通常有三种表达形式。第一种是把法的研究领域看作自然现象,法如同其他社会和自然现象一样,以自己固有的形式存在,在这方面,历史法学家、自生自发秩序论者都是如此;第二种是把法律的研究领域看作对纯粹事实的研究,法律就是对法律行为的关注和理解。如果某一行为不能被有效地观察并且被实验,就不是科学的,法社会学对此有贡献;第三种则是把法律视为一个"概念天国"(哈特语),即把法律看成一个独立的逻辑体系,在这一法律体系中,法律有自己的概念、术语,它自足、一致,形式主义法学充分表达了这一愿望。上述三种表达都从不同的角度回答了法律是什么的问题,尽管它们得出的结论不同甚至大相径庭,但在通过回答法律是什么的问题中都在寻找法律应当是什么的命题,这一点既具有共性,也透露了强烈的政治哲学意蕴。

法律的外在基础,主要是指法律的政治观、法律的经济观、法律的道德观和法律的文化观。严格意义上,法律的外在基础与内在基础相比更像一种条件,缺乏这种条件,法律自身就没有了立足的环境,在这个意义上,法律的外在基础诸理论也可以称为法律的环境论。如果说在"无法无天"的时代,法律的环境遭到了重度污染,以致影响了法律自身的生存环境,那么,改革开放的三十年,一系列正当性话语的确立则为清除被污染的法律环境提供了有力武器。法律环境论形成了一种时代的气候,不论人们对法、法律、律、法制、法治、以法治国、依法治国等概念在用法上有什么不同,但是对它们的不断解读和阐释形成了法律的环境和气候。①

---

① 有时候,人们通过词语来阐释观念的愿望过于强烈,以致呈现出浓郁的法治浪漫主义色彩,例如对把"法制"改为"法治",并成功地说服执政党在其重大文件中写上建设"法治国家"而不是"法制国家"而无比欣慰。

　　法律的外在性基础使法律具有了方向性和使命感。启蒙哲学的核心特征正在于其纲领性和方向性，它的基础就是正义论和革命论。正义论确立了实质正义的某些终极标准——关于法的合理性标准，即通过论证法律应当是什么的话题而讨论法律是什么。法的合理性理论在方法论上走向了哲学之路，有关法律哲学、道德哲学或政治哲学都或多或少地涉及法的合理性问题。如果说哲学是对真理的探索，那么法的合理性理论就是有关有效性等同于真理的命题，这意味着法的有效性取决于一个客观标准，这一标准具有终极性质。革命论则是在社会制度上力图实现这些终极标准，美国独立战争、法国大革命、苏维埃革命和中国的新民主主义革命都是这方面的典范。革命的实践在中国近代，从辛亥革命、中国共产党领导的新民主主义革命一直到整个改革开放时期都具有不变的主题。① 我们把改革开放时期称为后革命时期，是因为在这一时期启蒙哲学的终极价值标准仍然需要最为广泛的传播和张扬。换句话说，在后革命时期，启蒙的任务还没有完成，它要求继续贯彻启蒙的精神，确立法律权威，实现公平正义的社会制度。

　　像所有启蒙哲学的成果一样，启蒙法理学的一个中心任务在于确立新的权威和新的社会秩序，而这个新的权威和新的社会秩序唯有通过体现了人民意志的法律才能确立。作为一个卢梭式的政治概念，人民意志从统治阶级意志和国家意志的概念中突围出来，并以法律作为它的代表形式，成为新的时代观。② 体现了人民意志的法律成为最高的统治者，没有比法律更高的权威了，这一点没有比中国共产党党章的规定更明确的。③ 宪法第五条规定，"中华人民共和国实行依法治国，建设社会主义法治国家。国

---

　　① 同样具有历史意义的中国共产党第十七次全国代表大会也在其公报中指出："一九七八年，我们党召开了具有重大历史意义的十一届三中全会，开启了改革开放历史新时期。——改革开放是党在新的历史条件下带领人民进行的新的伟大革命。"

　　② 马克思主义法学是在批判的意义上指明了法律体现"统治阶级意志"这一本质属性，但也指出这一本质属性是虚假的本质，而不是真正的本质。法律的真正的本质就是人民的意志，因此，指责"年轻一代法学家"集体遗忘、抛弃甚至反叛马克思主义法学显然夸大其词。参见强世功《迈向立法者的法理学——法律移植背景下对当代法理学的反思性考察》，《中国社会科学》2005年第1期。

　　③ 1982年9月，党的第十二次全国代表大会把"党必须在宪法和法律的范围内活动"写进了党章，胡耀邦在这次会议的报告中指出："新党章关于'党必须在宪法和法律的范围内活动'的规定，是一项极其重要的原则。从中央到基层，一切党组织和党员的活动都不能同国家的宪法和法律相抵触。党是人民的一部分。党领导人民制定宪法和法律，一经国家权力机关通过，全党必须严格遵守。"

家维护社会主义法制的统一和尊严。一切法律、行政法规和地方性法规都不得同宪法相抵触。一切国家机关和武装力量、各政党和各社会团体、各企业事业组织都必须遵守宪法和法律。一切违反宪法和法律的行为，必须予以追究。任何组织或者个人都不得有超越宪法和法律的特权。"这是一个真正的帝王条款，立法者在此连续使用了三个"一切"，三个"一切"均指向同一目的，即确立和保障法律权威，它们在制度设计上杜绝了任何可能出现的"例外"，在这个意义上，法律权威是绝对的、唯一的和不可超越的权威。①

在一切不服从法律权威的行为当中，特权而不是豁免权成为损害法律权威的关键因素。邓小平在《党和国家领导制度的改革》一文指出："我们今天所反对的特权，就是政治上经济上和法律和制度之外的权利。搞特权，这是封建主义残余影响尚未肃清的表现。——解放以后，我们也没有自觉地、系统地建立保障人民民主权利的各项制度，法制很不完备，也很不受重视，特权现象有时受到限制、批评和打击，有时又重新滋长。克服特权现象，要解决思想问题，也要解决制度问题。"凡是法律权威没有建立的地方，也就是特权大肆横行的地方。因此，在探讨各种组织和个人的行为正当性的过程中，首先面对的是是否服从法律的权威。现实的正当性与理论的正当性往往不是同一个东西，但倘若在服从法律的权威性上出现争议，就是要考问服从法律权威正当性的基础是否正当，而不是法律权威是否正当。在所有的争议过程中，人们可以改变法律权威正当性的基础，但不会改变法律权威本身。在现代社会，倘若法律是建立在人权、道德和正义等社会价值观之上，法律权威的正当性就可以被确定。

然而，权威只能被服从的特征并不排斥权威被有效代理。为了实现法律的权威，授权某些组织和个人行使法律的权威是必要的。关于国家权力的分配和制约机制都是授权理论的具体体现。如同法律权威的正当性源于人民的

---

① 1979 年 9 月 9 日中共中央《关于坚决保证刑法、刑事诉讼法切实实施的指示》明确指出："中央决定取消各级党委审批案件的制度。""党对司法工作的领导，主要是方针、政策的领导。各级党委要坚决改变过去那种以党代政、以言代法、不按法律规定办事、包揽司法行政事务的做法。"与此相对比的是，1958 年 8 月毛泽东在北戴河会议上说："不能靠法律治理多数人，多数人要靠养成习惯。——宪法是我参加指定的，我也记不得。——我们每个决议都是法，开会也是法。——我们有各种规章制度，大多数，百分之九十是司局搞的，我们基本不靠那些，主要靠决议——（我们）不靠民法刑法来维持秩序。人民代表大会、国务院开会有他们那一套，我们还是靠我们那一套。"这是以党的会议和红头文件治理国家的经典表述，这个表述距离 1954 年宪法的颁布不过四年时间。

同意，行使国家权力的正当性也源于法律上的同意，在这一点上需要区分统治的代理制和代表制的概念。代表意味着一个事物要从一个形态转化为另一个形态后才能发挥作用，而转化后的事物不是另外的一个事物，而是事物本身。人民的意志需要以法律的形式再现，或者说法律就是人民的意志，在这个意义上，法律与人民的意志具有同一性。然而，法律不能被代表，而只能被代理，这正如现代社会的人不能被代表，只能被代理一样。代理是对一个事物的具体表达而不是转化，既然代理活动都是被代理者的授权行为，它只有在被代理者的授权范围内具有合法性和有效性。代理行为所产生的结果可以体现被代理者的意志，也可能背离被代理者的意志，但都不妨碍被代理者与代理者之间的代理关系。在代表和代理的关系上，代表是本是源，代理是末是流。混淆代表和代理的关系，就会出现代理者自身就是法律和人民意志的错误结论。

法律权威既体现法律代表人民意志的一面，也体现法律被忠实地代理的一面。在实践中，法律有可能虚妄地代表了人民意志，代理者也可能无权代理或超越代理，这一切都是对法律权威的损害。虚妄地代表人民意志的法律被称为恶法，违背忠诚原则的代理行为则是违法。改革开放三十年来法制建设的一个重大成果就是确立了良法的权威和秩序，它虽然是一个动态的过程，但对良法的衡量标准正是我们前面提到的一系列正当性话语，这些正当性话语是中国共产党第十七次全国代表大会对未来社会所作出的一系列政治承诺，即让所有的人参与改革开放的过程，享受包括经济、文化、社会等方面的成果。新的政治承诺不仅要避免和改变在改革开放的过程一部分人受损一部分人受益的不合理境况，更重要的是提出了让人民幸福的主张。凡是能够促进和保障人们幸福的法律就是良法，相反，就是恶法。在幸福的法律的总的原则下，立法、执法和司法等的专门活动作为代理机制就有了它们的方向和目标。

四、法律权威

在国家范围内，除了法律，没有任何其他的权威存在，这也是法律有效性的总体性特征。法律的有效性命题只有在国家范围之下才能够成立，因此，要论证法律权威，就不能回避中国作为国家的有效性问题。离开国家谈论法律，就如同在真空条件下谈论生命一样不可取。① 中国作为国家的有效性的基本含义是，以国为国，依法治国。前一个"国"字不同于后一个"国"字。前者专指国家，即一般意义上的国家，也是具备了国家要素的政治共同体，而不论这一政治共同体在性质上是否同时体现了现代民族国家的特性。后者则指代不同的、具体的国家。从这个意义上，以国治国的视角就不仅具有方法论意义，也确立了治理国家的新的理论起点。以国治国的论点一方面排除了"以中国治理中国"的预设，也否弃了"以外国治理中国"的可能性，因为这两种情况都会导致用特殊国家而不是一般国家的视角讨论中国问题。改革开放三十年来，"国家与法的理论"没有因为在法学教科书中改名为"法的理论"或"法理学"而使法和国家从此分道扬镳；相反，它们之间的关联需要重新认识，而不论采用何种新的方法论（例如，法律哲学、法律文化学、法社会学、法律经济学、法律政治学等）。新的法学方法论自觉或不自觉地遵循了建构一般国家的原则，所否弃的只是特殊国家的治理模式。倘若存在"没有国家的法理学"，那也是指"没有特殊国家的法理学"，而不是"没有一般国家的法理学"。特殊国家是自然形成的，一般国家则是从特殊国家中通过"哲学的突破"而建构出来的。

我们通常把现代国家表述为民族国家，但是民族国家这个概念首先源于西方社会在裂变过程中形成的单一民族的历史事实，换句话说，民族国家是"分"的产物，而不是"合"的结果。主权概念就是被发明出来用来巩固社会分裂之后的概念。因此，当人们谈论民族国家时，它总是与主权、领土、最高统治权和特定的人民相关联。在这个意义上，民族国家是一个典型的政治

---

① 在中国历史上，法律不强的一个重要原因就是国家不强，这与两种意义上的国家虚无主义相关：一是文化意义上的国家虚无主义，这也是梁启超对中国传统社会特征的一个总结，他说："中国人则有文化以来，始终未尝认国家为人类最高团体。其政治论常以全人类为其对象，故目的在平天下，而国家不过与家族同为组成'天下'之一阶段。政治之为物，绝不认为专为全人类中某一区域某一部分人之利益而存在。其向外对抗之观念甚微薄，故向内之特别团结，亦不甚感其必要。就此点论，谓中国人不好组织国家也可，谓其不能组织国家也亦可。无论为不好或不能，要之国家主义与吾人夙不相习，则甚章章也。"（梁启超：《先秦政治思想史》，浙江人民出版社1998年版，第5页）；二是制度意义上的国家虚无主义，表现在国家自身不是最高权力的统一体，而是另一权力形态驾驭下的次级权力体，例如孙中山的以党治国的保姆论，他说："俄国完全以党治国，比英、美、法之政党，握权更进一步"，国民党要以苏俄为典范，"将党放在国上。"（广东省社会科学院历史研究所等编：《孙中山全集》第9卷，中华书局1986年版，第103—104页）在这一理论的指导下，中国国家的治理被明确分为三个阶段，即军政、训政和宪政时期。1931年6月实行的《中华民国训政时期约法》规定，训政期间由国民党全国代表大会代行国民大会的职责；中国国民党全国代表大会闭会时，其职权由中国国民党中央执行委员会行使；本法的解释权由中国国民党中央执行委员会行使。

共同体，而不是一个伦理共同体和道德共同体。作为政治共同体，它只对在自己领土范围内所有人负责。凡是不属于这一共同体内部的人，就是外人，就是非我族类。但是，在一个民族国家内部并非只有一个"民族"，像中国这样在历史就是多民族长期共存的国家，倘若简单地说是一个民族国家，就会产生很大的字面上的歧义和模糊性。① 正因为有文化的基本内核在里面，安德森把国家定义为"想象的共同体"才可能成立。人们之所以可以"想象"源于人们相互联结的"意象"，而意象的根源在于文化认同。② 虽然不同文化的边界极难把握，但大体上仍然可以确定不同的共同体想象的范围。这个范围既可以与政治共同体范围相重叠，也可以大于或小于政治共同体的范围，但政治共同体并不在乎它们之间在范围上是否重叠以及重叠的程度。实质上，国家是以公民为标志的，公民是通过法律构造出来的人的政治身份，它在一个国范围内成为表达人与人关系的工具。国家的性质是历史的、现实的而非想象的、意象的，这一特征决定了国家的建构的意义和价值，它同样创造了公民这一概念。因此，民族国家也不是一般的政治共同体，而是公民共同体。公民共同体关注的是作为公民的人的行为是否符合业已确立的法律，也就是说，它关注公民的行为的标准是合法与非法，而不是忠诚和美德。一个人基于自己的文化传统、信仰、习俗等忠于自己认可的人或团体，这是可以理解的。同样，一个人心怀天下、造福人类、积德行善，只服从于善的标准也未尝不可，但作为公民共同体要求所有的人只能执行一个标准、一个规范，这决定了法律强行楔入社会的历史事实以及作为最高权威的实质。在中国，只有一个法律共同体，即一个公民共同体，但有多个伦理共同体以及难以察觉的同样有力量的文化共同体。为此，我们有必要对伦理规则、法律规则和道德规则做出必要的区分，多重行为规则所形成的综合治理方案只有先建立在

---

　　① "nation"的汉语翻译就很成问题，需重思量。通常，我们对"nation"和"state"不加区分，倘若我们把它们都翻译为国家，也不会产生太大的问题，但恰恰我们把"nation"翻译成"民族国家"时，就多了一份疑惑。美国是一个"nation"，它是由各"state"组成的"nation"，联合国是一个由各"nation"组成的政府组织，而不大会说是"united state"，这里的"nation"都包含了"主权国家"的意思。一旦使用"民族"这个字眼，在汉语中就极容易与"多民族"或"少数民族"等概念相混淆，但重要的在汉语中"民族"与"主权"之间没有任何关联。《现代汉语词典》对"民族"的解释是：1. 泛指历史上形成的、处于不同社会发展阶段的各种人类共同体，如狩猎民族、游牧民族、古代民族、现代民族等；2. 人类在历史上形成的有共同语言、共同地域、共同经济生活以及表现于共同文化上的共同心理素质的稳定的共同体。

　　② 参见［美］本尼迪克特·安德森《想象的共同体：民族主义的起源与散布》，吴人译，上海人民出版社2005年版。

区分各个具体的规则之上才能形成科学的治国之道。

从主权概念诞生之日起，它就具有这样一个鲜明的特征，主权在国家范围内是最高的权力，也是不可分割和不可转让的权力，但是衡量主权的一个重要标志就是在一个国家内通过立法宣布紧急状态和如何界定紧急状态。①2005 年 3 月，全国人民代表大会通过了《反分裂国家法》，这部法律规定了在什么情况下通过武装行动制止分裂国家的行为。这是中国迄今为止用专门法律形式宣称主权的典型个案，它的意义不是通过法律语言向世界表达"不放弃用武力解决台湾问题的承诺"，而是用法律来宣示和表达了主权。这种方法也是近代以来民族国家所使用的最为基本的治国方略，它使法律这个非人格的力量代替了传统社会中的人格力量，成为在国家领域中的看不见却真实存在的最高统治者，实现了国家主权与法律主权在定义上的有机统一。

从国家主权到法律主权并没有否认主权的本来面目，但是，主权需要被代表，这一特征决定了需要一种形式来代表主权，法律就作为这样一种形式使代表了主权。在现代性思维的影响下，传统的"内圣外王"型权威遭到否定，这种具有人格特征的权威如同上帝的权威一样不仅被解构了，而且成为探索新权威的反衬对象。然而，体现了新权威的法律在代表了主权之后又成为高于国家概念的新的力量，在国家之上只有法律的权威而没有其他权威。法律主权的概念成为巩固和维持国家主权的新力量。在这一概念之下，"主权"与"治权"的关系或者说"统"和"治"的关系重新得到了解说。统可以不治，但治需要统，这里的统当然是"正统"，但"正"的含义却不是我们讲了几千年的"道统"，而是随时代变化的正当性话语，一种新的法统。香港、澳门的"高度自治"正是主权和治权相分离的历史实践，也是在法"统"之下的法"治"的分离，在这个意义上，"一法两制"更具表达力和法理意义。从"一法两制"的成功实践中可以逻辑地推导出"一法多制"的政治性框架，从而为特区建设、民族区域建设、和平统一台湾提供法理上的概念，更为重要的是，它涉及法律下的自治行为。

就改革开放三十年的实践而言，法律与自由的关系主要表现在对国家对公民的"松绑"过程，它意味着在变革过程中需要破除旧的思想和旧的体制

---

① 关于主权的标志的详细论证，参见［德］卡尔·施米特《政治的概念》，刘宗坤等译，上海人民出版社 2003 年版。

束缚，意味着提供发挥人的自由本性所必需的自主性能量和创造性动力。① 权利自由话语赋予了公民自由发展的资格，保障自由在受到侵犯时得到充分、有效的救济，体现了法律与自由的时代辩证法。不过，被松绑的人们只是冲破了他们认为不合时宜的旧的关系，但他们依然生活在各种社会关系当中，这是一种新的可以被选择的社会关系，即新的熟人关系。自由实质上不是别的，正是建立可欲的各种关系的权利。原子式的、孤立的人的概念只是十七八世纪时期自由主义哲学论证理性人的假设，而不是历史事实，但作为一个理论前设，原子式的、孤立的个人假设为现实中的人确立"建立关系的自由"提供了理论根据。② 依照这个观点，人们依然不是处于这种社会关系中，就是立足于那种社会关系中，唯一不同的是人们选择建立、维持和终结关系的自由程度有所差异。这个理论可以让我们重新考虑个人主义与团体主义之间的长久对立。社会的发展不是要不要建立个体与团体之间的关系——个体与团体的关系始终是存在的——而是如何建立个体与团体的关系。建立关系的自由理论使我们认识到，社会进步的标志是使个体获得了选择和自由建构团体的资格和能力，而不是使个体成为脱离了任何团体的无任何定着物的任逍遥的大鸟。③ 在建立关系的自由的命题下，一个人既可以像隐士那样割断和终结在他们看来世俗的社会关系，在幽静的深山中体悟人生的奥秘，也可以冲破原有社会关系的束缚建立可欲的社会关系，而不是非要在被指定的社会关系网络中打转转。在是否和如何建立一种或多种社会关系，享有建立关系自由的人们面临着无限的选择，而一旦做出了选择，不仅意味着建立了一种在此之前没有的社会关系，也预示着扩张了一种在此之前没有的熟人关系。相反，

---

① 松绑的法理学意义，夏勇先生在分析农民公法权利的成长时指出，"松绑在实质上包含两个方面，一是公权者给自己的观念松绑，或者叫作'解放思想'；二是公权者在一定程度上松开农民的手脚。"见夏勇《乡民公法权利的生成》，载夏勇主编《走向权利的时代》，中国政法大学出版社2000年版，第660页。

② "哲学家 Claude Lefort 抨击自由主义者和马克思主义者认为权利保障了个人主义的胜利的观点，他恰当地指出，这些权利并没有将人们分离，并没有使个人成为孤立的人，相反，这些权利使人们相互之间联系起来，这些权利就是'建立关系的自由'。例如，当1789年《人权宣言》第11条宣告交流观点的自由时，它鼓励个人向他人开放和与他的同伴建立关系，而不是鼓励隔离个人。"见〔法〕多米尼克·罗素《法治是国家具有的特定价值吗?》，载夏勇等主编《法治与21世纪》，社会科学文献出版社2004年版，第36—37页。

③ 正如施米特对现代人的特征的评价："个体乃是宗教团体、民族、工会、家庭、运动俱乐部以及许多其他组织的成员。这些身份使一个人在不同的场合受到不同的制约，并赋予他一连串的义务，以使任何一个组织都无法拥有决定性的统治地位。"见〔德〕卡尔·施米特《政治的概念》，刘宗坤等译，上海人民出版社2003年版，第156页。

在建立关系的自由还未被社会承认的时代，人们往往缺乏建立家庭或结社的自由。

五、结语

在新的时代，继续发扬启蒙法理学的精神，守望改革开放进一步发展所需要的正当性话语，依然是法学理论的不可回避的任务。启蒙法理学在思想脉络上先后形成了互有关联却独具体系的两个法学家共同体。从 1978—1991 年形成的法治主义学派，推动了依法治国作为治国方略的产生。1991 年以后生成的新民本主义学派，倡导人权价值，演绎权利哲学，论证人权价值在中国的发展，成就了人权原则在宪法中的体现和表达。无论法治主义学派和新民本主义学派乃是在相互关照和相互支援中共同前行。如今站在法学研究领域的后生们踩在了一块坚实丰厚的土地上，他们看到了两面旗帜在飘扬，一面是法治的大旗，一面是人权的大旗。法学研究的后生们需要扛住这两面大旗，并且在时代的感召下前行。

然而，同其他所有的人一样，法学研究的后生们面临着新的时代困境。在外部，全球治理加剧了不同国家、民族和文化之间的碰撞和融合，研究的视野和方向不再在"中体西用"和"西体中用"两大个思维范式之间选择，它要求与世界这个日益具体化的实体同行，进入所有国家和民族都注定要进入的未来的人类共同精神领域。在内部，三十年来改革开放实践造就了经济大繁荣以及基本小康社会的宏伟格局，巩固了不再"挨打"的近代第一个历史困境，基本实现了不在"挨饿"的第二个历史困境，但也就是在这一时刻，新的历史困境出现了。

新的历史困境抛向人们最显而易见的问题乃是改革开放丰裕的成果没有使所有社会成员公平地分享，社会中一部分人用以喂猫喂狗的精美食物是在剥夺了穷人的口粮的基础上完成的！换句话说，有些人之所得正是有些人之所失。那些没有得到的人同时被剥夺了参与历史进程的资格和机会，他们无论怎样努力和奋斗也改变不了自己和家庭的不幸命运，因此，新的时代面临着不平等的这个大敌。穷人与富人之间存在不平等、地区之间存在不平等、公共机构和私营机构之间存在不平等、城里人和农村人之间存在不平等、民族之间不平等（对少数民族的优惠政策形成了独特的反向歧视）、特区与其他地方自治单位之间不平等……不平等要揭示的问题不是要否定差异和多样性，而是人人应当享有平等的资格和条件。社会倘若要前行，就要消解和克服这一系列不平等，这也是中国后改革开放时代的主题。

所有的人都看到了上列种种不平等，"让所有的人都分享改革开放的成果"是执政党在新的历史时代的政治宣言，是对未来社会的政治承诺。法学家也看到了弥散于、存在于社会上的诸种不平等现象，既然看到了就不能背过身去，更不能独善其身或王顾左右而言他。民主是未来社会的主题。鉴于民主是一项让所有的人参与社会生活和社会实践的事业，也是中国共产党领导新中国，跳出历代王朝循环论的合法性逻辑，因此，法学家在这一阶段的任务，就是要构筑一个以中国国情为基础的民主制度即一个正义的社会结构，只有在这一结构内，法治和人权才能够充分释放出它们的能量。

建立以民主为取向的正义的社会结构需要立足于中国的国情，放眼于世界，吸收一切国家和民族的优秀成果，使这样一种体现中国特色的正义的社会结构也具有全球意义上的示范性，体现大国之所以是大国的价值和品德，然而，在出发点上要遵从基本规范的运行原理，这个基本规范不是别的，正是改革开放的设计者们在悲情和理想中制定的八二宪法已经一系列宪法化的正当性话语。建构正义的社会制度就是要根据时代的变化重述宪法的基本原则，最大化地释放宪法精神，落实宪法的最高权威，这种进路注定了民主社会的建构行走的是带有试验性质的改革路线，而非大起大落的折腾式革命路线，这也是古语"周邦虽旧，其命维新"的本意了。

第二部分

权利语境中的新熟人社会

第六章

不被敌人的权利

> 儒家界定的普世价值，可以看作发展的过程，逐步提升。其社会关系圈，遂是由己及人、由亲及疏的同心圆，一层一层，有不同性质的人间伦理。这一社会关系圈，投射于中国对四邻的关系，遂是理想中的"近者悦，远者来"（《论语·子路》）的"向化"，没有绝对的"他者"，只有相对的"我人"。
>
> ——许倬云《我者与他者》

树敌的观念和实践是人类社会产生分裂的基本根源。谁掌握了判断和确认他人为敌人的权力，谁就拥有了伤害和消灭他人的合法性力量。化敌为友的理论和实践依然建立在承认敌人存在的基础之上，它虽然没有故意制造敌人，却承认了敌人的合法地位和资格。把政治领域中敌人概念转化为具有法律规范内容的公敌，即法律意义上的敌人，迎合了现代人权法律的程序性规定，但也没有排除敌人的隐形存在。只要敌人还是一个非人化的存在，只要设置或制造敌人还是一项特权，人与人之间的和平状态就难以实现。免于被敌人的权利除了要求扩大适用反人类罪的范围，排除敌我政治观，解构由来已久的陌生人理论，同时需要在更广的范围内重塑人与人之间的关系，这涉及对现代性问题的重新诊断以及相应的观念结构的转型，为新熟人社会的建构提供观念和理论支持。

一、陌生的现代性理论

传统社会是由熟人构成的关系共同体，与传统社会决裂的现代社会消灭了熟人，通过陌生人填补了熟人留下的空白。一旦陌生人作为新的社会主体进入到社会科学领域，一种阐释人与人关系的现代性理论就诞生了。现代性理论本质上是一种陌生人理论，它与传统社会的熟人理论形成了鲜明的对比，陌生人理论是关于"他们的世界"，处理的是"我与它"的关系，熟人理论则是关于"我们的世界"，处理的是"我与你"的关系。陌生人没有明确的来源，也没有清晰的去向，陌生人是在"我们"视野范围内的存在，是"我们"视而不见或见而疑心的存在。一方面"我们"需要与陌生人建立某种程度上的交往关系，希望陌生人像熟人那样在"我们"的圈子之内活动，因为"我们"只有在自己的圈子内才是安全的；另一方面，陌生人本身又是缺乏传统熟人信任基础的存在，在屡屡发生的迫使自己"就相信他一回"的"一锤子买卖"的过程中，焦虑和内在的恐惧也就频频发生了。

以陌生人面孔出现的现代性理论立志于个人主义价值的倡导和张扬，它要求解构一切束缚个人意志和行动自由的社会关系。解放了的个人解除了与他人和社会的关联，成为了现代社会中具有单一面孔的理性人。现代社会是一个不断分化、日趋复杂和充满了危机的社会，组成社会的主体则是一个个被解放却原子化的软弱个体。自由的人同时也是孤独的人，孤立的人缺乏幸福，易于产生焦虑、不安和恐惧。相对于安全所具有的确定性特征，恐惧，归根到底是一种不确定状态。在弗洛姆关于逃避自由的论述中，逃离伊甸园的亚当和夏娃自由了，却增添了恐惧和不安。在个人主义社会，"人摆脱了所有精神权威的束缚，获得了自由，但正是这种自由给他带来了孤独和忧虑，使他被一种个人无意义和无权力感压得喘不过气来。"①

早期启蒙哲学在宣布人的解放和自由的过程中，发现了个体人的存在价值和个体意义，个体的人从"自然状态"中走出来，面带解除传统权威束缚和压迫之后的喜色，在"文明状态"的大地上建立属于自己的"领地"，并通过约定和相互承认的契约捍卫领地的主权。根据让·布丹关于主权的经典定义，主权是民族国家才具有的本质属性，它是最高的、完整的、不可侵犯的权力。个体人的权利借用了主权的概念，每一个被启蒙或解放了的个人就是一个国家，他们各自享有自己的主权，不容他人侵犯。这样一来，现代性借助于启蒙运动和工业革命将国家主义和个人主义平行地安放在被重新塑造的历史结构之中。

无论是主权还是人权的概念只有在民族国家这一"想象的共同体"中才具有质感和现实的抽象性。陌生人在市场经济条件下是以"理性人"的面目出现的，在政治领域，陌生人则以民族国家的公民身份粉墨登场，具有生活

---

① ［美］弗洛姆：《逃避自由》，工人出版社1987年版，第11页。

气息的文化人则被掩盖在理性人和公民的形象之下。哈贝马斯描述了现代性在欧洲的出现过程："作为现代意识形态，民族认同一方面表现为克服地域主义局限的趋势。在19世纪的欧洲，民族在那些一直是陌生人之间建立起了一种新型的团结关系。从普遍主义角度扭转对村落和家庭、地区和王朝的赤胆忠心，是一个困难而又漫长的过程。在20世纪之前，西方的所有民族的所有民众可以说都经历了这个过程。另一方面，这样一种抽象的一体化形式又表现为随时准备为了祖国打击敌人、牺牲自己的精神和勇气。"① 民族既是由陌生人组成的新型人际关系共同体，又被作为一种隐喻的家庭关系和复杂的亲属关系共同体，只有这样才能确立敌人的存在，才有了"我们—意识"的存在以及想象的熟人关系共同体。② 作为一个构成性概念，陌生人同时发挥着两种功能：一方面它通过民族国家的立场将属于同一民族的人们演变成熟人或拟制的熟人，另一方面则把未纳入到民族国家范围内的陌生人敌对化。

现代性完成了人与人之间的"去熟人化"工作，在观念和理论上诠释了人与人关系的这种非熟人特征。在现代性理论的视野下，去熟人化的产生既是工业化、城市化和世俗化运动的必然要求，也是重新需要阐释的人与人关系的前提。有两种不同的"去熟人化"路径：一是将熟人陌生人化，将原本是熟人的关系一律推向陌生人关系，将一切人际关系经济化或政治化，前者通过经济人假设将一切人变为自私自利的行动主体，后者则以单纯的、同质的民族国家公民身份建构人际关系。二是将陌生人敌对化，确立我们—他们对抗性质的人际关系。这种源于霍布斯自然状态的丛林法则带有最为原始的敌人气息，凡是不能订立社会契约并一同进入共和体制的人都可以是潜在的敌人，从而发展出"敌人假设"或者说"分裂的政治"。

陌生人在任何历史发展阶段都是一个社会现象，如何看待陌生人决定了不同的文化哲学的文明程度。在历史上，每一个民族都有如何看待和对待陌生人的态度和方法，但唯有现代性理论倡导去熟人化——这被认为是现代性的社会理论的成就。去熟人化是否定陌生人存在的理论方式和行为模式，解构了传统的熟人关系，堵塞了扩展是熟人关系的任何可能性。现代性没有刻意制造敌人的概念，但它通过宣示陌生人的存在而为陌生人敌对化开辟了道路。事实上，从方法论角度看，现代性通过它特有的二元思维确立了一系列无法调和的对立体，这些对立体最终表现在人与人之间的

---

① ［德］哈贝马斯：《包容他者》，曹卫东译，上海人民出版社2002年版，第151页。

② 参见贺海仁《无讼的世界：和解理性与新熟人社会》，北京大学出版社2009年版。

对立，这种对立不仅将熟人陌生人化，也将陌生人敌对化。对现代性的理性批判从来就没有停止过，无论是激进的理性批判（后现代主义思潮）还是缓和的社会改造原理，都是在对现代性的认知框架内进行的，它们无一例外地未能触动现代性的陌生人观念和叙事逻辑。只要去熟人化还是各种理性批判理论不能克服的对象，对现代性的反思就会永远处在"未完成的方案"的烂尾状态。①

二、野蛮人叙事与敌我政治观

西方化运动是现代化运动在西方社会的具体体现，是孕育和发展西方特色的现代化运动的必然结果。西方化运动最早体现了但没有垄断了现代性的成就，它包含了西方特有的文化性格和特征。通过陌生人理论，西方特有的主体哲学理论强化了由来已久的敌我政治观，它在团结朋友的同时制造了敌人，这是野蛮人叙事的基本逻辑，它在把人划分为"优良"和"卑劣"、"高贵"和"贱下"等方面形成了约定俗成的思维，最终为一种"人"和"非人"最原始的划分标准提供了理论资源。

西方历史起源于柏拉图和亚里士多德的教诲，而在柏拉图和亚里士多德的思想中保留了西方社会关于野蛮人最初的记忆。柏拉图声称所有异邦人天生都是敌人，对他们征战和奴役都是合适的。② 亚里士多德承袭了古希腊划分"希腊人"和"野蛮人"的分类传统，把"某些人天生是奴隶"的范围扩展到除希腊人以外的所有其他民族。亚氏欣赏欧里庇得《伊菲琪尼在奥里斯》诗中的一句话："野蛮人应当由希腊人为之治理。"古希腊人自称为最优良民族，鄙视外邦人，以"吧尔吧里哥"作为"野蛮的"专有名词（该词约在公元前第五第四世纪开始流行），罗马兴起之后承接了这种说法并把罗马和希腊以外各族称为"野蛮人"（barbaries）。古希腊人即使在战争中失败后为奴，也不大会被其他希腊人称为野蛮人或真正的奴隶。真正的奴隶是会说话的工具，奴隶是对象，是客体，是可以根据主人的好恶随意处分的他物。

---

① 对阿多诺、福柯、海德格尔、德里达等思想家的理性批判理论的批判，详见［德］哈贝马斯：《现代性的哲学话语》，曹卫东等译，译林出版社2004年版。

② 柏拉图借助于苏格拉底之口指明了内外之别也是敌我之分的观念定位，"当希腊人抗拒野蛮人，或者野蛮人入侵希腊人，他们是天然的敌人，他们之间的冲突必须叫作'战争'；如果希腊人同希腊人冲突，他们是天然的朋友，不过希腊民族不幸有病，兄弟不合罢了，这种冲突必须叫作'内讧'。"见［古希腊］柏拉图《理想国》，郭斌和等译，商务印书馆1986年版，第210页。

　　野蛮人就是非人，敌人是非人的最典型的代表，这种野蛮政治观是敌我政治观的最初表现形式。温特总结道："希腊人把波斯人再现为'野蛮人'，基督教圣战者把土耳其人再现为'异教徒'，中世纪欧洲人害怕他们在利格尼茨被蒙古人打败就宣称那是一场善与恶的交战；后来，欧洲人把美洲人当作奴隶对待；在我们这个世纪，我们也经历了亚美尼亚的种族灭绝，残杀犹太人的暴行、早期冷战、北爱尔兰恐怖活动、波尔布特政权、巴勒斯坦和以色列原教旨主义、波斯尼亚内战、胡图人和图西人之争等等。所有这些都是以把他者再现为具有摧毁和奴役自我的意图为基础的。"① 这份关于敌我关系的温特清单表明，敌人的具体指涉对象虽然总是发生变化，但人和非人的角色结构却一直保留了下来。

　　野蛮人是绝对的外人，并且在"文明人"的眼里往往会发生身份上的转化，甚至在"文明人"开出的条件下晋升为"文明人"，但由于不同文明在根源上的唯一性和不可复制性，让域外的"野蛮人"转变为"文明人"遇到了无法逾越的障碍。当源于古希腊的野蛮政治观与基督教结合以后，一种被称为"西方文明"的文化就形成了，当今的西方社会大概就是在这个意义上寻根并不断阐释根的意义。韦伯社会理论的核心命题是"为什么在西方文明中，而且只有在西方文明中，出现了一个（我们认为）其发展具有世界意义和价值的文化现象？"这个提问本身既自信又武断，时至今日并非所有的国家和民族都接受了韦伯意义上的西方文明，那些在主观上想要全面接受西方文明的国家，要么缺乏古希腊的根，要么不属于基督教社会，从而在客观上不能全面地融入西方文明。日本在近代喊出了"脱亚入欧"的口号，其全面接受西方文明的决心不可谓不大，然而，日本社会的精神架构既不是希腊的也不是基督教的，日本的精神的底蕴仍然浸染了儒家、佛教等东方文化。韦伯的这个提问是一种早已包含结论的"正确答案"，它宣示了西方文明的独特性和优越性，阻却了非西方文明向西方文明交往的意向性指令，除非西方文明以恩赐或强加的方式出现在非西方社会。

　　敌我政治哲学源于西方文化，而不是中国本土的产物。夷在中国传统文化中占有一席之地，也是容易引起误解的概念。夷人或许是野蛮人、未开化人的或前文明的人，但夷人或夷族既不是外人，也不是异族，它并不指向具有特定身份的族群或人群。许倬云说："'夷'是中国典籍中最古老的名词，

---

　　① ［美］亚历山大·温特：《国际政治的社会理论》，秦亚青译，上海世纪出版集团2008年版，第257页。

其含义不复带贬义，还是意指'仁者'。"① 在中国传统文化中，衡量夷的标准不是某一个人属于哪种社会阶层或族群，而是能否遵守礼制的标准。熊十力说："民族思想之启发，自孔子作春秋，倡言民族主义，即内诸夏而外夷狄。但其诸夏夷狄之分，却非种界之狭隘观念，而实以文野与礼义之有无为判断标准。"② 一个身居中原的华夏之人，可因不遵守礼制而变为夷人或禽兽，而一个远在天边的异族人，因为遵守礼制就可能是文明人、君主或圣人。孟子著名的"人禽之辩"极具说明力。孟子说："人之所以异于禽兽者几希，庶民去之，君子存之。"孟子把礼的标准细化为仁、义、礼、智等几个方面，并作为判断"人"与"非人"的准则，他由此断言道："无恻隐之心，非人也；无羞恶之心，非人也；无辞让之心，非人也；无是非之心，非人也。恻隐之心，仁之端也；羞恶之心，义之端也；辞让之心，礼之端也；是非之心，智之端也。"这是中国文化对"非人"的基本理解，也是对待"人"与"非人"的基本态度和方法，即划分人与非人的标准乃是仁义礼智的内在标准而不是他们所属的社会学身份，这与基于社会学身份（如出生、财产、性别、民族、信仰、国籍等）而把一部分人类共同体成员称为野蛮人并以此作为历史起源的社会形成了鲜明的对比。

在中华文化中，对人际关系性质的判断，只有远近之别，而无内外之分。无外原则是中国社会认识和理解世界的基本范畴。赵汀阳指出："天下为家而无外，这是个意味深长的观念，它非常可能是使得中国思想里不会产生类似西方的'异端'的原因，同样，它也不会产生西方那样界限清晰、斩钉截铁的民族主义。"③ 中国传统文化典籍中虽然常常可以发现关于"野蛮人"即"夷"的记载。"华夏"与"蛮夷"相对比，但是夷夏的划分并无明确的界限。④ 在可以同化的地方则同化之，不能同化的地方则善待之，后

---

① 许倬云：《我者和他者：中国历史上的内外分际》，生活·读书·新知三联书店 2010 年版，第 7 页。

② 熊十力：《读经示要》卷二，台北乐天出版社 1973 年版，第 130 页。

③ 赵汀阳：《天下体系：世界制度哲学导论》，江苏教育出版社 2005 年版，第 51 页。

④ 《左传》中出现了两条"野人"的记载，（1）僖公二十三年，晋公子重耳出卫，"卫文公不礼焉，出于五鹿，乞食于野人，野人与之块。公子怒，欲鞭之。子犯曰：'天赐也。'稽首，受而载之"；（2）定公四年，"卫侯与夫人南子召宋朝，会于洮，大子蒯聩献孟于齐，过宋野。野人歌之曰：'既定尔娄猪，盍归吾艾豭？'"这里野人指的是西周春秋时期国野制下的居住于邑外的平民，与贵族相对应，战国以降，国野制下的原始居住状况被打破并最终消失，参见胡新生《西周春秋时期的国野制与部族国家形态》，载文史哲编辑部编《早期中国的政治与文明》，商务印书馆 2011年版。

者正是儒家经典中常说的"抚远"的含义。① 远人不是外人，而是可以归化的自己人，归化的方法不是战争，不是其他形形色色的暴力行为，而是"有教无类"的教化方法，提倡以修身为起点的自觉自立。更为重要的是，尽管有夏夷之别，但对所谓的夷给予四海一家的兄弟观念。梁启超就此指出："盖我先民之对异族，略如长兄对其弱弟，当其稚时，不与抗礼。及既成年，便为平等，弱弟之自觉，亦复如此。又同姓不婚之制，亦为夷夏混界一要具。"② 这里谈到了同姓不婚制度的伟大意义。《礼记·大传》云："系之以姓……虽百世而昏姻不通者，周道然也。"中国自周始就确立了同种族之人不得互婚的制度，从而使"百姓"相互之间织成了一张亲戚之网。同姓不婚的实践自觉地践行了优生学的原理，部分地满足了达尔文理论中的适者生存的法则，解除了不同民族或种族间联姻的观念和制度障碍，为建构越来越大的熟人社会奠定了社会基础。

　　无论是生物达尔文主义还是社会达尔文主义都是西方文化的副产品。在"文明人"和"野蛮人"对比的隐喻下，白人的出生和血统就会成为一个人是否文明的重要标志，而有色人种则是需要继续进化的落后种族。③ 抛开最为极端的纳粹德国时期维护雅利安人纯种地位所谓的理论和实践不谈，美国有关禁止不同种族之间通婚的法律制度曾经长期存在。1883 年，美国最高法院确认了一部禁止不同种族之间通婚法律的合宪性，它判决说，阿拉巴马州惩罚种族间通奸比其他通奸更为严重的做法并未违反宪法。④ 直到 1967 年最高法院才判定一部白人与非白人通婚的法律没有给予平等的法律保护。时至今日，虽然生物达尔文主义声名狼藉乃至成为历史上的笑柄，但是关于文明人和野蛮人的划分并没有由此而消失。⑤ 在某种程度上，西方文明特指白人文明。白人之间也有矛盾和冲突，但那是属于兄弟般的内部争斗或柏拉

---

　　① 　战争的动机和目的不在于掠夺和占领，《国语·越语上》称："古之伐国者，服之而已。"王者之师的判断标准不仅在被征服国家民众悦之，也在于获胜后"置君而后去之"，见《孟子·梁惠王章句下》。

　　② 　梁启超：《先秦政治思想史》，浙江人民出版社 1998 年版，第 46 页。

　　③ 　关于种族优劣论最为系统也最为臭名昭著的例子当数 19 世纪中叶戈比尼的《论人类种族的不平等》。在这本书中，戈比尼集中论证了"历史仅仅起源于白色人种的交际"这样一种观点，作者用相信和所谓的纯粹的逻辑推论认为，其他有色人种的没有生命、没有意志力，没有他们自己的活力，历史的衰落在于高贵血统的人与低等血统人之间的同居或联姻，更为详细的介绍和评论参见〔德〕恩斯特·卡西尔《国家的神话》，范进等译，华夏出版社 1999 年版，第 274—301 页。

　　④ 　Pace v. Alabama, 106 U. S. 583 (1883).

　　⑤ 　Loving v. Virginia, 388 U. S. 1 (1967).

图所说的"内讧"。① 划分文明和野蛮的标准是西方制度文明，它以是否与西方制度相吻合的方式再次确认了不同国家和民族间潜在的敌对状态，也为白人中心主义提供了新的合法性根据。西方边界的小心划分没有掩盖以白人为主体的共同体，想象的共同体居然有了明确的界限。②

自诩为文明发源地的欧洲颠倒了世界，混淆了文明和野蛮的秩序。J·斯威夫特认定欧洲充满了"撒谎、推卸责任、欺骗、蒙混等恶习"，而在欧洲之外存在着"高尚的民族"，后者有着"荣誉、正义、真理、节制、公德、刚毅、贞洁、友谊、仁慈和忠诚等"高贵品质。③ 这些民族才是真正的巨人，足以成为欧洲的老师。斯威夫特把高尚的民族称为"慧骃"，而把欧洲称为"野胡"，他愤怒地写道："现在当我看到'野胡'在'慧骃'拉的车里悠闲地坐着，似乎'慧骃'是畜生，而'野胡'反而是理性动物了。"④ 斯威夫特谴责欧洲文化并不是孤例，康德无不嘲讽地写道："欧洲野人与美洲野人的区别主要就在于：美洲野人许多部落是被他们的敌人统统吃光的，而欧洲野人却懂得怎样更好地利用自己的被征服者而不必把他们吃掉。欧洲野人懂得最好是用他们来扩充自己臣民的数目，因而也就是继续扩大战争工具的数量。"⑤ 野人通常是指不服从任何外界法律的强制从而粗鲁和畜生式贬低人道的人，他们不愿意服从一种他们本身就可以制定出来的法律强制之下，宁愿疯狂的自由而不愿理性的自由。在这个意义上，野人无处不在，即使那些宣称走出了自然状态的欧洲人也不例外，比起其他地方的野人而言，欧洲野人的野性有过之而无不及。⑥

---

① 关于"战争"和"内讧"的关系的划分逻辑，德里达给予了否定性评价："内讧（stasis）和战争（polemos）之间的纯粹差异，在柏拉图的《理想国》之中依然是一种只有话语才能接近的'范式'。我们看到，柏拉图还偶然从某种高高在上的立场出发向我们推行这么一种想法：这种范式界限应该被抹杀，来自外部的敌人必须当作内部的敌人来对待。无论我们是否主张尊重这种界限，这种区分的纯粹性在任何情况下都无法诉之于现实。要执行这么一种严格的概念界限，是不可能的"，参见［法］德里达《论绝对的敌意：哲学的因缘和政治的幽灵》，载［法］德里达《〈友爱的政治学〉及其他》，胡继华译，吉林人民出版社 2011 年版。

② 关于西方的边界的详细划分，参见［法］菲利普·尼摩《什么是西方：西方文明的五大来源》，阎雪梅译，广西师范大学出版社 2009 年版。

③ 把斯威夫特与卢梭相提并论并作为同等阐释现代性危机的人当属列奥·施特劳斯，参见［美］列奥·施特劳斯《自然权利与历史》，彭刚译，生活·读书·新知三联书店 2003 年版。

④ ［英］J·斯威夫特：《格列佛游记》，沈明琦译，太白文艺出版社 2008 年版，第 2 页。

⑤ ［德］康德：《论永久和平》，何兆武译，上海人民出版社 2005 年版，第 20 页。

⑥ 当然，就人类平等的观念而言，智者派和斯多葛学派无疑是早期西方哲学中的一个亮点，但它们都缺乏与各自的历史环境相对应的政治法律工具，因而总是被视为一种乌托邦思想或哲学家的梦幻。

源于西方的现代性开启了"想象的共同体"的先例，这个想象的共同体却具有明确的界限和范围，它以民族的单一主义的身份认同确立了人与人之间的不平等关系，不具有共同文化背景和历史根源的民族，就会永远成为外人、他者、陌生人或敌人。这是一个封闭的共同体，与其他被称为外人的共同体不存在共生的关系，只有不断盘剥、打压和消灭作为敌人的外人，才能稳固和强化这个想象的共同体。按照萨义德东方学的观察视角，西方和非西方的区别也是"熟人（欧洲、西方、'我们'）同陌生人（地中海以东地区、东方、'他们'）之间的差别"，而且假定前者天生优越于后者。① 自由地制造敌人乃是现代性的一个显著特征和后果，通过树敌和盘剥敌人，西方社会成功保持了启蒙的成果——这些本来具有普遍意义但其成果却只能由"我们共同体"垄断和独享。自由的制造敌人和通过自由建构新熟人社会仅有一步之遥，却显示了不同的现代性理论的方向性趋势。

三、大屠杀与理性

大屠杀已经成为一个专有名词，它所导致的种族灭绝是一项无法惩罚并无法饶恕的罪行。在纳粹德国时期，被屠杀的犹太人达六百万之多，谁该对被屠杀的犹太人负责呢？对这个问题的追问可以从没有争议的主体开始：希特勒、党卫军、国家社会主义，然后是有争议但被逐渐默许的主体：与纳粹分子合作的犹太人委员会，基督教神学对犹太人驱逐的模糊表达以及冷漠的德国民众，后者可以扩展具有"平庸的恶"的所有人。阿伦特关于大屠杀的泛责任主论对探讨众多的大屠杀原因提供了人性维度，但是"平庸的恶"仍是一个结果而不是最初的原因。即使平庸的恶是潜伏在每一个身上的病毒而被终身携带的病毒，要让这种病毒引发像大屠杀那样的人类历史上最为惨烈也最有效率的悲剧，如果没有非凡的能力和卓越的组织是不能完成的。

"为什么大屠杀会而且只会发生在世界文明化程度最高的中心？"韦伯认为西方文明是独特的，只可能在西方产生也只能在西方范围内适用，如果这个判断成立，大屠杀也只会在西方产生也同样只能在西方范围内再现，除非西方以外的地方适用带有西方特色的现代性。据当代著名社会学家鲍曼介绍，1978 年当代社会研究所召开了一次小规模的"大屠杀之后的西方社会"座谈会，研究大屠杀的专家鲁本斯坦提出了一个虽未肯定却具有暗示性结论

---

① Edward W. Said, Orientalism (New York: Pantheon Books, 1978), pp. 43 – 44.

的观点：韦伯应当对大屠杀负责，虽然大屠杀不是韦伯愿意看到的。因为在韦伯对现代官僚制度、理性精神、效率原则、科学思维、赋予主观世界以价值等现代性理论的阐释中，并没有排除纳粹暴行可能性机制的地位。

韦伯的法律社会学中也没有对普世的人权留有余地。他在 1895 年弗莱堡的演讲中有意识地借用了尼采的话说，我们（德国）的后代会认为，我们要负责的不是经济管理的成功，"而相反是我们在世界上为他们征服了和留在我们身后自由活动领域的量。"① 鲍曼似乎同意了鲁本斯坦的观点，而把大屠杀的最终原因归结于现代性。他指出："正是由于工具理性的精神以及将它制度化的现代官僚体系形式，才使得大屠杀之类的解决方案不仅有了可能，而且格外'合理'——并大大地增加了它发生的可能性。这种可能性的增长与现代官僚体系将无数道德个体追逐任何一种结果（包括不道德结果在内）的行为协调一致的能力之间，存在的不仅仅是偶然的关系。"② 为此，他否定了大屠杀仅仅具有"德国性"、"病态性"、"偶然性"、"意外性"等观点，得出了"现代文明不是大屠杀的充分条件，但毫无疑问的是必要条件。若没有现代文明，大屠杀是不可想象的。正是现代文明化的理性世界让大屠杀变得可能。"③鲍曼也不是指出大屠杀与现代性具有因果关系的第一人。从尼采开始，对现代性的反思就成为研究现代文明的重要主题。康德、马克思以及早期的法兰克福学派都从不同的立场和角度解释了现代性的问题、困境以及悖论，而源于尼采的后现代主义更是釜底抽薪般地否定了现代性及其现代性所标榜的最高合法性。

现代性究竟出了什么问题？难道为人类社会带来技术进步和物质文明的现代性真的有问题？难道推进工业化、城市化和现代化的历程和发展趋势在总体上是错误的？倘若否定了韦伯解释的工具理性以及削弱了现代官僚主义制度就可以有效地避免诸如大屠杀事件吗？不是现代性有问题，而是对现代性的诊断出了问题。现代性的悖论不在于工具理性和目的理性无法兼容，也不在于科学技术和与其对应的官僚制度不相匹配，而在于对人与人关系的定位出现了问题。现代化使每一个从旧有的熟人社会中解放出来，让他们享有与本性相符的各种权利和自由，追求每一个人认为幸福的生活。但是，自由

---

① Weber, M. (1989), "The national state and economic policy", in K. Tribe (ed.), Reading Weber, London and New York: Routledge, 1989, pp. 188—209.

② ［英］鲍曼：《现代性与大屠杀》，杨渝东等译，译林出版社 2002 年版，第 25 页。

③ 同上书，第 18 页。

和权利本身不能构成幸福，幸福需要在人际关系的意义中才能显现，这也是为什么以主体性为导向的现代性理论会受到质疑并且被主体间性理论所替代。大屠杀的记忆促使现代性理论发生了重大变化，其重大标志乃是通过对公共领域的发现和重新阐释现代性，建构新型的人际交往行为。

公共领域之所以值得捍卫，是因为只有在这个领域中，人的自由和权利才能得到真正实现，哈贝马斯区分了"系统"和"生活世界"，前者主要是指经济和国家，后者则是对市民社会的另外表达。系统往往是以工具理性的形式出现的，生活世界则是本体理性。系统和生活世界都有存在的合理性，应当消除或抵制系统对生活世界的殖民——对不受统治的话语和非工具的主体性进行"官僚化"和"经济化"。为此，交往行为理论要求主体"非策略性"地交往、对话以及结成交往主体和交往团结，这样既可以向政治和经济系统施加压力，也可以有效达成社会和解。哈贝马斯观察到，"古典法理学那种抽象的法人概念必须为一种主体间性的概念所取代：个体认同是和集体认同交织在一起的。由于法人也只能通过社会化的途径达到个人化，如果不保护那些主体间的经验关系和生活关系（他们就是在这样的关系中形成其个人认同的，也只有在这样的关系才能保持其认同的稳定性），他们的完整性也就缺乏保障。"① 依托皮尔士的实用主义和奥斯汀的语言行为理论，哈贝马斯用一种主体间哲学代替了此前广泛存在的主体哲学，其中生活世界是践行主体间性的理想世界。在后殖民主义和全球化的新时代，应当消除西方的交往方式和话语的殖民效果。哈贝马斯注意到前理解文化对构建共同的言说者共同体的巨大困难，转而求助于"宪法爱国主义"，以扩大言说者共同体的范围。宪法爱国主义可以消解民族国家的界限，并且可以通过程序价值所体现的民主在欧洲进而在全球实现康德的世界公民这一理想主体，成为合格的共同言说者。既然通过宪法可以爱国，也可以通过欧盟宪章或世界宪章爱欧洲、爱世界，后者则是欧洲和世界范围的公共领域或人类意义上的"生活世界"。

有说服力的话语当然与生活世界紧密相关，它是共同言说者自然而然的"自明"且有效力的话语，真正的生活世界自然会产生真诚对话及其令人放心的效果，同时有说服力的话语不是外在强制力赋予的，而是在民主程序原则中形成的。然而，言说者相互理性交往和沟通技术是一回事，但他们为什么要"坐下来"相互讨论、辩论和沟通则是另外一回事。交往行为理论提

---

① ［德］哈贝马斯：《后民族结构》，曹卫东译，上海人民出版社2002年版，第239—240页。

示了太多的交往理性的价值、规则和技术规范，但对那些还处在生活世界之外或者想逃离生活世界的人而言则未必有效。对于具体的纠纷而言，和解或调解无论如何都比强制的判决有价值。按照法经济学的方法和结论，和解的收益总是大于成本，但是纠纷当事人为什么要坐下来并且与对方一本正经地商谈和解则超出了交往行为理论规则的调整范围，而涉及交往行为理论的前理解问题。

如果纠纷当事人已经同意与对方和解，这就进入到和谈的语境中，只有提供了一个和谈的语境，真诚地话语就会压倒策略性的话语，除非"同意和解"一开始就是一个策略或迫不得已的力量平衡的结果。在你死我活的敌对关系当中，能够坐下来谈判更多地是势力平衡的产物，而不是真诚地希望发展未来的社会或国家间的和平关系。敌人之间不会产生真正的和谈，敌我关系决定了消灭"对手"（灭讼）而不是消灭"争议"（息讼或无讼）才是问题的实质。陌生人关系也不会让纠纷当事人坐下来和谈，陌生人只是远方的存在，他只是偶然地进入到我的视野，只是在我没有防范的情况下与我发生关系，而我并没有与之发生长期关系的意愿，换句话说，陌生人是不存在的存在，它只是我的社会关系中的例外关系或偶然关系。因此，只要敌人和陌生人还是交往过程中排斥的对象，就不会产生和谈的情景和语境，也不会产生和谈的效果，更遑论和谈的时候如何运用策略性问题。

所有的和谈、调解、商谈、协商等交往理性形式必须满足熟人的条件，唯有熟人关系才能让纠纷当事人进行实质性的对话。在熟人关系包含着天然的信任，哪怕这种熟悉是拟制的熟悉关系。如果一开始就排除了熟人的因素，就不会创造一个和谈条件和氛围。这本应当成为交往理性的前提的因素却是哈贝马斯交往行为理论最为缺乏的部分，由于缺少这种前提，交往行为理论就带有浓厚的乌托邦色彩。此外，言说者共同体或多或少也是一个封闭的体系，它不仅拒绝没有共同文化和传统的成员介入，也对言说者提出了过高的要求，后者使交往理性的主体应当满足社会公认的知识、水平和能力，而这一条件只有精英阶层才可以做到，这样一来，生活世界即使不是由抽象的公民构成的话，也主要是用带有贵族身份的精英构成的，它排斥了非精英的大众的广泛参与。因此，倘若言说者共同体不向所有的人开放，哪怕有一个人被视为陌生人或敌人，交往行为理论就会因其"排外性"不可避免地染上现代性疾病而大打折扣。

四、不被敌人的权利

阿伦特自问自答道："在所有的人中间，为什么独独是犹太人遭到灭顶之灾？——仅此问题的回答便是：永恒的敌视。"[①] 天敌、私敌和公敌都表达了人与人之间你死我活、不共戴天的战争状态。天敌的概念包含了敌人和朋友的双重因素，就天敌这个词而言，它既不是非法的，也不是不道德的。私敌和公敌却有合法和非法、道德和非道德的区分，前者是伦理意义上的，后者则是政治意义上的。无论是道德私敌还是合法公敌都赋予本人一项特权，即本人有权利消灭敌人而不受任何制约。

敌人是一个免责的概念，既免除了行为人的法律责任，也免除了行为人的道德责任。"隐含在这个敌人概念之中的一个人的死亡，即在一切战争之中、在内战或者外战之中的死亡不是自然死亡，因为敌人必须被杀；也不是谋杀，因为战时杀人不是犯罪。"[②] 然而，私敌和公敌在性质上是不相同的，公敌具有公共性，而私敌则不具备这种性能，敌人的概念应当是带有绝对敌意性质的公共产品。卡尔·施密特说："敌人并不是指那些单纯的竞争对手或泛指任何冲突的对方。敌人也不是为某个人所痛恨的私敌。至少是在潜在的意义上，只有当一个斗争的群体遇到另一个类似的群体时，才有敌人存在。敌人只意味着公敌，因为任何与上述人类群体，尤其是与整个国家有关的东西，均会通过这种关系而变得具有公共性。"[③] 真正的敌人不是天敌，也不是私敌，而是具有公共性的冲突的对方，敌人只有在一个特定的集体共同体中才能成立和辨认。换句话说某一个人是否是敌人就不能通过个体人的痛恨观或复仇正义来决定，而只能依靠某一个人是否属于一个特定的共同体的身份成员来界定。

一个人是否属于一个特定的共同体既有客观的历史标准，也有主观的意识形态标准，前者如出生、血缘、语言、民族等，后者如国籍、信仰、爱好、兴趣、见解等。这些确定人的身份的客观或主观上标准并非一定会

---

① ［美］汉娜·阿伦特：《极权主义的起源》，林骧华译，生活·读书·新知三联书店 2008 年版，第 43 页。

② ［法］德里达：《论绝对的敌意：哲学的因缘和政治的幽灵》，载［法］德里达《〈友爱的政治学〉及其他》，胡继华译，吉林人民出版社 2011 年版。

③ ［德］卡尔·施密特：《政治的概念》，刘宗坤等译，上海人民出版社 2003 年版，第143 页。

产生对立和冲突，而是说它们单独或共同的作用可以为树立敌人提供必要条件。倘若把这些划分人的身份的客观或主观标准中的一个或两个方面绝对化，就容易产生结构性的对立。结构性对立是那种无法通过对内部改造就能解决的冲突。对冲突结构进行整体性的修正需要"哲学上的突破"，人类历史上每一次的哲学大突破都是对人的身份特殊性的否定之否定，其总体目标无不呈现向"人的平等身份"这一最高的普遍原则进发的态势。只有确定了人的身份同一性原理，才能最大限度地克服由各种各样的特殊共同体身份可能造就的敌人的概念。属于人类共同体的人才不被当作敌人对待，也就可以有效消灭公敌的存在，尽管这并不必然消灭私敌。

康德在晚年提出了基于共和国基础的国家联盟概念，在这一概念之下，他所设想的世界共同体成员享有了在人类意义上彼此同等对待的权利，其中的一项权利就是不被当作敌人看待的权利，这从根本上清除了敌人的先验意识和任何敌我政治理论的前设。不被敌人的权利之所以会产生，是因为人人都享有访问的权利，"即由于共同占有地球表面的权力而可以参加社会，地球表面作为一个球面是不可能无限地驱散他们的，而是最终必须使他们彼此相互容忍，而且本来就没有任何人比别人有更多的权利可以在地球上的某一块地方生存。"① 这是一个宣言式的论证方法，证明人人作为地球的共同共有所有人所享有的基本权利。那么，如何能够做到不被他人视为敌人呢？一方面，康德用殷勤取代了敌对感。殷勤意味着"一个陌生者并不会由于自己来到另一个土地上而受到敌视的那种权利。"② 来到"另一个土地上"的是陌生人，但不是敌人。"另一土地"既是主权式的政治概念，又是同一的人的共同体概念。另一方面，陌生人也不具有客人的身份，造访的权利并不是任何做客的权利，也不是非友好的征服权利。

德里达发扬了康德关于殷勤的概念，把殷勤作为替代敌友观的哲学方法。殷勤可以分为受邀请的殷勤和造访的殷勤。前者是有条件的客人意义上的殷勤，后者是无条件的共同体成员意义上的殷勤，它们分别对应于受邀请的权利和造访的权利。这两种权利的划分均涉及如何对待"外人"的问题。什么是外人？谁是外人？一般而言，外人不是自己人，在一个相对固定的共同体内部的人都可以视为自己人，而在这个共同体之外的人就是外人。然而

---

① ［德］康德：《永久和平论》，何兆武译，上海人民出版社 2005 年版，第 25 页。
② 同上书，第 24 页。

德里达的回答是："外人并不仅仅是一个在外国，社会、家庭、城邦之外的人。他不是他者，不是人们视作野蛮、未开化、前文明、前司法、外在、无家、无团体、无社会、无国家的他者。"① 这种解构主义式的论证完成了人的一切社会学身份向原始、生物学的转化工作，不再在人际关系上存在"内"和"外"之分，也没有了"主人"和"客人"的区别。

受邀请的权利不是受邀请人固有的权利，它表达了本人与外人的一种友善的态度和方法，但同时也把客人永远当作外人。造访的权利不仅表现在如何善待外人的问题上，而且涉及如何扩大共同体成员范围的问题，即如何把"自己人共同体"扩展到有可能造访的任何一个外人。德里达看到了受邀请权利的家长制性质，因为客人的受邀请的权利总是在一系列由主人界定的条件下才会享有，客人的行为也只有在主人的默许或认可下才具有合法性，这是法律的好客，而不是绝对的好客。德里达指出："绝对的好客要求我打开我的家门，不仅仅向外人（具有姓名、外人社会身份等的外人），而且也向绝对他人、陌生和无名之人提供好客，绝对好客要求我不问他的相关信息（进入协议）甚至名字，而为之提供地方，让他来，让他到达并在我为他提供的地方出现。"②

只有绝对的好客才能形成造访的权利，康德和德里达反对作为客人的外人所享有的权利，倡导普遍的人的权利，只要存在外人和内人的划分，"我们"、"主人"这些具有强势地位的主体就会成为客人的理所应当的家长。从"我们"或"主人"的立场出发，外人既可以以客人的身份出现，也可以陌生人或敌人的身份出现。换句话说，立足于"我们"或"主人"的立场、需要和标准，外人总是可以被分为"作为客人的外人"、"作为陌生人的外人"、"作为敌人的外人"等几种类型。因此，要让人人享有不被当作敌人看待的权利，仅仅要求一个外人享有客人的权利是不够的，也是不完整的，真正需要的乃是建构"人的共同体"，只有在人的意义上以及在地球的范围内，对这种权利的祈求和享有才有可能性。这是一种观念上的革命，也是一种视角上的转换。《世界人权宣言》第二条表达了这种观念，它说："人人有资格享有本宣言所载的一切权利和自由，不分种族、肤色、性别、语言、宗教、政治或其他见解、国籍或社会出身、财产、出生或其他身份等任何区别。并且不得因一人所属的国家或领土的政治的、行政的或者国际的

---

① ［法］德里达等：《论好客》，贾江鸿译，广西师范大学出版社 2008 年版，第 71 页。
② 同上书，第 25 页。

地位之不同而有所区别，无论该领土是独立领土、托管领土、非自治领土或者处于其他任何主权受限制的情况之下。"比较德里达解构外人的标准，如野蛮、未开化、前文明、前司法、外在、无家、无团体、无社会、无国家或社会、家庭、城邦，就可以知道世界人权宣言所表达的理念精确体现了康德哲学关于人的目的性的光辉论述。

五、去敌人化的路径和理论前设

权利总是与义务相伴而生，如果人人享有不被当作敌人看待的权利成立，就必然存在一个义务主体，即人人也有不把任何他人视为敌人的义务。因为义务的存在，不被当成敌人看待的权利才具有力量，正是在这个意义上，把人不当作人而当作"非人"侵犯了"不被敌人的权利"，把他人视为敌人的行为就违反了每一个人应当遵循的道德和法律义务。道德义务自不待言，源于康德的人本权利观就是以自然权利为基础的，就法律义务而言，不被敌人是一种权利，它应当是反人类罪加以保护的利益，不被敌人的权利为反人类罪提供了扩大适用的理由。树立不被当作敌人看待的权利是所有人的权利，它在法律上的体现首先是通过借用反人类罪的规范表达对所有刻意树敌的人予以否定。

反人类罪的提出基于这样的观念，人类是一个平等、和睦共处的大家庭，人们不分国家、种族、文化、信仰、阶层、性别都应享有公平、自由与尊严的基本人权。反人类罪从观念走向规范确立了反人类罪的义务主体和责任主体。《国际军事法庭宪章》规定："反人类罪即在战前或战时，对平民施行谋杀、灭绝、奴役、放逐及其他任何非人道行为；或基于政治的、种族的或宗教的理由，而为执行或有关本法庭管辖权内之任何犯罪而做出的迫害行为，至于其是否违反犯罪的法律则在所不问。"这个经典的反人类罪定义把适用范围限定在战争状态，且是针对平民所实施的迫害行为，但这个定义过于模糊也过于狭窄。为了取得军事上的胜利，对平民的各种杀戮行为总是难以避免。纳粹德国屠杀犹太人，日本制造南京大屠杀血案固然都是针对平民的暴行，属于不折不扣的反人类罪行，美军在广岛和长崎投放原子弹就没有预见到它会伤及平民百姓不也同样属于对平民所实施的破坏行为吗？战争状态不仅指战场上战斗人员之间的杀戮行为——它不过是战争状态的一个显现的表现形式而已。该定义忽视了反人类的主观意图，即反人类罪行的具有敌意的先前行为。敌意是树敌的最初形态和主观犯意，如果没有敌意在先，并且为了贯彻这个敌意而实施消灭敌人的行动，那么战争就不会爆发。

制造敌人的理由往往是反人类罪定义中列举的政治、种族、宗教等因素。把他人视为敌人也就是将他人排除在人类共同体。制造敌人是一种构成性行为，还不是简单的犯罪的预备状态，它既是犯罪意图的表现，也具有行为犯的特征。倘若不在观念中清除敌人的概念，在行动中还时时刻刻以敌人的方式消灭敌人，反人类罪不仅还会发生，而且其规模和后果还会更广、更大和更深。按照霍布斯的理解，自然状态就是指敌对状态，即把其他个体或团体视为敌人的状态，这源于人们在自然状态中的相互恐惧和猜忌。① 终结自然状态就需要消灭敌对状态，而要消灭敌人首先应当陟除敌意，敌意是反人类罪的主观意图和故意，为此，需要扩大反人类罪的适用范围，让这一罪名适用于制造敌人或意图制造敌人的人和团体。如果以这样的标准考察反人类罪，非人与人、野蛮人和文明人、邪恶国家和正常国家等划分的观念和行动都带有反人类罪的嫌疑，这样的划分指明或暗示了"非人"、"野蛮人"、"无赖国家"等名称所具有的敌人性质，对这样的疑犯予以谴责和制裁将有利于人类团结和人类和平。树敌的形式有多种多样，但下面两种形式具有典型性。

第一，把本来就属于共同体的成员通过流放等强制方法排除在该共同体之外，使他们成为敌人或非人的存在；流放的本质乃是强迫一个人脱离原来所属的共同体。脱离了共同体的人不仅失去共同体的自然庇护和保障福利，也丧失了获得救济和正义的权利，因为这样的一些权利只有共同体的人才能享有。所有流放或放逐都借用了"非我族类"的理由或类似的敌我划分方法，这样一来，对于实施者而言，既可以拆除被放逐人的申诉权利，也解除了道德上的负罪感。

从纳粹德国彻底铲除犹太人的角度看，仅仅论证犹太人有"缺陷"是不够的，其他德国人也多多少少有这些缺陷，重要的是，要把犹太人从人的范围内清除出去，宣布犹太人的"非人"性质，这就如同一个园艺师对花园的修葺，被宣布为草的植物才可以放心地被铲除。犹太人的"非人"性质使得他们连罪犯的资格都失去了，因为罪犯还可以具有公民或人的身份，

① 从古至今，霍布斯看到了这样一副人类社会的真正场面："所有的国家即使与邻国相安无事，仍然派兵成边，仍用城墙、大门和卫兵保卫自己的城市。如果它们没有理由惧怕邻国，这又有什么意义？甚至在一个之内，在这种有着防范不法之徒的法律和惩罚的地方，公民个人没有武器防身仍不敢出游，不插上门栓以防备邻居，甚至锁上箱柜以防备仆人，就不敢上床睡觉？"，见[英] 霍布斯《论公民》，应星等译，贵州人民出版社 2003 年版，"致读者的前言"，第 10 页。

还可以通过这样或那样的方式予以改造或医治，但作为"非人"或"非公民"的犹太人则不行——他们在整体上不具有医治性，属于那种"无价值的生命"。①

在第二次世界大战间，美国把分散在全国各地的日裔美国人强制收容起来，关押在类似集中营的地方。把这些日裔美国人从他们各自的社区"拔"了出来，如同正在生长的植物从原来的生长地"移植"或迁移到其他地方，而美国宪法及其救济机制对他们则失去了效力，他们从公民变为非公民乃至潜在的敌人。因此，根据不同的标准，什么时候出现了"不可调和的矛盾"或者"你死我活"的斗争策略，就会出现大规模地对一部分社会成员的暴力性放逐。在"文化大革命"时期，把一部分社会成员划分为"地富反坏右"，就是把这些人排斥在人民共同体之外，为实施更大规模的阶级斗争提供了思想条件。

第二，把应当属于共同体的成员长期排除在共同体之外；在美国，黑人直到20世纪60年代才逐渐成为美国的正式公民，在此前的很长一段时间内，美国黑人正是作为被亚里士多德所称道的"会说话的工具"而长期存在。"9·11"一之后，一些伊斯兰人被西方社会视为头号的潜在敌人，敌人刑法概念就是这一认识的产物。

敌人刑法是新形势下西方社会所制造的新敌人的理论化表现，它虽然迎合了西方社会的反恐需求，但仍然是敌我政治观的再现。敌人刑法对应于市民刑法，这种对刑法适用对象的区别一开始就把某些人设想为"非人类"。按照敌人刑法的始作俑者雅克布斯的话说，某一部分人因为他们的行为本身就"不是一个人个体的存在"，"因此不能把他作为市民来对待，而是必须作为敌人来征伐。"② 市民概念与敌人概念划分即使在西方历史上也是一个惊人的观念逆流，因为市民概念在其本来的意义上要比公民或民族的概念在范围上还要小，它不仅将早已在心中认定的人（如某些在西方约定俗成的极端分子）确定为敌人，也无视早已在自己身边共同生活的无国籍人或定

---

① 鲍曼指出："将犹太人视为一种破坏秩序的力量，视为侵蚀所有同一性和威胁所有民族自觉成就的不可调和的对立群落；这种成见如同那种文化中其他公认是优越和可信赖的东西一样，早已沉积在高度权威的欧洲文化中并可以进行输入和输出的处理。"见［英］鲍曼《现代性与大屠杀》，杨渝东等译，译林出版社2002年版，第106页。

② ［德］雅克布斯：《市民刑法与敌人刑法》，徐育安译，载许玉秀主编《刑事法之基础与界限》，台北：学林出版公司2003年版。对敌人刑法理论的介绍及批判参见刘仁文《刑法的结构与视野》，北京大学出版社2010年版。

居已久的外国人。如果西方共同体之外的所有社会都是野蛮或半野蛮的社会，那么文明标准就不能适用于这样一些社会。时至今日，上面提到的温特清单仍在延续，被宣布为"流氓"或"无赖"的国家正是某些国家眼中的潜在敌人，而文明冲突论的历史预言或"中国威胁论"的政治口号同样符合敌我角色的观念结构。

从反人类罪的规范角度固然可以提供消灭敌意或敌人的强制因素，但这仍然是事后的被动力量，消除敌意的积极力量或行动需要新的视野和观念。泛泛地说"因为我们是人类"多少有点飘忽和空洞，也是不够的，正如阿伦特分析的那样，只有不断呼吁"让我们彼此之间成为朋友"才具有真切性，才能在非人的世界里获得人性的光辉。[①] 不仅要将每一个人视为人，也视为熟人。去敌人化的过程乃是一个人化的过程，而人化的过程则是熟人化的过程。单纯的人化过程是抽象的，只有熟人化过程才能体现人类和平的理念，再现《世界人权宣言》宣称的"人类家庭成员"和"兄弟般的精神"。人道主义揭示了人与人之间的平等和博爱的思想，是大写的人在道德领域的重要体现。然而，人道主义只有在可以称之为熟人主义的范畴下才具有真实性和亲近感。每一个人都是人类共同体的成员，任何他人都与自己具有家族的相似性，我对他人的了解和理解正如同对自己的认识。

新熟人是全球化背景下的地球主体，这是一个再熟人化的历史过程。新熟人社会理论作为一个理论的可能性要求正在到来的社会，虽然这个社会还没有完全到来，但已经包含了将要到来的社会的观念因素。它要求每一个人都有被视为人的权利，也有被认可或默认为熟人或朋友的权利，形成有助于人类和平的有机团结。新熟人社会理论并不会通过单纯强制方法实现扩展的熟人社会，它只是通过"观念的转变"谋求指导行为和未来的方向，它不否定现代性的一系列成果，而是对现代性的定性做出新的解释，它要求对现代社会的人际关系"再熟人化"，扭转"去熟人化"的颓势。发现熟人社会和构建熟人社会是两个既有关联又相区别的概念，前者是有待考证和梳理的社会学主题，后者则是作为一个"外展性的想象"也并非没有现实的基础。如果还承认精神对物质的构成具有反向的构成性动力，如同当代的消费习惯往往是被创造出来，那么，就必须承认新熟人关系的观念导向对调整人与人之间新型关系的正价值。新现实主义往往把物质结构置于优先考虑的地位，

---

① 参见［美］汉娜·阿伦特《黑暗时代的人们》，王凌云译，江苏教育出版社2006年版，第20页。

在某些情况下，物质条件起到了关键作用，"但是在大多数情况下，是观念使物质条件具有意义，不是物质条件使观念具有意义。"①

　　在人与人关系的观念定位上，从霍布斯的敌我结构走向康德的朋友结构提供了新熟人社会理论的新视角。不过，无论在世界还是一国范围内，只要敌意或敌我观仍然支配着政治或政治哲学，世界意义上的和平和个体人之间的和平就永远不会实现。需要反思的是，敌意虽然是一个观念上的定位，但是对陌生人社会的判断不是减轻了而是加重了敌我观念，对陌生人的恐惧导致了越来越多的敌人出现在这个世界上，这与人类对未来社会的美好预期背道而驰。

---

　　① ［美］亚历山大·温特：《国际政治的社会理论》，秦亚青译，上海世纪出版集团 2008 年版，第 253 页。

第七章

免于恐惧的权利

> 阶级社会的驱动力可以概括为这样一句话：我饿！另一方面，风险社会的驱动力则可以表达为：我害怕！

> —— ［德］贝克《风险社会》

在中国文化语境中，温饱和小康更多地表达了一种对人们生存需要的满足。改革开放三十年，由国家主导、实施和基本完工的温饱工程代表了这一特定时期的主旋律，我认为，这是认识当代中国问题的一个重要出发点。其实，满足人的生存需要既是历史的起点，也是所有意义、符号、价值、观念等事物的起点。马克思在《德意志意识形态》中指出："人们为了能够'创造历史'，必须能够生活。但是为了生活，首先就需要吃喝住穿以及其他一些东西。因此第一个历史活动就是生产满足这些需要的资料，即生产物质生活本身，而且这是这样的历史活动，一切历史的一种基本条件，人们单是为了能够生活就必须每日每时去完成它，现在和几千年前都是这样。"① 在中国的话语实践中，不论人的生存需要，还是第一个历史活动，都可以指向民生的表达，而更为直接的表达，则是温饱及其小康②。20 世纪 70 年代末，饱经风霜的中国社会终于回到了"第一个历史活动"起点上，在差不多四分之一世纪的时间内基本上解决了中国人的温饱问题，并且在总体上达到了小康水平。今天，当人们站在这一来之不易

---

① 《马克思恩格斯选集》第 1 卷，人民出版社 1995 年版，第 67—79 页。

② 例如，鲁迅在《呐喊》自序中曾经问道："有谁从小康人家而坠入困顿的么？"作为一种生存状态，人们习惯于把脱贫视为解决了温饱问题，而把那种薄有资财、可以安然度日的生活称为小康生活。

却也是理所当然的逻辑起点时，马斯洛的需要理论又清晰地向我们走来。在人们耳熟能详的马斯洛的需要层次理论中，人类的多种需要作出了谱系安排：从人的生理需要开始，依次走向安全需要、社交需要、尊重需要和自我实现需要。这些需要具有一定的递进结构，在强度和优势方面也存在着一定的顺序。在马斯洛看来，人的生理需要得到满足后，随即而来的就是人的安全需求。① 不过，没有十分有效的证据显示，在一个并非自然状态的社会里，生理需要和安全需要之间存在着泾渭分明的界线，而且生理需要满足之后紧接着出现的是安全需要而不是别的需要，在这一点上，经验观察似乎比理论更具有说服力。马斯洛关于人的需要的递进理论更多地表达了温饱之后人们追求尊严和人格完善的社会和政治意义，这恐怕也是中国社会在小康之后需要回答的问题。②

一、作为权利的安全需要

人的每一种需要都包含着需要应当"满足"的张力，在这个意义上，"满足"是需要的内在的构成要素而不是外在条件。然而，在现实生活中，应当满足的需要未必得到满足，而有些需要也不是非要满足不可。人的客观需要和主观需要之间总是存在着难以弥合的差距，而主观需要与没有止境的人的欲望之间从来就不存在明确的界限。因此，一个人的需要是否应当得到满足以及如何得到满足受到了多种因素的制约。有多种多样可以揭示和满足人的需要的方法，其中，以权利作为方法维度显示出越来越重要的作用。阿马蒂亚·森用权利分析的方法解决贫困、饥饿和饥荒问题就是一个例子。在面对免于饥饿的需要时，权利方法所重视的是人们通过社会现有的合法手段支配食物的能力，这些手段包括生产机会、交易机会、国家赋予的权利以及其他获得食物的方法。③ 这样就给人一种权利可以当饭吃的意思表达。为什么会这样呢？权利乃是现代社会表达正当性事务的基本概念，权利"意味着权利主体资格的提升、利益的安全、能力的增长或主张的强化，并因此意

---

① 参见马斯洛《人的动机理论》，陈炳权等译，载马斯洛等著《人的潜能和价值》，华夏出版社 1987 年版，第 162—166 页。

② 对于近似的命题，孟子问："惟救死而恐不赡，奚暇治礼义哉？"（《孟子·梁惠王章句上》），管子回答说："仓廪实知礼节，衣食足知荣辱。"（《管子·牧民》）

③ 参见阿马蒂亚·森《贫困与饥饿》，王宇等译，商务印书馆 2004 年版，第 61—69 页。

味着人的地位的提高、人格尊严的强化和个人自由的增进。"① 拥有权利意味着需要主体享有了某种利益、主张、资格、权能和自由，在此意义上，权利更多地是一个指涉性概念，它提出了相对义务人对权利主体为或不为的义务，确立了权利文化作为表达新型社会关系的现代标志。因此，不仅需要用权利的概念表达事物的正当性和合法性，也需要通过将义务落实到相对主体的身上实现权利。相应地，无权利意味着无利益、无主张、无资格、无权能和无自由，意味着相对的义务主体可以逃避履行责任的借口。依照这一逻辑，可以从下面两个方面理解需要和权利的关系。

1. 无权利的需要和无义务满足需要。在无权利的状态下，需要主体并不能以权利主体的身份出现。出自需要主体的诸多需要，虽然是客观存在的，却是不能得到满足的，这尤其表现在需要主体不能在一个正当性的框架下要求他人和社会必须满足他的这些需要。正如人们需要解决温饱和无权利要求解决温饱是不同的问题，在后一种情况下，需要主体凭借非法的或非制度性的手段来满足自己的需要，就成为一种颇为自然、有效的方法，这与负有义务的人应当满足需要主体的需要仍然存在着巨大区别。例如，对那些认为需要吸食毒品的人来说，他们没有要求他人和社会为他们提供用以满足其毒瘾的权利。

2. 有权利的需要和有义务满足需要。需要通过权利得以实现，首先意味着需要是一个应当肯定的合理性概念；其次，他人和社会负有满足需要的责任和义务。如果权利主体的需要没有得到满足，那么，权利主体可以通过一定的程序甚至凭借合法强制力来实现需要。需要指出的是，有义务满足需要和有责任满足需要仍然是有区别的。研究表明，需要和责任的关系既可以转化为相关义务的关系，也可以呈现一种与义务无关的关系。例如，公权力对社会成员所负有的体恤的责任本质上是关怀的责任，兼听的责任，为民作主的责任，亲民爱民的责任，而不是与社会成员的权利需要相对应的义务，公权力不是要非满足社会成员的某些需要不可。在权利分析的框架中，需要如果不以"可主张"来表现，它就不可能成为权利，因为权利的一个基本特性就是"可主张"，② 当然，这不意味着任何时期的人类需要一定要通过

① 夏勇：《走向权利的时代——中国公民权利发展研究》，绪论，中国政法大学出版社2000年版，第9页。

② 参见夏勇《乡民公法权利的生成》，载夏勇主编《走向权利的时代——中国公民权利发展研究》，中国政法大学出版社2000年版，第628—629页，同时参见夏勇《人权概念起源——权利的历史哲学》，中国政法大学出版社2001年修订版，第46—47页。

权利的符号才能实现，人类社会在长时间段内是在没有权利概念和权利文化的时代中度过的，在这一点上，我们切莫夸大权利的历史普适性。

在任何社会里，社会成员都有安全的需要。不同的社会或不同的社会成员对安全的要求侧重点不同，这与人们所处的社会环境和每一个人对社会环境的感知相关。在战争和动乱的年代，保住自己及家人的生命是首要的安全需要；在相对和平的年代，避免意外事故、疾病的侵扰等则是重要的；对穷人来说，如何使起码的衣食住行不至于在明天落空是头等大事；对富人来说，财产的安危则是压倒一切的大事。不过，在马斯洛看来，人的安全需要虽然是多元的、有层次的，但仍然具有可以概括的内容，这包括：（1）物质上的：如操作安全、劳动保护和保健待遇等；（2）经济上的：如失业、意外事故、养老等；（3）心理上的：希望解除严酷监督的威胁、希望免受不公正待遇，工作有应付的能力和信心等。因此，秩序、稳定、公平感、对未来的希望等就成为安全的构成要素，相应地，工作无保障、生活不稳定、遭受不公平的分配待遇以及未来渺茫的状况显示的是不安全的并且是可以带来恐惧感的局面。

在人的安全需要给定的情况下，将安全需要提升到权利的高度是确保安全需求得到满足的基本条件。作为权利的安全需要是指下列三种紧密相关的问题：（1）给需要主体提供安全需要或提供条件帮助需要主体实现安全需要。例如，确定社会的低度公平，营造共同发展的稳定环境；（2）对基本安全需要得到满足的需要主体提供持续不断的安全保障措施，以维护、巩固基本的安全需要；（3）对被不公正地剥夺了基本安全需要的需要主体提供充分、有效的救济。上述三个方面也可以归结为两个方面，一是提供积极满足需要主体安全需要的条件和措施；二是消极地不去破坏需要主体的安全需要；前者涉及的权利问题是需要主体的充分就业权、就业安全权、社会福利权、公平待遇权、安全救济权等；后者涉及的权利问题是免遭人身伤害权、免受不公平对待权、免遭财产被剥夺权等。

20世纪上半叶，人类社会经受了战争、种族灭绝、极权统治、核爆炸等重大社会事件，被视为恐怖的时代。1948年12月由联合国大会通过的《世界人权宣言》是人类社会力图结束这样的一个恐怖的时代，建设一个新时代的标志。它把人人享有言论和信仰自由并免于恐惧和匮乏的世界宣布为普通人民的最高愿望，并作为所有国家和人民努力实现的理想目标。这种源于罗斯福总统"四大自由"的表达在1966年12月颁布的两个人权公约，即《公民权利和政治权利国际公约》和《经济、社会和文化权利国际公约》

中得到了进一步发挥和落实。按照世界人权公约，只有在创造了使人可以享有其经济、社会、文化权利及公民和政治权利情况下，才能实现使人类享有免于恐惧和匮乏的自由的理想。如果说免于恐惧这一表达起初是作为人的一种自由状态，那么，保障这一自由的方法则是要使越来越多的人类社会成员享有人权公约所宣称的各项安全的权利。① 在这里，我们有必要不厌其烦地归纳世界人权公约中关于安全权的主要内容。世界人权公约中对安全权的规定，主要包括下面几个方面：（1）工作权；包括：A. 人人应有机会凭其自由选择和接受的工作来谋生的权利以及接受技术的和职业的指导和训练的权利；B. 享受公正和良好的工作条件的权利（包括享受最低工资、同工同酬、同等机会、节假日休息等权利）；C. 参加工会、罢工的权利等；（2）社会保障权；人人有权享受社会保障，包括社会保险的权利；（3）家庭权。包括保护婚姻自由、母亲和儿童的权利等；（4）免于饥饿和获得相当生活水准的权利；包括：A. 人人有权为他自己和家庭获得相当的生活水平，包括足够的食物、衣着和住房，并能不断地改进生活条件；B. 享受最高的体质和心理健康之权利，包括降低婴儿死亡率、改善卫生条件、预防和控制各种疾病等；（5）教育权；（6）民族自决权，包括不受外来民族干涉、侵略和压迫的权利；（7）法律平等保护权、司法救济权及公正审判权；（8）生命权、人身自由和安全权；（9）不被施以酷刑、奴役或强制劳动的权利；（10）人格尊严权；（11）宗教自由权和结社权。②

以上所述未必穷尽所有安全权利，然而对阐明本书的主题足够充分了。免于恐惧的权利是对作为人权的安全权的集合性表达，作为一个集合性权利而非具体的权利无疑具有巨大的伸缩性和解释空间。同时，免于恐惧的权利试图作为一个基础性的概念并通过这一概念重新认识权利哲学中的一些基本命题，也具有了方法论上的意义。

---

① 需要注意的是，免于恐惧不论是作为一项自由还是作为一项权利，都与作为免于匮乏的自由或权利还是有区别的。免于匮乏的自由或权利主要涉及人的生理需要，是对人的最低需要的满足，或者说，它属于温饱需要的问题。不过，免于匮乏的权利和免于恐惧的权利的区分在实践中是没有意义的，因为由匮乏所引起的恐惧以及满足匮乏的需要所带来的安全感总是相辅相成的。

② 参见贺海仁《小康社会的政治法学》，载舒富民主编《中国全面小康发展报告（2006）》，社会科学文献出版社2006年版。

二、恐惧与不确定性

恐惧往往作为描述性的范畴而非分析性范畴被广泛使用。临床医学、精神分析学和心理学或许能够更为生动和细致地描述恐惧的表现形式，却不能给恐惧下一个完整的定义。与恐惧相关的一些词语，如忧虑、担心、焦虑、不安、害怕、恐慌等都可以辅助完成对恐惧的说明，但是，这些词语本身的模糊性质及其在边界上的重叠又使得定义遭受循环论证的嫌疑。它们或许在表达恐惧的程度方面而不是性质方面更加有用，例如忧虑或担心可能是低度的恐惧，而不安或恐慌则有可能是重度意义上的恐惧。不过，真正难以给恐惧下定义的困难在于，它更多地是一种由主体才能体验到的感觉，即一种使主体身临其境的状态、过程。例如，《牛津简明英语字典》在对恐慌定义时就把它归到感觉的范畴，即恐慌是"对危险或警报的一种突然而过度的感觉"。显然，在把握恐惧的感觉方面没有人比主体自身更具有发言权，而且就主体而言，恐惧作为一种感觉也更多地导向只可意会而不可言传的境界。当然，这不能导致恐惧的不可知论，在词与物的关联中，词尽管具有的无限解释力和异常丰富的多样性，但仍然可以大致勾画出恐惧的构成要素和基本内容，而这与恐惧的根源有关。

长期以来，人类在大自然面前饱经困苦和不幸。今天，即使人类社会已经步入到有史以来科技文明最为辉煌的时代，由自然给人类所造成的巨大灾害既常常无法预见，也时时无法避免。不过，虽然人们对自然界的恐惧依旧存在，却与远古时代的先民所处的境况截然不同。在科学进步论者眼里，面对一个巨大的自然灾难，人们要么把它归结为人的疏忽大意，要么认为还没有找到更有效的控制办法，"科学技术还没有发展到这一步"的表述总是透露出人们对前景的乐观态度。此外，尽管人们对一些自然灾害仍然束手无策，但现代社会逐步建立起了一整套以保险制度为核心的补救措施，降低或弥补了自然灾害对个体人的损害程度。然而，技术的日益完善和发展如若减轻了人们对自然灾害的恐惧程度，却也同时形成了新的恐惧来源。任何一项新技术问世都如同双刃剑，在医治人们的创伤时，又在有意无意中对人们造成新的伤害。核技术的发明一方面在医疗救治条件、新能源利用等方面改善了人类社会的处境；另一方面，由此可能造成的毁灭性灾难阴影却无时无刻地笼罩在人们的心头。现代技术是人的肉体与灵魂分离后为满足肉体的需要而迅速发达起来的现代性理性。仅仅在20世纪，现代技术就近似疯狂地开足了马力，发展到可以轻而易举创造肉身的程度。不仅牛可以被创造，创造者也可以创造自己。在日益专业化的技术面前，普通大众的经验丧失了判断和抵御风险的能力，专家系统如同自然威力一样主宰了人们的生活实践。[1]在日常生活中，倘若没有专家的指导，人们简直寸步难行。对专家系统的过分依赖，在使人们失去自我判断和自我实现的能力的同时，也令专家系统为了推卸责任而时时发出越来越多的足以引起人们新的恐慌的警告。[2]不同于科学理性的局限性所带来的恐惧，社会结构的变迁使得社会关系不仅从熟人社会走向陌生人社会，也使得陌生人社会充满了更多的敌意。

社会被分裂成两个世界。在熟人的世界里，人们是安全的，充满了温馨和甜蜜；在陌生人世界，人们是不安全的，随时可能给人们带来危险。随着工业化速度的加快，熟人社会的领域不断缩小，被称为陌生人的社会的疆域扩大了，它预示着充满危险的陌生人社会成为了人们生活的主要交往范围。不幸的是，不断萎缩的传统熟人社会也常常遭到"杀熟"行为的侵蚀而变得面目全非，同样令人恐惧。[3]此外，传统自由主义哲学在提倡人的权利和自由的同时，是以时刻防备着国家和政府对公民权利和自由的侵犯为理论前设。自由主义者不是无政府主义者，但时常流露出的对政府权力的厌恶和担忧，似乎成为家常便饭。在极端的情况下，政府被宣称为必要的有害者，这预示着政府是一种危险的来源。如果说政府是不得不要的东西，那么，这个东西也如同猛兽一样需要驯服得当。

所有类型的恐惧都指向一个基本点，即人们对造成或可能造成危险丧失了控制力，它既表现为对危险事物不能作出有效的预见，也表现为对行将到来的危险失去抵御的能力，还表现在无力摆脱危险的局面。恐惧往往由处在危险或面临着危险的感觉而来，但这种危险是否是真正的危险还是虚构的危险却是不重要的。危险是一种破坏力量，它对主体造成伤害或可能造成伤害。危险无处不在，但不是有危险就有恐惧。当危险是可以预见并且有办法可以控制时，并不必然产生恐惧，只有在意识到危险即将来临却无法控制

---

[1]　关于专家系统的更为详细的论证和批判，参见安东尼·吉登斯《现代性与自我认同》，赵旭东等译，生活·读书·新知三联书店1998年版。

[2]　有时候，这些警告如此之多，令民众无所适从，而相互矛盾的专家警告使民众已经不知道鸡蛋究竟煎着吃有利于健康，还是煮着吃有利于健康。

[3]　关于"杀熟"现象的分析，参见郑也夫《走向杀熟之路》，载郑也夫主编《中国社会中的信任》，中国城市出版社2003年版。

时，恐惧才具有存在的基础。① 在这里把恐惧、风险和冒险作出适当的区分是有必要的。风险往往是一种危险，这种危险不仅为人们预先知晓，更为重要的是，人们为这种危险提供了防范的措施或者补救的办法。在风险的概念下，危险是被驯服的危险，虽然仍然具有破坏力，却不是恐惧的来源。排除危险性的方法并不是让危险不发生，在不可避免的情况下，对已经到来的危险后果的积极干预，即人们通常所说的事后的补救行为，也在风险的范畴之内。与危险和风险不同，冒险的内涵更倾向于主动探试危险或风险。冒险的主体对可能来临的危险或风险采用了准备承受的积极姿态，在这个意义上，冒险可完全不作为恐惧的来源来对待。事实上，谨慎的冒险不仅不会给主体带来恐惧，而且往往被当成美德被社会赞扬，它为英雄主义的诞生提供了源源不断的素材和重要标准。在某程度上，一个标榜英雄或骑士的时代，不是削弱而是增强了人们的安全感。由此可知，处于恐惧状态的人正是处在了一个危险不能确定的状态之中，他所熟悉的并且一直参与其中的秩序被瓦解了或者暂时地被瓦解了。下面的讨论有助于这一问题的深化。

自由和安全

　　现代社会对自由的维护总是通过政府的合法强制力来完成的，因而，要获取一个安全的环境并且足以使自由的主体可以存续下去，让自由付出一定的代价总是必要的。② 按照法律经济学的观点，这乃是事关成本—收益的精当算计。如果自由的收益大于它所支出的各种成本，那么，作出这项安排的人，就是一个合格的理性人，也是倍受功利主义者赞赏的对象。事实上，自由和安全的关系恐怕并非一定要用复杂、深奥的理论进行解说。排除价值判断和每一个时代都必然存在的正当性话语，在"合法的"社会实践领域之外，由被保护人向保护人支付一定的代价来换取个体的安宁从来都是一个心

---

① "9·11"事件后不久，哈贝马斯出现在余殃尚未消散的纽约，他敏锐地概括了正处于恐怖状态的美国或欧洲社会："9·11"事件之后的数日当中，美国媒体大段绘声绘色地渲染生化武器的场景，以及关于各种核恐怖主义的思考，所有这一切都只不过是显示出政府在最低限度确定危险的级别时的无能，——没有人能估算出危险的程度；也没有比较务实的方法可以评估危险的种类、级别或者可能性，也没有任何方式可以使可能受影响的地区逐渐变得越来越少。"见博拉多莉《恐怖时代的哲学》，王志宏译，华夏出版社 2005 年版，第 33 页。

② 史蒂芬·霍尔姆斯说："在 1992 年，美国的司法——包括执行、诉讼、判决和改判——花费了纳税人大约 940 亿美元。专用于保护犯罪嫌疑人和被拘留者基本权利的资金包含在这项拨款中。由于对个人权利的保护总是以权力关系的创造和维持为先决条件，所以对个人权利的保护从来不是免费的。"参见 ［美］史蒂芬·霍尔姆斯等《权利的成本——为什么自由依赖于税》，毕竟悦译，北京大学出版社 2004 年版，第 77 页。

照不宣的历史事实。弗洛姆说在安全的社会里人们没有自由，在自由的社会里人们缺乏安全，在一定程度上加强了这一论点。① 在自由主义哲学看来，问题的重点不是自由少一点还是安全多一点的数量对比关系，自由的个体同时也是一个孤立、孤独的个体，这一个体如同处于荒野中的人失去了与其他人的各种联系，他或她需要依靠个体的力量保护自己的一切。一切必要的社会联系都被视为可能影响个体自由的枷锁而不是自由的条件被革除了。萨特意义上的存在主义则更进了一步，他人的存在意味着对个体自由的否定和限制。因此，不仅是陌生人，所有的外在于主体的人都成为个体自由选择的障碍，对自由的追求就变成了投入到危险事业中的严酷斗争。

未来的不确定性

人类社会"除魅"之后，人们一方面既失去了对地狱的恐惧感，另一方面也失去了神灵乃至上天的庇护，更为重要的是，人失去了对未来可以选择的方向。既然不论好人和坏人都不可能下地狱，但也不可能上天堂。在本体的意义上，人类自身走向了没有目的地的旅途。自从尼采宣布"上帝死了"之后，人们的确发现没有了上帝的世界充满了不安、忧虑和恐惧，为此，保罗·纽曼无不沮丧地说："尽管旧的善良抗衡罪恶的宇宙存在问题，但是生活在一个无神灵的宇宙却是让人胆怯。没有天堂、没有地狱、没有炼狱、没有监狱、没有永恒的生命，一切都是无意义的，姓名不详、吞噬着一切，这使得罗切斯特大人血管冰凉、让克尔凯郭尔感到战栗、让让·保罗·萨特感到恶心。"② 只是从一个时点开始，人们面对的是广阔无垠的却是朦胧并略显暗淡的未来。对于这种境况，有人主张回到过去，回到曾经有明确目标和生活目的的某个时代，也有人雄心勃勃地不仅勾画着也实践着一个理想社会。然而，略带伤感并且沉溺于过去美好时光的人从来也没有真正使时光倒流，相反，对回到过去的主张在某种程度上却与乌托邦主义者貌离神合，这就是有计划地建构有意义的新的社会。对于付诸实践的这种新的社会实验行动，从莫尔的理想国到苏联社会主义制度的解体为一种自发秩序理论提供了反面素材，当然，自发秩序理论使人在自由的海洋中独自遨游却不能看到希望的岛屿，它强化了人的理性的有限性，削弱了人所具有的构建社会的能力。

信任关系的瓦解及其人格缺失

一种怀疑主义的气氛愈来愈浓厚地笼罩在人们的观念、思想和行动之

---

① 参见弗洛姆《逃避自由》，刘林海译，国际文化出版公司2002年版。
② ［美］保罗·纽曼：《恐怖——起源、发展和演变》，赵康等译，上海人民出版社2005年版，第238页。

中。从不相信陌生人开始，对自己视野范围内的不能完全控制的所有事物都采用了疑心战略。承诺尽管还没有完全退出历史舞台，却变得更加珍贵，不过，对承诺的怀疑却使承诺变得可有可无。那种在信任的黄金时代才能听得见的"一诺千金"、"一言既出，驷马难追"等掷地有声的誓言一去不复返了。极度的怀疑主义使社会成为公共精神病人，一些未经证实的危险就能激起人们无限的想象力，以致真正的引起灾害的原因弄清了很久，依旧有人用想象的因果关系在指导自己的行动。如果社会总是处在怀疑的气氛当中，基本的信任关系得不到优先的确立，对他人和社会的恐惧就会被各种未经证实的传言、异常丰富的想象力和过度的悲伤情绪引起。时刻担心受到伤害与过分谨慎从事的行动紧紧联系在一起。裹足不前、保持现有的状态、克制精神等就成为指导人们行动的原则。不仅如此，探索未知领域的有意义的冒险行动就可能成为危险之源。具有冒险精神的人常常也包括那些锐意进取、勇于创新的人，但在担心受到伤害的恐怖文化中，这些人却成为了奚落嘲笑，甚至打击报复的对象。与此相关，英雄主义受到了前所未有的解构，人的勇敢品质消失了，消解了人在社会领域进行大规模实验的探索精神。

三、功利主义、乌托邦主义与幸福

恐惧作为一种不幸的状态或事实起源于多种因素和背景，不过，这些因素和背景又是相互矛盾和相互竞争的。例如，克服自然威胁的重要方法莫过于一次又一次地吹响以科学理性为显著特点的进步主义号角，但因此有可能引发人们对专家系统的普遍怀疑，产生新的不安和恐惧。对未来的设计和追求成为人们生活的动力，然而，希望有人对未来作出承诺与担心受到奴役的心理同时存在。相互依存的人类事实以及日益紧密的全球化浪潮不仅没有打消人们不断增强的陌生人意识，反而强化了亲密群体的萎缩和隔阂，如此等等。如果不从更为广阔的角度和背景中反思问题，我们所看到的局面则是在免除一个恐惧的同时，也得到了更多的恐惧，而免于恐惧的权利又可能成为制造恐惧的一个手段。

恐惧是一种不幸的状态，这意味着恐惧是真实的存在，而不是假象的游戏。[①]

---

① 克尔凯郭尔从本体论的意义上区分了"无辜的恐惧"和"辜的恐惧"，前者被作为尚为实现的自我而表现出来，它不是过错，也没有过错的严肃性，在某种程度上，它甚至以某种讨人喜欢的方式展现出人的不安。相反，辜的恐惧是一种不自由的表达，是一种负担和不幸。参见尼尔斯·托马森《不幸与幸福》，京不特译，华夏出版社 2004 年版，第 323—341 页。

长期以来，人们以各种方式和恐惧作斗争，以消除心灵深处的痉挛、肉体的颤抖和惊恐不安的眼神。祈祷和赎罪是一种方法，进步主义则是另一种方法。它们都或多或少地在某些领域消除或减轻了人们的恐惧。然而，恐惧自身没有消失，恐惧总是以这样或那样的形式出现。从恐惧的历史来看，人类社会的进步不在于是否能够彻底消灭恐惧，而在于人们是否把消除恐惧作为一项权利要求和主张，这就要求使人们不再被封闭在恐惧的自我阴影中，不再作为自我归罪的形态和人必然承受的苦难。换句话说，作为权利的恐惧向他人和社会敞开了那不幸的一面，但不是为了吸引他人的怜悯心、好奇心，而是发出消除这一不幸状态的资格和主张。因此，免除包括恐惧在内的权利就成为新时代的气息。

18 世纪，美国人在其《独立宣言》中宣布了追求幸福是全体人类的普遍权利。免于恐惧的权利不仅被提到历史发展的高度，而且追求幸福的权利也应运而生。这是一个乐观、大胆和勇敢的决定，它在向人们展望未来美好前景。但是在另外一方面，它也是一个危险的宣布。由于每个人的幸福观是不同的，在满足差异万千的幸福需要的过程中，国家既没有能力也没有一个恒定的标准履行它的这一义务。所幸的是，对幸福权利的宣布更多地涉及个人自由度，从要求国家不妨碍或者提供有限度的帮助的角度出发，追求幸福的权利是每一个自由人行使权利的目标和方向。① 然而，在认识领域，不论对国家还是社会成员，不加分析地把免于不幸的权利和追求幸福的权利混为一谈，造成了严重的恶果。事实上，不是解决当下现实中的不幸，而是规劝人们忍受正在加剧的痛苦，并且服从一种给定的未来的幸福观，不仅取缔了免于不幸的权利的实现方式，也为一种危险的社会治理方式提供了合法性的借口。

争取免于不幸的权利的重大方法之一，就是要厘清追求幸福的权利哲学中存在的悖论，功利主义首先混淆了幸福和快乐的关系，以为经过理性的计算就可以谋求幸福。快乐作为一种感官上的刺激从来就是飘忽不定的，幸福也不是一个个快乐的简单相加。功利主义并非人们想象的那样庸俗和反道德，相反，不论古典功利主义还是现代功利主义都从理性的自由人的角度作为问题的出发点，功利主义同样需要平等的社会起点（在这一点上，它是一个现代性理论命题），但它在实质上是结果主义。这一特征使功利主义走

---

① 对《独立宣言》文本的权威研究，参见［美］卡尔·贝克尔《论〈独立宣言〉——政治思想史研究》，彭刚译，江苏教育出版社 2005 年版。

向了用"剩余幸福"弥补某些不幸的道路。也就是说，社会的总体福利、幸福和快乐在与总体的苦难、不幸和痛苦相加后仍有富余，那么，社会的行动在总体上就是健康的和有效的。对这种富余的分配，特别是向不幸人的适当调剂，则关系到正义的结构问题。有关用牺牲少数人的幸福来成就大多数人或社会整体的幸福，而后再向那些不幸的人予以补偿的思路和实践，如果是一种正义的话，充其量是迟到的正义，而迟到的正义在严格意义上是不正义的。功利主义可以为了所谓的整体幸福或者说大多数人的幸福而牺牲那少数人的幸福，罗尔斯观察到了功利主义的这一秘密。他说，功利主义有关正义的准则是从达到最大满足余额的目的获得的。这样一来，原则上就没有理由否认可以用一些人的较大得益补偿另一些人的较少损失，或更严重些，可以为了使很多人分享较大利益而剥夺少数人的自由。因此，作为公平的正义是优先于善（例如幸福）的概念，而由正义保障的权利也不应受制于政治的交易或社会利益的权衡。①

乌托邦主义同样是一种关于整体幸福观哲学，是变相的功利主义。所不同的是，乌托邦主义是以牺牲当前的利益而成就未来幸福主题的面貌出现的。在某种程度上，乌托邦主义不是单纯地辅之以理念和思想，它往往伴以各种具有美好名目的社会实验、社会改革和社会方案。乌托邦工程描绘了未来整体社会的蓝图，以认为可以使用的必要手段来实现关于善的终极目标。在这一过程当中，任何当下的不幸、苦难和痛苦，倘若是为了明天的目标，就都是或应当是被容忍、被忽视的——因为未来是可以补偿这一切的。"乌托邦工程的主张会容易成为持续的拖延行动的手段，把行动拖延到以后各种条件更为有利的时候。"② 这难道不是另外意义上的关于迟到正义的表述吗？只是鲍曼用"延迟满足"表达了这一含义。延迟满足是关于普遍幸福的诺言以及人们对幸福和更多幸福的期待，它不仅逐渐变成了社会整合的合法方案，也逐渐变成了任何个体参与协作和共同事业的首要动因。然而，鲍曼清醒地认识到，延迟满足涉及到了抵押未来的风险问题，"一旦已知的满足在尚不了解的、完全模糊的、无法认识和拒绝认识的事物的名义下被牺牲，其风险将是巨大的和不可能被完全评估的。巨大的风险不仅导致了对占卜者、

---

① 参见［美］罗尔斯《正义论》，何怀宏等译，中国社会科学出版社 1988 年版，第 26、27 及 30 页。

② ［英］卡尔·波普尔：《开放社会及其敌人》第一卷，陆衡等译，中国社会科学出版社 1999 年版，第 293 页。

预言者和巫师的无穷尽的需求，也导致了对声称掌握了可靠的历史法则并能够因此控制未来的、野心勃勃的政治家的无穷尽的需求。"①

在反对功利主义和乌托邦工程的斗争中，波普尔提出了系统的零星工程的概念。从一开始，波普尔就从伦理学的角度指明了不幸和幸福，或痛苦与快乐之间存在着不对称的关系，因为不幸或痛苦在重要性方面不能被快乐或幸福抵消。对社会共同体而言，不是分享越来越多的幸福，而是分摊不可避免的不幸才是改变人类命运遭际的明智办法。② 系统的零星工程不是要求首先获得幸福快乐的权利，而是一种在能够避免的情况下不被造成不幸的权利。假如他们遭受苦难，他们有权利要求给予所有可能的帮助。因此，采取寻找社会上最重大最紧迫的恶行并与之斗争的方法，而不是追求其最大的终极的善并为之奋斗的方法，表达了零星工程的基本理念。③ 如果不幸是不可避免、不可回避且必须要解决的，与其要一个人承担不幸，不如让众人共同分担不幸。与通过追求幸福的方法来解决不幸的问题不同，零星工程的方法一方面直接面对现实社会中沉甸甸的不幸命题，不加以漠视、无视或掩饰；另一方面提出了面对不幸的共同的社会责任概念。当然，如果不幸只是由于个体自己的原因造成的，那么，让其他的人或者整个社会来分摊这一不幸，可能会纵容人应当谨慎而有节制生活的态度，以此削弱仍然需要倡导的社会美德，在严重的情况下，会使社会陷入无可救药的险境和困境。

然而，当人的不幸是社会的产物，也就是说，不幸是社会成员被迫接受的负担，让社会分摊不幸不仅是正当的，而且也是可能的。因此，区分两种观念、理论和实践是必要的，这意味着不是追求一种幸福的哲学，而是避免不幸的哲学，不是一种建设有关幸福的社会工程，而是建设有关不幸的社会工程，才能妥善解决人的不幸和幸福的关系。如果幸福是人生的终极追求，在不幸和苦难不可避免的社会，也只有先根除眼前的不幸、当下的苦难，才能成为追求幸福的现实的第一步。20 世纪初，康有为在《大同书》中用简洁明快的笔法描述了人们所遭受的种种不幸和苦难。他怀着不忍之心，概括和总结了人间的"九界"之苦，在此基础上，他提出了唯有破九界，才能

---

①　［英］齐格蒙特·鲍曼：《被围困的社会》，郇建立译，江苏人民出版社 2005 年版，第 138—139 页。

②　［英］卡尔·波普尔：《开放社会及其敌人》第一卷，陆衡等译，中国社会科学出版社 1999 年版，第 131 页下注释。

③　参见卡尔·波普尔《开放社会及其敌人》第一卷，陆衡等译，中国社会科学出版社 1999 年版，第 291—315 页及相关页下的注释。

实现"救苦"之道,① 去九界之后的社会就是大同社会。康有为从苦难意识出发,正视不幸和苦难具有积极的现实的一面,然而,在见到苦难之后,不是着手解决这些苦难,甚至回避这些苦难,决定了康有为哲学不可避免地归属到乌托邦主义的大本营中。

　　赋予不幸以权利属性,的确表达了对消除不幸的信心和权威。消除不幸在任何时代都是无可厚非的道德诉求,但也只有在权利的时代,才要求人们从相互团结和相互关怀这一道德和法律的双重义务的角度,推动人和社会的协调发展。不过,也要看到这一权利的局限性。避免不幸的权利并不会真正地解决所有在人世间发生的不幸和苦难。关于权利的合法性和正当性论证只是确立了人们处于不幸状态时不是孤立无援而是有所凭借的资格、摆脱困境的可能性以及可欲的方法论基础。

四、权利问题与自由

　　贝克说:"阶级社会的驱动力可以概括为这样一句话:我饿!另一方面,风险社会的驱动力则可以表达为:我害怕!"② 每一个时代都有自己的困境。通常而言,时代困境大体上是指特定时代全体成员都自觉或不自觉地感触或感知到并且深陷其中而尚未达成共识的整体局面。不同于 20 世纪 80 年代初,中国社会对"改革开放"所达到的全社会上下惊人的共识局面——这一局面使中国在不到三十年的时间里完成了解决温饱工程的伟大业绩。21 世纪之初,在总体上实现小康的背景下,社会反而出现了前所未有的躁动、不安乃至恐惧的精神状态,其形态表现各异,但都共同指向在生存和发展意义上的无力状态。人人都言称自己是某种状态下的受害人,是被时代(而且是有目共睹的正在发展中的时代)剥夺了应得之物或已有之物的受害人。如果这种说法尚有夸大其词的嫌疑,那么,随着"弱势群体"一词的广泛运用和传播,社会各阶层的人都纷纷把自己视为这样或那样的弱势群体的一分子,则逐渐成为常态。被公认为弱势群体的人群的范围从农民、农民工、残障人士、妇女、儿童、老人到工人、市民、大学生、教师,最后

---

　　① 破"九界"即去国界合大地,去级界平民族,去种界同人类,去形界保独立,去家界为天民,去产界公业生,去乱界治太平,去类界爱众生,去苦界至极乐。参见康有为《大同书》,华夏出版社 2002 年版。

　　② [德]贝克:《风险社会》,何博闻译,译林出版社 2004 年版,第 57 页。

竟发展到干部、知识分子这些在传统上被认为掌握了国家权力和话语权力的人群。最具有代表性的是，那些新富阶层，即拥有了资本权力的人，也并非矫情地把自己放置在弱势群体的队伍当中，而这非但没有增加人们的幽默感，反而为沉重的历史平添了严肃的内容。①

在《论公民》中，霍布斯首次提出了"权利问题"。权利之所以成为问题，是"因为争辩的双方都相信他们自己是受害方"②。在自然状态中，人人为了生存的需要都有捍卫自己生命、自由、身体和财产的绝对权利，人人是自己案件的当事人，也是自己案件的裁决者和执行者。判断事物是非曲直的标准就是自己。正如施特劳斯所评价的在霍布斯的自然状态中，只有绝对的权利，而没有绝对的义务。正因为如此，每一个人为了自己的利益可以去攻击别人，当然也被别人所攻击，而这一切之所以符合正义乃是因为它符合每一个的判断。这样一来，自然状态流行的是一个个权利人自己的正义观，而缺乏统一的正义观，但谁又能否认这一个体的正义不是正义呢？自然状态是战争状态，每一个人都为自己的生存而战，一切为了保卫自己的生命、身体、自由和财产而战的手段、行为和措施都是被允许的，但也造成了一切人对一切人的战争状态。战争状态的结果呈现出两个方面：一是人人成为他人捍卫自己生命、身体、自由和财产的受害人。也就是说，每一个人既是自己权利的主体，又是他人权利的客体。他在"合法"（指自然法）伤害他人的权利时，又被或同时被他人伤害了自己的权利。这正应了中国古语"螳螂捕蝉，黄雀在后"那句成语，但你能指责螳螂捕蝉不对，黄雀捕螳螂有问题？那都是它们为了自己的生存所获得的权利。另一个结果是潜在的战争状态，即使不发生事实上的战争，由于每个人都知道他人随时有可能对自己的权利造成威胁，人们就都处于不安全的状态当中。这两种情况都缺乏使人们安全的保障，即没有人保证另外一个人在未来的某一时刻是否会遭到攻击、受到伤害、面临死亡。对于一个中国文化氛围中的人来说，关于自然状态的假定仅仅是一个假定。没有人相信在社会状态之前人类曾经生活在霍布斯所描述的自然状态中。

在免除恐惧的斗争中，争取自由，不受外来的干预或胁迫，让权利主体按照个人意志实现自己的利益成为重要的一个方面。哈耶克关于自由是最低限度约束的表达以及克尔凯郭尔的关于恐惧是人的不自由的定义都意识到了

---

① 参见一寒《遍地都是弱势群体》，《中国网友报》2004年10月25日。

② ［英］霍布斯：《论公民》，应星等译，贵州人民出版社2003年版，第35页。

自由对免于恐惧的重要性。不论从任何角度看，一个缺乏自由感的人或者处于不自由状态的人都可能随时面临着危险，他者即使依照仁慈原则行事也免不了好心办坏事的局面。然而，当自由的属性被揭示为一种负担，而负担无可争辩的是恐惧的一个重要来源时，逃避自由也就成为免于恐惧的一个绝好的方法。卡西尔指出："不管是在个人生活里还是在政治生活里，自由经常被看作一种负担而不是一种特权。在特别困难的条件下，人们试图抛弃这种负担。"① 卡西尔是在解释康德的自由观时说出这番话的。按照康德的看法，自由等于自律，是个体的一种特殊的决定，它意味着我们在行动中所服从的法则不是外面强加给我们的，而是道德主体将这个法则给予自身。因此，从不自由的状态到自由的状态，是道德主体积极创造和努力的结果，体现的是一种个人的责任。"这里自由和责任达成了某种平衡。个体从剥削、不平等或压迫的状况所产生的行为枷锁中解放出来；但是，它并不因此具有了任何绝对意义上的自由。自由假定，在与他人的关系中，行动要有责任感，并且承认这中间有集体的义务。"② 如果我们既要依赖于他人，试图通过他人的力量解除威胁，又要逃避自己的责任，那么，处在这种两难境地的人就已经触及了当代恐惧的实质问题。

美国汉学家孔飞力在系统考察了 1768 年清朝的妖术现象后认为，备受困扰的社会所面临的问题是，这个社会的基本矛盾无法通过增进生产来解决，而导向毫无原则地"对损失进行分摊"。一旦危机来临，普通人就有了很好的机会来清算夙愿或谋取私利。这是扔在大街上的上了膛的武器，每个人——无论恶棍或良善——都可以取而用之。③ 以怨报怨、恩将仇报、落井下石、雪上加霜等词语都在不同程度上表达了一种扩大或加重了不幸。一个艾滋病的患者，在绝望之后，向社会发起了报复：有意地向那些无辜的性伙伴传播同样可以致命的病毒。一个癌症患者，走出医院，身上绑满炸药，在公共场所引爆。这一切都是不幸的责任没有得到众人和社会的分摊而走向另一个极端。个人责任和社会正义在总体上所显示的问题，不是要求社会追求在未来可以实现的终极的善，而是在现实的层面消除正在发生的不幸和苦难。避免让他人陷入困境或不幸既是正义社会的主张，也是拥有免于恐惧权

① ［德］恩斯特·卡西尔：《国家的神话》，范进等译，华夏出版社 2003 年版，第 349 页。
② ［英］安东尼·吉登斯：《现代性与自我认同》，赵旭东等译，生活·读书·新知三联书店1998 年版，第 250 页。
③ 参见孔飞力《叫魂——1768 年中国妖术大恐慌》，上海三联书店 1999 年版，第 300—303 页。

利的社会成员的责任和义务。恩格斯曾经把这样的一个社会称为不正义的社会，即社会中有一部分人只享有权利而不承担义务，另一部分人却只承担义务不享受权利。倘若换算成本书的主题，这样的社会也是不正义的社会，即社会中一部分人只享受幸福，而另一部分人只承受不幸。

在一个人人有权追求幸福的社会里，如果对他人的不幸和苦难视而不见，不仅如此，还要扩大和加重这种不幸和苦难，也是另一意义上的不公正的社会。终结这样的社会，是历史的使命，也是人类社会的必然选择。世界上第一部成文法典——《十二铜表法》刻在了大石柱上。其中的一段文字是这样写的：为大家牺牲的财产，应由大家来补偿。此后，它被演绎为"一人为大家，大家为一人"的共同海损原则，而当代社会保障制度也愿意在这一古老的原则中寻找根据，那么，人类社会在渡过苦难之海、通向幸福的彼岸的时候是否也需要从中寻求什么吗？正确处理好"分摊不幸"和"共享幸福"的关系不仅具有哲学上的意义，也具有重大的现实意义。总之，我们既需要从起点出发反思历史，也需要确立起点关照未来。

第八章

受害人的权利救济

> 权利问题就是争辩的双方都相信他们自己是受害方。
>
> —— ［英］霍布斯《利维坦》

有什么样对受害人的认识，就有什么样对受害人的救济行动，对受害人地位和状况的判断既是主观命题也是客观命题。有三种关于救济受害人的理论：道德怜悯论、宗教救赎论和权利救济论。怜悯论和救赎论是关于他者和有关他者的救济观。他者救济观可以改善受害人的境况，或多或少减轻受害人的痛苦和不幸，却忽视了受害人自身的主体价值，导致了"被救济"的温和式家长制效果。权利救济论是关于受害人自我救济的观念和理论，强调了受害人在救济问题上的主体资格和自由，关注避免或减轻苦难的社会和制度因素，实现了权利主体与救济主体的内在统一，推动了救济的理论和实践从"被救济"向"自我救济"的转变和发展。在走向权利的时代，赋予受害人自我救济的制度品质，有助于建构与权利观念相契合的现代救济理论。

一、自然受害主义和社会受害主义

谁是受害人以及如何善待受害人是道德和政治哲学不能回避的重大问题，这也是考察人与人关系的重要视角和方法。我们首先从受害人自身的角度对什么是受害人做出简单分类，然后对受害人的类型给予总体性的评价。

从历史的角度看，受害人由"命不好的人"、"受苦的人"和特殊的"不幸的人"构成，不同类型的受害人决定了不同的救济方法。同时，不同的受害人相互之间也存在着转化的通道，即存在着从一种类型的受害人向另一种受害人转化的事实和可能性，当然，受害人主体的转化不是线性的，而是结构性的，它意味着在任何社会中不同的受害人都具有现实性，只是何种类型的受害人占据结构的中心性地位，以此制约着救济方法的性质和方向。

（一）命不好的人。"命不好的人"是那些具有自我归责并具泛神论意识的人，这种意识从根本上导致了自我谴责和自我否定的宿命论。一个命不好的人不是缺乏改善自己悲惨境况的能力，而是缺乏改善自己悲惨境况的资格和能动性。他虽然意识到了自己作为受害人的客观境况，却没有将这种客观境况当作一个可以克服的对象。更为严重的是，在"命不好的"人看来，自身存就是使自己成为受害人的主因。在 19 世纪之前，人们总是对那些"命不好的人"抱有最大限度的同情心，下面谈到的怜悯或不忍的理论发挥着主导性作用，救赎论和圣人救济观也应运而生。

（二）受苦的人。工业革命极大地改善了人类社会的物质生活条件，但也唤起了"饥寒交迫的人们，全世界受苦的人"的觉悟，在马克思主义理论的启发和推动下，革命、战争、暴力成为"受苦的人"的救济方法，在这一过程当中，加害人与受害人一道构成了具有相同性质指向的对立关系：压迫者和被压迫者、剥削者和被剥削者、统治者和被统治者、殖民者和被殖民者等。与此相应，也存在着广泛体现在经济、文化和社会等各个方面的具体关系范畴，如家长和家子、男人和女人、白人和有色人、富人和穷人等等。与"命不好"的人相比，"受苦的人"开始意识到自己的苦难的根源不在于前辈的罪过、大自然的反复无常和自己的原罪之身，而在于自身以外的因素，这些因素包括他人的过错、社会结构性压迫等。

（三）特殊的不幸的人。命不好的人和受苦的人都是不幸的人，此外还要关注一种"特殊的不幸的人"的生存境况，他们构成了现代性结构下新的受害主体。如果说"命不好的人"的糟糕命运尚可通过圣人、善人、好心人或来世得到改善，"受苦的人"可以革命、起义、解放、反叛等方式自我拯救，那么有一种不幸的人则既失去了救世主的眷恋，也失去了自我救济的能力和信心——自己既是受害人，也是加害人，受害人是使自己受害的加害主体的一部分。这种意义上的不幸的人没有赎罪的观念，也不认为自己是戴罪的主体，他们或许具有现代的权利意识，但由于对自己参与其中的社会过程缺乏必要的反省意识而时时处于恐惧状态之中，重要的是，特殊的不幸的人放弃了行使自我救济的权利，风险社会正是由现代性构造下的不幸的人所组成。

从规范的角度，对受害人类型还可以进一步划分和提升，大致分为自然受害人主义和社会受害人主义两种。

（一）自然受害人主义把所有引起人的痛苦和不幸的因素都作为受害的因素。在《大同书》中，康有为把它们归纳为下列六类三十八种：（1）人生之苦七：投胎、夭折、废疾、蛮野、边地、奴婢、妇女；（2）天灾之苦八：水旱饥荒、蝗虫、火灾、水灾、火山（附地震山崩）、屋坏、船沉（附车祸）、疫疠；（3）人道之苦五：鳏寡、孤独、疾病、贫穷、卑贱；（4）人治之苦五：刑狱、苛税、兵役、有国、有家；（5）人情之苦八：愚蠢、仇怨、爱恋、牵累、劳苦、愿欲、压制、阶级；（6）尊尚之苦五：富人、贵者、老寿、帝王、神圣仙佛。在自然受害人主义的主导之下，遍地都是受害人，人人皆是受害人，而且是客观意义上的受害人，甚至那些受情困扰的恋人们也是受害人。[①] 人道之苦、人治之苦、人情之苦和尊尚之苦可入人祸的范围，在人生之苦中，有的可以归于天灾范围，有的可归于人祸的范围[②]。自然受害人主义把人所遭受的苦痛均归结于自然的和拟制的客观因素，揭示了人生苦难的表现形式和真实存在，关照了个体人的生存困境，不过，自然受害人主义带有强烈的宿命论和原罪论，无论天灾因素还是人祸因素都具有强烈地自我归责的倾向，渲染了此岸世界和彼岸世界的对立，增强了人的无力感，给人生涂抹了过于阴沉的色彩，而不加区分地混淆人的七情六欲所展现出来的自然情感，也阻碍了人生的丰富性和人生品质的美学意义。

（二）与自然受害人主义不同，社会受害人主义更加关注受害人的"人祸"因素，对人祸的内涵做出了广义上的解释，也就是说，倘若不是直接由自然原因造成的灾祸均可以归结到人祸的项下，它强调由于社会原因特别是因为制度不公而使人遭受苦难沦为成为受害人的境况。柳宗元在阐释受害人原因时强调了人祸胜于天灾的机理："孔子曰：'苛政猛于虎也！'吾尝疑乎是，今以蒋氏观之，犹信。呜呼！孰知赋敛之毒，有甚于是蛇者乎！"社会受害人主义虽然不否认人自身的过错以及天灾因素，但如果只通过人祸的视角认识和看待受害人，无形中减免或忽视了人的责任心以及人的理性不及的能力，容易较为彻底地导致无政府主义。这在东西方文化中都有所表现。老子的"法令滋彰，盗贼多有"的判断固然谴责了无道的社会制度，但也削减了人自身的社会责任。源于西方的乌托邦主义虽然不否认政府存在的必

[①] 康有为：《大同书》，华夏出版社 2002 年版，第 9 页。

[②] 何怀宏在对痛苦的原因做出分类时，直接就分为自然原因造成的痛苦和人为原因造成的痛苦两种。参见何怀宏《良心论》，上海三联书店 1994 年版，第 70—71 页。

要性，但对完美政府的设计和要求成为解决受害人问题的全部前提和出发点，同意忽视了人自身的因素以及反复无常的自然对人的损害因素。

自然受害人主义和社会受害人主义都是"理想类型"的理论处理方式，而事实上受害人往往具有自然受害者和社会受害者的双重因素。① 有时候，看似纯粹的自然受害者（包括凶年中的灾民和常存的"鳏寡孤独"和"老幼废疾"）由于荒政措施合理和公平程度（"善政"）决定了此类受害者是否沦为"二度受害者"。大自然的无情并不看人类社会的政治良善的程度而减弱或消失，人生有涯也不必然以正义的社会结构为前提，然而，善政的价值在于不预先制造受害人，在灾难来临时至少不加重受害人的苦难，并且会不遗余力地消弭或减轻受害人的困难境况，这构成了受害人正义的主要内容。

二、霍布斯的权利问题

不同的原因造就了不同的苦难及其相应的受害人，而不同类型的受害人又决定了不同的救济方法。虽然对归责的讨论并非总是可以达成一致意见，但把一个人受害的原因归结为天灾还是人祸的范畴会产生不同的救济效果。举饥饿作为例子。饥饿是使人成为受害人的一个重要原因，如果认为饥饿总是由粮食匮乏或歉收等自然原因而引起，或者认为在人口与粮食之间发生了此消彼长的非平衡关系，一旦人口、田亩、粮食之间的比例严重失调，就会发生饥荒，在这个意义上，把饥荒或让人成为饿死鬼的原因归于天灾或人口增长似乎并无不妥，而解决这一难题的方案通常是在控制人口、开垦荒地、增加粮食产量、技术发明等方面做出选择。②

阿马蒂亚·森从权利理论的角度分析了饥饿产生的原因，讨论了食物分配的权利方法问题。在阿马蒂亚·森看来，即使那些看上去完全由自然原因造成的大面积饥馑也不能笼统归结为天灾，饥荒不取决于食物函数，而取决于权利函数，后者是指人们获取和支配食物资格和能力的一系列因素。"如果说食物供给本身对饥饿现象的普遍存在有什么影响的话，其影响也可以被

---

① 南宋董煟的《救荒活命书》所列举的十六种救灾方法既有消除自然灾害的方法，也有改变是或变为人为灾害的方法，它们包括：常平、义仓、劝分、禁遏籴、禁抑价、简旱、减赋、贷种、优农、遣使、治盗、捕蝗、和籴、劝种二麦、通融有无、预讲荒政。

② 有关人口增长与食物供给的讨论，参见［英］马尔萨斯《人口原理》，丁伟译，敦煌文艺出版社 2007 年版。

认为是通过权利关系而发生的。如果在这个世界上有八分之一的人正在遭受饥饿，那么这只是他们未能获得充分的食物权利的结果，并不直接涉及到物质的食物供给问题。"① 获得食物的权利，正如其他的基本人权一样，是基于人的生存需要而产生的一种资格、能力和自由，这样的权利可以向国家发出命令并且具有正当性，从而最大限度地减少、减轻或避免饥饿。倘若人们缺乏获得食物的权利，就会出现即使粮食增产了也会产生饥荒的现象。正因为如此，阿马蒂亚·森指出 "如果没有社会保障系统，今天美国或英国的失业状况会使很多人挨饿，甚至有可能发展成饥荒。因此，成功地避免了饥荒发生，靠的不是英国人的平均高收入，也不是美国人的普遍富裕，而是由其社会保障系统所提供保证的最低限度的交换权利"。② 因此，不是食物的匮乏或粮食歉收等自然天灾因素，而是权利贫困是导致饥荒的重要原因，权利贫困不是自然天灾而是制度天灾，或者可以被恰当地成为不可归责于受害人自身原因的人祸。

权利贫困是近代自然法理论和自由主义哲学的重要主题。霍布斯在其政治哲学形成的过程中首次提出了讨论权利的前提——"权利问题"。在明确肯定了人人都享有不可剥夺的自然权利之后，霍布斯指出权利问题就是 "争辩的双方都相信他们自己是受害方"③。既然先天地确立了每一个人都是受害人或潜在的受害人，那么在自然状态中人人既是自己或涉及自己案件的当事人，也是这些案件的裁决者和执行者，人人为了生存的需要都有捍卫自己生命、自由、身体和财产的绝对权利，"而这种权利即战争的权利"④。由战争所引发的人与人之间的相互冲突危及人们的生命、财产及其自我保存，在这一过程当中，死亡的恐惧始终笼罩在人们的心头。自然状态是否是一个独立存在的历史阶段，以及在社会状态之前是否真实地有一个自然状态是一个问题，而用一些概念和条件刻画出一个谈话的背景，并在这一背景下解释所要把握的真问题是另一个问题。几乎所有的人都没有真诚地相信在社会状态之前有一个自然状态时期，卢梭承认自然状态是一种 "不再存在，也许从未存在，可能将来也不会存在"⑤ 的状态。但是，对于自然状态的主张者而言，需要确立

① ［印度］阿马蒂亚·森：《贫困与饥荒》，王宇等译，商务印书馆 2001 年版，第 14 页。

② 同上书，第 13 页。

③ ［英］霍布斯：《论公民》，应星等译，贵州人民出版社 2003 年版，第 35 页。

④ ［英］霍布斯：《论公民》"献词"，应星等译，贵州人民出版社 2003 年版，第 12 页。

⑤ ［法］卢梭：《论人类不平等的起源和基础》，李常山译，商务印书馆 1997 年版，第 102—103 页，前言。

社会状态的起点，使社会状态成为可能，重要的是要为国家和政府的合法性确立新的合法性基础，政治作为科学的意义正在于此。

霍布斯一开始就把自然状态定义为战争状态——一种充满了血腥的人与人之间争斗的混乱状态。人们为了自我保全，而对危及自己或将要危及自己的事物奋起抵抗或实施打击。保存自己的自卫行为不仅合情合理，而且是一项不可剥夺的自然权利，自我保存和为了自我保存所必需的手段表达了人的最强烈、最根本的欲求。"每个人都有自我保存的权利，因此也有为此目的采取各种必要的手段的权利。这些手段的必要性是由他自己来判断的。只要他判断对自我保存是必要的，他就有权利做一切事情，拥有一切东西。在对一个实际采取行动的人作判断时，他所做的一切都是合法的，即使那是错误的行为，也因其出自他的判断而是合法的。"① 正确的理性即自然法要求权利主体对是否有助于自我保存的任何事情作出判断。"就自然法而言，一个人是他自己事情的裁决者，无论他要采取的手段和行动对他的生命是否必要。"② 判断权作为一项权利具有绝对的性质，判断的标准在于权利主体，权利不从义务出，而是义务从权利出。列奥·施特劳斯正确评价道："所有的义务都是从根本的和不可离弃的自我保全的权利中派生出来的。因此，就不存在什么绝对的或无条件的义务。——唯有自我保全的权利才是无条件的或绝对的。按照自然，世间只存在着一项不折不扣的权利，而并不存在什么不折不扣的义务。"③ 赋予人们在自然状态下享有自然权利，这种自然权利指向自我保存和实施战争，确立了权利救济哲学的逻辑起点，完成了权利主体和救济主体的内在统一。因此，霍布斯的权利问题不仅是关于权利的一般问题，也是权利救济的专门问题，它赋予了任何一个个人判断自己是否是受害人以及救济的方法。

虽然拥有权利的受害人并非一定就是受害人，但是唯有将认定受害人的权利赋予本人才能体现权利的主体属性。把受害人资格的认定权通过权利方法赋予每一个人否弃了受害人划分类型上的主观和客观因素的二元论，无论天灾还是人祸所导致的苦难只有通过有权利的受害人的认可或追认才能成就救济的合法性。

---

① ［英］霍布斯：《论公民》，应星等译，贵州人民出版社 2003 年版，第 12 页。
② 同上书，第 8 页。
③ ［美］列奥·施特劳斯：《自然权利和历史》，彭刚译，生活·读书·新知三联书店 2003 年版，第 185 页。

三、作为他者的救济理论

　　救济是伦理学、道德哲学和人道主义哲学不可回避的命题。在进一步考察权利救济问题之前，让我们简单地考察与此有别的其他救济理论。

　　（一）怜悯论从性善论出发，怜悯论强调道德情感对受苦受难人的同情和安慰，它推导出人的自发情感对受害人的补救和救济功能，同时也成就了一种善人理论，它在政治上的表现就是善政理论。对受苦受难的人（还可以扩展到一切有生命的动物）产生怜悯之心或不忍之心乃是一个不证自明的问题。人们对受苦受难的人生发怜悯之心，对其遭遇抱以同情，对其不幸表露不忍，这是近乎本能的自然情感流露。这种本能"反应之及时、现象之普遍及本质之无私，这对于东西两种传统来说，当是一个共通的本源性的经历"①。孟子直接赋予了人与怜悯心共生共存的品质。亚当·斯密认为，看到别人痛苦，立即就想到自己的处境，这是一种由己及人、设身处地的联想方法。"由于任何痛苦或烦恼都会使一个人极度悲伤，所以当我们设想或想象自己处在这种情况之中时，也会在一定程度上产生同我们的想象力的大小成比例的类似情绪。"② 卢梭指出，人只有开动了其想象力，才能有感于怜悯之情。③ 不过，从自然情感的流露到从他人那里感受自己的快慰与否产生了利己的怜悯和利他的怜悯的分野。在《爱弥儿》的一条注文中，卢梭指出，我是"把我的同类当作自己"，"可以说是在他人那里去感受自己"，只是"因为自己不愿受苦才不愿他人受苦"。不仅如此，卢梭还从对他人怜悯中体验到怜悯心的"甘美"，"怜悯心乃是甜的，因为在为受苦之人设身处地之余，人亦会为自己不拟此人一般苦痛而快慰于心"④。这样一来，怜悯心具有了利己的性质，包含了满足自己心灵舒适的因素。孟子坚决否认不忍之心具有自利性质，竭力避免不忍之心走向自利，保障不忍之心源头上的纯洁性，但就此否认不忍之心所产生的最终结果未包含自利的因素却难以成立，即使不忍之心不具有任何自私自利的性质，而是一般意义上的利他主义，也不能在实证意义上证明在利己的怜悯论和利他的怜悯论之间哪一个更

---

　　① ［法］弗朗索瓦·于连：《道德奠基：孟子与启蒙哲人的对话》，宋刚译，北京大学出版社2002年版，第17页。

　　② ［英］亚当·斯密：《道德情操论》，蒋自强等译，商务印书馆1997年版，第6页。

　　③ ［法］卢梭：《爱弥儿》，李平沤译，商务印书馆1996年版，第261页。

　　④ 同上书，第259—260页。

具有正当性。

纠缠于怜悯论的动机固然可以强化怜悯心的基础，但并非一定会给怜悯心带来好的名声。从情感的自然流露到对所怜悯的对象救济，仍存在着一个不可忽视的中介。因为只有怜悯心，而没有救济行动，即使利他性质的怜悯论也只是受苦受难世界的旁观者。换句话说，怜悯心的自然流露并不会自动带来救济行动，源于怜悯心的救济只是救济者对救济对象的内心行为，它只在标示救济者的愿望方面体现了救济的道德品质。不论是利己的怜悯论还是利他的怜悯论，都借助了人的感官和心理体验，在不同的人的那里产生不同的效果，这些效果虽然都服从对受苦受难人所遭受痛苦的体验或共鸣，其强弱、程度也不同，但存在较大的随意性和主观性，往往使怜悯心成为高贵而神秘的东西。

（二）救赎论救赎理论从超自然或超人的角度解释和试图缓解人所遭受的当下痛苦，以此获得人在来世的幸福。救赎理论总体上乃是一种宗教哲学，它的典型表现形式是神学救赎理论和儒家的圣人救济天下的理论。在基督教神学的观念之下，被救赎的对象是那些在人世间的受苦受难者，由于原罪观念，人们从出生开始就是罪人，因而也是受苦受难者，他们唯有通过上帝或超人的帮助才能摆脱人间所遭受的苦难。这种借助于超自然、非现实力量救济人生苦难的方法为那些处于水深火热的人提供了精神上的依托，受此信念支配的人在不自觉状态中成为纯粹的救赎对象。中国虽然没有宗教的传统，但圣人往往被誉为拯救生民的救星和保障者。圣人不是上帝，但发挥了上帝的作用。儒家意识到，不仅要造就圣人，而且要使圣人成为在位者，以此成就儒家救济天下的理想目标。圣人救济论也被称为成圣论。在历史上，成圣论的思想质料有两个要点：一是个我之心即为宇宙之心；二是此心应担当德化和救济天下之大认。① 这种成圣观到了宋儒张载那里得到了高度的概括："为天地立心，为生民立命，为往圣继绝学，为万世开太平"，这几句气势磅礴的话语几乎成了中国知识分子从政的座右铭。然而，如果看不到天地本有心、生民本有命的道理，圣人救济论就会弥漫于历史和社会之间成为大而无当的东西。

怜悯理论和救赎理论都可以归结为他者救济义务论，这是一种视角，也是一种单向的线性救济路线。如果救济主体在行动上实施了救济行为，也产生了救济的效果，那么主要是救济主体的道德行为发挥了作用，救济的对象

_____

① 参见刘小枫《儒家革命精神流源考》，上海三联出版社 2000 年版。

即受害人总需要等待被救济，被救济主体始终受制于救济主体的愿望、能力和行为。如果救济行动是一种实践理性，那么一切以他人的欲望或自愿为基础的法则都是有缺陷的。除非救济行为受到普遍性发展的制约，否则它就会形成一项特权成为既施惠于人也压制人的东西。

康德认为，决定普遍性法则的是其形式而非实质内容，自然义务论正是这种形式性的道德实践法则。罗尔斯进一步把自然义务分为肯定性义务和否定性义务。肯定性义务是一种要为另一个人做某种好事的义务，即当别人在需要或危险时帮助他的义务；否定性义务要求我们不要做不好的事情，即不损害或伤害另一个人的义务，不施以不必要的痛苦的义务。① 自然义务论充分体现出了道德的形式法则。关于道德的义务性，使道德总是从"你不得不为"或"你不得为"的普遍性法则中获得独立的价值判断。从自然义务的两种性质中直接推导出两种性质的道德也是顺理成章的，即义务的道德和愿望的道德。义务的道德乃是这样一种道德，它从最低点出发，确立了使有序社会成为可能或者使有序社会得以达致其特定目标的那些基本规则，它是旧约和十戒的道德，与此相对应，愿望的道德是以人类所能达致的最高境界作为出发点，是善的生活的道德、卓越的道德以及充分实现人之力量的道德。② 按照这种理解，从人不得为恶到人应为善只是一个道德尺度的问题，你不伤害他人是道德，对遭受伤害的人给予帮助也是道德的，救济的道德或救济的自然义务所要求的是一种愿望的道德，而不是义务的道德。

由此看出，从自然情感到自然义务，使救济的理论基础发生的重大变化，使善的道德理论作为科学对象成为可能，这种变化肯定了救济的理性法则，确立了救济的抽象标准，为一种有序的救济提供了据以判断的准则。然而，不论自然情感论还是自然义务论仍然没有超出他者的救济义务论范畴。如果说自然情感是所有的人都会自然而然从心地里流露出的反应，那么，这里的所有人是指除了受害人以外的所有人，受害人成为所有人的怜悯和救济的对象。受害人需要得到救济的原因出自救济主体的怜悯、同情，而不是别的什么因素。自然义务论虽然不排斥自然情感论的存在和发展，对自然情感的可操作性也表示怀疑，但同样是他者的视角，受害人需要得到救济只是因为救济主体有这样一种义务，这种救济义务体现的是救济主体自身向善的追求和愿望。自然情感论中的他者是一般主体，对于自然义务论主体而言，由

---

① ［美］罗尔斯：《正义论》，何怀宏等译，中国社会科学出版社 1988 年版，第 114—117 页。
② ［美］富勒：《法律的道德性》，郑戈译，商务印书馆 2005 年版，第 7—19 页。

于帮助受害人是一种积极的人格完善上的需要，它所指向的救济主体应当具备不同于一般人的潜能，并非所有的人都可以做到这一点，因而积极的自然义务论中的他者仍然是特殊的救济主体。

他者的救济观呈现出了一种我与他的关系，它意味着只是从我出发来审视他的境况，并做出关于改善不幸景况的种种设计。受害人成了被审视和待考察的对象。在这一关系中，道德的救济主体掌控了救济的主导权和救济过程。对于这种救济主体而言，正如布伯所指出的，"自以为有能力恣意攫取，但他并不能由此转成实体，他永为一种功能，一种能力，永为经验者，利用者，仅此而已。"① 因此，不论起源于自然情感还是自然义务的救济主体都有可能成为决定他人命运的决定性力量，倘若自然情感或自然义务不能作为权利救济的资源和基础，那么受害人的不幸命运是否或在多大承担上得以改善往往取决于救济主体良好和完善的设计。

（三）垄断善业：他者义务论的可能后果

作为他者义务论的救济理论，无论表现在救赎还是怜悯的形式上，在连续性地救济受害人的过程中，如果不加控制和必要的外在约束，就极有可能导致对善业的垄断状态，以致把一种具有善意的事业变成少数人掌控的权力资源。事实上，通过善业的形式争取民心是历史发展过程中常有的现象。在任何时候，使自己始终处于合法性地位固然是所有政权要刻意追求的，但在各种形式的苦难必然存在的社会中，用善业换取合法性资源仍然是治者不得不从事的事业。造福民众的首要任务是要救民众于水火之中，中国历史上救灾活命术的一个重要功能就是要显现皇恩浩荡和恩泽。②

善业的特权属性是慈善事业的病态状态，虽然不一定必然是一种虚假状态。只要善业不是纯粹的存在，还多多少少夹杂着自私的成分，哪怕这种自私的成分即使微乎其微也足以让行善主体拥有善业的特权。除非善业是一项无条件的行动，在这种行动中没有动机的规定和企图，也没有目的的实现表达，善业则必然显现为非纯粹的性能。尼采在《道德谱系论》中批评道德的伪善，指认道德的总体属性乃是奴隶的哲学，或者不妨说道德是弱者的武器。这种学说是"愤世"理论学派最早的发现和较为彻底的表达，在宗教

---

① ［德］马丁·布伯：《我与你》，陈维刚译，生活·读书·新知三联书店 2002 年版，第56 页。

② 参见 ［美］魏丕信《略论中华帝国晚期的荒政指南》，曹新宇译，载李文海等编《天有凶年：清代灾荒与中国社会》，生活·读书·新知三联书店 2007 年版。

伦理形成过程中发挥了重要的影响力。

在历史上，宗教团体最系统地垄断了善业，也最先为苦难、怜悯心找到了可以解脱和使用的归宿。韦伯指出："宗教的结社与共同体在充分发展时属于统治共同体型：它们是教权制的共同体，就是说，它们的统治权力建立在施舍或不施舍福祉的垄断上面。一切统治权力，世俗的与宗教的，政治的与非政治的，都可以视为从某种纯粹类型中演变出来好或者接近这些纯粹型的权力。"① 对善业的垄断是所有统治型权力中最彻底和最纯粹的形式，之所以如此，乃是因为这种统治方式最能够、也极为容易地捕获人心民意，从而获得统治者梦寐以求的也许是代价最少的合法性资源。几乎所有的宗教在它们起源的时候往往都是苦难之人或贱民自救的共同体，但最终都成为由社会精英掌控的社会权力资源的一部分，这种从自救到他救的轨迹转变现实了历史发展的复杂性以及隐蔽的规律性。

把一项义务转变为一项权利（这里主要是指特权）显示了善业的双重控制论。一种是幸福神义论意义上的心理控制论，另一种是统治策略上的政治控制论，这两种控制论都达到了垄断善业资源的目的，而不论垄断效果是有意识的行为还是无意识的作为。善业资源是一种情感资源，当然也是一种稀缺的自然资源，对善业资源的任何形式的垄断只会使这一资源日益枯竭。特权当然是一种权利，虽然特权只是少数人的权利。对于具有幸福神义论精神的人而言，这是他的福分所在，是自己命好的再现，相对于那些"命不好"的人，他需要满足这方面的需求。"如果把'福'这个一般性的表达理解为一切荣誉、权势、占有、享受之类的财富，那么，这就是宗教要为一切统治者、占有者、胜利者、健康者，简言之：一切有福之人效劳的最普遍的公式，即幸福的神义论。"② 在这个意义上，伪善、假仁假义和施舍就只有程度之别而无性质上的差异。

对善业的政治控制最初的目的并不是为了争夺短缺的善业资源，而是一场对弱势群体施加控制的权力斗争，统治者通过排斥、打击或剥夺被认为的政治对手而获得对弱势群体的控制权。"在封建统治者眼中，民间慈善事业带有'人臣私惠'、争夺民众信任资源的嫌疑，所以任何由个人或非政府组织举办的善举都必须处于政府的监管之下，以'补王政之穷'"。③ 然而，国

---

① ［德］马克思·韦伯：《儒教与道教》，王容芬译，商务印书馆1995年版，第33—34页。

② 同上书，第9—10页。

③ 万方：《慈善之痛：国家权力下的清代民间慈善事业》，《书屋》2007年第1期。

家往往虽有全权却无全能实施和照理所有的值得从事的善业，为了弥补这种不足，通过特别税、特殊的徭役和名目繁多的摊派就成为重要的国策。[①] 每当国家的权力越过其界限而走向对市民社会或民间社会的领域时，这种争夺战就会发生。在这种情况下，被垄断的善业就会从一种公共利益转为国家利益或特殊的集团利益，从而成为制造新的受害人的因素。

四、权利救济与制度正义

权利救济理论是现代权利理论的重要组成部分，它假设人人都是平等的主体，这种平等既包括政治权利的平等，也包括经济、社会和文化权利的平等。权利救济理论中的救济概念就是"权利的权利"，它预示着权利主体和救济主体的统一，享有权利的人既有自我认定受害人境况的资格，也有要求他人、社会和国家给予救济的资格。救济行动的根据来自受害人的权利而不是他人的道德的义务，只是因为受害人有了救济的权利，提供救济的人才有了救济的义务，这种救济的权利和义务关系确立了受害人与他人之间的平等关系，从而瓦解了他者救济观中的家长式的恩赐效力。此外，在权利救济理论中，受害人是指他的正当权益受到损害的人，正当权利是关于正当权益的指涉性概念，在这个意义上，受害人是指他的权利受到损害的人，受害人的救济问题也就是受害人的权利救济问题，这一问题指向受害人自我救济的观念和学说，否弃的是他者救济的义务论。

自我救济的权利既体现在私力救济中，也体现在公力救济中——只要我们认为现代社会的救济制度是依照人民主权原则由每一个人授权的结果，它还体现在具有商谈意蕴的自力救济中这种面对面的和解行动和理性当中。私力救济、公力救济和自力救济都体现了现代权利救济理论中自我救济这一本质性要求，这三种救济形式分别关照了自我救济的合理性、合法性和妥当性。当然，自我救济权利的预设并不意味着在权利救济的理论中只有受害人的自我救济行动，从而缺乏他者救济的义务；相反，这种预设恰恰加强了他者救济的义务，但只有受害人有此权利时，这种义务的存在才是有效的。救

---

① 在清代，通过官府向各同业行会劝募收取之诸多名目的捐款，如盐捐、米捐、木捐、箔捐、锡捐、绸捐、典捐、丝捐、钱捐、土捐、煤铁捐、药捐、纸捐、洋油捐等可达十四种之多，且"善举事业已经完全徭役化，而且一旦招惹上身，不但本人终生不得摆脱，还延及子孙，成为一个家庭永远无法摆脱的噩梦"。参见万方《慈善之痛：国家权力下的清代民间慈善事业》，《书屋》2007年第1期。

济主体从他者救济观转向自我救济使救济理论发生了重大的转折，受害人的地位在救济实践中从客体走向主体，从被动救济走向主动救济。这一转变也消解了一切救世主的形象，真正预示着一个新的时代的来临，它提示了以权利为中心建构社会制度的重要性。①

人具有恻隐之心固然重要，但对救济受害人而言总是有限的，也往往是靠不住的，超越自然情感的理性救济观就是一种不错的选择，走制度化道路才更为长久和有效。何怀宏指出："恻隐作为一种最初的道德情感，它最主要的发展当然是要和理性结合，它不能满足于自身，不能停留于自身。我们不能以我们是有同情心的，我们是好心肠的而自足，因为这种感觉若无理性指导经常是盲目的，常常失之过分，或者方式不当和动力不足。"② 孟子从不忍之心出发，走向的是不忍人之政的道路，仁政才是孟子所要关注的最后对象。仁政的实质仍是一种圣人救济观，或者说是一种特殊主体的他者救济观。梁启超批判性地指出："孟子仅言'保民'，言'救民'，言'民之父母'，而未尝言民自为治，近世所谓 of people，for people，by people 之三原则，孟子仅发明 of 与 for 之二义，而未能发明 by 义。"③ 制度作为一种规范性力量体现了人的理性的集体行动逻辑，但制度从来都有好坏之分。近代以来，随着民族国家和人民主权论的兴起，公共权力被赋予法治的品德。这意味着即使出于善意的动机和目的，公共权力也必然要得到法律上的授权。因此，制定良法就成为公共权力实施善政的前提。制定法律并不是简单的主权者的命令，不是主权者想立什么法就立什么法，正义要求主权者制定的法律应当是良好的，有良法也才有善政。

不同的社会有不同的对良法的判断标准，但他们都指向正义原则。在西方，符合自然法（Natural Law）的法律就是良法。自然法，也称"本性的法律"、"永恒的法律"或"上帝的律法"，它们确定了合乎人性和理性的立法的终极原则。在中国，在立法原则上，道家强调"法自然"、墨家主张"法天"，儒家提倡"顺天"，也同样表达了一种确立良法准则的原则。亚里士多德曾经精辟地为良法确立一个标准，即人民普遍地、自愿地服从的法律就是良法。按照这一逻辑，人们普遍不服从的法律就是恶法，恶法是良法的

---

① 关于权利救济本质的分析，参见贺海仁《谁是纠纷的最终裁决者：权利救济原理导论》，社会科学文献出版社 2007 年版。

② 何怀宏：《良心论》，上海三联书店 1994 年版，第 97 页。

③ 梁启超：《老孔墨以后学派概观》，载《梁启超全集》，北京出版社 2002 年版，第 3307—3309 页。

对立面，在恶法之下没有善，但重要的是，它使每一个人都是良法的自我立法者。现代社会把评判制度好坏的权利赋予每一个人，它相信每一个人对自己的利益和痛苦所作出的判断就是最好的判断，就救济行动而言，让每一个感知、判断自己作为受害人的权利的制度就是最好的制度，在这个前提下，体现自我救济权利的制度就是最好的制度。

现代意义上的善政关乎国家和政府的品质，它所表达的是民众对一种成为正义的社会制度的向往和追求。根据罗尔斯的正义论，正义的社会需要两个原则，第一个正义原则是平等自由原则，第二个原则是机会平等原则和差别原则的结合。这两个原则具有词典式的排列但共同构成了正义的整体结构，它们既捍卫了"每一个人的利益"的自由原则，也体现了"合乎最少受惠者的最大利益"平等原则。

从并非是假设性的前提出发，特定社会中人们的苦难程度大致有四种指标作为衡量的标准：1. 最大多数人的最大幸福；2. 最大多数人的最大苦难；3. 最小少数人的最大幸福；4. 最小少数人的最大苦难。我们把这四种指标以两组为单位进行组合，就有两组的组合体系。第一组是最大多数人的最大幸福与最小少数人的最大苦难；第二组是最小少数人的最大幸福与最大多数人的最大苦难。从正义的角度看，最为正义的社会应当是实现了全体人的最大幸福的社会，如果没有这样的社会或者无法实现这样的社会，就退而求其次，追求最大多数人的最大幸福的社会，这是古典功利主义愿意打造的社会；再次的社会就是维护最小少数人最大幸福的社会，它所反映的是最大多数人的最大苦难的社会，它的幸福余额是负数，因而被古典功利主义者视为不正义的社会。罗尔斯在论述一种正义的社会时指出："我们假定存在着平等的自由和公平机会所要求的制度结构，那么，当且仅当境遇较好者的较高期望是作为提高最少获利者的期望计划的一部分而发挥作用时，它们是公正的。"[①] 在承认社会中存在"境遇较好者"和"最少获利者"的前提下，判断一个社会是否正义的标准是把提高"最少获利者"的计划作为"境遇较好者"的计划的一个组成部分，这样一来，罗尔斯的正义理论在主体上就选择了一个观察点，即从"最少获利者"的角度看待社会正义问题。对此，罗尔斯明确指出："社会结构并不确立和保障那些状况较好的人的较好前景，除非这样做适合于那些较不幸运的人的利益。"[②] 分享社会发展带来的

---

① ［美］罗尔斯：《正义论》，何怀宏译，中国社会科学出版社 1988 年版，第 76 页。
② 同上。

成果是以改善和提高社会中"最少获利者"或"较不幸运的人"的景况为前提的，正义的社会反对两种倾向和做法：一是可以使许多人分享较大利益而剥夺少数人的自由，它包含为了少数人的利益而剥夺大多数人的自由；二是可以用一些人的较大利益补偿另一些人的较少损失。这两种非正义的社会现象可以是相辅相成的，即用剥夺一些人的自由和利益作为获取自己的利益的来源，而后再用可能的余额来弥补受损人的损失，但正义社会拒绝用事后的补偿来论证侵犯的正当性。

　　存善心、行善举不必非要与正义的制度挂钩。人们通常所说的善出自人的自然本性，是人的善性的体现。中国传统社会的行善史表明，民间士庶和民间慈善机构承担了修善、劝善和行善的重大责任，[①] 但不见得这些行善行为所处的社会就是正义的社会。行善总体上是一种道德行为，受制于特定的道德规范，是一种自觉性的行为。就善政而言，公共权力必须按照最少受惠者的要求实施有利于他们的最佳行为。在正义的社会前提下，最少受惠者与善政的关系是权利—义务的关系，而不是请求—体恤的关系。在体恤—请求关系中，"体恤的责任在本质上是关怀的责任，兼听的责任，为民作主的责任，亲民爱民的责任，而不是与社会成员权利要求相对应的义务。——尽管社会成员有各种各样的请求，但是，这些请求最终要服从公共权力存在和运行的需要，不是非满足不可。社会成员也不可能让公共权力必须满足自己的请求"。[②] 在权利—义务关系中，满足最少受惠者的需要和最大利益是最少受惠者的权利，是最少受惠者的资格、利益、自由和主张，与此相适应，就公共权力而言，满足最少受惠者的需求和最大利益是不得不为的义务。一个社会如果在制度设计中为最少受惠者赋予了这样的一种权利，并且为公共权利设定了这样一种义务，那么，这样的制度可以称得上善政。

五、结语

　　人生在世，痛苦是不可避免的，但人自身不应当是痛苦的根源，不是需要被否定的对象。各种宗教都看到了人类苦难，并且对解救人的苦难提供了药理和药方，在某种程度上，减轻、消除人痛苦的学说都具有宗教的性

---

① 参见游子安《善与人同——明清以来的慈善与教化》，中华书局 2005 年版。
② 夏勇：《乡民公法权利的生成》，载夏勇主编《走向权利的时代——中国公民权利发展研究》，中国政法大学出版社 2000 年修订版，第 627 页。

质——假如宗教的起源和性质都是在谋求对痛苦的认识和规避。不过，关注人的痛苦，减轻或消除人的痛苦的理论和制度并非一定就是一种宗教。如果一个社会在设置它的基本结构时不仅可以有效地减轻或消除人的痛苦，并且尽量避免产生痛苦，人们就不必等到下辈子才可以消除痛苦。因此，不仅需要一种在人世间就可以达到效果，而且不必使遭受痛苦的人以自我消化的方式解决痛苦的理论和制度就是一种现代意义上的受害人的理论和制度。在权利救济的理论视野下，受害人是指所有那些认为自己权利受到侵害的人，每一个人都有这样一个认定自己权利受到侵害的主观权利，这意味着应当赋予每个人自我确认受害人的资格和自由。在这个前提下，区分"命不好的人"、"受苦的人"和"不幸的人"才具有现实基础，也为甄别不同形式的救济理论确立了立论的基础和方向。权利救济理论承认受害人作为权利主体和救济主体重叠身份，它的使命在于贯彻自我救济的权利这一核心观念，与道德范式下的怜悯论和神学意义上的救赎学拉开了距离，以此张扬人的价值和自我救赎的世俗意义，为与一种合乎正义的社会结构相契合的善政提供驱动力。

第九章

哭泣的权利

> 我们的终局性不是因为我们（指联邦最高法院——引者注）一贯正确，恰恰相反，仅仅因为我们是终局的，所以我们一贯正确。
>
> ——杰克逊大法官

上访救济作为独特的公力救济形式在相当长的历史时期发挥了重要的功能。20世纪90年代以来，上访救济的功能发生了实质性变化，从"上访"走向"下访"、从"千方百计上京城"到"依法就地解决问题"预示着上访救济在国家治理结构中功能的转化。在上访救济存废论的背后，政府作为"全职全能"的角色正在发生变化，不过，淡化软性上访权，分置硬性上访权，仍需要在制度上处理好"审判审判者"的问题，对领导审批案件的批评和对司法救济的谨慎张扬仍然是必要的。

一、哭泣的权利

上访的话语和语境，无论在传统社会，抑或当代中国，都包含着特定关于救济的内涵和信息。几千年来，上访承载着普通民众对国家权力的企盼，是中国人传统的权利救济方式，也是中国人实现正义的原始路径。如果说中国人有什么天赋权利的话，那么上访则是那种至少在程序意义上不可也不能剥夺的权利，从传统社会的"京控"到当代社会的"信访"，无不贯彻了这一主题。

京控制度在我国源远流长，汉朝早期就已实施疑难案件上呈御前审判制度，至少从隋朝开始，京控人可以进京告御状。清代沿袭古制，原则上准许百姓上访京城告御状。清初叩阍的地方通常在通政司、登闻院两处，分别称为告"通状"和"鼓状"，后登闻鼓并入通政司。但除刑部外，有权接受叩阍的部门还有都察院、五城察院、顺天府、步兵统领衙门，旗人还可以到八旗都统、佐领处控告。① 在中国传统法律文化背景下，京控的话语和实践，包含着特定意义上的关于权利救济的制度信息。"京控既是启示的工具又是补救的工具，这种双重性质，解释了何以在一个奉行认为诉讼有损和谐的儒家思想的社会要有一个延续诉讼存在的机制。"② 就京控的启示功能而言，京控显示出它作为国家治理功能的特征。这是一种独特的国家治理方式，是一种可以称为"案例治国"的技术，通过对少量但包含了异常丰富信息的案件的裁决，京控发挥着统治者尤其是最高统治者体察民情、了解民意、监督官吏、抑制冤情的重要职能。然而，从京控人的角度看，京控的补救功能更为重要，实现个体正义的需求鼓励和激励着京控人千辛万苦地从事京控活动，从这个意义上讲，京控是中国人传统实现实体正义的特殊方式。

在现代社会中，权利是关于正当事务的指涉概念，一旦权利受到侵害，权利所指涉正当事务就会遭到扭曲。不过，权利也是一个实践性概念，是康德所说的人与人外在的实践的关系③，权利遭到侵害同时意味着权利所确立的关系遭到破坏。因此，还原正当的事务，恢复和谐的关系，就成为救济的基本价值和目标。从历史实践看，救济的方式分为私力救济、公力救济和自力救济三种。④ 私力救济是一方当事人按照自己的意志、能力解决争议的方式，不论争议具有怎样的性质，对案件是非曲直的判断均建立在一方当事人意志或能力可以支配的范围内，也就是说，当事人一方当然是当事人，但已是处理自己案件的裁判者。只靠当事人一方就能解决争议或令争议搁置鲜明地体现了私力救济的特征，这与公力救济形成强烈的反差。在公力救济的结构当中，在当事人之上明显地存在一个"他者"，这个"他者"运用自己的权力和智慧以"中间人"的身份解决争议。但是，重要的不是有一个"他者"，而是"他者"依据了自己的规则。如果"他者"在裁决案件时受到一方当事人的支配或与本案有直接或间接的利害关系或仅根据一方当事人的意见作出裁决，从效果上看，这类案件仍属于私力救济。公共裁判机构的出现

① 张晋藩：《清代法制史》，中华书局1998年版，第620页。

② 欧中坦：《千方百计上京城：清朝的京控》，谢鹏程译，载贺卫方等编《美国学者论中国法律传统》（增订版），清华大学出版社2004年版，第514页。

③ ［德］康德：《法的形而上学原理》，沈叔平译，商务印书馆2001年版，第39页。

④ 关于私力救济、公力救济和自力救济的划分及其相互关系，参见贺海仁《谁是纠纷的最终裁判者：权利救济原理导论》，社会科学文献出版社2007年版。

以及它所依据的公共规则克服了私力救济的固有弊端，使救济规则的性质从当事人一方的意志转变为公共意志。自力救济建立在当事人之间合意的基础上，在这种情况下，处理案件的规则出自当事人自愿交易和相互妥协，不论是当事人一方意志的强制（如私力救济），还是来自公共意志的强制（如公力救济）在这里均不存在。

京控在运行方式上排除了京控人使用私力救济和自力救济的方式，而转向寻求"他者"的路径，只不过，京控所寻求的"他者"通常是国家的最高权力机关，在某种程度上，它是以皇帝或皇帝的影响为中心而实施的救济方式，"无论何种情形，京控的目的是一致的，即争取皇帝对本案的关注"。①"千方百计上京城"正是京控人诉诸最高权力机关的社会写照。不过，京控虽然是公力救济的重要形式，却不是唯一的甚至也不是主要的形式，在传统社会，司法救济并非是可有可无的，京控在很大程度上是"舍法求法"的结果。"在舍法求法的情形下，当事人要求的，不是非法的结果，而是合法的结果；当事人舍弃的，不是法律的原则，而是法律的形式。"② 在司法救济之外或司法救济终结后寻求公力救济，往往形成典型的京控救济。需要注意的是，不论司法救济是否具备法治品质或德性，绝不能简单地认为司法救济程序中的上诉制度就与京控具有相似性，如果是这样，上访就是司法救济的一部分了。真正意义上的京控通常是司法救济的继续，在穷尽了司法救济的全部程序之后，或者当事人认为司法救济不能发挥正常功能的情况下，京控救济才得以启动。因此，在公力救济领域，不是司法救济，而是京控救济充当了解纷的最后的手段。③ 不过，诉诸最高权力机关所获得真正救济在数量上少之又少，以致京控的权利似乎只剩下向"上面"哭诉的权利。

没有证据表明，新中国成立以来实施的上访是京控制度的延续，然而，诉诸最高权力机关、舍法求法以及作为最后的解纷手段的京控特征，使上访救济与传统社会的"京控"有着高度的一致性。只不过，在上访救济中，诉诸最高权力机关被转化为上级领导审批案件以及审判审判者的具体形式。

　　① 欧中坦：《千方百计上京城：清朝的京控》，谢鹏程译，载贺卫方等编《美国学者论中国法律传统》（增订版），清华大学出版社2004年版，第517页。
　　② 夏勇：《舍法求法与媒体正义》，《环球法律评论》2005年第1期。
　　③ 1996年12月，山东省平邑县法官阮德广、靳学英因被平邑县检察院认定构成徇私舞弊罪而免予起诉，二法官从此走上了四年之久的上访之路。他们除了在省市有关部门上访外，在北京，他们先后去最高人民法院、最高人民检察院、全国人大、中纪委、妇联、国务院和《民主与法制》、《人民日报》等多家机构和新闻单位。参见《北京青年报》（网络版：news.netbig.com，2001-01-16）。

二、"情况反映"与领导审批案件

在处理上访事务的过程中，国家机关的负责人或部门负责人负有"批阅"重要来信、"接待"重要来访的义务。① 各级领导批阅上访信件、接待上访人员不仅体现了权力、权威，也是职责和义务所在。如各种形式的"领导接待日"已成为各级领导的日常工作。

同样是案件，上访救济和司法救济对案件的处理及其运行模式迥然不同。在司法救济中，所有的诉讼参与人通过程式化的司法文书（如起诉书、答辩状、代理词、公诉书、裁判文书等）提出主张、阐释理由，以此使所有当事人置于公开的场域，形成了透明似的语境当中。一切都应当面对面，尤其应当面对共同的裁决者，所有单方面的言说或私下的交谈不是被宣布无效就是有腐败之嫌。

领导审批案件的方式主要通过"情况反映"的形式进行，这是一种特殊的国家权力运作模式，为各级国家机关介入司法、参与审查案件提供了条件。原则上，任何人可以向领导呈递情况汇报，而在实践中，它往往表现为一方当事人单方面对案件的阐述。它把审判过程中的事实或没有被法院掌握的事实转化为"情况"，并且配置于可能有的各种宏观叙述，如意识形态、政策倾向、天理人情、自身惨痛等，为此赋予普通人与官员同样的向上级反映情况的权力，与此同时在上下级之外开辟了另一个上级获取信息的合法途径，便于上级了解和把握民情社意。真正的问题是在汇报形式上和处理汇报内容的非公开性，换言之，情况汇报的呈递和批阅制度脱离了法域，失去公力救济的必要品质，而且在非公开的制度流程中，对权力进行监督实际上变得愈加困难。饶有兴趣的是，领导批阅案件是在上访制度的背景下履行其职责的方式，但它所产生的后果却是私力救济对公力救济的侵蚀和否定。法治社会以其程序正义而有别于传统社会。程序正义所追求的是可以达到公平审理案件的规则、程式以及相关的机制，确保裁决者自身能够在审理案件中做到"不偏不倚"，为此，形成了保障程序正义的两条原理：一是"任何人不能自己审理自己或与自己有利害关系的案件（numo judexin porte sua）"；二是"任何一方的诉词都要被听取（oudi alteram partem）"。如果说私力救济在本质上是指

---

① 2001 年广东省各级检察院 568 名正副检察长，共接待上访群众 3349 次，9184 人，批办案件 3387 件，已办结 2951 件，其中省院检察长接待 24 次 369 批 575 人。参见广东省人民检察院正义网 http//www.jcrb.com.cn。

一种脱离法域，不能体现程序正义的权利救济方式，那么在表现形式上，私力救济或者单方面听取一方当事人的陈述，缺乏必要的取证、听证或质证程序，或是涉及相关的利害关系，以致陷入参与审理自己或与自己有关案件的景况之中，因而总是处于与公力救济对立的立场上。

上访救济的这种实际效能在实践中有被其他社会组织或个人仿效、复制或参照的倾向，如以翻案为指向的人民代表对个案的质询或提案以及权力机关的个案监督制、喧宾夺主的新闻媒体对案件的"呼与鸣"、一本正经的却有趋利动机的法律专家的专家意见等。如果作合理性的考虑，即使上述机关或个人与案件没有直接或间接的利害关系，就其获取案件材料的来源和方式上，也摆脱不了私力救济的效果。在脱离了司法场域的情形下，案件本身就有失真的危险。虽然人大代表、舆论报道、专家意见对案件也发挥着监督、指导作用，但不意味着对案件的判断总是可以发出正确的意见。因为既然法院在程序正义的原则立场上都有可能做出错误的裁判，那么没有或不能遵循程序正义的其他机构或个人怎样维护自己的正确性呢？因此，在审判职责划分已经明确的社会中，如果不能确保所有的案件沿着正确的轨道行驶，那么，与其其他机构或个人错，不如法院错，这是体现司法权威的逻辑结果。

当社会改革过程中新旧矛盾在司法场域进行较量时，司法权的运作就像牵一动百的中枢神经，司法被赋予太多的它自身不能承受的使命。① 监督也因此被赋予更多的含义和新意。据说，审判之后的各种力量，如果排除腐败的动机和行为，是使监督审判权沿着正确轨道前进的保障。在制度上我们很难说得清楚监督和干预司法审判之间的区别，因为各种各样监督形式总能找到了极佳的视角、最正当的宏大理由以及无可挑剔的表达，在它们精致的组合与排列中强烈地显示着改变或维持司法审判结果的迫切要求。社会心理在复杂的历史现象面前出现了似乎难以调和的矛盾：既欲依赖于司法，又对它难以放心。虽然这样的心理困惑并不导致司法权力不应受到制约的结论，但是对司法权的有效监督的确不是人多势众的总动员，也不是可以随意批阅的文件报告，在关乎正义、公平的问题上，审判远不是一架"自动售货机"：投进去的是事实和法律条文，出来的是判决书，即使经过了专业化训练，如

---

① 最高人民法院严厉批评了试图将一切纠纷推向法院的舆论导向。诉讼活动无限扩大会走向反面，导致诉讼活动的无序化。法院不可能解决所有的社会纠纷，否则，不仅未能有效地解决纠纷，反而会损害司法权威。上述现象被归结为"与时代精神不符的过时的司法观念"。参见《遏制滥用诉讼手段倾向，引导解决社会矛盾合理分流》，《人民法院报》2002 年 7 月 13 日。

果法官缺乏必要的正义感和社会良知，再多再好的监督也徒具形式。[①]

三、司法上访："审判"审批者的逻辑

上访机构的处理部门缺乏权威性、没有裁决上访事务实体权利和义务的应有权能，这一切都成为人们质疑上访救济效果的重要原因。事实上，如果从上访的数量和处理的结果上看，上访机构在很大程度上只是充任了机关负责人与上访人之间上传下达的载体。然而，上访专门机构却实实在在地分享着国家权力。对上访人而言，如何通过上访专门机构以接近权力，是一项需要体味和学习的上访技术。其中，如何接近领导或引起领导的注意，成为上访的核心技术。梅特兰在批评英国19世纪诉讼程序的现代化改革的不彻底性时无不嘲讽地指出："我们已经埋葬了诉讼形式，但它们仍从坟墓里统治我们。"借用这一比喻，在上访制度领域，虽然早在20世纪初的变法维新的运动中，特别是1949年新中国确立了人民共和国后，在制度上我们已埋葬了传统社会的司法行政合一统治策略，但它仍旧在统治着我们。问题主要不在于，机关负责人的批阅是否建立在事实基础上，因为对上访事实的调查可以采取多种形式，如听取下级单位负责人的汇报、组成工作组或委任专人调查或举行案件讨论会，它所显示的问题是"对于定案的意见，应当按照组织系统，报请主管部门或有关领导干部批准。调查人不得擅自主张，自行定案"[②]，这也是"谁主管、谁负责"等上访事务的处理原则。这种在组织系统内通过机关负责人的推动形成的对上访案件的办案机制，不仅催生和再生产了司法体制外的裁决者阶层，也使裁决者自身在裁决的过程中最终陷入困境。一方面，上访人所诉求的对象与被上访人处于同质的利益系统内，在重大、疑难的上访案件中，裁决者自身就是潜在的利益关系的一方当事人。在如何平衡上访人与被上访人的利益关系上，裁决者显然处于两难境界。另一方面，即使裁决者最终做出了它认为公平的裁决结果，也因上访案件的无终止性，使裁决者成为新一轮上访案件的被上访人。在错综复杂、数量庞大的上访案件中，

---

① 柏拉图对不称职的法官的评价是，"如果一个法官在作判断时，听取的是观众的意见，受到了乌合之众的大声大嚷的影响，而他自己又缺乏训练，那么他作出的判断就不会是恰当的"。参见［古希腊］柏拉图《法律篇》，张智仁何勤华译，上海人民出版社2001年版，第46页。

② 参见《国家机关处理人民来信和接待人民来访工作条例（草案）》第23条，《信访条例》第5条第3款重申了这一原则，即"各级人民政府、县级以上人民政府各工作部门的负责人应当阅批重要来信、接待重要来访、听取信访工作汇报，研究解决信访工作中的突出问题"。

上访机关可能既是一批上访案件的裁决者，又是另一批上访案件的被上访人。上访机关可能最终缺乏中立性（通常是迫不得已放弃其中立性）而丧失权威性。大部分的情形是，上访机关虽然力图保持其中立性，却往往处于"被告人"的地位不得不为自己的行为出面辩护。这样一来，我们可以看到，社会中恰恰失却的是权威，人们似乎处于无权威的社会。

司法机关同样成为被上访的对象，更为严重的是，司法上访面临着更具戏剧性的困境。司法上访是一种谋求更高一级的权力并对包括原来的仲裁者在内的当事人进行审判的机制，换句话说，这是一种"审判审判者"审判机制。审判权因科层式的管理模式而产生了等级制，它把原本统一、不可化约的审判权肢解了，留下的是支离破碎的审判权残片。现代司法机关是形式主义法治精心设计锻造的产物，不论司法机关是否属于国家的最高权力的组成部分，均具有任何其他部门不可挑战的权威。在具体案件中保持中立或坚持案件利益无涉的立场，是其赢得权威的重要原因，而且由该权威所决定的案件终局性保障了仲裁者自身不会搅入与争诉当事人之间的利益旋涡中。

四、软性上访权与硬性上访权

上访诉诸的对象总是中央权力机关。在新中国成立后的相当一段时期，中央政府承担了大量的处理上访事务的任务。政务院在新中国成立之初所办理的上访事务之全面和具体令人吃惊。① 托克维尔在评价大国的中央政府时

---

① 东北某公司水泥预制品厂领导存在官僚主义，造成工人生产情绪不正常，酿成严重的质量事故，浪费8亿元（旧币）。该厂职工向政务院反映后，经中央建筑工程部组织联合调查组进行检查，证实反映情况属实，处分了该厂的有关领导和工作人员。某市公共汽车公司的工人冀某，被怀疑盗卖油料，强迫承认后又翻供，被除名。冀到政务院来访，请求重新处理。经政务院与某市公共汽车公司联系，证明冀某清白，恢复了他的工作。1951年11月，绥远省包头县政府干部杨某患了重病，当地治不了，由他母亲陪伴来北京求医，因钱不够，住不了北大医院，要求政务院解决，政务院转请卫生部介绍进了北大医院，病愈后，其母特来致谢。政务院不仅在上述制止官僚主义、解决人民群众的具体困难等上访事务上发挥作用，而且也对申诉案件的上访追查到底。1951年4月，韩某到政务院来访，由于他坚持原则，敢于和坏人坏事作斗争，遭到一伙坏人的打击报复，这些人伪造罪名，召开群众大会，对他进行斗争，并毒打致伤，8个月才治愈，还没收了他及早就与他分居的3个儿子的牲畜、粮食、衣物、家具等。这是一起故意伤害、侵犯人身权利、赔偿损失、要求追究行为人法律责任的申诉上访案件。政务院三次催办未果，至第四次催办，政务院得到了该县法院的汇报。汇报称，韩某是"讼棍刀笔"，所诉不实，已判决定案。之后，韩某再次上访，政务院秘书厅根据韩某的申诉，对汇报进行了详细研究，发现其中有许多矛盾和不实之处，才又转请省政府秘书长查处。省政府办公厅组织了调查组，深入调查，查明韩某所诉属实，遂作出相关处理结果。参见刁杰成《人民信访史略》，北京经济学院出版社1996年版，第68、67页及第45、44页。

指出："不管它如何精明强干，也不能明察秋毫，不能依靠自己去了解一个大国生活的一切细节。它办不到这一点，因为这样的工作超过了人力之所及。当它要独立创造那么多发条并使它们发动的时候，其结果不是很不完满，就是徒劳无益的地消耗自己的精力——只要它的各项措施有求于公民的协助，这驾庞大的机器的弱点马上就会暴露出来，立即处于无能为力的状态。"① 在不断强化上访机制的宏观话语下，在民众与国家之间开辟了另一片公共领域。不过，它有别于代议制下的公共领域，后者是规则化、程式化的人民权力场域，体现的是大多数人的民主。人民的意志、意见和建议通过代议制在行使国家权力的各机关中得以表达、展现和交流。通过立法程序制定的法律和长期与法律共存的执政党的政策正是这一制度的产物。在上访的公共领域，国家权力已经不是抽象的、置于社会之上的公共力量，它直接参与了与上访者的对话，自觉地、甚至是面对面地倾听上访者的声音。这是两套并行的、差不多同质的民主场域，但上访的民主场域却具有更为直接、广泛、普遍的意义。国家权力被上访行为具体化、对象化，国家权力的权威性因此被"倾听者"和"对话者"的身份所遮蔽。在公力救济领域，也并行着两套救济系统，一是上访救济，具有强烈的扩张性和穿透力，是一项主流的权利救济手段，支配并制约着自身不能自足的司法救济系统，在某种意义上，司法救济只是上访救济的补充，它自身缺乏终局性。在司法救济不断被削弱，乃至于被取缔的年代，上访救济充当了权利救济体系中的主角。

党的十一届三中全会前后，鉴于新中国成立以来历次的政治运动所造成的冤假错案，形成了新中国成立以来的第一次上访高潮。平反冤假错案主要是以上访形式进行。如果把京控和上访的功能理解为民众向最高权力机关的本能诉求，以及通过这一重要却过于狭窄的管道实现个人正义，那么，二者之间的确存在着惊人的相似性。不过，历史的发展毕竟在20世纪80年代在中国走出了另一种轨迹，反映在上访制度上，就是把上访权利宪法化。

上访权是宪法权利。宪法第41条集中规定了公民的上访权利。在结构上，该条第1款规定了上访权的5个构成要素，即批评权、建议权、申诉权、控告权和检举权。第2款规定了对公民的申诉、控告或者检举国家机关负有处理的义务，但对批评和建议，则有免于处理的义务。该款同时衍生出国家机关的另外两项义务，即对公民的申诉、控告和检举，负有"不得压

---

① ［法］托克维尔：《美国的民主》（上），董国良译，商务印书馆1996年版，第100—101页。

制"和不得"打击报复"的义务。该条第 3 款为国家赔偿的依据，可作广义和狭义两种理解，一是国家机关和国家工作人员对侵犯公民权利负有赔偿责任，二是对国家机关和国家工作人员对侵犯公民的上访权负有赔偿责任。在上访权的宪法性规定之下，上访事务通常由上访人的意见、建议和要求构成。意见、建议和要求相互间或有重叠，但在中国社会的语境下却有大致确定的意思表示。例如，意见、建议和要求都可视为不同形式的"情况"。"情况"具有特定的内涵，至少包含着向有权力的人或机构阐述事实，提出具体请求，并要求予以维持、维护、改变或重视、提示等。就意见和建议而言，范围极为广泛，大到对一件事物的看法或造福社会的发明创造，小到人的情绪、思想动态等，有对一件事物的认可或首肯的意见，也有对一件事物或做法的疑义或反对的意见，这样的事物或行为既关乎于己，也关乎他人。与意见、建议类的上访不同，要求类的上访则要具体、明确得多。上访人的要求或以国家为对象，请求国家在生活、经济、文化等方面给予救济，或以申诉、控告为手段，请求对已遭受损害的权利予以救济。

在性质上，上访的 5 项权利均属于程序性权利，即那种通过这样的权利行使实现另外一些权利的权利。在此，我们把批评权和建议权称为软性的上访权，皆因行使这类权利不构成要求—责任的法律关系。当然，这并不意味着这样一类权利是可有可无的，事实上，批评、建议权具有言论权的性质，或者说是言论权的另外表达。

批评、建议的上访权利，依照宪法，不是国家机关必须处理的事项，隐含着可以对这种性质的上访免于受理的后果，如果把它与 50 年代初的上访制度相比，法律无疑赋予国家机关更大的自由裁量权。① 软性上访权的这种转化，反映出上访的政治功能的弱化，国家通过上访权实现政治总动员的使

---

① 例如，政务院 1957 年的决定，对人民来信必须给予答复的除外条款只是"反动分子借人民名义向政府提出的带有挑战性或试探性的问题"。具有典型意义的是 1963 年 10 月由国务院秘书厅整理的《国家机关处理人民来信和接待人民来访工作条例（草案）》第 22 条的规定："各级国家机关，对于人民来信来访提出的建议、意见、要求和批评，应当根据不同的情况，分别处理：（一）对于建议和意见，凡属正确的、可行的，应当认真研究采纳；凡属同当前政策有抵触的，或者还没有条件实行的，应当耐心地进行解释，并且宣传有关的方针、政策；（二）对于各种要求，凡属合理的，目前能够办到的，应当及时地采取措施，予以实现；凡属虽有一定的道理，但是目前还不能够实现的，应当耐心地进行解释，取得群众的谅解；凡属不合理的，应当宣传有关的方针、政策，耐心地进行教育，提高群众的思想认识，使他们自动放弃这些要求；（三）对于批评和揭发工作中的缺点和错误，检举干部的不良作风和违法乱纪行为，应当认真检查，检查属实的，必须认真纠正，严肃处理；不实的，亦应当从中吸取教训，教育干部。"

命不断消解。

　　硬性上访恰好无例外地囊括了申诉、控告和检举权。硬性上访权越来越具有法律程序意义上的法权，或类似诉权的东西。不过，硬性上访权虽然可以引起诸如国家赔偿、行政复议、行政诉讼的法律程序，实则与任何严格意义上的诉权无关。"诉权无非是指在审判员面前追诉人们所应得的东西"① 如果硬性上访权不能进入司法审判领域，那么，硬性上访权也不会实现它所追求的结果。可是，麻烦在于，即使进入了司法审判领域，并且上访事项经过了司法终局的裁判，也可以引起新一轮的上访。在这个意义上，硬性上访权是诉权的前伸和后延，可称为前诉权和后诉权。前诉权和后诉权是使司法政治化的特定形式，是使法律的诉权非程序化的表现。它的弥散性式的广泛运用使司法的终局性成为新一轮上访的依据或对象，而不是了解案件的表现。

五、上访救济存废论

　　上访曾经肩负着重要的历史使命。在新中国成立初的相当一段时期，作为一项政治策略，它是克服官僚主义的监督方法；作为一项决策机制，它是体察民情、倾听民意的民主管道；作为一种纠纷解决方法，它是正确处理人民内部矛盾的具体体现。它既反映了国家与人民之间毫无遮蔽的亲密关系，也再生产着新政权的合法性机制。②

　　20 世纪 90 年代以来，在倡导法制和民心思变背景下，国家在上访领域中开始有条不紊地弱化其倾听者、对话者和裁决者的角色，其显著特点是淡化软性上访权，分置硬性上访权。加强法制的过程也是上访救济与司法救济在权利救济体系中的地位发生转化的过程，这有其内在的逻辑规律，但重要的是国家退出或缩小在上访公共领域功能的突围战略。

　　1996 年信访条例创造了新形势下的新的行政上访体例。条例赋予受理机关两项"告知"的权力，一是告知上访人上访事项属于各级人民代表大会以及县级以上各级人民代表大会常务委员会、人民法院、人民检察院职权

---

　　① 查士丁尼：《法律总论》，商务印书馆 1989 年版，第 205 页。

　　② 1951 年 5 月 16 日，毛泽东同志向全国各级地委以上的党委和各级专区以上的人民政府发出要求，必须重视人民的通信。1982 年《党政机关信访工作暂行条例（草案）》明确规定各级党委受理人民群众的来信来访是"一项经常性的政治任务"。

范围内的，应分别向有关国家机关提出；二是告知上访人对已经或者应当通过诉讼、行政复议、仲裁解决的上访事项，应当依照法律的规定办理。在"告知"的标准不能明确或不可能明确的情况下，行政上访的事项不可避免地局限于对行政机关及其工作人员的批评、建议和要求上。2005 年信访条例，除了再次明确上访事务的"告知"义务外，对"就地"解决上访事务的加重规定隐含了进一步弱化传统上访功能的决心。到京城上访或越级上访不是不可能，但已变得越来越困难，避免或竭力防止越级上访是衡量地方党政部门的重要政绩，在有些地方甚至成为衡量社会治安综合治理工作的标准。① 这是一个巨大的历史性的转变，表明了国家明晰上访路线，正确定位自己的决心。与此相配套的是，硬性上访权被细致地化解在颇具有法治品质的三大诉讼法和大量的司法解释当中。新型的上访体制，在形成之初就注定处于自身的解构过程之中。这是对上访制度瓦解的姿态，却也是进步的姿态。

上访由个体行为向集体行为的转变，也预示着上访人与国家权力之间民主性上访关系发生动摇。对集体上访的控制越来越严厉，以致集体上访的难度达到了惊人的程度。集体上访显然是作为社会不稳定的一个因素，发生集体上访，特别是越级的集体上访，同样可作为社会失序的表现。上访秩序概念的提出，加强了对上访行为规范化的调整。失序的上访行为以集体上访为主要形式，在行使宪法赋予的上访权的口号下，集体上访往往不会采取代表人的法定形式，恰恰相反，集体上访必须显示其参与人数的庞大，用集体的力量来保护每一个参与人员。较大规模的集体上访往往演化为"群体性事件"。② 显然，集体上访已成为当代中国公然违法的反抗行为。非法的上访是对上访秩序的破坏，非法的显著特点在于使本可以非公开进行的上访活动公开化，以致为公众、舆论所注意，在无形当中被置于公众或舆论监督之中。公开的形式可以是规模越大越好的集体上访或越级上访或公然违法却具

---

① 青岛市"把群众集体上访和越级上访纳入全市目标管理考核范畴，作为社会治安综合治理和精神文明建设的考核内容，实行'一票否决制'。同时制定了《青岛市信访工作目标考核细则》、《青岛市信访工作责任查究制度细则》，规定对群众越级到省进京上访前 5 名和到市集体上访前 5 名的单位领导和责任人实行责任查究"。有的省份，如河北省制定了《河北省逐级上访制度》，使逐级上访替代了越级上访，参见中央纪委信访室、监察部举报中心编《纪检监察信访理论研究与思考》，中国方正出版社 2000 年版，第 206 页。

② 严格意义上讲，"群体性事件"是政治社会学的一个非正式术语，至今没有完全纳入法学家的视野。

有一定合理性的"群体性事件"以及"踏线而不越线"的各种上访技术。①

上访的传统功能发生了性质上的转化，上访被要求走向地方、走向当地的"下访"，那种越过地方，走向中央，越过下级，走向上面的原本意义上的上访逐渐消失。

在走向法治的时代，上访的效果正在受到越来越多的质疑，它的未来命运有待于更深切地把握。如果上访仍旧游离于法治的轨道之外，缺乏程序正义的品质，那么，上访的技术色彩将远远大于它的宪法价值；如果司法上访依旧发挥作用，上访制度对司法权威性的侵蚀将日趋严重，国家退出上访公共领域就失去了意义。是宪法的规定已不合时宜？还是上访的实施机制出了问题？或者是上访人本身的问题？如果把上访权继续作为一项宪法权利，已有的对这项权利的实施性法律是否过于分散和零乱，以及是否需要制定统一的信访法？如果毅然取消上访制度，全面推进司法救济制度，是否有违中国人对权利救济的传统信念而导致更大规模的反抗、冲突？对制定统一的信访法的设定有赖于对国家权力的重新设置和分配，有赖于重新梳理上访救济与司法救济的关系，并在二者之间寻求最为恰当的平衡点，而这一点已涉及到了如何认识统一的司法权问题。

在上访救济和司法救济中，不论哪一种处于主导力量，都有可能使司法权的统一性受到挑战。除非把上访救济视为特殊的司法救济制度，使上访救济成为司法救济的组成部分，才会消除二者之间的内在冲突。如此说来，这已经是废除现有上访制度的一个途径了。取消上访制度，必然与人们对权力的心理依赖产生抵触，使社会矛盾的解决出口主要或全部的落实到司法救济身上，司法救济能够担当如此重大的使命吗？这是一个问题。但是，即使不能立即废除上访制度，也应当使司法上访从上访体系中独立开来，使司法部门不再作为被上访的对象。这应当是制度设计的前提，仅明确领导不能对案件作批示不仅是脚疼医脚，头疼医头的权宜之计，而且可能与现行的上访制度发生内在的冲突，从而使此类禁令一开始就处于尴尬的地位。另一方面，应当认真对待司法申诉问题，即使司法申诉从上访的体系中解脱出来，多次申诉也会动摇人们对法律权威的信心。对这样一种有点"伤筋动骨"的制

---

① 应星通过对大河移民上访的社会学解说，指出了上访法律关系的两造所创造和使用的技术手段。就上访人而言，灵活运用着上访的"推与闹"、"挤与缠"、"打与弹"等战术，而被上访人如何对上访人发起的种种战役实施这样或那样的摆平术。参见应星《大河移民上访的故事》，生活·读书·新知三联书店2002年版。

度设计似乎很难让人接受，在此之前可能被视为天方夜谭或至少被视之为不符合中国国情。所幸的是，中国加入 WTO 后已预示这种可能性的到来。WTO 规则要求每个成员国的司法独立、透明和统一，实行国民待遇，不得有任何歧视。难以想象，在涉外案件中，领导式的审判以及裁判终审后可以轮番改判不仅使当事人之间总是处于无休止的争斗之中，而同时不会演变成国家之间的争端？

第十章

国际人权法的渊源与全球社会

——以《世界人权宣言》第 1 条为分析视角

> 人人生而自由，在尊严和权利上一律平等。他们赋有理性和良心，并应以兄弟关系的精神相对待。
>
> ——《世界人权宣言》第 1 条

人权是十七八世纪资产阶级革命的产物，成为西方社会率先进入现代性的时代关键词，但只有在 20 世纪中叶以后人权才成为人类社会普遍关注的事物，使人权的本来意义具有了与其相适应的人类实践场域。[①] 形成这种状况的原因固然有自然权利哲学作为基础，但第二次世界大战给人类社会带来前所未有的灾难则是不可忽视的推动力。从人权哲学到人权实践的转化以及全球视角是人类社会历经苦难之后集体反思的结果，充满了悲情色彩。[②] 作为第一个人"类"意义上的权利宪章《世界人权宣言》对战后国际人权事业发展产生了深远的影响。[③]《世界人权宣言》（以下称《宣言》）第一条不仅发挥了开篇布局的帝王条款功能，也因其所包含的现代国际人权法的文化理论而成为国际新秩序的基本规范，为在人类家庭成员的文化视角下重新认识和理解国际人权提供了重要的视角。

[①] 人权一词，依其本义，是指每个人都享有或都应当享有的权利，是"人人的权利"。参见夏勇《人权概念起源：权利的历史哲学》（修订版），中国政法大学出版社 2001 年版。

[②] 悲情的本来含义是痛苦和哀悼，但"悲情本身"也表示控诉、不公平、冲突、一个必须纠正的错误、一种必须修理的暴力，有关悲情的哲学意义以及它与友爱的关系。参见［法］德里达《〈友爱的政治学〉及其他》，胡继华译，吉林人民出版社 2011 年版。

[③]《世界人权宣言》发表六十多年来，已被翻译成 370 种语文，从阿布哈兹语（Abkhaz）到祖鲁语（Zulu），从拥有数亿使用者的中文到只有 20 人使用的中美洲方言，从分属完全不同语系的语文到有着共同历史渊源的方言，多种多样。见 http://www.un.org/chinese/News/fullstorynews.asp? newsID = 13365。

一、自然权利与西方人权观

人权是在自然法理论框架下诞生和发展起来的现代性观念。自然法理论假定，在人类社会中存在着合乎自然的正义，它是永恒、不变的高级法，被用来作为确立人类社会正义的终极根据。自然法中的"法"往往等同于"权利"概念，在自然权利之间或周围还存在着诸如自然正义、自然理性、永恒的法、人性、理性等概念群，它们从不同侧面论证了自然权利的正当性和合理存在。亚里士多德偏重自然正义，西塞罗、霍布斯、洛克注重自然理性或正确理性，卢梭倾向平等公益等。在这些概念群中，权利概念迎合了时代的需求，集中表达了哲学家和立法者为现实社会寻求正义的冲动和追求。

对自然法理论的上述概括相对来说较为简单，但如果把上面提到的与自然法相关的概念一一分拣出来，诸如自然权利、正义、理性、人性、高级法、永恒的法等，就会发现，这些概念都是未经证实的先验范畴和本体论概念。自然法理论家为了证明一个先验概念而不假思索地使用了另外一个或更多的先验概念，容易导致概念间的循环论证和自我定义。针对人权的理论论证，可以设问并进行逻辑推论：为什么有人权？因为自然权利；为什么有自然权利？因为自然理性；为什么有自然理性？因为自然正义；为什么有自然正义？因为自然法。这个推论路线是可逆的，相反的推论路线也可以成立。"既然自然权利是由自然法这个终极、超验的权威来规定和支持的，那么，自然权利就是超越实在法而存在的，并且是不可剥夺的。既然本性是人所共有的，而且表现为人之作为人的基本规定，那么，本性的权利就是人所共有的。所以，自然权利或本性权利，就是人权。"[①]未经证实的自然法概念群表达了超验哲学在西方的长期存在和影响，产生了独具特色的西方文化和哲学。

被解释的概念和用来进行解释的概念具有功能上的区别，前者主要是被研究的对象，而不是用来进行思考的话语。[②] 人权概念是用来解释并且论证正义之理的新时代关键词，无论构成人权基础的哲学理念是否具有超验性，都在试图证明人权作为衡量正义标准的理论追求和价值趋向。在自然法理论

---

① 夏勇：《人权概念起源：权利的历史哲学》，中国政法大学出版社 2001 年版，第 139—140 页。

② 论理词与论理的关系，参见陈嘉映《说理》，华夏出版社 2011 年版。

的背景下，构成人权渊源的标准至少存在下面三种哲学理据：第一，本性自由说；这是经典的本性（nature）说的展开，可以作为有别于性善说和性恶说的第三种人性理论。当卢梭在《社会契约论》开篇提出"人生而自由"时，他是把这个命题作为社会契约论的论证前提而不是研究结果。第二，平等人格说。平等人格说与本性自由说是一个事物的不同表达，人们既可以说人生而自由，也可以说人生而平等，这种解说迎合了近代资本主义社会所需要的社会氛围，跳出了古典哲学长期以来在性善和性恶之间选择的伦理哲学范式，成就了功利主义原则指导下的实用主义哲学的产生和发展。恩格斯指出："只有能够自由的支配自身、行动和财产并且彼此处于平等地位的人们才能缔结契约。创造这种'自由'和'平等'的人们，正是资本主义生产的最主要的任务之一。"① 资本主义所推崇的功效和效率并不当然成为人之所以为人的因素，从资本主义社会所需要的自由和平等也不能推导出自由和平等就是人的定在，但自由和平等对市场经济下的理性人则具有普遍适用的价值。第三，天赋人权说。天赋人权说是对本性自由说和人格平等说的形而上话语，为争取自由和平等的人们"披上了宗教和哲学的外衣"。宗教改革之后，超自然的权威不再体现上帝（God）的面孔，而是借助于与上帝具有同样权威的话语力量重述了人性的光辉和人自身的荣耀，完成了人本身作为权威和正当性来源的论证。

以上分析表明，借助于本性、人性和上帝（nature/human nature/God）等概念，自然法论者完成了自然权利学说的权利推定工作，这种权利推定的方法既是一种思维方法，也是一种社会实践方法。② 自然权利说是一个理论假设命题，它源于人是人这样一个不能证明而只能信仰的前提，在方法论上具有思想实验的性质。换句话说，自然权利话语在思维方式上遵循了"先信仰，后理解"的逻辑，在需要为一个新的时代寻找合法性和正当性的时候，自然权利成为"不言而喻"和"不证自明"的事物。"古典作家们将自然法的概念置于人类命运可观察的一致性之上，人类理性在不受激情影响之时可以发现自然法，而且自然法构成了实证法之优越性的终结源泉和最终原

---

① 《马克思恩格斯选集》第4卷，第234页。

② 有两种权利推定的方法，一是以英国为代表的经验式的权利推定，二是以法国、美国为代表的先验式的权利推定。参见夏勇《人权概念起源：权利的历史哲学》，中国政法大学出版社2001年版，第150—160页。

因。"① 自然权利不是真理却胜似真理，由于这一特性，自然权利就可以直接写入具有基础性规范的宪法性文件。1776 年美国《独立宣言》写道："我们认为这些真理是不言而喻的：人人平等，他们都从他们的造物主那边被赋予了某些不可转让的权利，其中包括生命权、自由权和追求幸福的权利。" 1787 年法国《人权和公民权利宣言》宣称："组成国民议会的法国人民的代表们，认为不知人权、忽视人权和轻蔑人权是公众不幸、政府腐败的唯一原因，所以决定把自然的、不可剥夺的神圣的人权阐明于庄严的宣言之中，……。"在西方社会开创现代性的事业过程中，以自然权利为中心的西方主流哲学最终被大众文化所掌握，逐渐内化为西方文化的重要组成部分，重新构造了西方社会（包括西方社会所影响的其他地区和社会）的文化，形成和发展了现代性社会所需的重要价值观。

然而，列奥·施特劳斯所指出："一旦自然权利的观念出现并成为理所应当的之后，它就很容易地与存在着神启法的信仰相调和。"② 像所有的神启法一样，自然权利以及由此形成的国际人权一旦被推向神法的地位，就侵染了西方固有的文化和精神，固化为西方的视角和立场，使一种具有人类范畴及其价值的话语表达沦落为国际政治权威的工具。人权观念是现代性理论的核心命题，但现代性不能等同于西方性。在现代性起源和发展过程中，不是唯有西方的地方性知识成为现代性内容的全部要素。阿马蒂亚·森说："在西方成长起来的思想和知识近百年来深刻改变了当代世界，但是我们很难把它看作是一种纯而又纯的由西方孕育的产物。"③ 西方的人权观是以西方中心主义为视角的国际人权观，它要求全世界尤其是欠发达的非西方国家应向西方社会看齐，以西方的历史为世界历史，以西方的发展模式为范本，以西方的人权观为世界人权观，从本质上体现了一种狭隘西方国家人权意识形态。在冷战和后冷战时期，西方的人权观作为"历史终结论"的标志性成果粉墨登场，无视包括世界人权宣言在内的国际人权宪章的人类意义，消解了人权在世界范围内的有效性，使一种在人类社会范围才能安身立命的合法性话语变成了带有西方特殊的地方性知识。

---

① ［美］爱德华·S. 考文：《美国宪法的"高级法"背景》，强世功译，生活·读书·新知三联书店 1996 年版。

② ［美］列奥·施特劳斯：《自然权利与历史》，彭刚译，生活·读书·新知三联书店 2003 年版，第86—87 页。

③ ［印度］阿马蒂亚·森：《身份与暴力：命运的幻象》，李凤华等译，中国人民大学出版社 2009 年版，第49 页。

如果人权的普遍性失去了人类社会这一场域，人权的价值就会大打折扣，与西方人权观斗争的各种特殊人权观就会风起云涌。从现代国际人权起源的角度看，世界人权宪章把握和规定了现代社会追求幸福的核心理念，它通过"自由"、"权利"、"尊严"、"平等"和"兄弟关系精神"等关键词张扬了人的价值主体，揭示了全球社会场域的基础和背景意义，从国际人权标准方面坚守了全球人道主义，重申了人类社会大家庭的伦理哲学和社会学的立场。

二、《世界人权宣言》第1条的形成

《世界人权宣言》是人类历史上第一个以人权为全部内容的世界性文件，也是第一次以国际法规范形式宣告和确立人之为人的法律性文件。① 宣言第一条是宣言的"基础"、"基石"和"信条"，是其他条款所列举权利的"出发点"和"框架"。由八个国家代表组成的宣言起草委员会对第一条的话语表达方式的争论体现了起草者对人类负责的精神，显示了东西方文化之间对话和妥协的理性协商精神。② 回顾《世界人权宣言》起草过程有助于对人权概念的理解，推进在不同文化背景和社会制度下人权入法的共业。不过，宣言虽然是联合国所有重要的人权国际法文件中用时最少并在没有反对票的情况下通过的法律文本，但宣言第一条也是联合国会员国在起草宣言过程中最少有共同点的条款，它深刻反映了西方文化和非西方文化对人权基础和渊源认识上的真实差异。

（一）第一条定稿之前的不同文本表述

《联合国人权宣言》第一条规定：

> ［最终版］人人生而自由，在尊严和权利上一律平等。他们赋有理性和良心，并应以兄弟关系的精神相对待。

----

① 中国政府始终重视《世界人权宣言》的地位和作用，2008年12月10日，中国人权研究会在北京纪念《世界人权宣言》发表60周年座谈会，胡锦涛主席致信指出："联合国在60年前发表的《世界人权宣言》，表达了世界各国人民对推进世界人权事业的共同愿望，对世界人权事业发展产生了重要影响。"

② 人权入法和人权保障过程中的协商共识是协调人权普遍性与差异性关系的重要方法。"无论是在国际法与国内法关系上如何实现尊重主权与保障人权的平衡，还是就整个人权法而言如何获得广泛的共识，需要更多的'同情的理解'，而不能抱守成见和偏见；需要更多的真诚对话，而不能相互指责和消极对抗；需要更多的平等协商，而不能武断决定甚至诉诸武力。"参见罗豪才、宋功德《人权法的失衡与平衡》，《中国社会科学》2011年第3期。

这些掷地有声的话语和表达方式已经成为世界通用的流行标准和文字，然而，从第一条的原始表述到最终形成颁行的文字经历了不断推敲、反复变动的复杂过程。

第一条的最初条款由法国代表勒内·卡森提出：

[版本1] 作为一个家庭成员，人人都是自由的，拥有平等的尊严和权利，并应彼此视为兄弟。

这一原始条款提出了"自由"、"平等"、"尊严"、"权利"、"兄弟"、"家庭成员"等核心概念，随后在不同级别的会议上（起草委员会工作组、起草委员会、人权委员会、经社理事会、联合国大会）对该条款逐次产生了下列几种代表性表述：

[版本2] 人人皆为兄弟。作为被赋予理性的一个家庭成员，他们是自由的并拥有平等的尊严和权利。

在这一版本中，主要内容没有发生变化，但出现了"赋予理性"这一新的表述，经过辩论，这一版本又做出了如下调整：

[版本3] 人人皆为兄弟。他们是一个家庭的成员，被赋予理性和良心。他们是自由的，并且拥有平等的尊严和权利。

基础词语仍然没有发生变化，但增加了"良心"一词。随着讨论的深入开展，新的词语不断被提出来，在人权委员会第一次全体会议上形成了如下的新表述：

[版本4] 人人生而自由，在尊严和权利上一律平等。他们在本性上赋予理性和良心，并且应当彼此待如兄弟。

这一版的内容增加了"本性"和"天生"新词语，根据人权委员会主席罗斯福夫人的提议调整了表达顺序以及把被动语式"被赋予"改为"赋予"。在人权委员会第三次会议期间，委员会吸收了早些意见中的实质性内容："人"（men）和"待如兄弟"（like brothers）措辞被"人"（human beings）

和"兄弟关系的精神"（spirit of brotherhood）所替代，其完整表达为：

〔版本5〕人人生而自由，在尊严和权利上一律平等。他们在本性上赋有理性和良心，并应以兄弟关系的精神相对待。

至此，除了"本性"一词，我们可以看到接近定稿文本的文字表述。

表 10－1　　　　　　　　第一条各版本关键词的变化①

版次	全文	关键词	增减的词（与上一版本相比）	留存的词（与上一版本相比）	始终留存的词（与各版本相比）
版本 1	作为一个家庭成员，人人都是自由的，拥有平等的尊严和权利，并应彼此视为兄弟	家庭成员、自由、平等、权利、尊严、兄弟			自由、平等、权利、尊严、兄弟
版本 2	人人皆为兄弟。作为被赋予理性的一个家庭成员，他们是自由的并拥有平等的尊严和权利	兄弟、理性、家庭成员、自由、平等、尊严、权利	理性（增加的词）	兄弟、家庭成员、自由、平等、尊严、权利	自由、平等、权利、尊严、兄弟
版本 3	人人皆为兄弟。他们是一个家庭的成员，被赋予理性和良心。他们是自由的，并且拥有平等的尊严和权利	兄弟、家庭成员、理性、良心、自由、平等、尊严、权利	良心（增加的词）	兄弟、家庭成员、理性、自由、平等、尊严、权利	自由、平等、权利、尊严、兄弟
版本 4	人人生而自由，在尊严和权利上一律平等。他们在本性上赋予理性和良心，并且应当彼此待如兄弟	生而、自由、尊严、权利、本性、理性、良心、兄弟	生而（增加的词）本性（增加的词）家庭成员（删去的词）	自由、尊严、权利、平等、理性、良心、兄弟	自由、平等、权利、尊严、兄弟
版本 5	人人生而自由，在尊严和权利上一律平等。他们在本性上赋有理性和良心，并应以兄弟关系的精神相对待	生而、自由、尊严、权利、平等、本性、理性、兄弟	在词语上无增减	保留了版本4的全部词语	自由、平等、权利、尊严、兄弟
最终版	人人生而自由，在尊严和权利上一律平等。他们赋有理性和良心，并应以兄弟关系的精神相对待	生而、尊严、权利、平等、理性、良心、兄弟	本性（被删去的词）	生而、尊严、权利、平等、理性、良心、兄弟	自由、平等、权利、尊严、兄弟

① 有关第一条起草过程的详尽研究参见托累·林霍尔姆《第一条》，载〔瑞典〕格德门德尔·阿尔弗雷德松等主编《世界人权宣言：努力实现的共同标准》，中国人权研究会组织翻译，四川人民出版社 1999 年版。

在宣言第一条文字形成过程中，仅仅词语上的删减和增加就会引发不同的意见。增加的词语随着版本的进展逐渐增多，它们分别是理性、良心、本性、生而。从第三个版本开始，理性、良心和天生一直保持到最后。"本性"一词不是原始版本中表达，它只是在较晚的第四版本中才出现，停留的时间也最短，但所引发的问题也最多，最终的版本还是决定予以删除。此外，与原始版本相比，删除的内容是"家庭成员"，这个词语从第四个版本中就不再使用。然而，与其他词语的命运不同，从第一个版本到最后版本，"自由"、"平等"、"尊严"、"权利"始终存在，这几个关键词构成了自由主义法律的骨干。最需要特别注意的是，"兄弟"一词作为始终存在的关键词，它展示了家庭隐喻和兄弟关系精神，这也是下面我们要着重发挥的主题，它所揭示的一个新的基本人权理论问题是，如何理解人权主体与家庭主体的协调统一，以及人类大家庭与世界人权的相关性问题。。

（二）上帝、本性与良心

以上五种对第一条的表述是不同层面和级别的会议讨论并通过的版本，但这不意味着不存在其他内容的修改版本，一些国家还提出过与上述基本内容相异的草案。例如，有的国家建议应当把第一条的内容放到序言当中，①也有的国家建议把"食物、健康、教育和工作权利"写进第一条等。② 这些建议或者远离了草案的结构或者引入了全新内容而从一开始就被否决。不过，巴西代表提出的下述带有鲜明神学色彩的修正意见而引发了激烈争论：

> 根据上帝的形象外表创造出来的（人类），他们赋有理性和良心，并应以兄弟关系的精神相对待。③

巴西的提案遭到了许多国家的反对，因为"在一个联合国文件中不该提到神性，因为联合国得以建立的哲学基础应当具有普遍性。"④ 这个辩论意见得到支持。巴西的提案凸显了不同文化对人权哲学根源理解上的差异。来自中国的张彭春提出了取消的理由。张彭春以人权委员会副主席身份指出，"这种方法排除了任何理论上的问题，这些问题不能够也不应该在一个将为世

---

① GAORC3. p. 38. 关于第 1 条的会议摘要主要包含在联合国大会第三次官方记录中，这一资料来源的联合国缩略语是 GAORC（下同）。

② GAORC3. p. 91.

③ GAORC3. p. 55.

④ GAORC3. pp. 100—101.

界普遍适用的宣言中提出了。"①　当宣言无疑将为联合国多数成员国接受时，在人权领域人口的多数不应该被忘记。中国人口占世界总人口的很大部分，有着不同于基督教西方的思想，这些思想中包含了得体的举止、礼貌、礼仪和为他人着想的传统。中国文化作为人类伦理道德的一个组成部分，对人们的行为方式有着极为重要的影响，但中国并没有提议在宣言中应全部提及其主张和立场。其他国的代表们应当表现平等的态度，撤回在第一条修正案中提出的某些西方形而上学的东西。对西方文明来说，宗教不容忍的时代结束了。②　同其他反对者一样，张彭春认为本性的提法等同于宗教上的形而上学或基督教神学，这对于把上帝作为造物主的西方民族是不言而喻的信条，但对包括中国文化在内的非西方文化社会则有可能造成误解乃至不便，其有效性和普遍性可能将会大打折扣，难免产生抵触或逆反心理。③　张彭春因其本着"设身处地，为他人着想"的儒家哲学立场被罗斯福夫人称为"协调的艺术大师"。时至今日，联合国对张彭春的评价仍在不断提及他从中国文化角度对世界人权概念的贡献：

> He was able to explain Chinese concept of human rights to the other delegates and creatively resolved many stalemates in the negotiation process by employing aspects of Confucian doctrine to reach compromises between conflicting ideological factions. He insisted, in the name of universalism, on the removal of all allusions nature and God from the Universal Declaration of Human Rights. ④

从何种角度评价宣言中的"人权的中国概念"并不是一个一目了然的事情，这与从任何一个角度都可以看到"人权的西方概念"形成了反差和

---

① GAORC3. p. 98.

② GAORC3. p. 98.

③　这或许是张彭春后来建议把像"理性和良心"这样在他看来同样模糊和带有特殊文化指向性词语一起铲除重要因素。张彭春前后矛盾的原因，托雷·林霍尔姆是这样解释的，"鉴于张坚决反对巴西提出的'神学上'的建议，我的第六感官告诉我，冒犯性的内容是'本性'而不是'理性和良心'。稍后，张同意在第1条的第二个句子里保留'理性和良心'，但不支持它们是划定人类尊严标准的底线，它们仅仅涉及义务方面的作用"，见托雷·林霍尔姆《世界人权宣言：第一条》，载［瑞典］格德门德尔·阿尔弗雷德松等主编《世界人权宣言：努力实现的共同标准》，中国人权研究会组织翻译，四川人民出版社1999年版，第53页下脚注。

④　http://www.un.org/Depts/dhl/udhr/members_pchang.shtml.

对比。然而，对第一条草案中加入"良心"一词被认为是张彭春的重要贡献，这个贡献也是儒家文化在宣言中最有力的体现。托累·林霍尔姆指出："增加'良心'被公认为对儒家伦理观中最重要思想所作的很西化的翻译，这是由委员会中的中国委员张彭春提议加进去的。……卡森从张的建议中受到启发，他于是解释说他的表述提及了三个基本问题，这就是自由、平等和博爱。"① 良心是中国社会对公平、正义、公道等事物的传统表达。如果用一个词来说明中西方对普遍正义的表达，在西方是理性，在中国是良心。

根据康德的理解，理性与良心虽然可以相互阐释的，但理性始终是最高道德原则的来源。良心在中国则是道、天等最高道德原则的内在转化形式，是生命个体对他人和社会负责的自我命令和道德情感。对良心的推崇和阐释可以形成"涵盖万物，涵育万理"的文化观。从文化解释学角度上看，"孔子之'忠'，孟子之'诚'，颜渊之'乐'，曾参之'孝'，《大学》之'正心诚意'，《中庸》之'诚明'、'明诚'，无不具有'良心'的含意，中国的儒学后来以'心性之学'、'内圣之学'这一系最为光大绝非偶然"②。良心就其本质规定性而言表达了责任而不是权利、内在约束而不是外在赋权的特征。良心观始终停留在伦理和道德层面，而从"天地良心"的表达中推不出权利观念和权利保障体系，它不曾像西方那样把理性的内在力量转化为外在性力量，也未能转化为以保障人权为核心的强制规范。不过，良心一词出现在宣言中毕竟为由西方自然法哲学观主导的人权观念注入了中国人所熟悉（尽管不是独有的）的中国文化元素。

无论理性还是良心都是作为平衡人权和自由的一个普遍性概念而存在，这从东西方两个方向为以权利和自由为核心的世界秩序注入了和而不同的概念性元素，避免了国际人权法滑入具有地方性知识和话语的非普遍性逻辑。我们无须夸大良心入法本身的意义以及所显示的中国元素和性格，重要的是，在倡导人的权利和自由的过程中，更加注重权利与义务的一致性、自由与责任的平衡性以及义务和责任背后并非单一的非个人主义的理念背景。

（三）叠加有序的世界人权渊源和基础

从以上的讨论中可以发现，在一个世界范围内讨论人权观念，宣言的立

---

① 托雷·林霍尔姆：《世界人权宣言：第一条》，载［瑞典］格德门德尔·阿尔弗雷德松等主编：《世界人权宣言：努力实现的共同标准》，中国人权研究会组织翻译，四川人民出版社1999年版，第44页。

② 何怀宏：《良心论：传统良知的社会转化》，上海三联书店1994年版，第12页。传统中国的主流文化与良知的关系，正如王阳明诗句所言："绵绵圣学已千年，两字良知是口传。"

法者首先否弃了以本性、神性和上帝为话语特征的西方话语，审慎地代之于相对温和、中性和包容性更强的文化概念，以便务实地解决世界人权的渊源和基础问题。这种策略性的结果没有出现被各方都认可和接受的一元论渊源和基础，而产生了多渊源、有层次、叠加的世界人权基础：（1）自由和平等；（2）理性和良心；（3）兄弟关系的精神（博爱）。从第一条的文字看，或许其无意间的排列次序就道出了不同层次的价值排序，即自由和权利最先，平等和责任次之，最后是博爱精神。在这种排列组合中，理性、良心和兄弟精神都是被用来服务于自由和权利的价值观，由于自由和权利的存在，理性、良心和兄弟精神的存在才具有目的性和方向性，也使得博爱与具有父权性质的传统家庭价值观拉开了距离。① 这一逻辑顺序也可以解读为权利和义务之间的某种抽象的平衡关系，自由和权利的有效性和重要性应当同时体现出为他人赋有责任的精神和态度，理性和良心更主要从义务的角度平衡了自由和权利，维系了权利与义务相对等的人权结构。②

在宣言起草过程中，自由、权利、平等、尊严等基础性概念一直没有发生变化，牢牢地占据在宣言文本之中，不仅如此，宣言第2条还确认了自由和权利的优先性。自然权利理论的本性自由说和人格平等说并没有因为"本性、人性或神性"词语的消失而消除，而"人人生而"填补了"天赋人权"留下的位置。这样的结果或许不可避免的。然而，需要提问的是，如果自由和权利不是根植于人的某种不变的本性，什么才是自由和权利的基础和渊源呢？起草者为了避免文化、哲学和意识形态争论而留下的真空是否使自由和权利成为无本之木？换句话说，当宣言的起草者最终否定了支撑自由、权利和平等等观念的本性说、自然说或上帝说等自然法基础，国际人权要从哪里找到它的立足点并提供一种同人权的世界性相适应的人权理论呢？

三、人类家庭成员：国际人权法的社会理论

《世界人权宣言》是人类社会历史上第一个通过人权话语维系世界社会

---

① 应当防止博爱的父权倾向，解构"博爱主义、兄弟会、兄弟般的同僚因赋予兄弟（他也是一个儿子、丈夫、父亲）的男性权力，家系、家庭、出生、原生地和国家的权力"，见［法］雅克·德里达《无赖》，汪堂家等译，上海译文出版社2011年版，第77页。

② 1997年9月来自众多国家的前政要共同签署并向联合国提交了《世界人类义务宣言》，重申"对人类家庭所有成员的固有尊严及其平等的和不移的权利的承认，乃是世界自由、正义与和平的基础，并且意味着承担义务或责任"。

秩序的国际法文件。把世界看作一个社会使《世界人权宣言》具有了重构人类社会共同体的高尚旨趣。宣言在序言中开宗明义地指出："鉴于对人类家庭成员的固有尊严及其平等的和不移的权利的承认，乃是世界自由、正义与和平的基础。"重提家庭成员的概念使人类社会具有了拟制的家庭共同体效果，自由、权利、平等和尊严不再是抽象的标准，它们在"人类家庭成员"和"兄弟关系的精神"的限定下具有了现实和理想的双重功能。在人类家庭成员的概念背景下，家庭成员与人权主体具有了同一性。人权主体不再是抽象的人，也不是无文化、无社会的人，而是在世界社会的范围内具有兄弟关系精神的人，重要的是，人类家庭成员概念提出了构建新型人类共同体的宏旨，这个人类共同体是在家庭隐喻下的世界社会共同体。

（一） 世界社会形成的客观基础

古往今来，家庭是人类社会唯一持久不变地在其成员之间相互负责的稳定共同体，它通过血缘关系以及拟制的血缘关系（婚姻、收养等）为人类个体的存在和发展提供了坚实的生存环境。如果世界上还有什么可以称为不证自明的高尚事物，那就是家庭成员之间负有相互依赖和扶植的责任。作为一项伦理责任，家庭责任因为家庭成员身份而呈现出长久和持续的互惠义务。那么，为什么享有家庭身份就在其成员之间就具有了相互负责的义务呢？这是由人作为群居动物相互依赖和相互扶持的内在需要所决定的。

人的相互依赖性产生了共同的需要和利益，并在此基础上形成了共同的文化和社会。为了满足人在生存意义上的相互依赖性，传统社会通过家庭或扩大了的家庭组织形式（家族、氏族等）满足社会成员的生存需求。现代社会消除了唯有通过家庭才能满足个体生存需要的依赖机制，对社会成员、对生存需要的满足不再局限于家庭、家族或家乡。贝克尔的新家庭经济学研究表明："传统社会中的许多家庭功能已被现代社会中市场和其他组织所取代了，而后者则具有更高的效率。……为了提高家庭安排的效率，必须有国家的干预。"[①] 传统家庭的范围虽然不断在缩小，但拟制意义上的家庭范围却不断在扩大。民族国家在一个远远大于家庭的范围内承担起了满足其成员相互依赖的社会条件和机制。民族国家的合法性功能与其说是"不得不存在的恶"，不如说是"不得不存在的善"。随着后工业社会的逐步展开以及全球经济一体化的推进，超出民族国家范围内的人与人之间的相互依存性在

---

① 参见 ［美］加里·斯坦利·贝克尔《家庭论》，王献生等译，商务印书馆 1998 年版，第374—389 页。

全球范围内正在形成。民族国家突破了封建制度下的"闭家锁乡"的状况，全球经济一体化则打破了民族国家"闭关锁国"的局面。

全球社会形成是一个历史事实和历史进程，而不仅仅是一种价值判断和理论预言。正是在预言未来的世界格局时，马克思、恩格斯在发表共产党宣言时就敏锐地指出："过去那种地方的和民族的自给自足和闭关自守状态，被各民族的各方面的互相往来和各方面的互相依赖所代替了。物质的生产是如此，精神的生产也是如此。各民族的精神产品成了公共的财产。民族的片面性和局限性日益成为不可能，于是由许多种民族的和地方的文学形成了一种世界的文学。"①"各民族的精神产品"成为公共的财产指涉的乃是全球范围内的精神上的公共利益，人类社会的公共利益及其普遍法则建立在日益形成全球经济一体化的基础上。当然，从规范的角度看，全球社会仍然是有待形成的新社会。有了全球社会的事实并不等于有了全球社会的观念，后者作为一种意识和思想还需要逐渐完善和定型，只有等到全球社会观念成为一个较为独立和稳定的因素——正如民族国家观念形式的历史——才能真正确立全球社会作为家庭成员的基础，全球家庭成员的资格和地位也才能被世人所认同。

观念的形成取决于现实基础，但也可以越过现实而呈现出人的理性自负状态，后者总是不幸地表现为破坏人类团结的力量——战争、杀戮、种族歧视、殖民主义、帝国主义等。尽管有第一次世界大战的惨痛教训，人类平等与和平的观念仍然局限于以欧美为中心西方主义框架内，西方的资本主义向全球扩展的时候，本来可以顺理成章推出的全球社会观念却没有适时产生，而是禁锢于民族国家的狭小利益框架中，这就从另外一方面强化了民族国家的"小家子"格局。第一次世界大战后的凡尔赛会议上，三个主要西方国家——美国、英国和法国断然拒绝了在《国家联盟盟约》中增加"种族平等"的建议。拒绝种族平等的要求维持了当时美国国内歧视黑人的政治和社会现实、英国和法国的殖民主义、排犹主义政策，强化了人类分裂的历史，为第二次世界大战埋下了导火线。

往者不可救，来者犹可追。世界人权宣言产生的动因之一是对第二次世界大战惨痛教训的回应，卡森作为宣言原始文本的起草者在为第一条所做的辩护意见中严肃指出："在过去的十年里，数以百万计的人丧失就是因为那

---

① ［德］马克思、恩格斯：《共产党宣言》，中共中央马克思恩格斯列宁斯大林著作编译局编，人民出版社 2006 年版。

些原则遭到粗暴践踏。人们认为已经安全埋葬掉了的野蛮再次出现并横行于世界。重要的是联合国再次重申人类的那些已经如此接近于毁灭的基本原则，应该明确回击可憎的法西斯主义……"① 人类共同体在向世界社会转型的过程中，由于包括两次世界大战以及其他令人震惊的反人类罪行而被迫中断，乃至发生逆转。这些惨痛的历史教训促使人们真正坐下来进行理性的商谈。宣言的立法者和其他联合国成员国一边舐舐着还未愈合的人类创伤，一边认真和严肃地规划着人类社会的真正未来。所有人类共同体都是生存需要的产物，不同的共同体为满足人的不同需要提供了社会空间和社会环境。《联合国宪章》和《世界人权宣言》等纲领性世界文件宣布了在世界范围内保护人权的重要性，这同样是由人类社会在新的世纪相互依赖性需求决定的。

（二）世界公民观念的理论追求

共和体制是以落实人民主权原则为目标的现代政权组织形式，是公共权力的重新组合和配置方式。与前现代国家的政体相比，共和制国家通过对公共权力的分配和制约确保公民的权利不受来自公权力的侵犯。在实现人民主权论的过程中，通过民主和法治的方式，把人民的概念转化为公民的概念，确立了公民在法律面前人人平等的原则。

人民主权论一方面宣告了公共权力的来源和基础，另一方面又在民族国家的框架内确定了其清晰的边界，带来了国际交往过程中的外在局限性，因此所导致的一个显而易见的后果，乃是民族国家对内实行民主而对外则肆无忌惮地实行专政，使得每一个民族国家看上去是被自然状态的汪洋大海包围的一个个孤立岛屿。民族主义是民族国家的必然产物，这使得民族国家在主权的统领下显示出道德和反道德的双重性格。吉登斯指出："作为主权的'道德成分'，民族主义象征提供了一个政治话语的核心，塑造了大量关于民族团结和民族对立的动人辞藻。通过提供一个神秘起源图景，民族主义把民族—国家的新近性和暂时性自然化了。"② 在这种矛盾体的支配下，民族国家对内的开放性远超于它在对外方面的开放性。安德森一针见血地指出："没有任何一个民族会把自己想象为等同于全人类，……即使最富于救世主精神的民族主义者也不会像这些基督徒一样地

---

① GAORC3. p. 99.

② ［英］安东尼·吉登斯：《民族—国家与暴力》，胡宗泽等译，生活·读书·新知三联书店1998年版，第265页。

梦想有朝一日，全人类都会成为它们民族的一员。"① 在文明国家和野蛮国家的分类学中，民族主义主导下的民族国家意识形态发挥了重要的作用。"让人难过的是，反西方的原教旨主义斗士竟从在西方国家滋生的对世界人民单一分类的理论中得到了隐含的支持，而大大强化了它们的偏狭的观点。"② 文明国家之间不发生战争的说法只是理论上的说辞，倘若这种说法成立，在第二次世界大战结束之前，世界历史中就根本不存在文明国家，更不要说它与野蛮国家的分野了。

有鉴于此，哲学家和立法者就开始着手建构以共和制为蓝本的世界公民制度，像构建民族国家那样，它力图把每一个人都转化为不仅是一个国家的公民也同时是世界的公民，成为保障世界永久和平的制度性力量。对康德而言，为了消除国家与国家的战争状态（而不仅仅是消灭战争），就需要建立世界共和国联盟的体制，世界公民和世界政府的关系正如公民与民族国家的关系，这种关系在逻辑上具有同一性质并具有同构属性。③ 在康德的"人类普世国的公民"的基础上，雅斯贝尔斯明确了世界公民的概念和内涵，提出了基于法治的世界邦联形式，主张过去在较小范围内建立政府的过程可再现于国际邦联的形式之中。"雅斯贝尔斯的整个哲学工作，……都是以一种'世界公民的观念'作为其朝向的。"④ 雅斯贝尔斯虽然不赞同单一世界政府的形式，但其世界联邦政府没有超出康德的世界

---

① ［美］本尼迪克特·安德森：《想象的共同体：民主主义的起源与散布》，吴叡人译，上海人民出版社2005年版，第7页。

② ［印度］阿马蒂亚·森：《身份与暴力：命运的幻象》，李凤华等译，中国人民大学出版社2009年版，第49页。

③ 早在《论永久和平》之前，康德就提出了"世界公民"的概念，在《世界公民观点之下的普遍历史观念》中，康德提出了建构世界公民及其政府的理据："大自然是通过战争、通过极度紧张而永远不松弛的备战活动、通过每个国家因此之故哪怕是在和平时期也终于必定会在其内部深刻感受到的那种匮乏而在进行着起初并不会是完美的种种尝试，然而在经过了许多次的破坏、倾覆甚至于是其内部彻底的精疲力竭之后，却终将达到即使是没有如此之多的惨痛经验、理性也会告诉给他们的那种东西，那就是：脱离野蛮人的没有法律的状态而走向各民族的联盟。这时候，每一个国家，纵令是最小的国家也不必靠自身的力量或自己的法令而只需靠这一伟大的各民族的联盟，只需靠一种联合的力量以及联合意志的合法决议，就可以指望着自己的安全和权利了。……然而，这却是人们彼此之间相处的需要所必不可免的结局，这种需要必定要迫使每一个国家达到野蛮人刚好是如此之不情愿而被迫达到的同一个结论，那就是：放弃他们那野性的自由而到一部合法的宪法里面去寻求平静与安全"。见［德］康德《世界公民观点之下的普遍历史观念》，载《历史理性批判文集》，何兆武译，商务印书馆1990年版，第11—12页。

④ ［德］汉娜·阿伦特：《黑暗时代的人们》，王凌云译，江苏教育出版社2006年版，第75—76页。

公民理念的框架。

　　精心对待世界公民并非哲学家的痴心妄想，对世界公民的追求体现了哲学家在世界范围内重塑人与人和平关系（而不仅仅是国家与国家关系）的理想。这种理想是关于和为了人类的理想。阿伦特说："一种'人类'（mankind）的哲学不同于'人'的哲学，因为它坚持这样一个事实：居住在地球上的，并不是在孤独的对话中与自己交谈的'人'，而是相互谈话和沟通的'人们'。"① 第一次世界大战后建立的国际联盟以及代之而起的联合国机制都被视为走向世界公民社会的尝试。尽管松松垮垮的国际联盟至今还遭到世人的嘲笑，联合国也从未能摆脱受人指责的窘境，但通过联合国机制加强国家之间以及人与人之间积极团结的信念依旧存在。联合国当下的尴尬处境固然与潜在或明显的丛林法则有关，与现实主义的国家关系理论在观念与利益驱动方面有千丝万缕的关联。温特指出了不同国家关系理论的社会学基础："霍布斯文化的主体位置是'敌人'，洛克文化的主体位置是'对手'，康德文化的主体位置是'朋友'。……敌人的姿态是相互威胁，他们在相互使用暴力方面没有任何限制；对手的姿态是相互竞争，他们可以使用暴力实现自我利益，但是不会相互杀戮；朋友的姿态是相互结盟，他们之间不使用暴力解决争端，并协力抗击对他们的安全构成的威胁。"② 现实主义国家关系理论深刻体现了自然状态下的霍布斯文化——它崇尚血的逻辑，代之而起的新现实主义理论把握了洛克文化中的竞争而非暴力因素，但在总体上仍未建立起真正发挥机能的世界主义视角，除非把洛克法则过渡到关于永久和平的康德文化，即一种具有拟制的熟人关系因素的全球治理规则，全球意识与制度之间的失衡将长久存在。

　　（三）拟制的熟人世界

　　中国学者重新解释和改造了"天下"的概念，把它作为解释全球社会的哲学基础，以期成为全球治理的中国概念。③ 天下是一个超越了世界概念的道德范畴，也是具有温情但拟制的家庭概念。《论语·颜渊》曰："君子

　　① ［德］汉娜·阿伦特：《黑暗时代的人们》，王凌云译，江苏教育出版社 2006 年版，第 82 页。

　　② ［英］亚历山大·温特：《国际政治的社会理论》，秦亚青译，上海人民出版社 2008 年版，第 254 页。

　　③ 许倬云说："天下一体的观念，可以为全球化现象开拓一个人类社会的共同体"，见徐倬云《我者和他者》，生活·读书·新知三联书店 2011 年版，第 15 页。有关天下治理的进一步讨论，参见赵汀阳《天下体系：世界制度哲学导论》，江苏教育出版社 2005 年版；秋风《天下》，海南出版社 2012 年版。

敬而无失，与人恭而有礼，四海之内，皆兄弟也。"兄弟是家庭概念，但它不限于血亲关系，而是拟制的亲属关系，它同"友"的概念一样超出了血缘和特定的区域领域而具有超熟人属性。儒家文化是伦理文化的集大成者，它从家庭出发也以家庭为落脚点，型构了中国文化及其走向，形成和发扬了天下一体的观念。① 从儒家的家庭伦理不能推出宣言想要生成的具有兄弟精神的世界共同体，儒家在试图将每一个"外人"规划为"内人"的过程中，也在内人或熟人之间建构了与权利和自由相悖的等级观念和制度。如果建构世界政府的理念和制度不想过早地沦为哲学乌托邦主义，就要注重世界社会的形成和意义。社会是不同于国家的非政治共同体。国家可以人为的设计和建构，社会却只能自然形成和缓慢进化，只有建立在特定社会基础上的政治共同体才是稳定的或超稳定的，要言之，关注和培养世界社会是构建人类政治联合体的基础和前提。

在世界社会的形成过程中，首先需要改造现代性理论所支配的陌生人观念，不能忽视世界范围内正在形成的扩展的新熟人关系发展趋势。在现代性来临之际，走向放大的陌生人社会还是熟人社会不仅是一个社会学命题，也是对现代性观念重新解释问题。陌生人熟人化和把陌生人敌人化规定了两个迥然不同的人类社会发展方向。古典的现代性理论关于陌生人定论阻碍了正在形成但具有自由秉性的"熟悉的世界"，在把现代性的价值趋向解释为不断扩展的陌生人社会时，现代性理论忽视了自由与群体扩大化成正比例关系的事实，它要为熟人陌生化和陌生人敌对化这两种反熟人化路径负有责任，因为熟人陌生人特别是把陌生人敌对化的观念是导致人与人、国家与国家之间战争状态的根源之一。

陌生人熟悉化不是理论假设而是经验的历史事实，涂尔干的研究表明："为什么个人越变得自主，他就会越来越依赖社会？为什么在个人不断膨胀的同时，他与社会的联系越加紧密？"② 在解释社会是如何形成以及可能时，齐美尔指出："个体化使与最亲近的人结合的纽带变得松懈，但是对此的补偿是编织一条新的——实际的和理想的——同远处的人相结

---

① 在家庭范围内，人与人之间因伦理身份而产生差异，放大这个差异形成了费孝通所言的差序格局，进而在政治生活领域形成人与人之间不平等的局面。承认和尊重人的差异性是儒家文化的主要贡献之一，但把差异变成在政治领域不平等的理据延缓了中国社会的现代化进程，这也是在提倡儒家文化时不能不谨慎对待的重要原因。

② ［法］涂尔干：《社会分工论》，渠东译，生活·读书·新知三联书店 2000 年版，第11页。

合的纽带。"① 个性的强有力的培养和强有力的个性评价，往往与世界主义的思想意识相伴相随，形影不离。为了能够高瞻远瞩，人们就必须超越最贴近的人，遥视远方。② 当我们说社会是自然形成的时候，主要是指在社会共同体中人们为了生存的需要所产生的相互依赖性机制。在历史的进程中，传统家庭的衰落与社会性组织的兴起是同步进行的，家庭的领域和功能逐渐被其他形式的社会性组织所接管和替代。在中世纪末到近代社会转变的关键时刻，扩展的家庭观念与日俱增，虽然它们是以拟制的方式隐蔽展开。阿伦特说："将所有的人类活动带入私人领域，在家庭的样本上建立所有的人际关系，这一做法进入了中世纪中特殊的专业组织——行会，甚至进入了早期的商业公司——在那里，最初的家庭联合体……看来可以用公司（即在一起）一词来表达，也可以用诸如'吃同一块面包的人们'、'同舟共济的人'等短语来表达。"③

作为推动现代社会人类经济组织方式的公司在词源上有着与家庭一样具有"在一起"的功能，在其形成和发挥功能的过程中模仿了家庭的组织方式，推动了多种形式拟制家庭社会关系的产生。韦伯考察了家共同体与近代公司制度的关系，他说："就经济与人际关系面而言，家共同体在其'纯粹性的'特性上，乃是基于严格的人际恭顺上的一个牢不可破的统一体，对外团结一致，对内则是日用财货之共产主义式的使用—消费共同体，……这就是对近代资本主义法律形式发展颇为重要的连带责任制—商业公司的拥有者们对公司的负债负有连带责任的历史起源。"④ 在谈到各种形式的拟制为什么适合于社会的新生时代的时候，梅因指出："真的，如果没有其中之一，即'收养的拟制'，准许人为地产生血缘关系，就很难理解社会怎样能脱出其褓褓而开始其向文明前进的第一步。"⑤

在重构人类有机团结的过程中，重要的不是"去熟人化"而是"再

---

① 在动物界和植物界也有着相同的情况，物种起源论证明，家畜种类中的同一科、属部分的个体相互之间的差别明显大于在自然状态下的一个相应的科、属的个体之间的差异，参见[德]齐美尔《社会是如何可能的：齐美尔社会学文选》，林荣远译，广西师范大学出版社2002年版，第44页。

② 参见[英]达尔文《物种起源》，舒德干等译，北京大学出版社2005年版。

③ [美]汉娜·阿伦特：《人的条件》，竺乾威译，上海人民出版社1999年版，第26—27页。

④ [德]韦伯：《经济行动与社会团体》，康乐等译，广西师范大学出版社2004年版，第259—260页。

⑤ [英]梅因：《古代法》，沈景一译，商务印书馆1959年版，第16页。

熟人化"，尽管在这个问题上还有很长的一段路要走。家庭关系是熟人关系中最有代表性的现象，为人们津津乐道的信任则是熟人关系的内在品质。唯有在熟人关系中才能生成并维系人际信任，即使社会信任和社会资本也应当建筑在拟制的熟人关系基础上。彼得·什托姆普卡说："人际信任和社会信任的差别并不是那么显著和根本。事实上存在渐进的、扩展的信任的同心圆（concentric circle of trust）（或'信任的半径'（radius of trust）——用福山的话来说），从最具体的人际信任到对社会客体的更抽象的信任。"① 家庭关系之所以具有稳定与和谐的功能，除了基于基因和血缘的内在规定性之外，还为相互依赖的家庭成员的信任提供了天然的框架。不幸的是，信任因为熟人关系的有限性而日益成为稀缺品，更因为极端的陌生人理论使熟人关系在现代性社会日益丧失了正当性。

为了在更为广阔的人类社会领域中获得有机团结必不可少的信任，有必要扩展单一、传统且有限的熟人关系。随着民族国家和全球一体化局面的形成，一种要求落实人权客观性性的社会学和伦理学的新熟人关系正在形成当中。讨论人类家庭共同体的意义在于拟制一个国家与国家之间的普遍意志，如同拟制民族国家中人与人之间的普遍意志，使人权不再停留在观念和理论中，而是真正具有真正的现实性，在这个意义上，从新熟人关系来构建世界社会就是一种尝试。②

四、结语

在践行世界人权宣言精神的过程中，支撑世界人权基础的两只手——一只手是以"自由、平等、权利和尊严"作为核心的个人权利观，另一只手是凸显"兄弟关系精神"的社会权利观——需要协调发挥作用，刻意强调前一只手而淡化或忽视后一只手导致了国际人权法的严重失衡，同时也会强化带有西方中心主义的男性化视角：父亲、丈夫、儿子、所有者、有产者、主人、君主等，遮蔽或阻碍了人类家庭关系的发展进程。这种人权的男性化视角在国际社会主要表现在"西方的人权观"上，如对

---

① ［波兰］彼得·什托姆普卡：《信任：一种社会学理论》，程胜利译，中华书局 2005 年版，第 56 页。在这里，无论是"信任的同心圆"还是"信任的半径"都确立了家庭成员角色的核心地位，否则被现代性信任理论所描述的社会或制度信任就会成为无源之水。

② 关于新熟人社会理论及其相关讨论，参见贺海仁《无讼的世界：和解理性与新熟人社会》，北京大学出版社 2009 年版。

"无赖国家"与"民主国家"的划分以及后者对前者的歧视性规训。① 倘若世界性的社会关系不能有效形成,建构全球一体化的人权体系就会缺乏根基,永远停留在哲学家的想象当中。营造全球社会关系需要通过拟制的熟人关系思维奠定全球政治关系的伦理基础,借此在全球范围内形成人与人之间的新熟人关系,这一思维模式曾让民族国家战胜封建社会促进了人类社会的进步。以家庭为支柱的权利文化学在任何时候都是其他社会关系(道德关系、政治关系和法律关系等)的核心和基础。中国文化是人类文明的重要组成部分,透过《世界人权宣言》等国际人权公约,既可以张扬中国优秀文化在全世界的散布,也可以为世界和平和发展提供具有普世意义的国际公共产品。

---

① 对无赖国家的讨论,参见 [法] 雅克·德里达《无赖》,汪堂家等译,上海译文出版社 2011 年版。

第三部分

民主理论的新发展

第十一章

选举专制主义的起源

民主革命虽然在社会的实体内发生了，但在法律、思想、民情和道德方面没有发生为使这场革命变得有益而不可缺少的相应变化。因此，我们虽然有了民主，但缺乏可以减轻它的弊端和发扬它的固有长处的东西；我们只看到它带来的害处，而未得到它可能提供的好处。

——［法］托克维尔《论美国的民主》

讨论现代民主问题绕不开托克维尔的民主思想，这不仅是因为他所研究的美国标本是第一个现代民主国家，更为重要的是，托克维尔也是第一个以访谈社会学的方法系统阐释现代民主理论的思想家。19 时期中叶，托克维尔在描述美国民主制度实践的同时，以敏锐的眼光、深邃的洞察力乃至带有想象成分的预言规范了现代民主制度。现代民主因美国的实践和托克维尔的解说而被确定下来，成为认识民主理论和实践的重要分水岭，从那以后，源于希腊城邦制的民主理念从全体人的统治向多数人的统治转变，标志着现代民主的诞生。托克维尔不是多数人民主的发明者，但他从美国民主实践的个案出发，以案例归纳法总结了现代民主的基本原理，又将这些原理作为标准运用到美国的国家制度实践中，贯彻了在描述中规范，在规范中描述的理论运行机制。民主体制一直被认为与专制体制水火不相容，专制体制的一个特征就是暴政，然而，对美国人引以为自豪的一个外国人——托克维尔而言，[①] 大

---

① 即使在 20 世纪七八十年代，在论述政治生活的时候，美国也往往把托克维尔作为精神导师加以崇拜。重新沿着托克维尔路线的美国学者里夫斯记载，"'正如托克维尔所说……'任何描写美国的人，在打字机上都会写出这些话"，见［美］里夫斯《美国民主的再考察》，吴延佳等译，商务印书馆 1997 年版，第 2 页。

多数人的民主有可能导致中央集权、专制甚至暴政，民主悖论就此形成，除非托克维尔对民主悖论的观察完全是错误的，否则就应当给予应有的关注，其目的在于更好地完善民主理论和实践。

一、多数人的民主

在《论美国的民主》中，托克维尔重复了流行于十七八世纪以来并在他的时代继续得到巩固的人民主权理论，这也就不难理解，为什么在这本著作中充满了对主权的讨论。人民主权论发源于欧洲大陆，在包括布丹、霍布斯、洛克、卢梭等自然法学家那里得到不同却同样重要的阐述。我们已经知道，自然法理论虽然具有强烈的现实针对性和时代的问题意识，但无不在理论假设（或哲学虚构）的前提下进行，这固然受到了自然科学方法论的影响，但它的真正指向在于完成欧洲旧大陆步入新时代所需要的统治合法性论证。休谟指出："如果你对自然法学家做出考察，你将总是发现，无论他们提出什么样的原理，他们在此最终必定以人类的便利和生活的必需作为归宿，并把它们当作他们所确立的一切规则的最终理由。"① 只是到了托克维尔那里，以自然法理论为基础的人民主权论从假设推论走向了现实观察，从虚构叙事变成了实践表达。对此，托克维尔肯定地说：

> 六十年来，我们昔日创制的人民主权原则，在美国正在完全取得统治地位。它以最直接、最无限、最绝对的形式在美国得到实施。六十年来，以人民主权原则作为一切法律的共同基础的这个国家，使其人口、领土和财富不断增加，并且你可以清楚地看到，它在这一期间不仅比全球的其他一切国家更加繁荣，而且比它们更加稳定。②

对美国建国 60 年前后获得的繁荣兴盛局面，托克维尔将其归功于新的政治制度的胜利。在这里，托克维尔不再追问人民主权论的合法性基础，而是把人民民主论当作立论的前提和条件，作为在实践中考察和总结的对象，就这一点而言，他就在方法论上与此前的人民主权论者拉开了距离。

---

① ［英］大卫·休谟：《道德原理研究》，周晓亮译，沈阳出版社 2001 年版，第 186—187 页。
② ［法］托克维尔：《论美国的民主》（上卷），董国良译，商务印书馆 1996 年版，第 2 页。这是托克维尔在 1848 年为第十二版写的序。

托克维尔属于那种"在读书之前就开始思考"的学者。在考察美国民主的时候，他带有极强的欧洲问题意识，该问题意识来自法国的贵族政体实践，即少数人的统治制度和历史实践。托克维尔所处的欧洲社会正处于从贵族的少数人统治向现代民主的大多数人统治转型过程当中，但是转型的方向在欧洲的变革运动中是不明确的，其中对源于希腊民主的全民统治型民主是否可以成为欧洲大陆直接的模仿对象就存在着不同的认识。卢梭从理论上否定了贵族统治，捍卫了全体人统治原理，但在实践中如何实现全体人统治却爱莫能助。也许卢梭想要在日内瓦这个弹丸之地实践他的理论，倘若如此，日内瓦模式不过是复制了雅典的城邦民主，它扩大了全体人的范围。一旦把公民的主体扩展到全体成年人，人在身份上普遍平等的理论就凸显出来，因此，平等的价值观就成为政治原理和设计政治制度的风向标，因此，民主是关于公民平等的理论和实践。托克维尔断然否定了贵族政体的合理存在：

> 民主的法制一般趋向于照顾大多数人的利益，因为它来自公民之中的多数。公民之中的多数虽然可能犯错误，但它没有与自己对立的利益。贵族的法制与此相反，它趋向于使少数人垄断财富和权力。……因此，一般可以认为民主立法的目的比贵族立法的目的更有利于人类。①

在时代的大趋势面前，贵族政体弊大于利，且与未来社会的主题不相符，这种时代的潮流和气氛让天生敏感的托克维尔成为民主的先知先觉者。托克维尔对法国大革命的反思所做出的判断和分析，是对"旧制度"的同情性理解而不是反对民主制度本身的合法性。然而，令人不解的是，他对多数人民主产生了疑问。多数人民主所产生的一个概括性问题是，一个人统治全体人（君主统治）是专制的，少数人统治大多数人（贵族统治）是专制的，大多数人统治少数人（民主统治）也是专制的。

在《论美国的民主》一书中，托克维尔没有把他的理论根据和思想来源交代清楚，有时候似乎刻意隐瞒他的一些观点的来源，这让研究他的学者十分不便甚至不满。② 不过，托克维尔对麦迪逊和杰斐逊却偏爱有加，在书

---

① ［法］托克维尔：《论美国的民主》（上卷），董国良译，商务印书馆1996年版，第264页。
② 托克维尔没有以现代学术规范对他所参考或依据的主张标注出来，这并不导致侵权或抄袭。在他那个时代，像许多其他写作者一样，家书、日记和朋友之间的通信都是著书立说的一个重要组成部分。在思想渊源方面，1836年正当他写作下卷的时候，他给一位朋友的信中写道："每天都有一段时间我会发现和这样的三个人在一起：帕斯卡尔、孟德斯鸠和卢梭。"

中赞扬有加且罕见地引用了麦迪逊和杰斐逊的观点，这些被引用的话被放置在"美国共和政体的最大危险来自多数的无限权威"小标题下，成为批评多数人民主最集中的章节，他不无耸人听闻地预言写道：

> 假使有一天自由在美国毁灭，那也一定是多数的无限权威所使然，因为这种权威将会使少数忍无可忍，逼得少数诉诸武力。那时将出现无政府状态，但引起这种状态的是专制。①

这一段话几乎是他随后所引用的麦迪逊和杰斐逊对多数人恐惧判断的翻版。麦迪逊说："如果在一个社会中，较强的派系能够利用这个社会情况随时联合起来压迫较弱的派系，那么可以断言，这个社会将自然而然地陷入无政府状态，使软弱的个人失去抵抗较强的个人的暴力的任何保障。"杰斐逊也说："我国政府的行政权，并非我所担心的唯一问题，或许可以说不是我所担心的主要问题。立法机构的暴政才真正是最可怕的危险，而且在今后许多年仍会如此。行政权的暴政虽然也会出现，但要在很久以后。"托克维尔更愿意附和杰斐逊的观点，干脆把杰斐逊称为"宣传民主的最坚强使徒"。如果认识到多数人恰恰不是那些有权有势者，那么无论麦迪逊、杰斐逊还是托克维尔在看到多数人民主的同时，也开始注意大多数民主的暴政潜能及其可能导致的无政府主义的危险性。

把民主理解为多数人的统治而非全体人的统治，是托克维尔对美国民主实践考察所得，在此之前，既没有多数人统治的历史实践，也没有多数人统治的理论体系（与全体人的统治理论和实践相区别）。那么，民主从全体人的统治到多数人的统治的转变到底意味着什么？一个可能的事实，乃是全体人统治在实践中无法实现，退而走向了多数人统治。多数人统治以拟制方式试图还原民主原型，这个转变使民主发生了方向性的变化，打造出了现代民主仿品或精美的民主赝品。多数的民主，如同贵族统治一样，不仅没有实现全体人的统治，而且使民主的性质发生了逆转。把多数人民主当作民主，是把非民主当作民主，就其实质而言，乃是一种暴政。达尔指出："对于非暴政的客观检验标准并不是统治集团的大小；统治集团是否严重剥夺公民的

---

① ［法］托克维尔：《论美国的民主》（上卷），董国良译，商务印书馆1996年版，第299页。

'自然权利'，并不取决于它的大小。"①

从历史经验看，人们真实所处的共同体都是由少数人组成的特殊共同体，这样一种特殊的共同体不是源于想象和规范，而是基于人类生活的实践和经验。人们总是生活在"家"和"党"这两类特殊的关系密切的共同体当中，前者是以情感为主因而形成的自然共同体，后者则是由利益关系形成的拟制的共同体，但无论哪种共同体，都是由少数人构成的共同体。多数人是一个想象的共同体，它随时空的不同而不断改变自己的形象，相对于少数人而言，多数人忽而在场，忽而离场，容易造成民主的虚位现象。民主虚位揭露的是民主虚伪问题，即在统治结构中，"民主"并没有真正落在人民的头上，而是那些被委任的或自我委任的人在代表人民进行统治。② 在很多情况下，多数人的共同体不容易形成，但在形成的那一刻也是它解体的时刻。循环多数（cyclical majority）的实验表明，理性选择理论的最终结果否认了多数人的选择是理性的。多数人共同体是一个流动的共同体，人们今天属于一个共同体，明天又属于昨天反对过的那个共同体，或者人们同时属于彼此对立的多个不同的多数人共同体。少数人统治真实、有效却不民主，多数人统治飘忽、不稳定却同样不民主，然而，当代历史却反复告诉人们，后者就是一种值得发展的民主形式，托克维尔看到了并坚信它是发展的世界潮流，但始终保持着一份清醒的认识甚至防范之心。

二、现代民主是待命名的专制形态

对于以多数人命名的这个共同体，托克维尔一方面称为民主的新形式，另一方面则抱有疑惑乃至恐惧。坎宁安说："亚里士多德对民主的接受是非常勉强的，托克维尔对民主至多也只能以爱恨交加来形容。"③ 在此，我们进入托克维尔对多数人统治的定性描述和分析。托克维尔在《论美国的民主》上卷第七章和第八章中专门讨论了多数人统治。从结构上看，这两章是上卷中承前启后的关键性章节，此前的所有章节（包括第一部分）都是

① ［美］罗伯特·达尔：《民主理论的前言》（扩充版），顾昕译，东方出版社 2009 年版，第 7 页。

② 民主虚位的相关讨论，参见［加］弗兰克·坎宁安《民主理论导论》，谈火生等译，吉林出版集团有限责任公司 2010 年版，第 24—26 页。

③ ［加］弗兰克·坎宁安：《民主理论导论》，谈火生等译，吉林出版集团有限责任公司 2010 年版，第 11 页。

对美国民主制度的描述性分析（其间不时与欧洲的政治体制相比较），此后的所有章节则是对美国民主制度原因和条件的分析以及具有预测性质的结论。倘若没有这两章，文本无疑显得更加具有逻辑性和连贯性。但托克维尔在描述美国民主制度现状后，立即用两个章节的篇幅讨论这一现状的性质，指出了美国民主的本质及其矛盾，论证美国民主的实质是多数人的统治：

> 民主政府的本质，在于多数对政府的统治是绝对的，因为在民主制度下，谁也对抗不了多数。①

多数具有无限的权威，在国家和社会中居于压倒一切的地位，决定了多数在美国的特权地位，产生了多数无错论。对美国民主的这种定性所导致的最终的结论就是多数人的民主也是一种暴政。

> 如果多数不团结得像一个人似地行动，以在观点上和往往在利益上反对另一个也像一个人似地行动的所谓少数，那又叫什么多数呢？但是，如果你承认一个拥有无限权威的人可以滥用他的权力去反对他的对手，那你有什么理由不承认多数也可以这样做呢？②

在《联邦党人文集》第47篇中，麦迪逊对暴政作出了一个宽泛的定义，他说："所有的权力（无论是立法的、行政的还是司法的）聚集到同一些人手中，无论是某一个人、一小部分人还是许多人，都可以正当地被定义为'暴政'。"所有的暴政在性质上都是一样的，即它们体现的都是无限权威，而无限权威，按照托克维尔的话说，就是"一个坏而危险的东西"：

> 当我看到任何一个权威被授以决定一切的权利和能力时，不管人们把这个权威称作人民还是国王，或者称作民主政府还是贵族政府，或者这个权威是在君主国行使还是在共和国行使，我都要说，这是给暴政播下了种子，而且我将设法离开那里，到别的法制下生活。③

---

① ［法］托克维尔：《论美国的民主》（上卷），董国良译，商务印书馆1996年版，第282页。
② 同上书，第288页。
③ 同上书，第289页。

　　既然美国的民主是多数人的暴政，他为什么还要极力推崇美国的民主制度，而且呼吁他的祖国向美国学习呢？对此，托克维尔是矛盾的，他承认说：

　　　　我认为"人民的多数在管理国家方面有权决定一切"这句格言，是亵神的和令人讨厌的，但我又相信，一切权力的根源却存在于多数的意志之中。我是不是自相矛盾呢？①

　　尽管如此，托克维尔仍然在犹豫当中赞赏了这个令人讨厌的民主，在随后的篇幅中他只是提出了限制而不是消除多数人暴政的措施和理由，换句话说，托克维尔更愿意用一种暴政替代另一种暴政，前者是多数人的暴政，后者是少数人的暴政。《论美国的民主》上卷出版五年后，托克维尔完成了下卷。在下卷的总结部分中（该部分篇实际上也是全书的总结篇）托克维尔再次提出了现代民主的悖论，这是大多数人民主暴政论的延续，只不过启用了平等这个维度。在托克维尔看来，平等是民主的基础，但是，平等可能产生两种倾向：

　　　　一种倾向是使人们径自独立，并且可能使人们立即陷入无政府状态；另一种倾向是使人们沿着一条漫长的、隐而不现的、但确实存在的道路上被奴役的状态。②

　　对于平等的这两种状态，托克维尔更关注的是后一种状态，即人们被普遍奴役却毫无察觉的状态。对于第二种状态"则由于发现不了而误入歧途。因此，提醒人们注意勿误入歧途是特别重要的"。③为什么大多数的民主会导致人们进入奴役状态并且显然是一条"误入歧途"的道路呢？同托克维尔对民主是一种暴政的定性一样，他认为多数人的民主容易形成和加固中央集权，这是一个惊世骇俗的观点！如果在上卷中托克维尔提出了现代民主是暴政这一不同凡响的观点，那么民主国家容易走向中央集权就更加令人瞠目结舌了。暴政和中央集权有什么关联吗？难道中央集权是暴政的一种形式或

---

① ［法］托克维尔：《论美国的民主》（上卷），董国良译，商务印书馆1996年版，第287页。
② ［法］托克维尔：《论美国的民主》（下卷），董国良译，商务印书馆1996年版，第838页。
③ 同上书，第839页。

是多数人民主的必然结果吗？要回答这些问题，就要看看托克维尔对中央集权状态下统治者的性质和统治特点的描述。作为中央政权的统治者，他说：

> 用一张其中织有详尽的、细微的、全面的和划一的规则的密网盖住社会，最具独创精神和最有坚强意志的人也不能冲破这张网而成为出类拔萃的人物。他并不践踏人的意志，但他软化、驯服和指挥人的意志。他不强迫人行动，但不断妨碍人行动。他什么也不破坏，只是阻止新生事物。他不实行暴政，但限制和压制人，使人精神萎靡、意志消沉和麻木不仁，最后使全体人民变成一群胆小而会干活的畜生，而政府则是牧人。①

政府是牧人，人民则是畜生！倘若把这段文字和对统治者定性的这些比喻从书中单独挪移出来展示给人阅读，则会立即让人想到中国传统文化所强调的牧民理论，自然没有人会把后者与民主国家联系在一起。在别的地方，托克维尔还把统治者称为照顾人们一生权力极大的"监护性当局"、以把人永远看成孩子为目的的"父权"、公民幸福的"唯一代理人和仲裁人"、超然屹立的"伟大的存在"。在托克维尔看来，这是一种新的奴役状态，但这种奴役状态与专制社会的奴役状态有所不同，民主国家的奴役状态是"严明的、温和的和平稳的奴役状态"，它可能比某些人的想象更容易具有自由的外貌，甚至可以在人民主权的幌子下建立起来。② 不过，这种新的奴役状态同样是一种专政或暴政，是新的专政或暴政：

> 当代人在他们的记忆中也没有这种压迫的印象。我曾试图用一个词精确地表达我对这种压迫所形成的完整概念，但是徒劳而未成功。专制或暴政这些古老的词汇，都不适用。这个事物是新的，所以在不能定名之前，就得努力说明它的特点。③

托克维尔看到了现代民主背后的专制状态，却无法用一个令人满意的术语表达这个状态。在托克维尔的用语中，他开始尝试借用民法中的"监护

---

① ［法］托克维尔：《论美国的民主》（下卷），董国良译，商务印书馆1996年版，第870页。
② 同上。
③ 同上书，第869页。

权"这个代表性概念，虽然这个词对托克维尔来说并不是一个十分表意的词，因为监护权在理论和实践中往往与"父权"结合在一起，而父权令人想起的是君主制国家。通常人们都认为民主与专制是对立的概念，而且民主的出现恰恰用来消除专制，但令人惊讶的是，托克维尔是在民主国家的范围内讨论有可能出现的新的专制问题。下面这段文字更能清楚地表达托克维尔的观点和立论的背景条件：

> 我相信在身份平等的国家比在其他国家更容易建立绝对专制的政府；而且认为一旦在这样的国家建立起这样的政府，那它不但要压迫人民，而且要使人类的一些主要属性从人身上消失。因此，我认为专制在民主时代是使人最害怕的。①

在民主国家里产生专制不仅可能，而其一旦产生，它就比贵族社会中的专制所要产生的后果更为严重。托克维尔的论述往往令人疑惑乃至不安，在某种承担上，关于民主国家里专制现象的论述削弱了人们对民主的努力、想象力和本该有的激情，在这个意义上，托克维尔是一个现代民主理论怀疑论者：

> 在思想上我倾向民主制度，但由于本能，我却是一个贵族——这就是说，我蔑视和惧怕群众。自由、法制、尊重权利，对这些我极端热爱——但我并不热爱民主。——我无比崇尚的是自由，这便是真相。

因此，在托克维尔关于现代民主的一系列讨论中，从对民主是大多数的统治，到大多数人的统治是一种暴政，最后再到这样的暴政将产生中央集权的新的奴役统治形式，都说明了托克维尔对现代民主所持有的保留态度和批判精神。

三、民主与人性弱点

1836 年托克维尔在整理《论美国的民主》一书过程中，抽空在英国一家杂志上发表了"1789 年前后的法兰西社会政治状况"论纲。考虑到《论

---

① ［法］托克维尔：《论美国的民主》（下卷），董国良译，商务印书馆 1996 年版，第 873 页。

美国的民主》后两章还没有杀青（1840年）的事实，托克维尔的这篇文章在观点和思路上应当不会与在《论美国的民主》所持有的观念相冲突，但它更具有现实针对性，或者更具有"法兰西意识"，这也是他尝试用民主原理解说国情的初步成果，为以后的《旧制度与大革命》奠定了基础。在论纲中，托克维尔明确表达了这样一种观点：贵族社会倾向于地方治政，民主社会倾向于中央集权政府。弗朗索瓦·傅勒就此评论说："他当时似乎既不反对公民平等（这是他的'民主'定义的基本内容），也不反对政府中央集权（只要稍微带点行政权力下放就行了）：这是托氏研究美国的深刻心得。"① 托克维尔得出这个结论并不奇怪，在某种程度上，民主作为中央集权的新形式在确立了国家与个人的新型关系的同时，也为个人免受公民与国家之间的中间环节相互之间的侵害提供了保护伞。

事实上，托克维尔民主理论的悖论关涉国家与社会、平等与自由、人性与社会性等一系列重大主题，其中人性的弱点成为托克维尔民主理论的重要理论根源。人性善恶的讨论属于旧的政治哲学，对人性的自然属性的探讨则开启了现代政治社会的源头。人的软弱性是人的自然属性的体现，人对他人和自然所表现出的恐惧心理正是他软弱性的表现。但是，人的软弱性更主要的体现在精神上的萎靡不振，而不是体力或物质上的。人性的软弱不是人性恶的表现，也不是善待他人所需要的"心软"特质，它有可能走向阿伦特所称的"平庸的恶"，助长国家权力的恣意扩张，产生新的邪恶——一种在平等的民主社会中才有的邪恶。托克维尔跟随霍布斯或洛克哲学理论，同意人民主权论和权利让渡说的理论前设，在这一理论前设之下，托克维尔讨论了在权利哲学的指导下人人都是弱势者而不得不祈求于国家而产生的巨大矛盾：

> 在平等时代，人人都没有援助他人的义务，人人也没有要求他人支援的权利，所以每个人既是独立的又是软弱的。——他们的独立性，使他们在与自己平等的人们往来时充满自信心和自豪感；而他们的软弱无力，又有时使他们感到需要他人的援助，但他们却不能指望任何人给予他们以援助，因为大家都是软弱的和冷漠的。迫于这种困境，他们自然将视线转向那个在这种普遍无能为力的情况下唯一能超然屹立的伟大的

---

① ［法］弗朗索瓦·傅勒：《思考法国大革命》，孟明译，生活·读书·新知三联书店2005年版，第211页。

存在。他们的需要，尤其是他们的欲求，不断把他们引向这个伟大的存在；最后，他们终于把这个存在视为补救个人的弱点的唯一的和必要的靠山。①

托克维尔揭示了国家权力在民主国家日益强大的必然性和趋势以及所呈现出来的历史上从未出现的新的压迫形式。个人力量软弱不是国家权力强大的结果，而恰恰是国家权力强大的原因和结果，因为具有平等地位的个人同时也是孤立的、自私自利个体，他们通过不断追逐物质利益并以财产权的形式巩固了人的享受和安宁之心，他们更需要维持现状，保卫已经取得的胜利成果，这一重任就落实到了国家身上。

现代社会打通了个人与国家之间的"面对面"的联系和接触，瓦解了传统社会中个人与国家之间存在的"中介体"，这些中介体包括家庭、家族、行会、保护人、监护人等。在现代性来临之际，国家第一次有了自己的人。在这种情景下，个人不是因此就没有了"主人"，他们联合起来共同为自己构建了一个共同的主人——国家。我们已经知道，为了保卫权利而通过自愿的方式把某些或全部"天赋的权利"让渡给国家而不是令人恐惧的"他人"，这是现代人民主权原理的基本推论。霍布斯的政治哲学揭示了人在享有权利方面具有绝对性，人只有绝对的权利而没有绝对的义务这个命题是导致了人们相互之间的猜忌、不信任和冲突的原因和结果，在霍布斯看来，把解决人与人之间恐惧的重任交给一个"人造的上帝"即国家是必要的。洛克的国家理论中同样表达了类似的观点，他认为让地位平等、享有自然权利的人把其解决冲突的自我裁判权统一由国家行驶，避免了人们为了解决冲突而形成更大的冲突。因此，不信任他人而只相信上帝或人造的上帝构成了现代国家理论的一个主线，才有了"他人是地狱"这一对现代社会特征最极端的概括。

那么，托克维尔当时预见了什么样的令人恐惧的统治景观呢？与欧洲贵族时代作了比较之后，他说：

我敢说没有一个欧洲国家的政府不是不仅越来越中央集权，而且越来越管小事情和管得越来越严。各国的政府越来越比以前更深入到私人活动领域，越来越直接控制个人的行动而且是控制微不足道的行动，终

① ［法］托克维尔：《论美国的民主》（下卷），董国良译，商务印书馆1996年版，第845页。

日站在每个公民的身边协助和引导他们，或站在公民的头上发号
施令。①

　　克服人性弱点的努力，伴随着权利哲学的主旨，最终形成的是日益强大
的国家，这是权利论者始料未及的，尽管他们也努力提出了种种方法来防止
和制约国家的权力。在一片制约国家权力的呼声和制度设计中，国家权力不
是越来越小而是越来越大，国家管辖的领域不是越来越窄而是越来越宽，以
致现代国家与它之前的任何传统国家相比，对个人生活和社会生活方面都拥
有了统治的权力，无孔不入，无处不在，正如福柯所言，国家权力成为全天
候和全景式的控制力量。
　　福柯与托克维尔有什么关联呢？请注意他们对"驯服"概念的共同
使用。仿佛是约定好似的，福柯关于国家权力对个人监狱式的现代管理
恰恰就是托克维尔对民主国家权力界定。在上面的引文中，托克维尔提
到了国家权力的一个表现形式，就是"用一张其中织有详尽的、细微
的、全面的和划一的规则的密网盖住社会"，而现代社会的监狱式管理
就体现了这个特征。福柯眼中的"圆形监狱"，即全景式（敞视式）监
狱是现代监狱模式的基本结构，它不仅适用于现代监狱的管理，也适用
于全社会。人们或许没有忘记，托克维尔考察美国的托词是为了研究和
了解美国的监狱制度。这或许是令人难以置信的新发现，托克维尔与福
柯都认识到现代监狱的全景式的集权特征。从托克维尔时代开始至今，
国家权力的中央集权特征和行动方式不仅没有削弱，而且随着福利国家
理论的兴起而变本加厉。
　　今天的美国已经不复是托克维尔旅居时的样子。作为旅行家的托克维尔
无不惊愕地发现当时的美国是一个"没有国家的社会"，只见政府而不见国
家，它是由许多利益集团和社团组成的公民社会。然而，经过罗斯福新政特
别是第二次世界大战之后，在国内外双重因素的作用下，美国作为"国家"
的形象逐渐凸显出来。丹尼尔·贝克指出："美国以第二次世界大战中军事
力量的扩张为起点，开始发展成为一个国家。一个国家需要动员整个社会，
动员资源和人力，来统一国民的行动。同时，全国范围内的不断增长的国内
需求，刺激了国力的扩张，特别是在经济和福利领域里，以解决一系列国计

---

　　① ［法］托克维尔：《论美国的民主》（下卷），董国良译，商务印书馆1996年版，第857页。

民生问题。"① 只要这种情况存在一天，托克维尔的民主悖论理论就仍有说服力。一方面祈求国家承担越来越多的责任，另一方面又要它固守在原有的责任界限之内，这本身就构成了现代性的内在矛盾。托克维尔的民主悖论也是现代性的悖论。民主依然是可欲的人类理想，但在现代性的悖论之下对民主的认识不能穿新鞋走老路，重要的是，要对现代民主的原理和实质做出新的解释。

四、民主作为不断开发完善的人类事业

1831 年，在美国宪法颁行差不多半个世纪的时候，年轻的托克维尔在好友博蒙的陪同下开始了对美国为期 9 个月的考察。这是一项人类历史上著名的民主之旅，它同其他的人类思想之旅——孔子的东周列国之旅、玄奘的西学之旅、马可波罗的东方之旅、格列佛的梦幻之旅等具有同样的历史意义。历史谨记着发生在 19 世纪中叶美国的这项学术性考察和那个时代的困境。托克维尔考察的当时美国有 24 个洲（1878 年结成联邦时只有东部 13 个州，现在又多了 11 个州），人口 1300 万，还处于一个具有三重待开发的领域的时期——地理上的、工业上的和民主本身的。美国人在这儿定居，也由新的地方迁来，他们在阿巴拉契亚山以西，在密西西比河大河谷和大湖区周围，建立家园、建城镇、修路、开凿运河。一位并非来自最初 13 个殖民地的西部人，就是安德鲁·杰克逊总统；当时群众性的民主正开始取得胜利。人们的谈论总是改良和改革——对奴隶制该怎么办，教育该怎么办，对上帝和宗教该怎么办，对富人该怎么办，对妇女该怎么办，对酒类该怎么办，对监狱该怎么办。

还要加上对儿童该怎么办，在 1831 年前后还有 100 万儿童不能入学，他们当中许多人不得不到工厂去劳动。关于成人的选举权，除了直至 1843 年才勉强承认成人选举权的罗得岛州以外，其余各州只是默认成人有选举权。当时纽约州最高法院首席法官肯特悲伤地预言成人选举权将使政权"落入对自己有权行使的权利的性质和重要性一无所知的人们手里"，并导

---

① ［美］丹尼尔·贝克：《站在历史十字路口的阿历克西·德·托克维尔》，载［法］雷蒙·阿隆等《托克维尔与民主精神》，陆象淦等译，社会科学文献出版社 2008 年版，第 258 页。

致"穷人和败家子控制富人"的局面。① 在考察美国民主期间，托克维尔对美国的自由和平等的现实和观念赞不绝口，但对美国的民主却似乎放心不下，引发了对统治原理的重新认识。

人们都相信，最好的民主是全体成员的统治，民主的形式可以有所不同，但民主是全体社会成员统治的意蕴得到了人们的认同。雅典城邦的民主是西方民主的渊源之一，但雅典城邦的民主不是建立在全体社会成员统治的基础上，因为它把妇女、奴隶和外来人排除在民主的人群之外。卢梭把全体人的统治锁定在小国寡民的状态中，在他的意识中，雅典城邦形式依然存在。全体人的统治，对一个大国而言，至少在技术上做不到。如果做不到，多数人的统治也可以，多数人的统治是民主的第二好形式吗？

由少数人拥戴一个人或某些其他少数人进而对大多数人实行统治是贵族统治的显著特征。在贵族统治的模式之下，统治主体因为世袭或禅让而具有稳定性和封闭性，这倒不是说与世袭主体结构无关联的人绝对不能进入到贵族行列中来，而是说贵族统治中的核心主体不会发生结构性变化。在长时段的观察中，大多数人对贵族统治并没有显示出只有在极端情况下才表露出的不满和愤慨，人们哀叹的恰恰是自己的运气不济未能进入到贵族统治的行列中去。正如在男权社会中，男权的地位长期得到异常的稳固地位，究其原因，倘若没有被统治者对统治者的习惯认可或深层的共谋，男权社会或贵族统治不会具有异乎寻常的生命力。

作为全体人统治的对立面，精英统治拒绝让社会中"先天不足"的某一部分人享有统治权。精英统治是精致哲学与世俗权力结合的最佳典范，是名副其实的"智慧"贵族统治。如果说哲学家最有智慧，那么治理国家应当由哲学家担当则最合适不过了。哲学家统治的国家最有可能与世袭的贵族统治相提并论，在逻辑上它排斥了没有智慧的传统世袭者成为统治主体的可能性。在把政治生活作为人生目的的情况下，不是任何人对一种完满的目标都体现相匹配的能力。相应地，儒家文化对贵族统治也显示出一种类似的偏好，即只有某一类型的人才有权成为统治者。某一类型的人指向有德性的人。德性虽然是人人具备的潜能（在这一点上，儒家恐怕是为数不多的最早提倡人人起点平等理论的学说之一），但只有彰显出德性的人方能成为统治者，圣人显然是彰显出德性全部要素的人。儒家常常对那种在现实中占据

---

① 参见拉斯基为《托克维尔全集》中之《论美国的民主》所作的导言，载《论美国的民主》（下卷），董国良译，商务印书馆1988年版，第928页。

了统治权却不具有德性的人颇感忧虑，既期待现实中的统治者充分彰显其德性，从事实上的天子位走向圣人位，也在迟迟没有出现的圣人的情况下提倡儒家革命论。不过，罗马帝国和秦王朝的建立，都不是柏拉图、孔子或孟子学说的产物，柏拉图甚至主动修改了他的哲学王观点，转向次等好的法律的统治。

如果跟随托克维尔来到 19 世纪上半叶的美国两院会议现场，人们一定会对参加会议的人感到困惑不解。在众议院里，他们看到下列的一幅图景：

> 尽管你在大厅里一再环顾，依然看不到一个著名人士。几乎全部的议员都是无名之辈，他们的姓名没有在我的头脑里留下任何印象。他们大部分是乡村律师和商人，甚至是属于最下层的人士。在这个教育几乎普及的国家，据说人民的代表并非都是能够写字无讹的。[①]

与充满了粗俗举止并有不少白丁的大厅相比，参议院显示出另外一幅景观：

> 在这个不大的会议厅里，却聚集了大部分美国名人。你在这里见到的每个人，都会使你想起他最近的声望。他们当中有善于雄辩的大律师、著名的将军、贤明的行政官和出名的国务活动家。这个会议厅里的一切发言，可与欧洲各国国会的最出色辩论媲美。[②]

然而在民主统治的理念和策略能够被贯彻和实施的国家，国家成员是由法律上平等的所有社会成员构成的，而公民是这一含义的最好表达，"人民的统治"不如"公民的统治"更能表达现代社会的民主观念。公民的统治是那种在制度设计上想要代表全体公民意志和利益，在实施过程中却无法做到的具有内在矛盾的治理机制，更何况公民的统治一开始就把一些人排除在统治主体的范围之外。在国家领域也仅在国家领域中，法律把平等的政治权利授予那些它认为是公民的人。显而易见的是，不是在国家领域内的所有人都是公民，无国籍的人、外国人以及某种其他的人不是公民，也不是统治主体的组成部分。此外，在由公民组成的国家里，由民主程序所形成的秩序体

---

① ［法］托克维尔：《论美国的民主》，董国良译，商务印书馆 1996 年版，第 227 页。
② 同上书，第 228 页。

系需要得到全体公民的遵守，但在不可避免的争议过程中，多数表决机制冷静而残酷地剥夺了少数人的意愿。尽管如此，这种统治方式仍然被称为民主统治或人民的统治。①

托克维尔认为使美国成为民主国家的因素有地理、法制和民情三个方面，它们的重要性依次为民情、法制和地理。民情最重要，民情是民主大厦的顶梁柱，一旦这个顶梁柱坍塌了，民主大厦就岌岌可危了。近在咫尺的美国邻国墨西哥具备了与美国相似的地理和法制条件，但却仍然没有发展成为美国意义上的民主国家。

直到现在为止，美国依然是世界上最强大的国家，人们的生活仍维持在较高的水准之上，尚没有出现源于内部的足以威胁自身根本利益的恶性事件。但美国的民主实践越来越显示出与托克维尔观察相反的局面，在多数人民主的面纱后面则是少数人的精英统治。熊彼特对民主的定义主要采取了描述性的方法，他坚定地认为，从现实主义的角度出发，一个社会显然不是由人民来统治，也不是由作为整体的多数来进行统治的，而是由选举产生的官员以及不是由选举产生的政党和公务员来进行统治的。20世纪尤其是第二次世界大战以来，米尔斯认为这个国家被来自三个日益相互关联领域的领导人所主宰，他们是大企业的高级主管，政府行政机构的主要官员，以及军队中的高级将领。企业主管常常进入政府就职，退休的将军频繁地被选入企业的董事会。这个小且非常集中的群体为美国社会做成了绝大多数的重要决策，包括战争与和平、货币和税收、人权和职责等。②

民情因素在美国的民主构成中越来越稀薄，以致越来越成为稀罕之物。在托克维尔的心目中，英裔移民者是维系民情的重要力量，但如今移民不仅来源五花八门，而且英裔移民者特有的价值观也被多元的价值所替代。在全球经济一体化的背景下，美国的天下秩序在观念被颠覆了，美国内外交困的情况反复出现，人们的满意度每况愈下，这一切都需要进一步增强联邦政府的能力。罗布特·H. 威布观察到"民主的政府"向"政府的民主"的转变："现代个人对政府越来越多的依赖，标志着一场具有重大影响的转变：

① 托克维尔对他所访问的当时美国的观察结果是"在美国，也像在由人民治理的一起国家一样，多数是以人民的名义进行统治的"，参见［美］托克维尔《论美国的民主》，董国良译，商务出版社1996年版，第194页。

② 参见［美］米尔斯《权力精英》，王崑等译，南京大学出版社2004年版。

政府取代人民成为民主的最后保障。……在 19 世纪民主决定着政府的发展方向；在 20 世纪政府决定着民主的发展方向。"① 美国的中央集权格局正在形成，这种状况不是削弱而是强化了精英民主。

那么，正在构建和谐社会的中国情况又如何呢？对待民主，人们在政治精神状态出现了前所未有的矛盾：既要民主又担心"多数人的暴政"、既反对集权又要小心翼翼地为它留有余地，某种程度上巨大的混乱正源于这种精神困境。在谈论民主时，民主的好处刚刚说了一半，就开始论及民主的缺陷，而在谈论专制时，尽管是从谴责开始的，但是一旦遇到民主的话题，对专制的责备就开始打折扣了。在一个中央集权文化历史发达的社会里谈论民主确实异常困难，它与个人自治、地方自治共同形成独具特色的矛盾体系，增加了解决时代困境的难度。在新的时代，需要新的民主理论。在实施或完善民主制度之前认识现代民主的弱点及其界限可以满足当代中国社会的政治心态，这是托克维尔民主学说对中国民主政治的最大贡献之一，但是，认识民主的弱点及其界限的目的在于发展民主，而不能反其道而行之，以致成为拒绝民主的借口。

---

① ［美］罗布特·H. 威布：《自治：美国民主的文化史》，李振广译，商务印书馆 2006 年版，第 229、243 页。

第十二章

双重代议民主制

> 　　像人类社会中其他大多数事务一样，民主是一个程度问题，而且是多级的程度问题。评价民主时要回答的关键问题不是"它在何处?"或"它不在何处?"而是（在号称以民主为目的和理想的地方）"它有多深多广?"，"在哪些问题上它确能发挥作用?"。
>
> 　　　　　　　　　　　　　　　　——［美］科恩《论民主》

　　民主的观念和制度是内生的历史成就，也是具有普遍要素的价值判断准则。2005 年我国首次颁布了《中国的民主政治建设》白皮书，肯定了民主的普世价值，提出"民主是人类政治文明发展的成果，也是世界各国人们的普遍要求"。按照阿玛蒂亚·森的理解，所谓价值的普世性是指任何地方的人都有理由视之为有价值的理念并且人人都有足够的理由去接受这一理念，虽然它并不需要所有的人都一致赞同，而且往往会涉及一些反事实的分析（counter factual analysis）。[①] 如同其他普适性价值一样，民主只有在与其他事物的比较中才能体现出其重要性和有效性。在多方位、多视角的民主定义中，民主作为一种统治模式是在与专制统治的对比中才获得了值得信赖的价值。然而，人们对民主政体的认识尚没有达成统一的意见，而且情况比想象的还要复杂和诡异，这促使我们重新思考专制与民主的辩证关系，探讨统治合法性的观念历史，以便最大范围地实现民主的广度和深度。

---

　　① 世界上没有哪种价值观未曾被人反对过，即使对于母爱大概也不例外。当甘地宣扬他的非暴力理念是普世价值时，他并不认为世界各地的人们都按此理念行事。参见［美］阿玛蒂亚·森"民主的价值观放之四海而皆准"，载夏中义主编《人与国家》，广西人民出版社 2002 年版，第 197 页。

一、本人统治与代为统治

统治是一部分人对另一部分人的管理行为模式。从统治的合法性角度看，统治分为本人统治和代为统治。本人统治最为典型的形式是雅典城邦的公民统治制度，它一直以来都是直接民主的典范和标本。① 本人是当事者，是自己，是主体。如果把目光聚焦在雅典那些具有公民权的人，就会发现，无论参加公民大会还是公共法庭，雅典公民都是以本人的名义进行的。问题不在于他们实际上怎样参加了公共集会以及如何表达了个人的偏好和意见（这样一些问题固然是重要的，也是值得研究并加以推广的），如果因为自己的缘故无法参加公众集会时，既没有人出面声称可以"代表"缺席者，也没有人"委托"他人代为表达意见。换句话说，本人在具体议事场合中的不在场没有通过拟制形式建构出制度上的在场效应。在这里，民主在场是欧几里得式的点的实践场域，作为一个真实的点，它通过有形、切近以及最有助于各种感官的手段（如喝彩等）表达意志，它是"亲自民主"、"面对面民主"，是真正意义上的"参与民主"。

在雅典城邦中，并非所有的人都同时并且实际上都参与具体的治理。根据亚里士多德的定义，公民是"有权参加议事和审批职能的人"，公众法庭和公民大会是城邦的最高权力所寄托的地方。公民参加这些机构就是在行使自己的治权。针对有人说公民中有一些人没有担任职务因而没有治权的说法，亚里士多德认为是"可笑"的。② 但是，即使把雅典公民的人数固定在2万人，让他们全部参加公民大会或公众法庭，在客观条件上也是不具备的，更不要说让每一个公民都发表意见了。③

---

① 雅典民主制是否是"真民主"一直都存在较大的争议，正如美国著名民主理论家罗伯特·达尔所评论的，"当初在雅典，一半或者三分之二的成年人口没有完整的公民权，对于这样一种政治体制，今天的许多人会以'非民主'为名加以拒斥；而且，即使我们充分了解到毕竟正是雅典人首次为其政治体制冠以民主之名，我们还会认为雅典的'民主'其实是'不民主'的。"见［美］罗伯特·达尔《民主理论的前言》再版前言，顾昕译，东方出版社2009年版，第6页。这种情况如同中国人说传统社会的"为民做主"不是民主的道理一样，因此，把雅典民主制度称为贵族共和国更为合适，贵族共和国是后来被称为精英民主的最为典型的表现形式。

② ［古希腊］亚里士多德：《政治学》，吴寿彭译，商务印书馆1997年版，第112—113页。

③ 根据考古资料，公民大会的专用会场普尼克斯Ⅰ期可容纳6000人，经过扩容后据说最多可容纳14800人。当时的法律并不要求所有的公民都需要同时参加会议，只要有6000人参加会议就可以对城邦的所有事务进行讨论和表决。倘若这样的话，城邦公民中的三分之一左右的人就可以决定城邦的事务了，这是少数人进行统治的具体实例。

　　统治者和被统治者的划分是国家权力运作的必要条件，无论采取何种政治体制，实施统治的人只能是社会中的少数人。科恩指出："统治者和被统治者二者之间的区别，至少在范围较大的社会中，是不难划分的。大多数人是被统治者，而非统治者。"① 对雅典城邦而言，凡是公民都有权利和资格成为统治者，除非他们自愿放弃参加公共会议的机会。对于未参加公共机构会议的公民而言，他们的缺席如果不是"轮流坐庄"空当期的必然结果，就是纯粹和单纯的放弃行为，但这并没有丧失作为"好公民"的品质。好公民除了要具备统治的品德外，也要有被统治的服从品德。亚里士多德说："统治者和被统治者的品德虽属相异，但好公民必须修习这两方面的才识，他应当懂得作为统治者，怎样治理自由的人们，而作为自由人之一又须知道怎样接受他人的统治——这就是一个好公民的品德。"② 好公民不是道德善人，没有参加公共机构会议的人在失去其统治的美德的时候不能同时失去作为被统治者应当具有的服从美德。

　　要么作为统治者实施统治，享有具体的治权，要么接受他人的统治，履行服从的义务，这都是良好的本人统治的表现形式。在雅典的政治实践中不是不存在选举，但委托他人参加公共会议既没有成为一项技巧，也没有成为制度性惯例。罗伯特·达尔观察到："一个未经洗脑的雅典人肯定会为普选权（尤其是男人和女人一样拥有选举权，更不用说入籍的外国居民和土生土长的本地人也一样拥有选举权）、政党和立法权让渡给当选的代议士而感到困惑，更不用提现代民主国家那巨大无边的规模。"③ 因此，雅典的政治实践中，还没有发展出来以后像罗马法那样的一套代理制度，更没有产生中世纪的代表学说，代理制度和代表实践作为代为统治的两个具体形式对雅典公民而言都是陌生且匪夷所思的事情。④

　　与本人统治不同，代为统治要求具有统治资格的本人把自己所享有的治权委托给他人代为行使，这就形成了以代议士制度为核心特征的间接民主，营造了全体统治者虚拟在场的格局。虚拟不是真实的存在，受托人行使了只

---

　　① ［美］科恩：《论民主》，聂崇信等译，商务印书馆 2005 年版，第 7 页。

　　② ［古希腊］亚里士多德：《政治学》，吴寿彭译，商务印书馆 1997 年版，第 124 页。

　　③ ［美］罗伯特·达尔：《民主理论的前言》再版前言，顾昕译，东方出版社 2009 年版，第 6 页。

　　④ 王绍光认为，雅典民主被"代议民主劫持"以后，"'民主'的内涵已经发生了根本性的变化，它现在被用来表示在理论上和实践上都与古代雅典民主完全不同的政治制度，其中包括不少反民主的内容，如政治权利的放弃，将其转让给他人，而非自主的行使它"。见王绍光《民主四讲》，生活·读书·新知三联书店 2008 年版，第 46 页。

有本人才有的权利，如果不是因为客观条件的限制，则往往具有拟制的功能。在这种情况下，本人与代议人之间形成了新的政治人格关系，创造了统治所需要的"主体间关系"。然而，拟制的东西不是原有物品，这就如同文物和它的复制品的关系一样。代为统治是拟制的本人统治，它承接了本人统治的形式却背离了它的精神实质，丧失了人与人之间面对面讨论才具有的商谈气氛以及只有在这种气氛之下才能达成的特定结果。

代为统治有两种表现形式，其一是代理制，其二是代表制。自由主义代议制理论不会区分这两种代为统治的形式，简单地把代议制理解为代理制度，并用代理制民主反对代表制民主。① 代理和代表都是为了被代理人或被代表人的利益而从事的受托行为。代理是本人主动、事前的授权行为，在一般情况下，代理人应当以本人的名义从事行为。代表则是事后的追认行为，代表人或以本人或以其他名义为了本人的利益从事行为。代理行为事先要征得本人的同意和授权，而代表行为不需要本人的事先同意但需事后的某种形式的追认。表面上看，代理制度更加注重本人的意见和偏好，代表制度则有忽视本人的意志的弊端，这就是显示了代理的优越性，但从实际的责任效果看，除非代理人超越代理权限，代理人不必对代理的后果负责，而代表人的责任则需要本人对代表行为确认后才能明确，确认责任标准的权利完全由本人事后行使，这就意味着，代理行为是一种有限责任，代表行为则是一种无限责任，后者的行为受到被代表人几乎无限制的评价和衡量。②

从历史上看，本人统治和代为统治的分类借用了罗马法中本人和代理理论的方法和概念。启蒙运动扩展了罗马法的适用范围，那种纯粹对私人生活产生调整和规范作用的民法范畴开始进入政治和国家领域。当本人不能、不

---

① 不加区分代表和代理的概念已经到了非常严重的程度。学术界对"representative"的翻译名为"代表"实为"代理"或"代议"。在汉语中，代表和代理这两个词虽然有关联，内容上也或有重叠，但仍有较大的区别，对它们使用的场合和环境依然不同。在区别这个词的基本含义的情况下，人民代表大会制度毋宁说是人民代理大会制度更为妥帖，因为所有的人民代表都是选举产生的，选举是选举人事前同意和授权的最为重要的形式。汉娜·皮特金的代表作《代理的概念》被国人翻译为《代表的概念》，汉娜·皮特金关于"代表者和被代表者"的语言学关系论证其实就是"选举人与被选举人"之间的关系，参见 Pitkin, Hanna Feniche（1967），*The Concept of Representation*, Berkeley: University of California Press。

② 凯尔森在《民主政治的本质和价值》和《议会政治的问题》二文中认为广义的代表是指"机关"，如国会等，狭义的代表则与"代理"同义，自由的委任是代议制的标志。这种把"代表"和"代理"区分出来是有意义的，在某种程度上，代表是一个政治概念，代理则是一个法学概念，参见沃尔夫冈·曼托"代理理论的沿革"，载应奇主编《代表理论与代议民主》，林明义译，吉林出版集团有限责任公司2008年版。

便或不可以实施或参与"治者的事业"的时候，就要让位于代为统治这一相对独立的类型中。17、18 世纪是现代民主建构的时代，几乎所有的现代民主理论的倡导者或多或少也是社会契约论者。人们有理由相信，社会契约论者借用了罗马私法中的代理概念，并且把这一概念从私人领域移植到政治领域，实现国家权力合法性论证。① 这一理论的逻辑是，国家权力来源于人民，人民是由每一个天生有权的、自由的个体组成，为此确立了个人与国家的权利和义务关系。在这一关系中，每一个自由的个体是委托人，国家则是受托人，受托人应当在委托人授权的范围内为了委托人的利益行使权力，受托人从事的一切行为就仿佛是委托人所从事的行为，如同每一个自己在统治自己。

社会契约论为西方社会从本人统治走向代为统治提供了思想和理论基础。社会契约论确立了国家权力的正当性基础，同时也确立了衡量民主政体的标准，以为国家权力来源于人民就是民主政体，否则就是非民主政体。但是，社会契约论的一个重要命题是自由的个体如何重新联合的问题。按照社会契约论的思想逻辑，强调个人权利和自由只是立论的前提和出发点，重要的是要把这些自由和孤独的个体通过一定的形式联合起来，用一种集体而非个人的力量既保卫人的自由和权利，又可以营造一个友爱、和谐的共同体，以便每一个人可以在一个制度的框架内追求自己的幸福。要确立一种令人满意的统治形式，"是要找到一种联合形式，这种联合将以全部共同的力量保卫和保护每个合作者的人生和物品，而且在这一联合中，每个人在使自己与整体联合时，可能只服从他自己，并且仍然像以前一样自由"。无论这种联合的形式是什么，每一个人都需要无一例外地而且是自愿地把自己的权利让渡给国家，由国家代为行使本来是每一个人的权利，这就是代为统治。② 人们过去在谈论社会契约理论时常常把重点放在了放弃权利的目的上，却忽略了放弃本身的价值。从各种情况看，社会契约理论在论证了必须走出自然状态后，首要的问题是要解决放弃权利的命题，唯有先放弃权利，才能使人民

---

① 不过，私法中的代理和公法中的代表还是有相当大的差别。一般认为，私法中的被代理人就是本人，而且在代理活动中始终在场，相反，公法中的代表行为（例如议会行为）则由议员根据良心和事实相对独立做出，并不受选民的具体指令和意愿的影响，而选民作为原本的本人则实际上是不在场的，换句话说，代表人的意思可以迥异于被代表人的意思（如在制定某些法律的时候）。参见［德］福·博伊庭《论〈德国民法典〉中的代理行为》，邵建东译，《南京大学法律评论》1998 年秋季号。

② ［法］卢梭：《社会契约论》，何兆武译，商务印书馆 1982 年版，第 23 页。

走出自然状态，也才能实现建构政治社会的目的。①

放弃权利是建构政治社会的充分条件。放弃权利是一种转让权利人固有权利的行为，转让的对象则是国家。转让行为一旦完成，权利主体就丧失了转让之前所享有的权利，国家则取得了原先只有权利人才有的权利，因此，政治的产生源于被治者在某项方面的无权以及治者享有某些经转让而获得的特权。不同政治之间的分野不在于治者是否享有某些或全部特权，而在于治者所享有的特权是否出自被治者所放弃或转让的权利。

二、从代表制民主走向代理制民主

民主之所以值得追求，不是因为它比人类社会的其他普遍价值观更高尚、更美好，作为一种代为统治的模式，民主比其他代为统治的形式更有序、更为非暴力地决定统治者的更替。专制通常被定义为统治者独断专行、为所欲为并且不受制约。一个独夫民贼通常是暴君的代名词，把这种统治视为专制统治不会引起多大异议，它至少表明一个人对所有其他的人的任意压制和管理。人们或许会把贵族统治下的少数人的统治也称为专制统治，在性质上它也是一部分人对大多数人的任意压制和管理，然而，当多数人对少数人实施任意的压制和管理时，是否也是一种专制统治呢？托克维尔给出了肯定、明确地答复，他因系统论证了"多数人的暴政"而给人留下极为深刻的印象。然而，在托克维尔之前，麦迪逊在《联邦党人文集》第47篇中走得更远，他说："所有的权力（无论是立法的、行政的还是司法的）集聚到同一些人手中，无论是某一个人、一少部分人还是许多人，都可以正当地被定义为'暴政'。"这种认识几乎认为除了雅典式民主，其他类型的民主都具有暴政的成分。因此，单纯地从人数多寡无法判断统治的性质，除非真正实现"全体人对全体人的统治"。这种近似乌托邦的状况，正如达尔十分明确地指出的那样："对于非暴政的客观检验标准并不是统治集团的大小；统治集团是否严重剥夺公民的'自然权利'，并不取决于它的大小。"②

---

① 霍布斯自然法学中的第一条自然法则就是要求权利人放弃或转让他们的权利，这是自然法的首要法则，也是其他自然法则得以成立的先决条件。在霍布斯看来，放弃权利有两种情况：或者是将它简单地放弃，或者是将它转让给其他人，而两个或两个以上的人相互转让他们权利的行为就是契约。有关讨论详见［英］霍布斯《论公民》，应星等译，贵州人民出版社2003年版，第14—24页。

② ［美］罗伯特·达尔：《民主理论的前言》再版前言，顾昕译，东方出版社2009年版，第7页。对于"全体人的专制主义"的讨论也可以在孟德斯鸠的权力制衡原理中找到相应的支持。

在本人统治缺失的情况下，代为统治拟制了本人统治的形式，如果这个判断可以成立，代理制度是一种民主形式，代表制度也是一种民主形式。代理制民主作为一种代为统治的形式是现代社会推崇和昭示的制度榜样，詹姆斯·密尔把代议民主制称为"现时代的伟大发现"，他乐观地预见在代议民主制下，"所有的难题，无论是理论上的还是实践上的，都将找到解决方案"。借用达尔的话说，如今代议民主制堪称被奉为既负责又可行的政体，在广大的领土和恒久的时间范围上可望实现长治久安。① 在最为显著的特征中，代理民主制是最广大的选民通过选举程序选择他们的"代言人"的过程和机制，这些代言人在其任期之内可以独立进行政治决策。选民并不直接参与决策，他们的决策权通过他们认可的代理人代为履行，正因为如此，熊彼特醒目地把民主定义为"某些个人通过争取人民选票取得作决定的权力"。② 这种对民主的定义简洁凝练且符合自由主义代议制的实践，称之为改头换面的私法交易行为也不为过，体现了波斯纳所称的日常实用主义的自由主义民主的实质。③

对于代理民主制的优劣，当代许多民主理论家和政治实践家都有过大体一致的意见，在这些意见中，现代民主被认为是与雅典民主完全不同的政体模式。用雅典民主衡量现代最民主的国家制度，现代民主也可能被视为不民主的。其实，这两种体制本没有可比之处，代理民主制不属于本人统治的范畴，它的根源不是本人统治，而是代为统治。现代民主是一项人工创造的非自然物，制造者从雅典民主那里找到了灵感。作为代为统治的表现形式，代表民主制和代理民主制只有程度上的差别而无性质上的不同。当然，把代表民主制作为现代民主的一种形式多少出乎人的意料，倘若按照只要是代为统治就是民主的说法，难道君主统治和贵族统治也是一种民主制度吗？人类社会的绝大多数历史岂不是都是民主的历史吗？这样一来，民主与专制的区别又在哪里，民主还是可欲的值得追求的理想政制吗？在我们看来，只要统治的形式是在代为统治的意义上发生的，无论这些代为统治的具体实践如何，就都是代为统治意义上民主的不同表达。

---

① 转引自［英］戴维·赫尔德《民主与全球秩序：从现代国家到世界主义治理》，胡伟译，上海人民出版社 2003 年版，第 11 页。

② ［美］约瑟夫·熊彼特：《资本主义、社会主义与民主》，吴良建译，商务印书馆 2002 年版，第 395—396 页。

③ 关于实用主义与民主的关系，参见［美］理查德·A. 波斯纳《法律、实用主义与民主》，凌斌等译，中国政法大学出版社 2005 年版。

在英文中，代表和代理都可以用 Representation 来表达，从权力来源的角度看，代理只是特殊的代表，而不能与代表概念等同。在这个问题上，卡尔·施密特的认识还是十分地道的："在理解代表概念时，必须注意到它在国家法和政治上的特殊性，不要将它与其他概念——如委托、代理、事物管理、授权、信托等——掺和在一起，否则各种私法概念和经济技术概念就会破坏它的特殊性。"① 皮特金把代表分为形式维度和实质维度，前者分别体现在授权式代表和问责式代表这种形态中，授权式代表要求代表人事事获得被代表人的授权并按照被代表人的指示行事，问责时代表要求在被授权的基础上发挥代表人负有责任的相当独立的意志。关于"委托与独立之争"的代议制民主的争论大多建筑在对民主的这两种形式维度当中。然而，皮特金认为形式维度尚不足以有效分析现实的政治。为此，她引入了民主的实质维度的范畴。民主的实质维度包括象征性维度和行动性维度两个方面。象征性维度包含作为教皇或皇帝的符号代表和"作为广大人民之缩影"的代表机构。行动性维度不问代表主体是谁，而是代表具体做了什么。② 皮特金对代表的分类详见图 12 - 1。

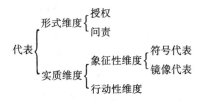

图 12 - 1　皮特金对代表的分类

皮特金对代表分类的贡献在于她为民主的内涵增添了新的内容，在代理制民主之外为代表制民主的发展留下了合理的地位。这样一来，我们可以对民主作出下面的框架式分类，作为对以上讨论的总结。

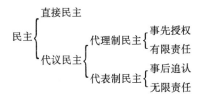

图 12 - 2　民主类型的新分类

① ［德］卡尔·施密特：《宪法学说》，刘锋译，上海人民出版社 2005 年版，第 222 页。

② See Pitkin, Hanna Feniche (1967), *The Concept of Representation*, Berkeley：University of California Press.

代表广泛存在于人类社会的各个方面且历史悠久，直到今天我们也无法在日常和政治生活中完全取消代表的功能。按照沃尔夫冈·曼托的说法："由于直接民主无法贯彻，因而需要代表。代表可以说是一种延伸的直接民主，人民不是直接统治国家而是通过他们的代表。代表制是近代发明的一种法术，也是一种技术，为版图广阔无法实行直接民主的国家谋得代替品。"①代表民主固然是对直接民主的拟制现象，但不能因此断言它延伸了直接民主。古希腊城邦的直接民主是真正的公民参与式民主，是全体人统治的唯一历史标本，这在领土面积狭小、公民数量极少的社会中或许是有效的。更为重要的是，古希腊城邦把公民参与政治的权利视为一种不可以交易的义务，既不能委托给他人代为行使，也不能替他人行使政治权力，民主在这里具有鲜明的人格特征，如同婚姻权既不可以转让也不可以代为行使一样。

从一种未经事先同意的代表走向事先需要授权的代表，不仅使代表这个词凸显了它的授权性质，也使民主的性质发生了质的变化。从代表民主制出发的现代社会有一个抱负，它要在力所能及的范围内消灭代表制，最大范围实现代理制，自由主义民主制成为实现这一抱负的急先锋。自由主义民主制希望把所有的人都变为理性的选民，让所有合格的选民参与到实质的政治决策当中去，以实现社会契约论的远大梦想：服从国家的统治如同每个人自己统治自己，实现真正的自治。但是，托克维尔的民主理论悖论恰恰揭示了现代民主采取了相反的行走路线，即从传统的父权监护代表制走向了国家监护代表制，但不论哪种形式的监护制体现的都是监护者和被监护者之间的代表关系，而不是代理关系。②

理性公民的同意是现代民主统治的基础，它是代理制民主合法性基础，但现代民主在实施代理制民主的同时也潜在地保留了未经同意就被认可的代表制理论。代表民主制之所以能够存活，与现代民主实践在客观上不能充分代理的现实息息相关，即在国家生活中或多或少存在着"不完全代理"的机制和现象。不完全代理如同市场经济中的不完全竞争一样既妨碍和影响着充分的代理机制，也因人类理性不及、历史发展的客观性等因素而成为具有合理因子的阶段性产物。

在某种程度上，民主的问题是"数轴民主"，即在一个数轴上找出一个

①　沃尔夫冈·曼托：《代表理论的沿革》，载应奇编《代表理论与代议民主》，吉林出版集团有限责任公司 2008 年版，第 18 页。

②　[法] 托克维尔：《论美国的民主》（上卷），董国良译，商务印书馆 1996 年版。

理想民主原点，各种统治的实践都向同一个方向运行，离原点越近的政体就越民主，而离原点越远的政体就越不民主。美国被称为现代国家中最民主的国家之一，也是近代社会实行现代民主的第一个国家。倘若按照民主有无而不是民主程度的标准，美国究竟从哪一个时刻起可以算作民主国家呢？在19世纪以前，黑人、妇女以及未成年人不具有选举的资格，"民主统治须经被治者同意"的说法在这个时候还不适用。19世纪以后，妇女、黑人陆续取得了投票权，在政治生活中扩大了治者的主体范围，但人们因此能说托克维尔当时所观察到的美国就不是民主国家吗？时至今日，美国社会中仍有相当多的人没有选举权或故意不行使选举权，那么，对这些人实施统治的依据又是什么？对于强烈反对当选候选人的选民而言，选举之后的统治恰恰建立在他们不同意的基础上。在这个意义上，至少存在以下三种形式的代表民主制，它们与代理民主制共同构成了当代的民主实践。

（一）监护型代表民主制。对于占人口近三分之一的未成年人以及其他限制行为人而言，他们既没有选举权，也没有被选举权。所有的无行为能力人和限制行为能力人具有与其他公民同等的权利和利益（政治权利除外），但他们的权益是被代表的权益，对他们实施统治无须征得他们的同意。代理制民主是成年公民的民主，但它不能解释统治无行为能力人和限制行为能力人具有同等的合法性，这是代理制民主理论无法有效解释的问题。问题的关键不是无行为能力人和限制行为能力人有没有政治权利，也不在于非要设计出一种让他们拥有选举权的制度，而是要注意到他们的利益确实被人代表了，这种情况与在传统社会中广泛存在的父权监护制度具有惊人的一致性。

（二）非公民代表民主制。对于那些长期居住在一国的外国人而言，他们的政治权利与限制行为能力人和无行为能力人处于相同的情景。他们照章纳税，履行法律义务，如果按照英国早期"无代表不纳税"的宪政传统，外籍人士则是在没有代表的情况下履行了他们的纳税义务。① 当然，他们的利益并非没有被代表，他们也并非没有代表人，只是他们没有产出像代理民主程序下的代理人，代理民主制在这里又一次出现理论上的盲点。

（三）程序代表民主制。现代民主的一个鲜明的特征是"多数人的民

---

① 近年来，关于外国人的参政权讨论开始进入政治理论的视野，实践中的维权行动也频频出现。1995年，在日韩国人曾经向日本最高法院提起诉讼要求外国人有参政权，最高法院以宪法没有保障无日本国籍的外国人的参政权为由驳回了上诉。

主"。在以投票为主要手段的代理民主制中，多数决规则让那些未获胜的少数人被迫服从得胜的多数人，哪怕这些多数人只是相对的多数人。作为事先约定的规则，在程序意义上，多数决当然是公平的，但在结果上它就不一定是公正的。多数决不能保障不会出现民主的暴政。多数决规则显示的一个悖论就是统治恰恰建立在一些人反对或不同意的基础上，把不同意硬是转化为同意正是代理制民主的一个特征。也许有人争辩说，这种情况乃是同意的表现，因为正是大家事先约定了多数决规则，才使得结果本身仍然遵循了代理民主制的规则。然而，越来越多的调查显示，现代社会中的一些选民一开始就反对任何意义上的选择，他们既不想在有限的选择中成为多数人的一员，更不想成为被迫接受多数人统治的少数人。换句话说，他们一开始就退出了多数决的游戏规则，暂时或永久的成为代理民主制的中立者和旁观者。

上述三种情况显示了现代民主的复杂性和多样性，无不体现了现代社会的双重代议制民主的特征。现代民主形成了一个结构，构成该结构的是代理制和代表制两个要素。从代表民主制走向代理民主制规定了现代民主的发展方向和精神实质，除非人类社会真正进入纯粹的代理民主制，现代民主都是不纯粹的民主。当然，把民主划分为代表民主制和代理民主制两种形式并不意味着民主和专制的划分就没有意义。纯粹的不加区分的代表制仍然可以被视为一种专制模式，在可以或应当被代理的情况下却被代表了，就可以视为一种专制模式。

区别民主与专制首先不能以统治的动机和目的为衡量标准，[①] 为了多数人的利益就是民主体制，为了少数人的利益就是专制体制，这种说法已经没有多少市场了。即使最专制的体制不乏为全体社会成员利益考量的治国思路，号称最民主的社会总有一部分人的利益被忽视或被剥夺。亚里士多德考察过150多个希腊城邦的政体，他把统治类型大致分为君主政体、贵族政体和共和政体三种形式。不论哪种政体，如以照顾全邦人的共同利益为要旨则可称为"正当或正宗的政体"；反之，不是各个类型本身，而是它们分别只照顾到统治者的利益和目的，就被称为"错误的政体或正宗政体的变态（偏离）"，他总结道："僭主政体为王制的变态；寡头政体为贵族政体的变

---

① 戴维·赫尔德指出，"专制主义国家和现代国家的差别并非如人们认为的那样大，这里有两个原因：一是专制主义国家对于市民社会的权力，并没有所声称的那么强大；二是现代国家很难为自身的宪法和疆界所束缚，经常会像'傲慢的'专制主义国家那样行事"。见［英］戴维·赫尔德《民主与全球秩序：从现代国家到世界主义治理》，胡伟译，上海人民出版社2003年版，第53页。

态；平民政体为共和政体的变态。僭主政体以一人为治，凡所设施也以他个人的利益为依归，寡头（少数）政体以富户的利益为依归；平民政体则以穷人的利益为依归。三者不照顾城邦全体公民的利益。"是否专制的标志不在于统治类型，而在于统治的利益归属，无论何种统治类型，凡是以城邦全体人的利益为依归，则为正宗政体，反之，则为变态或专制政体，这类变态体制都是专制的（它们以主人管理其奴仆那种方式施行统治）。① 显而易见，民主政体和专制政体的两分法不属于亚里士多德的政体分类理论，如果大多数人的统治即现代民主统治没有照顾全体人的利益，就有可能属于亚里士多德所言的变态或专制体制。

君主统治、贵族统治和民主统治都是代为统治的形式，只不过它们所指代的对象不同。君主统治和贵族统治的合法性往往具有超人格的力量，如西方的上帝，中国的天，但很少有君主或贵族统治者公开声称统治是为了君主或贵族本身，尽管统治的实际效果无不是为了自身的利益。在这个意义上，民主就是专制色彩被压制和被淡化了的政体，而专制则是民主色彩被压制和淡化的政体。有专制的地方必有民主，有民主的地方必有专制，要想消灭专制，首先需要消灭民主本身。②

在人类社会的历史进程中，代为统治的形式，无论其成因、动机或目的，就其民主的程度而言，大致包括了上帝代表制、君主代表制、家长代表制、议会代表制、人类代表制等方面。现代国家从神权代表到主权代表的转换改变的是代表的对象，而没有改变代表民主制的实质。从经验论的角度看，从天上下来的合法性基础依然是在未经人民事先同意的情况下完成的。社会契约论要求国家必须征得人们的同意才能实施统治，但对连续性发展的社会和民族而言，先有国家的存在，后有社会契约论的解释。对于绝大多数民主理论家而言，由于不加区分代理和代表之间的关系，武断地割裂了专制和民主之间的内在关联。③

现代民主是一个从代表民主制不断走向代理民主制的过程。绝大多数现

---

① ［古希腊］亚里士多德：《政治学》，吴寿彭译，商务印书馆1997年版，第132—134页。

② 唯物辩证法是马克思主义的基本方法，在这方面，恩格斯的一段话十分深刻，它辅助地说明了民主与专制的关系。恩格斯指出："某种对立的两极，例如正与负，是彼此不可分离的，正如它们是彼此对立的一样，而且不管它们如何对立，它们总是相互渗透的。"见《马克思恩格斯选集》第3卷，人民出版社1972年版，第62页。

③ 有关代为统治的历史发展，参见沃尔夫冈·曼托《代理理论的沿革》，载应奇主编《代表理论与代议民主》，林明义译，吉林出版集团有限责任公司2008年版。

代国家既不是完全的代表民主制国家，也不是纯粹的代理制国家，而是程度不同的代表民主制和代理民主制度双重代议制模式。在被称为民主制的国家里，代理民主制的成分多一些，但没有消除代表民主制，被称为非民主的国家里，代表民主制的因素多一些，但并非没有代理民主制。科恩说："像人类社会中其他大多数事务一样，民主是一个程度问题，而且是多级的程度问题。评价民主时要回答的关键问题不是'它在何处？'或'它不在何处？'而是（在号称以民主为目的和理想的地方）'它有多深多广？'，'在哪些问题上它确能发挥作用？'"① 民主程度问题包括民主的广度、深度和范围三个方面，它们共同规制了现代民主的表现方式。

三、代表制民主的宗教意蕴

像其他一些源于西方的词汇一样，代表一词也是舶来品。代表最初的指向具有宗教性质。在基督教世界中，唯有上帝才是万事万物的唯一代表，也只有上帝具有这样的资格和能力。耶稣受难到复活预示着上帝的再现，再现（Represent）是代表的原始表达。再现不是原来的出现，它是出现的出现，是拟制的出现，它以新的形式表达了在场。复活后的耶稣总是在场，他的存在无处不在，但也不在无处。所有信仰上帝的人都是被代表的人，上帝代表论的理念统合了基督教教义的精神，规定了上帝和教民之间特殊的权利和义务关系。

从上帝代表说走向教会代表说是基督教神学政治的本质特征。中世纪的欧洲教会借助了上帝代表的理念，在与世俗政权的斗争中，它一方面把自己树立为上帝在人间的"代理人"，另一方面僭越了上帝的地位一跃成为所有选民的"代表人"，在"上帝"和"选民"之间产生了一个半人半神的中介组织，成为选民与上帝交流的指定机构以及选民日后是否走向天堂的鉴定机构。在这种精神格局中，以教皇为中心的宗教大会是基督教世界的最高权力机构，组成宗教大会的人员是各教区推选的代表，这些代表当之无愧地成为他们所在教区选民的代理人。与此同时，在世俗世界中，在不同国家中出现的"御前会议"则由来自社会不同等级的代表构成，这些代表是不同利益阶层推选而不是选举的结果。

无论是宗教大会还是御前会议都是现代社会议会制的雏形，教区代表成

---

① ［美］科恩：《论民主》，聂崇信等译，商务印书馆 2005 年版，第 38 页。

为了"地区代表制"的先驱，御前会议的代表实践为后世的"比例代表制"奠定了基础。典型的议会代表制没有使会议的组织形式发生变化，而是使组成会议人员的来源更具民主性，它要求有资格的选民通过选举而非推选方式加以完成，走向了代理制，这是现代民主政治形成的关键性因素。宗教改革取消了教会作为代表的主体资格，消解了教会的权威，瓦解了神学政治的基础，为选民自由选择与上帝的沟通方式提供了前所未有的机遇。世俗政治的变化更为惊人，它借助于罗马法中的"代理"概念将政治市场化和交易化。政治成为像商品一样的产品，只不过它是由民众享有的可以自由选择的公共产品。

宗教是一种信仰，但宗教不是因为信奉者的盲目性而成为一种无须证明的信仰，它源于人的软弱性及对强者的依赖性，为此，人创造出了比自己更大的也许是虚幻的强者，唯有这个强者的持续存在和对该强者地位的无限崇拜才使得软弱的人支撑起自己的精神世界。人们相信神或假装相信神的存在，还因为只有神才是无所不能和完美无缺的，相对而言，人自身充满了矛盾、不安和痛苦，个体的人知道自己的弱点但无力克服这些弱点，他或她需要借助于外在的力量才能抑制或克服人性的弱点。神的世界或彼岸的世界正是人对克服自己弱点的理想化的方法和手段。因此，代表制从总体上是神化的现实形态。

人的软弱性包括自然的软弱和精神上的软弱两个方面，前者如未成年人需要家长的监护。由于未成年人在心理和身体上发育不成熟或不完善，有关未成年人的所有利益或活动都需要家长的指导或代表，但这不需要征得未成年人的同意。未成年人意味着不成熟，意味着幼稚。凡是不成熟或幼稚的人或事物都具有未成年人的特点。这样一来，被代表的人在现实生活中就不只是未成年人，也包括被认为不成熟的其他社会主体。因此，从对未成年人的例子出发，指出无行为能力人和限制行为能力人的主体类型，导向对人的不成熟或人的软弱性的探讨，形成了人对事物的判断能力强弱的解释，这为代表制理论提供了广阔的现实和理论基础。

隐喻在修辞学上不是简单地比喻，它是比喻的比喻，它在对类似事物的对比中超越了对比中的事物，走向了对事物本质的认识道路上。把人类社会比喻为从不成熟到成熟的过程，就这一点而言，自然进化的科学观点影响或主宰了现代社会理论。康德在《什么是启蒙》一文宣布了人类启蒙运动的到来。"启蒙运动就是人类脱离自己所加之于自己的不成熟状态，不成熟状态就是不经别人的引导，就对运用自己的理智无能为力。当其原因不在于缺乏理智，而在于不经别人的引导就缺乏勇气与决心去加以运用时，那么这种不成熟状态就是自己所加之于自己的了。Sapereaude！要有勇气运用你自己的理智！这就是启蒙运动的口号。"以人类是否在一切事情上公开运用自己的理性为标准，人类历史被分为两个阶段及其时代：一个是蒙昧的阶段及其时代，其标志是大量的懒惰和怯懦的人在各种保护人的统治或庇护下过着不自由但颇为安逸的生活。另一个是启蒙的阶段及其时代，其标志是在涉及公共利益或有关良心的事务上，任何人都有权利和自由以学者的身份在全部听众面前公开运用自己的理性。

蒙昧时代在社会结构上呈现的是保护人—被保护人的关系。封建主义以及由此建立的封建制度乃是家庭的隐喻之下形成的代表统治。地主在自己的统治范围内有统治农民的权力，但也有保护农民的责任。地主统治农民无须征得农民的同意，但因此也承担了保护农民的责任。在蒙昧时代当然有聪明和智力超群者，这些人也并非一定处在被保护人的行列。但是，被保护人在涉及自己利益和公共利益的问题上需要通过保护人。保护人是自己利益的自我体现者，也同时是被保护人的代表。在这种情况下，作为代表者的保护者在所代表的事务上与其说是在行使权利，不如说是履行义务。被保护人放弃自我判断的权利，换来了安全和安逸，保护人代被保护人行使判断的权利，取得了统治的权力。

即将到来或正在走向启蒙时代的人们，首先瓦解了这种保护和被保护的社会关系，树立了自我保护的理念，保护人没有了，被保护人也没有了，本人是自己的主人，未经本人的同意，其他任何人都不能宣称是本人的代表，除非本人事后予以追认。这样一来，统治的合法性基础发生了变化，以前基于封建关系而产生的代表制统治逐渐让位于基于契约关系的代理制统治。不过，当康德宣布人类启蒙时代到来的时候，不是说人类从那时起就处于了启蒙的时代，而是说人类社会开启了一个新的时代，这个新的时代打开了一扇通向未来社会的大门，提供了一种有别于旧时代的新的可能的行动方案，它要求每一个人都应当成为自己的主人，任何人只要凭借自己的理智和自由的状态，在不需要别人引导的情况下追求自己认定或认可的幸福。

四、认真对待代表民主制

无论代理民主制如何发达，其在广度、深度等方面怎样高歌猛进，也不能消除代表民主制的存在。这需要我们认真对待代表民主制，为代表民主制的合理存在留下空间。

统治权是合法支配他人的强制性权力，政治的核心就是统治权的分配和再分配。通过暴力的方法不定期分配统治权是一种统治方式，通过非暴力的方法定期分配统治权也是一种统治方式。统治权的更替如同在大海中航行的轮船舵手的更替。舵手的位置始终在那里，也始终有人在那里掌舵，问题的关键在于正在掌舵的人是否和平定期地把舵手的位置转交给他人。传统政治和现代政治的分野不在于统治的手段和目的，而在于统治权是否能够和平转移，达到理性的"轮流坐庄"的目的。现代政治在形式上乃是通过非暴力的形式定期更换统治权，从而使统治权从一部分人手中"和平过渡"到另一部人手中，而传统政治往往通过暴力的不定期的方法实现统治权的转移。暴力的方法主要是革命，它的变种形式包括起义、政变、城下之盟等。在人类社会几千年的历史中，通过暴力的方法分配统治权占据了大部分时间，相比而言，通过非暴力的方法分配统治权则是晚近的事情。

非暴力统治权的更替方法主要是指代表权和代理权的变化。以家长对家子的家庭政治为例。家庭政治的范围因家庭成员的多少而有所不同。传统的家庭成员分为父母对子女的统治、奴隶主对奴隶的统治和丈夫对妻子的统治三个方面。后两种统治已经不复存在，前一种统治虽然没有消失，但是父母对未成年子女的统治还存在。家庭政治的性质是代表制统治，它因天然权威的存在而存在，也因天然权威的消失而消失。天然权威也是韦伯所讲的奇理斯马权威，如上帝的权威，家长的权威等，它因人的信仰、年龄、习俗、惯例等因素而获得合法性基础。因此，凡是存在家的地方，就存在代表制的权威和统治。近现代以来，代表制权威的有效范围正在缩小，这倒不是说代表制权威的存在基础出了问题，而是被代表的人范围在减少，预示着传统意义上的家的范围在缩小。在当今社会，代表制的统治主要表现在父母对未成年人的代表或监护人对无行为能力的人或限制行为能力的人的代表等少数几个方面。

然而，代表制的统治虽然无须征得被统治者的同意，但是它建立在两个互为关联的理论假设上。其一，假定被统治者由于自身的原因而无法维护自己的生存权益。例如孩子或其他无行为能力的人因为智力等原因不能亲自实施某些行为，倘若实施了往往会带来不能把控的有损行为人利益的后果。其二，它假定统治者有义务保护被统治者的利益，保障被统治者免遭损害、不幸和苦难。代表制统治的正当性就在于它建立了一种责任体系，一旦一个社会承认存在代表民主制，正如上面所提及的，统治者的责任将是无限的。声称代表他人的统治者等于承认被代表的人具有事后判断事务是非曲直的无限权利。本人的事后追认行为以及追认的标准出自本人而不是代表人，这就等于让代表人几乎承担了无限责任。本人根据已经产生的状况评估代表的结果，几乎不受代表人动机和目的的制约。即使代表人有理由证明自己有良好的动机和目的，也采取了力所能及的措施，除非得到本人的真诚的谅解和承认，代表人总是要无条件地承担所有不当后果和风险。与此相反，代理行为承担的则是有限的风险责任，而且该结果首先应当由本人承受。例如，在程序正义原则确保得到遵守的情况下，获胜的选举人哪怕是坏人，该坏人制定的政策如果伤害了本人，本人在原则上也要无怨无悔在一定期限内接受。

近现代以来，有限政府的概念成为宪政的核心内容，表明政府的职责既是有限的，也是需要受到制约的。有限政府是具体政府，在四年或五年的大选中，选民组成政府也解散政府，这样的政府也可以称为"短命"政府。与此相适应，组成政府的人只在有限的范围内对他们的决策承担责任。大选中的承诺以及选民对该承诺的认可形成了责任的范围，而对责任范围以外的责任则不负有责任，也不能成为追求政府责任的依据。

按照一般的原理，抽象政府作为人类组织长久的中枢机构必然要对公民的行为负责，承担伦理责任、法律责任和道德责任。如果伦理、法律和道德所形成的规范构成了完整意义上的秩序，维护秩序的抽象政府则应负有全责，这样一来，人类对完美政府的渴望与对政府的防范心理发生了内在的冲突。人们希望政府发挥越来越大的作用，但又要求政府是在有限的范围内发挥作用，形成了既想让马儿跑得快又不想给其喂草的怪圈。20 世纪以来，自由主义国家向福利国家的转变赋予了国家越来越多的责任，这些责任早已超越了自由主义国家的固有职责，而拥有了更多的权力，与此同时，对国家权力的制约手段和观念却未能及时更新。

在从无限政府向有限政府的转变中，代理民主制并没有呈现出理论上的圆满和自足。并非所有的问题都可以通过选举得到解决，体现民意的方法并非只有选举这一条途径。凡是不能由选举解决的问题就要让位于代表民主制。理想的民主制度不是完全消灭了代表民主制的制度，而是代理民主制和代表民主制的有机组合。凡是不能被代理的就要被代表，凡是需要被代理的就不能被代表，前者可以为有关崇高的事务留下空间，后者则关乎人的权利问题。在具体讨论哪些事务需要被代表、哪些事务需要被代理之前，首先应当确立下面两个原则。

第一，代理制民主最大化原则。民主的历史进程是从代表制民主走向代理制民主的动态过程。在此过程中，代表民主制的范围不断缩小，代理民主制的范围不断扩大，从而形成了一种历史潮流，其趋势不可阻挡。在这种情况下，倘若应当实施代理的事务却没有实施，则是民主不完善和不充分的表现。代理制民主最大化原则也是代理民主制穷尽原则，即在所有可能的情况下让可以被代理的事务通过选举的方法被代理。

第二，代表制民主明确界限原则。穷尽代理民主制并不能使所有的事务都可以被代理，经过努力也不能被代理的事务应当归属于代表民主制。但是，这样的说法虽然在理论上可行，在实践中容易被滥用，以致有可能把可以被代理的事务归属于被代表的事务。因此，有必要明确被代表的事务究竟有哪些。倘若我们能够明确这些事务，那么，可以被代理的事务也就大致明确了。

在上述原则的支配下，我们将提纲式尝试考虑什么事务可以被代表，什么事务不能被代表。为了讨论方便起见，我们把是否选举视为区分代表和代理的主要标准。

（一）不能有效表达自己的人的利益可以被代表，可以有效表达自己的人的利益不能被代表。未成年人和其他无行为能力人属于不能有效表达自己的人，他们的利益需要而且可以被代表。除此之外，所有的成年公民的利益，不论其财产、文化、信仰、政治见解、民族、语言、肤色等差异都不能未经他们的事先同意而被代表。

（二）法律特别规定的特殊人群的利益可以被代表，普通人群的利益不可以代表。特殊人群主要是指没有本国国籍的人和被剥夺了政治权利的罪犯。

（三）公共利益可以被代表，国家利益和私人利益不可以被代表。公共利益涉及全体人的利益，它既不能被分割也不能被置换，更不能用来交易，因此，公共利益只能被代表。相反，国家利益和私人利益则是具体的可以置换的特殊利益，它们可以被代理。

（四）紧急状态下的利益可以被代表，日常和和平状态的利益不可以被代表。紧急状态包括战争状态、人力不可抗拒的自然状态以及其他非日常状态。区分真正的紧急状态和虚假的紧急状态十分关键，倘若颠倒真实的状态，把和平状态宣布为紧急状态，则一个社会的被代表的时期就会长期或无期限的拉长。

总之，为代表民主制保留空间，只是说明了代理民主制事实上做不到什么的问题，但是这个问题与代理民主本身有什么缺陷是两个不同的问题。设想有一种制度体系明确了代表民主制的适用范围，即一方面它确定了未经公民的同意而径直代为行事的项目和内容，另一方面也规定了代理民主制的范围，这样我们才不会为哪个社会更加民主而争论不休。

五、结语

根据不同的立场和认识，民主有了不同的称谓，并被起了许多"小名"。有时候，如果不呼唤民主的小名，我们似乎就不知道什么是民主。以下对民主的提法最为常见：（1）参与式民主；（2）审议民主；（3）精英民主；（4）意识形态民主；（5）直接民主和间接民主；（7）大众民主；（8）多数主义民主；（9）自由主义民主；（10）实用主义民主；（11）一党民主；（12）变革式民主……显而易见，正是因为对民主前缀词的不同理解，而不是对民主本身的解释，才使得民主有了洋洋大观的局面。形态各异的民主实践与乱哄哄的民主理论形成了各自的景观。当代著名的政治学家戴维·赫尔德在《民主与全球秩序》一书中，大胆和富有启发性地建构他称为"世界主义民主"的理念和制度，把民主这个长期有争议的且纠缠不清的概念带出民族国家的界限，在全球范围内发挥规范性的作用，不论实际效果如何，就这一提法本身就需要极大的学术勇气。

不过，赫尔德教授关注的还不是世界主义民主——一种建构康德式世界政府的努力，而是他对当代民主模式的归纳和分析。作为一个西方学者，赫尔德非常罕见地把古希腊直接民主、自由主义代议制民主和马克思主义一党制民主都作为民主的特殊形式，从而给予学术上平等和无歧视的对待。[1] 赫尔德对民主的分类自然会引起巨大的争议，当前在对民主理论的西方主义视角的讨论中，一党制民主不仅不是一种民主，而且往往是民主理论的对立面以及批判的靶子。这种对民主模式的争论带有强烈的意识形态色彩，以致政治共识而不是理论共识支配了对民主问题的理解。一党制民主是不是一种民主，如同自由主义代议制民主是不是民主一样，不能仅从各自的现状和特性做出理解。用一党制民主反对自由主义代议制民主，或用自由主义代议制民主反对一党制民主，都是用己之长比他人之短的自我归纳法，在方法论上有就事论事之嫌。倘若人们在什么是民主的基本问题上达不成共识，就社会出

---

① 参见［英］戴维·赫尔德《民主与全球秩序：从现代国家到世界主义治理》，胡伟译，上海人民出版社 2003 年版。

现要么是"你好我也好"的和稀泥式的多元主义民主观，要么就是"东方压倒西方"或"西风压倒东风"那样的不共戴天格局。

　　借助于人民的统治这样一种建构的话语，无论是自由主义代议制民主还是一党制民主都解构了古希腊的直接民主，分别成为代理制民主和代表制民主的典范。现代民主因此形成了一个结构体系，在这个结构内，代理制民主和代表制民主都是不可或缺的要素。在不同的时代和国家，这些要素在民主结构中的位置和分量各有不同且相互影响。古希腊民主、自由主义民主和一党制民主并不是一种民主进程线条式中的前后模式，自由主义民主和一党制民主只是借用了"人民统治"的概念，并没有继承人民统治的希腊式方法，因为要按照古希腊人的方法实现人民的统治就意味着要行走小国寡民的治国路线，而这与资本主义所带来的人口增多和不同国家和民族交往越来越频繁的历史现状不符，也与连续行进的历史大国不相符合。自由主义民主和一党制民主都已经不是古希腊民主那种直接的自我统治方式，而是代为统治的结构要素，是人民民主代表制理论的重要表现形式。我们的任务不是要返回到直接民主的古典模式中，而是要在代为统治的方向性发展中寻找代理民主制和代表民主制的最佳组合方式，以使这一方式既能够体现民主的精髓，也形成不同特色的民主制度。

第十三章

改革开放与中国民主的实践理性

> 放权让利、精兵简政是改革开放政策的灵魂。我以为，老百姓常说的好政策就是这个意思。

——作者本章题记

在全球一体化的今天，中国作为大国对世界的影响与日俱增，探讨中国改革开放取得实效的内在动力就应成为理论界的中心问题。在本章中，笔者试图论证民主的实践理性对改革开放的实质性推动作用，这种民主实践论既不能简单地用阶级民主论做出解释，也不能用代议制民主予以还原，真正起作用的乃是以自治为核心的民主实践理性。在进一步改革开放的时期，总结和规范民主的自治实践理性有助于保障改革开放的成果，促进新型民主观念的形成和发展，从而推动小康之后政治哲学的发展。

一、民主的实践理性

究竟什么是改革开放三十年发展的原动力或主动力，在理论界可谓人言人殊。不过，不论官方还是学术界都不否认活力是中国社会三十年间最显著的特征。倘若不把活力理解为躁动不安或无序混乱，活力本身就是对民主的一个重要注解。在很大程度上，民主是行动者在一定范围内的自我行动权、自我管理权和自我决定权，社会主体的自治范围越大，社会的活力就越加充满生机。改革开放三十年是一场无声的自治实践，这是先于成熟的民主理论和定型的民主制度的特殊实践理性。改革开放三十年来，公民在经济、社会和政治三大领域中享有程度不同的自治权，分别表现为自由型自治权、自为型自治权和松绑型自治权。在这三种类型的自治权中，经济领域的自治程度最高，社会领域次之，政治领域再次之，它们分别和共同体现和促进了改革开放的发展和我国的繁荣昌盛局面。

——市场经济的"理性人"和"自由人"。从计划经济到市场经济的转变需要赋予更多的人在市场经济中享有平等主体身份。尽管到目前为止并非所有的人或法人都能够平等进入市场（这是因为还有大量的行政垄断性企业的存在），但市场的大门正在向越来越多的市场主体开放。从计划经济时期的纯粹主体——国有企业（集体企业是一种小国企）走向全面多元化的复合主体，打破了国有、单一的经济主体格局，那种只有全民所有制或集体所有制才有权生存的经济体制遭到彻底瓦解。即使国有企业本身也要转变为市场中的主体，要像其他市场主体一样在市场经济的大海中自主沉浮，因此，从市场主体而且只有从市场主体的角度，那种代表着理性人假设的市场经济主体如同雨后春笋冒了出来，大量的非公有制经济促进了成长中的市场经济的发展。

20 世纪 80 年代，在酝酿第一次国有经济改革的同时，在国有和集体企业边缘出现了"土里土气"的工商个体户，工商个体户在那个年代几乎代表了全部的非公有制经济。个体户是社会的边缘人，既有刚刚洗脚上田的农民，也有不能被"正规"单位容纳的社会"闲散人员"，他们抱着试一试的态度摆摊设点或"倒卖"小商品。没有人指望他们掀起市场经济多样化的改革大潮，与其说他们体现了"有计划的商品经济"，不如说需要他们点缀多种形式的经济形态；与其说他们率先领悟了改革开放之深邃，不如说因为他们无缘于主流社会，更是为了生计，而成为"下海"的第一批人。当然，推动个体户起步和发展的因素不仅是"可怜的身份"，也包括普遍低下的文化知识水平，这些原本是"应当"做"个体户"借口的"有利"因素，也成为他们日后进一步拓展的制约因素。个体户所从事的领域基本上是一些手工业生产和服务性行业，如饮食、服装、修理等，或者是劳动强度大、技术要求不高的行业，如机械加工、简单产品的制造及土木建筑等。至少在私营企业条例颁行前，那种我们后来很容易见到雇佣大规模"打工仔（妹）"的企业很少见到。然而，他们是市场经济第一批真正的实践者，也是典型的草根企业家。

80 年代后期至 90 年代中期，一批党政干部或国营企事业单位人员受到政策鼓励"下海"创办各类经济实体，如今他们已成为非公有制经济中的私营企业代表。有人把这批企业家称为"出政入商"者，这是因为他们大多与权力有千丝万缕的联系，他们从体制内起家，依靠知识优势、权力背景和政策扶持在不同的行业内异军突起，成绩骄人。90 年代中后期至今，一批知识型的科技人员，包括海外留学人员以及其他高学历人员（他们大多数人没有在党政机关、企事业单位工作的经历）创办各类经济实体，依靠高科技及新经济带来的巨大空间创造财富。此外，越来越多的外商投资企业（外商独资企业、合资企业和合作企业）迅速建立起来，它们与上述三种人员建立的经济实体构成了颇为壮观的非公有制经济主体。

表 13 – 1　　　　　　　　宪法修正案对非公有制经济的不同表述

宪法和宪法修正案	内容	特点	修改间隔时间
1982 年宪法	无		
1988 年宪法修正案	国家允许私营经济在法律规定的范围内存在和发展。私营经济是社会主义公有制经济的补充。国家保护私营经济的合法权利和利益，对私营经济实行引导、监督和管理	1. 在宪法中新增一条专门表述私营经济。 2. 私营经济在国民经济中的地位是"补充"。 3. 规定对非公有制经济依法"引导、监督和管理"。	宪法颁行 6 年后第一次修改。
1999 年宪法修正案	在法律规定范围内的个体经济、私营经济等非公有制经济，是社会主义市场经济的重要组成部分。国家保护个体经济、私营经济的合法的权利和利益。国家对个体经济、私营经济实行引导、监督和管理	1. 非公有制经济是社会主义市场经济的重要组成部分。 2. 非公有制经济包括个体经济、私营经济等。 3. 保留对非公有制经济依法"引导、监督和管理"的规定。	第一次修改 11 年后第二次修改。
2004 年宪法修正案	国家保护个体经济、私营经济等非公有制经济的合法的权利和利益。国家鼓励、支持和引导非公有制经济的发展，并对非公有制经济依法实行监督和管理	1. 国家"鼓励"和"支持"非公有制经济的发展。 2. 保留对非公有制经济依法"引导、监督和管理"的规定。	第二次修改 5 年后第三次修改。

　　非公有制经济从无到有、从小到大的发展推动了我国社会主义市场经济的实践和制度。宪法第 11 条是调整国有经济和非国有经济关系的具体条款，在不到 20 年的时间里，对宪法同一个条款做出了三次实质性修改，这在宪法史上是极为罕见的。从对宪法第 11 条的三次修改结果看，非公有制经济的地位已经发生了重大变化，从"补充"上升到"重要组成部分"，从允许"存在"到"鼓励"发展。事实上，第 11 条的每一次修改既是对非公有制经济发展结果的确认，也是促进非公有制经济进一步发展的新起点。到 2008 年年末，在所有企业主体中，非国有企业单位数量占 95%，产值比重占 71.66%，资产比重占 56.62%，利润比重占 70.34%，从业人员比重占

79.79%。1978 年，我国国有企业资产总额占全部工业企业资产总额的92.0%，到 2008 年，国有及国有控股工业企业资产总额占全部工业企业资产总额的比重降至 43.8%，三十年间下降了一半以上。^① 如果抛开土地及其与土地相关的不动产资产价格，从体现经济的主要指标看，非国有经济的主要指标已经占据了整个国民经济的半壁江山，这从一个层面证明国民经济体现的是国退民进的趋势。

在社会主义市场经济的旗帜之下，非公有制经济和公有制经济不再是相互对立的两个阵营，而是相互竞争的市场经济的理性人。理性人是拟制的人，是真正的、唯一不注重"出生"和"身份"的平等社会主体。哈贝马斯指出："'理性抉择者'概念既不同于道德人格概念，也不同于公民概念，因为前者可以通过对所有当事人都同样表示关注的事物的认识而约束自己的意志，后者则平等参与到了国家立法的公共实践当中。"^② 西方古典经济学之所以能够成为市场经济的行动指南，就是因为在理论上拟制和肯定了理性抉择者。理性口号首先出现并应用于市场经济，体现在经济理性人的行动之中。经济理性人不是天生爱好自由，也不是民主制的天然鼓吹者，在市场经济之外他们或许是保守者或不折不扣的专制者。然而，他们一旦进入市场就丢掉了各种社会角色，成为自生自发秩序的自觉维护者，增添了社会前行所需要的活力。

经济理性人构成了一个理性王国，这个王国也叫经济帝国，理性人从不满足于在一个国界中行事，如果要建立世界政府，他们是第一个举手同意的人群，只要这个世界政府是为了让他们在世界范围内继续自私自利。在理性人构成的世界中，理性人不需要被告知如何行动，如同无须教鱼儿游泳，只要赋予他们行动的自由，或者说只要国家没有过多的限制，他们就能够凭借他们特有的敏锐感按照市场规律行事，如同一只看不见的手在统一指挥并协调工作。

——市民社会的"多嘴多舌者"和"热心人"。市民社会是与经济社会和政治社会相区别的独特领域，构成了相对独立的"生活世界"，它源于人的习惯行动、自然情感或纯粹本能。市民社会在任何历史阶段都存在，区别在于某种具体的市民社会是否具有独立性以及是否被政治或经济系统所殖

---

① 参见《第二次全国经济普查主要数据公报》，国务院第二次全国经济普查领导小组办公室、国家统计局 2009 年 12 月 25 日发布。

② ［德］哈贝马斯：《后民族结构》，曹卫东译，上海人民出版社 2002 年版，第 106 页。

民。真正的市民社会形成和维系了有别于政治国家的公共领域，话语和通过话语获得真相构成了社会公共领域的本色。我国公共领域的兴起肇始于互联网的应用和发展。改革开放的三十年也是网络社会从兴起到繁荣的三十年，这种机缘上的巧合可以用鬼使神差加以形容。就公民所获得的信息而言，由于不断完善的互联网技术向低成本和大众化发展的趋势特征，这就在较短的时间内扩展了网络公共领域，与官方媒介所主导的公共领域形成了鲜明的对比。严格意义上讲，由官方所主导的媒体形成的是政治的公共领域，它是由几乎所有的纸媒体和电视台、广播以及相应的网络媒体构成的面上的公共领域，但很难讲它是精英文化所认同的社会公共领域。

以公益利益为指向的公共话语开始在互联网世界中获得表达并以此获得正当性，尽管它们最初或长期以来是以"非主旋律"面貌出现。不是说互联网社会中的言论都是正确的，而是在互联网中出现质疑和反对的声音，这种状况使得讨论和辩论出现在较大的公共领域中。当然，很难指望民众在互联网世界心平气和地讨论问题，那种怒火冲天、牢骚满腹式的言语和讨论充斥各种虚拟的论坛，然而，正是在这些带有情感色彩的只言片语中人们感悟或发现了所讨论问题的真相，"合理怀疑"本身就表达和诉说着真相，牢骚满腹本身就是一种真相。正是在互联网的时代，没有人可以掩盖真相于部分人，更何况长久于全体人！

2009 年元宵节当天，中央电视台新址大火事件提供了说明互联网社会信息特征的极好案例。在这场乐极生悲的大火发生后几十分钟之内，互联网上就出现了正在着火的大楼照片，随后跟进的后续新闻源源不断地更新着网页，其传播速度远远超过了主流媒体。在中央电视台自己发布这条新闻时，互联网早就把这条新闻传播到世界各地。网络媒体先于纸质媒体发布消息使后者丧失了发表第一手消息的权威性，更为重要的是，网络消息的发现者、发布者和传播者不再受制于层层审批的官僚机制，也不是非要专业人士对事件报道中字斟句酌，那种朴素的、原始的甚至模糊的文字或图片以近乎与事件同步的速度服务于社会，而无论事件的发生点在什么地方以及在什么时间。此外，网络话语的平台以及不断翻新的使用类型以惊人的速度发展，包括 QQ 空间、博客、微博、微信、飞信等在内的话语交流技术无不缩短了人与人之间的距离，扩展了市民社会的领域。①

①　截至 2012 年 7 月，中国网民数量达到 5.38 亿，见《第 30 次中国互联网络发展状况统计报告》，中国互联网络信息中心 2012 年 7 月 19 日发布。

如果说互联网技术的产生和发展形成了一个较为完整的非政府社会空间，以各种形式出现的非政府组织的迅猛发展就形成了社会民主的另外一种景观。非政府组织承担了原本由政府从事的工作，或者与政府一道从事着使社会向善的工作。在汶川大地震、贫困、教育、环境保护、艾滋病防治、家庭暴力、农民工权益、犯罪嫌疑人权利等诸多事物上，非政府组织发挥了越来越重要的作用。政府终于承认自己并非"全职全能"，政府愿意通过直接的鼓励或间接的扶持与非政府组织合作，其中最显著的变化莫过于政府开始将自己的部分职能以有偿的方式出售给某些非政府组织，这虽然不是真正的让权，仍从一个侧面反映了政府对某一些领域的工作"力不从心"。从实际效果看，政府的权力开始被"分流"，分流到政府认可或默认的非政府组织。与互联网社会的"多嘴多舌者"不同，在各种非政府组织工作的人喜欢把自己称为"志愿者"，这个词本身就说明他们乃是通过非交易的方式向社会、国家和人类做出只"予"不"取"的劳动。换句话说，这种志愿性来自内心的良心和人固有的同情心，而不受外来力量的强制或策动，这也是非政府组织能够永远保持活力和合法性的唯一因素。在现有的法律制度下，一些非政府组织可能是"非法"组织，也可能是"无组织的组织"，但在官方认可或默认之下，我国的非政府组织无疑有了惊人的发展。

无论是网络空间的"多嘴多舌者"还是非政府组织的"志愿者"，都是在官方不干预或干预较少格局下的自主行动，前者自言自语、针砭时弊，后者默默行动、从善如流，型构了未来中国社会带有活力的公共领域空间。

——正统政治中的"开门者"和"改革者"。改革开放如同开启了一扇历史之门，一旦开启，即使上帝也没有能力将其闭合。从1978年开始，以政治家自居的人无一例外地宣称也是改革者，改革开放是实践者和行动者的正当性话语，在公开场合宣称拒绝改革的人无异于终结自己的政治生命。如果在他们之间也存在分歧，不在于要不要改革，而在于改革的方式、方法和方向。即使那些自称左派或新左派的人士也在用改革开放的话语批评或阻止改革开放的方式、进程和实效。改革开放之前的政治讨论仅在"门内"进行，显示的是闭门政治，无须也不宜讨论"门外的世界"，任何开门的想法和举动都被视为大逆不道或具有反动的性质。在这个层面上，问题不在于这扇大门是否完全开启，因为开门本身就是一件足以称道的历史事件。在20世纪80年代末，在经历了痛苦的"文化大革命"十年之后，出现了第一批中国的开门者，他们是当之无愧的改革的先行者。先行者的使命在于，这道门要不要打开，至于打多大以及是否完全打开还在其次。历史所显示的画面是，作为第一代改革家，他们终于走向了大门，触摸到门把手，鼓足勇气启动了大门……如今，后继者站在了这道门槛上，他们所面临的困难和问题并不亚于他们的先行者，但后继者的首要工作仍在于巩固已经开启的大门，防止这扇改革开放的大门被重新关闭，并在力所能及的范围内让敞开的门开得再大一点。

改革开放大门是否开启及其开启的程度是衡量真正改革家的标准，而阻止这一问题的因素则是形形色色在各个领域显现的特权，包括政治领域中的党政不分、以党代政，经济领域中的垄断以及学术文化领域中的思想禁锢等。邓小平指出："我们今天所反对的特权，就是政治上经济上在法律和制度之外的权利。搞特权，这是封建主义残余影响尚未肃清的表现。旧中国留给我们的，封建专制传统比较多，民主法制传统很少。"① 政治领域的特权最主要的表现形式就是形成了权力高度集中并且不受制约的"不成文法"（邓小平语），它"常常以'党的领导'、'党的指示'、'党的利益'、'党的纪律'的面貌出现，这是真正的管、卡、压"。② 因此，消除政治领域中管、卡、压就是改革开放开门的过程和表现。

从内在的理路看，改革开放的开门的过程是政治的"松绑"过程，即为个人松绑、为企业松绑、为非政府组织松绑，为地方松绑乃至为政治自身松绑。"松绑在实质上包含两个方面，一是公权力给自己的观念松绑，或者叫做'思想解放'。二是公权者在一定程度上松开农民的手脚。……它的意义则在于从社会结构的角度承认了个人利益的客观性，从而为论证和主张个人利益的合法性乃至论证和主张个人权利逐步扫除了观念上的障碍。"③ 松绑的政治实践乃是这样的一种运动方式，让被松绑的人获得有限的自由和自主权，让他们在一定的范围内拥有决定自己事物的权利。松绑虽然还不是自由的同义词，但是它开始营造一个自由产生的条件和氛围，体现了分权和自

---

① 邓小平：《党和国家领导制度的改革》，载中共中央党校教务部编《十一届三中全会以来党和国家重要文献选编》，中共中央党校出版社 2010 年版。

② 邓小平：《解放思想，实事求是，团结一致向前看》，载中共中央党校教务部编《十一届三中全会以来党和国家重要文献选编》，中共中央党校出版社 2010 年版。

③ 夏勇：《乡民公法权利的生成》，载夏勇主编《走向权利的时代——中国公民权利发展研究》（修订版），中国政法大学出版社 2000 年版，第 660 页。

主权的性质。① 总之，松绑就是国家向社会、政府向民众放权让利的过程，以确立和扩大民众自由自主的生活和发展空间。② 虽然角度和指向各有不同，松绑、放权让利、自由、自主都从不同的面向体现了社会活力的一面，这是改革开放三十年大发展和大进步的第一因。事实证明，改革开放三十年来，每一次国家的放权让利行为都给经济和社会领域带来了革命性的大发展或经济上真正的"大跃进"。③

以上我们从经济、社会和政治的角度分别讨论了民主社会所需要的自主的人，这些自主的人程度不同地受制于各种旧制度的约束，还没有作为完全自主的人站立起来，但他们毕竟产生了。改革开放最大的成果之一就是在不同领域中产生了这些具有自主能力的行动者，这是认识当代中国民主实践的重要视角，毕竟，民主不是纸上的美丽说辞，而是实实在在的实践行为。

二、阶级民主与纯粹代理民主

一种民主实践对改革开放起到了实质性的推动作用，对这样一种民主实践有待进一步梳理和概括。但是，在这个问题上出现了"实践"与"话语"的双重背离。一是源于国内政治的"特殊论"，强调阶级民主观，在政治表达和实践中坚守改革开放时期之前的"左"倾思想和路线。二是来自国外的"偶然论"，以西方社会的纯粹代理民主论否定民主实践的功能，同样表现为一种保守的意识形态思维。

（一）阶级民主论

特殊论者认为阶级民主论是改革开放三十年取得成功的不二法宝，因此，有必要对阶级民主论予以简单的回顾和梳理。

---

① 邓小平说："我们历史上多次过分强调党的集中统一，过分强调反对分散主义、闹独立性，很少强调必要的分权和自治权，很少反对个人过分集权。过去在中央和地方之间，分过几次权，但每次都没有涉及到党同政府、经济组织、群众团体等等之间如何划分职权范围的问题。"见邓小平《党和国家领导制度的改革》，载中共中央党校教务部编《十一届三中全会以来党和国家重要文献选编》，中共中央党校出版社2010年版。

② "放权让利"在改革开放之初主要针对的是国有企业改革，从1978年到1990年，国有企业改革的方针在"松绑让利"的话语下寻求增强国有企业的活力和自主发展的举措，这些措施包括利润留成、利改税、企业承包或租赁等。

③ 2012年9月23日，国务院在《国务院关于第六批取消和调整行政审批项目的决定》〔国发（2012）52号〕中提出了新的"两个凡是"："凡公民、法人或者其他组织能够自主决定，市场竞争机制能够有效调节，行业组织或者中介机构能够自律管理的事项，政府都要退出。凡可以采用事后监管和间接管理方式的事项，一律不设前置审批。"

　　1949 年 6 月 30 日，在中国共产党领导的国内战争得全面胜利前夕，恰逢中国共产党成立 28 周年，毛泽东发表了《论人民民主专政》一文，首次系统地就人民民主专政理论做出了规范阐释，为新中国党和国家制度建设提供了理论基础和方向性指导意见。人民民主专政的实质是对人民实行民主和对敌人实行专政。毛泽东肯定了人民范围，指明了敌人的范围。"人民是什么？在中国，在现阶段，是工人阶级，农民阶级，城市小资产阶级和民族资产阶级。这些阶级在工人阶级和共产党的领导之下，团结起来，组成自己的国家，选举自己的政府，向着帝国主义的走狗即地主阶级和官僚资产阶级以及代表这些阶级的国民党反动派及其帮凶们实行专政，实行独裁，压迫这些人，只许他们规规矩矩，不许他们乱说乱动。如要乱说乱动，立即取缔，予以制裁。对于人民内部，则实行民主制度，人民有言论集会结社等项的自由权。选举权，只给人民，不给反动派。这两方面，对人民内部的民主方面和对反动派的专政方面，互相结合起来，就是人民民主专政。"毛泽东明确界定的敌人是地主阶级、官僚资产阶级和国民党反动派等三种人，除此之外的社会成员则属于人民。考虑到国内战争还没有完全结束以及发表文章时候的国际形势，因此战争状态的写作背景支配了人民和敌人的特定范围。

　　人民民主专政论的核心是阶级民主，是作为人民的无产阶级对作为敌人的一切阶级实行专政的新中国立国的政治理论，此后六十多年的新中国的政治制度建设无不是围绕这一理论而展开。对此，不同时期的宪法有着大致相同的表述。1949 年 9 月 29 日《中华人民政治协商会议共同纲领》在序言和总纲中确立了人民民主专政的国体形式。1954 年宪法在序言中重复了人民民主专政，但在第一条的规范性表强调了"人民民主"国家的一面。1975 年宪法和 1978 年宪法则把"人民民主的国家"改为"无产阶级专政的社会主义国家"，1982 年宪法又从"无产阶级专政的社会主义国家"转变为"人民民主专政的社会主义国家"。上述不同的表述都是无产阶级专政的不同表现形式，但对民主和专政的侧重点上却有较大的差异，无产阶级专政强调的是专政一面，人民民主专政强调的是民主的一面，总的趋势则是民主的范围越来越广，专政的对象越来越少。更为重要的是，无论无产阶级专政和人民民主专政的提法，对敌人实施专政的方法只限于剥夺政治权利，保留了作为敌人的人的其他公民权利，这就将敌人与剥夺了政治权利的罪犯的关联性奠定了基础。

　　如果把人民民主专政的理论换算成两个公式的话，可以表述为两个方面：

公式 1：对人民实行民主，对敌人实行专政，人民的主体是多数人，敌人则始终是少数人。

公式 2：人民行使民主的方式是各级人民代表大会，并且通过直接的或间接的选举方式进行。敌人没有选举权等政治权利。

敌人的范围和人数是确定的，并且始终处于少数人的地位。毛泽东指出："人民民主专政的基础是工人阶级、农民阶级和城市小资产阶级的联盟，而主要是工人和农民的联盟，因为这两个阶级占了中国人口的百分之八十到九十。"剩下的 10%—20% 的人（在此还应当除去城市小资产阶级和民族资产阶级）就是敌人。这样我们就从公式 1 中得出了阶级民主是"大多数人民主"的结论。

在中华人民共和国已经建立的前提下，对待敌人的方式不再是简单地镇压和消灭，而是要在剥夺他们的政治权利的前提下实施改造。人民享有言论权、集会权、结社权、选举权等政治权，这是人民之所以是人民的本质特征，也是人民真正当家作主的体现。相应的，敌人则不享有这些权利。1954年宪法第 19 条规定："国家依照法律在一定时期内剥夺封建地主和官僚资本家的政治权利，同时给予生活出路，使他们在劳动中改造成为自食其力的公民。"对于这样的规定，刘少奇在 1954 年宪法草案的报告中解释说："由于现在的各种具体条件，我国在选举中还必须依照法律在一定时期内剥夺封建地主和官僚资本家的选举权和被选举权，还必须规定城市和乡村选举代表名额的不同的人口比例，实行多级选举制，并且在基层选举中多数是采用举手表决的方法。我国的选举制度是要逐步地加以改进的，并在条件具备以后就要实行完全的普遍、平等、直接和秘密投票的制度。"① 阶级民主建立在对敌人实施逐步改造的专政的基础上，由多数的人民对少数的敌人实行独裁式专政，这是一种民主的方式，也是专政的方式，与其他多数民主观一样，阶级民主体现了民主和独裁的对立统一。

用一定的标准和方法预先将国家中的一部分人排除在选民范围之外，从而使被排除的人丧失参政议政的权利，这在民主的发展史上屡见不鲜，它首先要求区分"内"和"外"的标准和范围，这种区分内外的做法从民主的发源地——古希腊城邦就开始了。民主是公民作为内部人相互认同的机制，

---

① 刘少奇：《关于中华人民共和国宪法草案的报告》，《人民日报》1954 年 9 月 16 日。

这只有明确地甄别外人才可以做到。"'自己人'（公民）和'外人'（奴隶和其他所有来自别的社会而定居下来的人）有着明确的界限。"① 人民在雅典城邦具有与公民概念等同的效果，指向特定的人群——具有雅典血统的成年雅典男人，而未成年人、妇女、奴隶和外国人不是公民的主体。雅典对民主对象和范围的界定具有巨大的示范和启示意义，它预示了民主只能是"自己人的事情"，而与外人无关。修昔底德记录并整理的伯里克里在一篇著名的葬礼演说词中的一段话说："我们的制度之所以被称为民主制度，是因为权力不是掌握在少数人手中，而是掌握在全体人民的手中。……我们是雅典人，都是自己人，我们做出我们的决策，或者对某些决定展开适当的讨论。"因此，如何确定"自己人"就成为实施民主政治的条件，而要确定谁是自己人又要以排除某些人为前提。

民主的排除法则包括客观标准和主观标准两个方面。第一，客观标准主要是基于智力和年龄等客观原因，这是根据人对事物的判断能力的强弱来决定的，它把未成年人和限制性行为人排除在政治人的范围之外。可以想象选民的年龄或许随着人类智力的早熟而降低，但在可以预见到的未来，选民的年龄不会降低到零岁的程度，而对那些连自己的名字都不能辨认的智障人士，人们不会寄希望让他们在选票上明白无误地画出想要当选的被选举人的名字。第二，主观标准主要基于国籍、种族、性别、财产、信仰等因素。例如通过国籍因素排斥外国人，通过性别排斥女性，通过财产排斥穷人，通过信仰排斥信教者或异教徒等。

阶级民主一开始就抛弃了旧的关于选民的划分标准，除了国籍这一因素，它用阶级划分的方法设计和推行一种特殊形式的多数人民主。阶级民主中的少数人始终处于变动之中，是确定中的不确定因素。除非出现像"文化大革命"时期那样的政治上的误判，阶级民主通过确定人民的概念和范围而规定了敌人的范围。在阶级民主的概念下，敌人作为一个阶级不变量始终是存在的。改革开放之后对"文化大革命"的反思政治只是否定了"阶级斗争扩大化"的倾向和一系列做法，并没有否定阶级斗争本身。1982年宪法序言指出，"在我国，剥削阶级作为阶级已经消灭，但是阶级斗争还将在一定范围内长期存在。中国人民对敌视和破坏我国社会主义制度的国内外的敌对势力和敌对分子，必须进行斗争。"2007年修改后党章规定："在现阶段，我国社会的主要矛盾是人民日益增长的物质文化需要同落后的社会生产之间的矛盾。由于国内的因素和国际的

---

① ［英］戴维·赫尔德：《民主的模式》，燕继荣等译，中央编译出版社1998年版，第14页。

影响，阶级斗争还在一定范围内长期存在，在某种条件下还有可能激化，但已经不是主要矛盾。"因此，只要还有一个敌人，无论这个敌人是"作为阶级的敌人"还是"作为分子的敌人"，阶级民主观的地位和作用就不会削弱。

阶级敌人是指公敌，而不是私敌。卡尔·施密特说："敌人并不是指那些单纯的竞争对手或泛指任何冲突的对方。敌人也不是为某个人所痛恨的私敌。至少是在潜在的意义上，只有当一个斗争的群体遇到另一个类似的群体时，才有敌人存在。敌人只意味着公敌，因为任何与上述人类群体，尤其是与整个国家有关的东西，均会通过这种关系而变得具有公共性。"①　与形形色色的私敌相比，公敌（不论国际上的还是国内意义上的）是与人民相对应具有的你死我活或不共戴天性质的公共性的概念，这是由敌人本身所具有的恶来决定的。敌人天生是恶的，敌人是所有罪恶的集大成者，凡是能够消灭敌人的方法都是正当的。敌人的本性决定了敌人不属于人民的共同体，除了对敌人在精神或肉体上予以消灭，不存在与敌人和解的问题。

然而，随着启蒙哲学的普及和开放社会深入人心，在对谁是敌人的判断问题发生了异常的困难。首先，敌人与罪犯的关系问题。在改革开放的新的历史时期，究竟用什么标准确定敌人确实是一个问题，至少在国内的范围内，由于公民概念的出现而出现了巨大的悖论。公民只因国籍这一因素就组成了一个公民共同体。通过借用法学而不是政治经济学或社会学方法，在公民共同体内没有敌人和朋友的划分，只有好的公民和坏的公民的划分，而好坏公民的划分标准则是法律上的合法性。除非立法者一开始就把某些人排除在公民（如在古希腊雅典城邦）的范围之外，在公民共同体的条件下，就不存在两个既独立又对立的实体。违反了共同体利益的公民仍然是公民，只不过是犯罪的公民。在这种情况下，法律虽然并没有消解政治，但消灭了敌人属性。刑法惩治的对象是罪犯，而不是敌人，如果认为所有犯罪的人也同时有了敌人的身份，那么就混淆了政治标准和法律标准的界限，这在政治上或许是正确的，在法律上却是错误的，这也是为什么在"9·11"之后，西方国家的一些法学家提出"刑法敌人"的概念之后引发巨大争论的原因所在。

其次，阶级敌人消亡的历史事实。《论人民民主专政》中所指认的三类敌人，即"地主阶级和官僚资产阶级以及代表这些阶级的国民党反动派及其帮凶们"，在1956年社会主义改造基本完成时，事实上就已经被消灭。刘少奇在1956年党的八大会议上指出，社会主义改造取得了决定性的胜利，

---

① ［德］卡尔·施密特：《政治的概念》，刘宗坤等译，上海人民出版社2003年版，第143页。

其重大成就之一就是"外国帝国主义的工具——官僚买办资产阶级已经在中国大陆上消灭了","封建地主阶级,除个别地区以外,也已经消灭了。富农阶级也正在消灭中。原来剥削农民的地主和富农,正在被改造成为自食其力的新人"。①至于说"国民党反动派及其帮凶们"随着两岸关系的逐步改善以及两党所确立的新的合作模式早已不复存在。邓小平根据中国的特殊的政治条件和现代化建设任务,将统一战线的范围扩大到"全体社会主义劳动者,拥护社会主义的爱国者和拥护祖国统一的爱国者",这在对外关系上扩大了人民的范围。值得重视的是,关于社会主义是否"始终存在某种阶级斗争",邓小平谨慎地提出:"这里包括许多理论上和实践上复杂的困难的问题,不是只靠引证前人的书本所能解决的,大家可以继续研究。"②因此,尽管阶级民主的意识形态依然存在,但是体现这一意识形式的制度框架和社会环境已经发生了变化,从阶级民主走向公民民主形成了新的民主实践需求,一种新的民主理论呼之欲出。

(二)纯粹代理民主论

纯粹代理民主制假定经过大多数选民的同意就可以确定政府的合法性,它在制度上的表现是以选举政治为核心的程序民主,这也是解释中国发展的偶然论者所认可和强调的民主形式。

根据这种对民主的判断标准,偶然论者认为中国在改革开放三十年所取得的成就是暂时的,不具有长久性,到了一定阶段人们就会发现这不过是昙花一现的历史产物。偶然论者在其潜意识中持有怀疑和不信任的因素,主观上拒绝承认中国在事实上的发展和进步。偶然论者的心理也是复杂的、矛盾的,甚至抱有极端和仇恨心理,但偶然论者坚信终有一天中国的发展会停止或者倒退。不仅如此,偶然论者还诋毁中国的进步,认为中国的进步破坏了已有的世界秩序,挑战了在他们看来原本"有序"的世界格局。在他们的眼中,中国依然一无是处,依然存在本有的弊端和矛盾。他们当中也有热爱中国的人士,但在他们的头脑中显示出来的"可爱的中国"形象应当是古老中国的全貌,即还没有现代化的中国,其典型的头脑形象是功夫、茶、孔夫子、四合院、灯笼等。偶然论者经常提出的问题是:"为什么一个威权国家能够取得经济上的繁荣和社会的进步?"如果不能提供现成的令他们满意

---

① 刘少奇:《在中国共产党第八次全国代表大会上的政治报告》,《人民日报》1956年9月17日。

② 《邓小平文选》(第2卷),人民出版社1994年版,第182页。

的答案，问题本身就足以冒犯了他们，因为这样的成就如果不是自由资本主义社会就不可能取得。

偶然论既表现为对中国问题的偏狭、无知甚至愚昧，也从意识形态认识论角度解释中国经济上的进步和成功，其中，"中国威胁论"就是这种意识形态最为显著的代表。引人注目的事例就是中国人所熟知的"末代港督"彭定康的新"中国威胁论"。2008 年年末，他在接受 BBC 采访时表示：中国的潜在威胁不在于出口廉价货品，而是"挑战民主的根基"。他认为，"中国宣扬不需要民主也可以致富的观念"是对西方的最大威胁。彭定康认为中国经济发展成功，但民主的根基受到威胁："我认为中国是在这样的国际体系下表现好得叫人惊讶的一个例子，但它也同时在挑战这体系的根基。"他还表示："这样的挑战得到那些远没有那么成功的专制体系所欢迎，比方说，非洲的那些独裁政体。"

中国的成长已经引起了世界的关注乃至于过度关注，倘若这种关注不是触动甚至动摇了由西方社会支配的"国际体系"，一波又一波的"中国威胁论"的言论就不会出台，也不会广为传播。中国没有沿着西方指定的道路或西方希望的道路成长，造成了在中国成长过程中西方人特有的焦虑或恐惧，这对只熟悉西方社会体制的西方人而言是自然而然的事情。为什么走自己道路的国家因此会造成对世界的"威胁"？倘若中国认为西方人一直以来都没有走中国式的发展道路，中国人为什么就不认为这是"西方威胁论"呢？中国信奉儒家文化，儒家的一个基本精义告诉世人：己所不欲，勿施于人。西方社会显然知道这个道理，却在实践中实施两个标准、两种方案，其结果就是在对内实行民主，对外则实施专政。这种情况如果持续存在并且发酵，则必然使越来越多的中国人从对西人的敬畏转变为怀疑乃至鄙视。

只有民主才能保持经济的稳定和发展，这在现代社会中是不言而喻的事情，但民主的普遍性不是只有西方自由主义民主一种表现形式。按照某些西人的见解，只有西方社会才能有民主，非西方社会除非完成或经历西方社会的历史阶段，就永远不会产生和发展民主。没有人认为把自己的皮肤漂泊了就会变成白人，即使现代科技可以做到这一点。观念、制度、国家法、经济、习俗等深深"楔入"到特定的社会，特定的社会如同个体的人一样，都有自己的根基以及由这样的根所营造的文化。除非改变特定的根，否则就不会有文化多样性的局面。在这个意义上，所有的社会都是"本土的"并且是"地方性的"。社会自身不能体现自己，社会作为一个总体上来说的精神上的非物质存在，社会需要知识来体现自己的存在和价值。然而，知识同样是地方性的，正如波斯纳所评价的那样，"对法理学颇有影响的那些作者，比如 H. L. A. 哈特、罗纳德·德沃金和尤根·哈贝马斯，全都声称是在抽象意义上描述法律，但实际上哈特谈论的是英国的法律体制，德沃金谈论的是美国的，哈贝马斯谈论的是德国的。"① 创造性的智力活动往往有一个身不由己的倾向，即容易把地方性的也是有限的洞察普遍化。我们的确需要认识到，作为知识的创造者和传播者不仅在地方性的文化背景下活动，也在用同样是地方性知识的组成部分的视角巩固地方性知识。

（三）经济发展与民主政治的逻辑关系

世界上没有最好的民主，只有不同的民主。美国是世界上第一个实行民主的国家，但美国的民主只适合美国国情，而不具有推广价值。20 世纪中叶，罗伯特·达尔在考察了世界上大多数民主体制后认为："美国的政治体制不是人类成就的顶峰，也不是世界其他地区模仿或限制其危险的样板。"② 同样不能否认的是，美国的民主是而且从来都是民主的一种类型，否认美国是一个民主国家的看法同样是错误的。在查尔斯·蒂利看来，民主既不是油田也不是花园，而是一个湖泊。油田只有在特定条件下经过数百年乃至上千年才能形成；一名巧夺天工的园丁，可以在几乎任何环境下，在一两个季节内就以这样或那样的方式让它焕发生机；而"一个湖泊是一个庞大的内陆水体，以数量有限的几种差异很大的方式形成……但是一旦形成就与其他湖泊共享很多特性：潮起潮落、固定落差和平面水流，温度和生物的井层发布，水波冲击成沙，等待"。③ 尽管如此，对民主是"油田"还是"花园"的争论就没有停止过。最有代表性的则是"李氏假设"和"阿氏定律"关于民主与经济发展关系的不同认识。

李氏假设是新加坡领导人、前总理李光耀提出的一个命题，他认为不民主的体制可以更加有效地推动经济的发展。换句话说，民主与经济增长没有内在关联，非民主政体同样可以促进经济增长。这个假设不仅在新加坡得到印证，也适用于其他当时看上去也不是民主的国家或地区，如韩国、中国台湾以及改革之后的中国等。对此，诺贝尔经济奖获得者、著名经济学家阿玛

---

① ［美］理查德·A. 波斯纳：《法律、实用主义与民主》，凌斌等译，中国政法大学出版社 2005 年版，第 10 页。

② ［美］罗伯特·达尔：《民主理论的前言》（扩充版），顾昕译，东方出版社 2009 年版，第 10 页。

③ ［美］查尔斯·蒂利：《欧洲的抗争与民主：1650—2000》，陈周旺等译，格致出版社 2008 年版，第 32 页。

蒂亚·森给予了批驳，并得出了没有民主就没有经济增长，没有民主也就不能巩固经济成果的结论。李氏假定的理论基础多强调国情（包括文化差异、历史文化、民族特征等），为此成就了民主政治在这些国家和地区的"例外奇迹论"；阿氏定律则注重民主政治的普世价值，认为它是放之四海皆准的真理，没有例外。

从事物的普遍性联系来看，经济发展与政治民主同样具有关联性，而且这种关联性是正相关的关系。经济发展与政治民主的统计学调查表明，除了极其罕见的个案情况，政治民主都会程度不同地促进而不是阻碍经济的发展。政治民主与经济发展互为因果，经济增长促进了政治民主的形成，巩固了民主政治的地位；反过来，民主政治创造了经济发展的条件，保障了经济增长的成果。不过，对这样的结论需要做出两点限制。一是互为因果关系的经济发展和政治民主给另一方所提供的是必要条件而不是充分条件，经济增长不是政治民主的独自成就，政治民主也不是经济增长的必然结果；二是民主与经济的正相关性不是线性的关系，在很大程度上，它们的关系是曲线性的。在这两个限制中，前一个限制否决了"经济中心论"或"民主中心论"的非科学决定论思维，提醒人们注意在经济或民主政治之外还存在影响经济发展和民主政治的其他变量因素，如文化传统、民情、地理环境、世界政治关系等。民主制度可以相互借鉴，却不可以移植或复制。后一个限制则揭示了不论经济增长还是民主政治都是一个复杂的、具体的历史过程。

亚洲"四小龙"在20世纪八九十年代的长足发展以及中国经济在三十年的成长都与民主有内在的关联，它们都是与本国或本地区的民情相适应的民主，没有实行西式民主不意味着在这些国家和地区民主就没有发挥作用。阿玛蒂亚·森指出，要超越狭隘的经济增长的观察，严肃地分析经济增长究竟需要什么条件。在国际社会，促进经济发展的条件渐渐形成了一个被学者们公认的"经济政策清单"，它们大致包括：开放竞争、利用国际市场、由公共部门对投资和出口提供激励、高识字率和中小学入学率、成功的土地改革以及其他促进广泛参与经济扩张活动的社会条件等，[①] 用这份清单衡量改

---

① ［印度］阿玛蒂亚·森：《民主的价值观放之四海而皆准》，载夏中义主编《人与国家》，广西师范大学出版社2002年版，第197页。此外，也要注意到，国内的改革开放与国际社会的和平局面的正关联性。陈志武观察到："到1978年特别是1980年代随着冷战的结束，基于规则而不是炮舰的世界秩序让跨国贸易、跨国投资变得风险和成本都史无前例地低，加上通信技术和运输技术的发展以及非常成熟的工业技术，使改革开放政策终于让中国社会实现了人口红利，经济终于突飞猛进。"见陈志武《政治体制改革是经济持续增长的前提》，《炎黄春秋》2012年第12期。

革开三十年的现实情况，许多改革开放的方法和成果包含了浓浓的民主成分并且大大超出了人们的预期，更为重要的是，推动中国改革开放的原生动力是自治制度在实践中的徐徐展开，而这是只有在深刻理解统权和治权的辩证法后才能得出的结论。

三、人民民主代表制的概念

自治的历史实践涉及对统治原理的再认识。人民的统治是指人民在公共事物上自我决定、自我管理和自我发展的资格和权力。Govern 在本意上指领航或指导，在引申的意义上，govern 是指管理的权力包括压制、强迫的权利，意味着治者和被治者的分野。self-government 是一个复合词，体现了统治者和被统治者的矛盾统一体。一方面人民作为整体享有国家的"统权"，决定、领导或指导国家的基本制度和大政方针；另一方面组成人民中的每一个个体都享有"治权"，即参与管理国家事务的权力。我们在这两个意义上理解自治，才不至于使自治这个词显得自我矛盾。但"统权"和"治权"的确发生了分离并且成为政治分权的基础，形成了"统而不治"和"既统又治"两种政体类型。"统而不治"和"治而不统"的社会历史现实提示了这个问题的重要性和有效性，统权只能被代表却不能被代理，治权则可以而且需要被代理，前者涉及主权问题，后者涉及国家权力问题。

欧洲主权论作为一种地缘政治学何以成为一种普世的学说和理论仍然是一个谜，但欧洲主权论的功用首先是欧洲分裂之后国家之间力量平衡的产物，是欧洲走向分裂之后兄弟之间"分家析产"的产物，为欧洲民族国家提供了保卫其胜利果实的理论依据。主权的全权性包含了主权的不可分割性，这是欧洲主权统一论的必要属性和必然结果，但是，欧洲主权理论或传统的主权理论对本来就统一的民族或国家而言却是不适用的，对走向联合的民族或国家也是不适用的。

美国建国的过程是从分散到集合，从地方到中央的联合过程，即合"众"为"一"的过程。就个体与州政府的关系而言，个体是众，州政府是一，就州政府与中央政府而言，州政府是众，中央政府是一。个体组成了人民，成为国家权力总的源头，国家权力则由中央和地方两个级别的政府共同享有。因此，在美国的民主实践中，主权在民的思想不是抽象的，而是具体体现在国家权力的具体划分和运作方面，并且只有在纵向的国家权力划分前提下横向的国家权力划分才能成立。国家权力在国家内部纵向分割但仍不失为一个国家，这就意味着国家主权在国家内部被中央和地方共同分享。19世纪 30 年代，托克维尔就敏锐地观察到美国国家主权的二元划分的制度实践。相对于欧洲大陆和其他历史久远的国家而言，美国国家制度从任何方面看都带有鲜明的人工、拟制和想象的成分。① 在美国，先有地方国家权力，然后才有中央国家权力。中央政府的权力不仅来自于各州政府的授权，也因此使中央政府享有有限的国家权力。美国的中央政府是"特殊政府"，各州政府是"普通政府"，前者处理特殊事情，后者处理日常事务："美国有两个截然分开和几乎各自独立的政府：一个是一般的普通政府，负责处理社会的日常需要；另一个是特殊的专门政府，只管辖全国的一些重大问题。简而言之，美国内部还有二十四个小主权国，由它们构成联邦的大整体。"② 托克维尔在此提出了两级双层主权论，这与他的同胞博丹的主权概念形成了鲜明的对比。③

　　博丹的主权论产生于欧洲特定的历史政治背景之下，其问题意识指向国家力量之间均衡的国际关系以及世俗权力对抗教权的合法性。针对一个世俗化了的欧洲国家外部独立性问题，对本国而言，外国就是"外"；对君权而言，教权就是"外"。远离欧洲大陆的美国，在独立战争胜利后所面临的问题不同于博丹主权理论产生前后的欧洲问题，人民主权理论对美国国家依然有效，但它所针对还是国家的内部分权问题，尤其是中央和地方的分权问题。在博丹的主权理论诞生一百多年之后，随着威斯特伐里亚和约的签订和有效执行，欧洲国家主权观的外部性问题基本解决，国家的内部性问题提到议事日程，这包括主权分享和国家权力分立的问题。国家主权分享问题和国家权力分立问题都属于国家主权的内部问题，但国家主权问题不同于国家权力分立问题，前者关注的是中央和地方的政治关系，演化为治权的纵向分配实践，后者是享有治权的主体在技术上对治权所做出的再次分配，属于治权的横向分配范畴，对享有治权的国家内部单位而

---

　　① 这样的结论和观察总结为数不少，应当引起我们的注意。例如，追寻了托克维尔的足迹，于 2004 年访问了美国一年之久的法国作家贝尔纳—亨利—莱维对美国特性就做出了类似的判断：美国是"一个'处于永远建构'中的国家，哈贝马斯在写给罗蒂的信中对此写道，它从来不是美国例外论中的奠基论述的浮光掠影的读者们所认为的那样，是一个'自然的礼物'"，见［法］贝尔纳—亨利—莱维《美国的迷惘：重寻托克维尔的足迹》，赵梅译，广西师范大学出版社 2009 年版，第 230 页。

　　② ［法］托克维尔：《论美国的民主》（上卷），董果良译，商务印书馆 1996 年版，第 65 页。

　　③ 联邦党人说，美国联邦宪法既不具有完全的单一制国家性质，也不具有完全的联邦性质，参见［美］哈密尔顿等《联邦党人文集》，商务印书馆 1980 年版。

言，它们需要在授权的范围内对立法、行政和司法权力做出必要的划分和再分配。

人民主权原则在美国的政治实践中首先是由中央和地方两个主体分享完成的，无论是中央还是地方都是人民主权的代理人。人民是主权唯一的所有者，但人民作为抽象的主体不能自动实施和实践主权，唯有通过代表的形式才能体现人民主权的信念。在人民主权和它的代表人中产生了统与治的分离，人民统而不治，人民的代表治而不统。主权不能分割却可以分享，无论是中央还是地方都可以行使主权者的权力。统权在观念和原理上体现了人民主权，治权则在实践的层面体现了人民主权。统权对外是绝对的、最高的和不可分割的，治权对内则是相对的和可分享的。

统权等同于人民主权，治权则是统权的代表形式，治权由一个主体还是多个主体来完成取决于特定国家和民族的历史环境。统与治的统一和分离不仅取决于一个社会政治经济文化的具体状况，也往往与人口多寡、国土面积等有千丝万缕的联系。统权与治权的分离照顾到了美国建国之初的历史情况，为主权在国内可以分享提供了实践范例。分享主权的其他治者的权力不是上一级单位授权的结果，它们与上一级单位的权力都共同来自人民。在宪法的安排之下，不同主权的代表者只存在权限上的差别，绝无等级高下之区分，在划分了中央政府和地方政府的国家制度中，中央政府和地方政府都行使了法定的特定职权。当然，在中央政府和地方政府之间也存在授权的情况，中央政府可以把自己特有的职权委托给地方政府行使，反之亦然。中央政府有权改变和撤销对地方政府的授权，但地方政府源于人民授权的固有职权却不因中央政府的缘故而被改变或剥夺。

由中央政府和地方政府分享国家权力提供了一系列有意义的后果。首先是作为个体的公民在与中央政府和地方政府的双重关系中，既不是中央政府的人，也不是地方政府的人，而只能是国家的人，即他是一个主权公民。这种纯粹意义上的法律上的人不同于社会学意义上的人，后者从社会关系的角度按照民族、出生、语言、宗教、文化等因素，把人划分为某一民族的人、某一州或省的人、某一教徒等。其次，中央政府和地方政府的关系不是封建制度下的"中心"和"边陲"关系，实际上并不存在一个孔子所讲的"众星拱之"的圆心地理政治格局。中央政府是国家的中央政府，地方政府是国家的地方政府，地方政府享有的依然是国家权力，不存在纯粹地方权力的概念，也不存在国家权力只能由中央政府独占的情形。

在统权和治权分离的情况下，无论是中央政府还是地方政府所享有的国家权力都是治权的组成部分。所有的治权只有内容上的不同而无性质上的差异，换句话说，在治权上所有享有国家权力的单位都是平等的，不存在因为中央政府处理的是全国的特殊事务，其所享有的治权在性质上就高于地方政府的治权。在美国的判例史上，联邦政府和州政府之间因为国家权力问题诉诸法庭的案例比比皆是，这些案例大多声称要么联邦政府超越了其权力的边界侵犯了州政府的治权，要么相反，州政府被联邦政府诉诸法庭被告侵犯了联邦政府的治权。德国宪法法院的职责之一就是要处理州与州、联邦政府与州之间关于治权的争议。

统权与治权既是源流关系也是从属关系。统而不治包含绝对的统而不治和相对的统而不治两个方面。前者指人民通过宪政的方式一次性地授予一个或若干个法人实体或自然人代为行使。授权者为人民，被授权者为国家，国家既包括作为整体意义上的国家，也包括现代政党以及国家内部的组成部分。在这种情况下，统权依然存在，但已经通过授权的方式转化为治权。相对的统而不治是指人民在授权的时候，对某些事项做出了保留，而不是把所有的权力一次性地授权人民的代表或代表机关。总而言之，统权可以授权他人行使，但是不能被分割，而治权是具体的管理形式，则可以被分割使用。事实证明，不同的国家基于不同的历史和文化条件，对国家内部治权的行使采取了不同的分享形式。

四、统权与治权的辩证法

不论政治实践如何不同，关于欧洲主权的概念和定义，对于"百代都行秦政制"（毛泽东语）的旧中国社会而言几乎闻所未闻。秦政制形成了既统又治的统治模式，君主是统权的代表，也是治权的代表，统权和治权高度统一，治权并没有在中央和地方之间做出划分。例如，即使国家的最低一级的官吏也是由朝廷任命，受朝廷监督并向朝廷负责。任何一级的地方权力及其官吏都是王权的代理人而不分享王权。

秦法制的这种模式在清末开始动摇并瓦解。从清末预备立宪的情况看，被迫改革的清政府并没有马上接受人民主权的思想，在这个问题上无论清廷还是革命党人都陷入了相互不妥协的僵局。对于君主立宪体制而言，主权在民还是主权在君只是名义上的说辞，保留君主统领国家权力的名分只是那种"说得做不得"的事项。在高度重视名分的中国社会，长期固守"名不正则言不顺"的古老信条，在历史转折的关键时候，过分强调了主权在宪法文件上的归属以及统权的名分，相对忽视了治权可以分离和分割的实践问题。在辛亥革命前夕，迫于时局的压力，清政府被迫同意立宪并作为改革的大方向，其所采取的重大措施之一就是统权与治权的分离，例如，一系列地方自治制度的出台预示着既统又治的统治格局不再作为国家权力运行的正当性基础。不过，1911—1949 年，人民主权的思想虽然在主流文化和观念中占了上风，但在制度的运行上依然是统权和治权上的高度统一，国民政府著名却声名狼藉的"军政、训政和宪政"三阶段论重演了晚清政府预备立宪的把戏。1954 年，新中国在经过五年时间的准备和实验之后，确立了人民代表大会制度作为国家的根本制度。人民代表大会制度是人民主权原则在新中国的初次尝试，确认了人民作为国家统权的主体和所有者身份，同时也赋予各级人民代表大会享有不同层级的治权。

　　人民代表大会制度借鉴了苏联的苏维埃模式，但在根源上还原了马克思所称赞的巴黎公社模式。巴黎公社的体制有着雅典城邦直接民主的精神实质，唯其如此，"随古希腊人而逝去、消失在基督教天堂的蓝色迷雾之中的自立和自由"才会逐渐得到恢复。① 巴黎公社模式指出了自治制度对民主的社会主义国家的极端重要性。既要把统权牢牢地安放在人民的手里，同时也要让这个权力在实践中按照人民的意愿运作起来，因此，自治制度兼顾了两个方面的内容：（1）在明确统权的情况下，自治制度首先要在国家权力和社会权力之间做出有效的区分。因为并非所有的权力都需要由国家通过治权的方式去体现，社会权力的存在体现了公民和非政府组织自我管理和自我实现的一面，至于说社会权力的范围有多大以及它与国家权力之间形成了何种程度的制约关系则是另一个问题。（2）国家权力需要在中央和地方之间划出合理的分配，使中央和地方共同行使国家权力，行使统权所要求的治理权力。

　　1954 年宪法明确了中华人民共和国的统权属于全体人民，人民行使权力的地方不仅在全国人民代表大会，也在地方各级人民代表大会。全国人民代表大会和地方各级人民代表大会均行使由宪法赋予的部分国家权力。这就意味着，人民通过宪法把治权平等地却是有差别地分配给了中央政府和地方政府。地方政府的固有职权来自宪法而不是中央的授权，地方政府也没有把自己的固有职权交出付给中央政府。1982 年宪法遵循了1954 年宪法的精神实质，在第96 条中再次明确了地方各级人民代表大会

---

① 《马克思恩格斯全集》（第 47 卷），人民文学出版社 2004 年版，第 57 页。

职责的性质，提出了"地方国家权力"的概念，与"中央国家权力"相呼应，这两者共同构成了完整的治权，成为人民主权这一统权的两个重要表现形式。

治权的多层次结构形成了具有中国特色的自治制度。从地方自治范围和权限大小来看，我国自治分为普通地方自治、少数民族区域自治和香港、澳门特区自治三种类型，它们分别对应于普通自治、特殊自治和高度自治三种形式。在性质上，这三种自治形式都是治权的组成部分，相互之间并无质的区别，只不过有的地方自治程度高一些，有些地方自治程度低一些，所有的地方与中央一样都分享了国家权力，成为治权的代表和执行者。在国家内部，每一个自治单位都是一定意义上的治权单位，它们在各自的职权范围内代表国家权力。在对外关系上，只有中央政府可以代表国家。中央政府之所以可以代表国家，乃是因为中央政府行使了宪法分配的职权，在特定的职权范围内中央政府代表国家才是有效的。

香港和澳门特别行政区基本法是由全国人大制定和颁布的宪法性文件。宪法性文件都涉及统权和治权的统合问题。在治权的大小方面，少数民族自治地区的权力比一般省份要大，特别行政区的权力又比少数民族区域自治地区大，前者对中央和特别行政区的权限划分更为明确和集中。基本法规定了作为地方的香港或澳门享有高度治权，包括较为独立的立法权、行政权和司法终审权。这三项权力都是国家权力的组成部分，是人民主权在特别行政区的治权体现。需要注意的是，特别行政区所享有的治权是人民授权的直接结果，而不当然来自中央政府，事实上，自治的普通地区和少数民族区域所享有的自治权也是人民直接授权的结果。一国两制的政治实践开创了国家治理的新形式，完善了我国的地方自治制度，但没有改变我国地方自治的性质，它不过是"统权"和"治权"分离的制度设计的必然结果。如果说人民权力是主权的统称或完整意义上的主权，那么，所有的治权主体在实践中通过行使治权再现和实现了主权。

总而言之，自治问题的核心是主权之下的治权被代理的问题。作为一种权力，治权是被代表了的主权。任何事物一经代表便由代表者分享了所代表的事务，这虽然让人难以接受，但却成为现实生活中的实在法则。主权对外的独立性和整体性与它在国家内部的可分割性并不存在矛盾。凯尔森的规范法学在探讨国家的法律地位时，倾向于把国家作为一个特殊法人格对待。按照这种思路，法人对外是一个整体、一个人格和一个意志，但是，法人只是一个拟制的人格体，它在实践的自我运行中需要被代表。对法人而言，由法人的哪一个部分作为代表取决于法人内部的宪章。对于现代社会的一个大型的股份制公司而言，人数众多的股东共同享有公司的"主权"，但对公司的治权则被董事会或经理共同或分别享有。因此，对地方政府享有治权的说法并不会导致想象中的共同体的分裂，而且只有承认和恪守治权在国家内部的可分割性才能在理论上说明地方自治的可能性。

第四部分

结论与展望

第十四章

小康之后的法理学

> 大道之行也，天下为公。选贤与能，讲信修睦，故人不独亲其亲，不独子其子，使老有所终，壮有所用，幼有所长，矜寡孤独废疾者，皆有所养。男有分，女有归。货恶其弃于地也，不必藏于己；力恶其不出于身也，不必为己。是故谋闭而不兴，盗窃乱贼而不作。故外户而不闭，是谓大同。
>
> ——《礼记·礼运》

在进一步改革开放的前提下，到 2020 年前后，我国有两大重要事件值得关注，一是完成和确认中国全面实现小康社会的历史成果，二是中国共产党成立 100 周年，这两个成果给从 2020 年起的政治家和立法者留下丰厚的政治遗产，为小康之后的新政治哲学奠定了坚实的基础。2020 年是改革开放 42 年的时间点，中国社会从此步入后改革开放或小康之后的时代，不过，这个新时代的主题还不是全新的主题，它依然是我国现代性主题的组成部分，用时下的语言来说，就是要在解决了"挨打"（民族独立）和"挨饿"（小康社会）问题的基础上解决"挨骂"（礼节和荣辱）的问题，后者则是小康之后中国社会的主题和历史任务，在我看来，解决这一问题的总体方法是要建构自由、法治和民主的新熟人社会。

一、小康社会的政治承诺

近百年来中国社会的状况可以用积贫积弱做出总体性概括，这与中国传统社会所期盼的小康社会理想形成了鲜明的对比和反讽。与西方社会的历史叙事方式和历史目标不同，小康社会是传统中国社会理想的生活方式，是历代统治者孜孜追求的施政目标，也是实现更为理想的大同社会的前提阶段和基础。在长达两千年的历史中，中国社会虽然从未实现过描述中的大同社会，但小康社会在历史的局部时间内屡屡在在，其标志性的例子是历史上著名的几次盛世，如西汉的文景时期、唐朝的贞观时期以及清朝的康乾时期，史称"三大盛世"。① 每一个被称为盛世的时代景况各有不同，人们对盛世的表达也存在差异，但盛世至少是儒家眼中的小康社会。与同期西方的社会状况相比，以盛世为特征的小康社会是可以效仿和追求的当时世界历史条件下最好的社会，对此，我们且不可以妄自菲薄。不过，盛世也好，小康社会也好，却不是中国人最高的理想社会。按照康有为的解释，小康社会是"升平世"，有别于"文教未明"的"据乱世"，升平世仅是"渐有文教"，离"文教全备"、"天下为公"的大同社会还存在着一段距离，究其原因，这与中国社会以和谐为精神的发展观和天下为核心的秩序观有关。

《礼记·礼运》对大同社会的描述颇能引起人的想象力和无限的遐想。② 大同社会的前提是"大道之行"，而小康社会恰恰是"大道既隐"。"大道"成为划分小康社会和大同社会的重要标志，因此，理解"大道"就成为理解中国人理想社会不可逾越的关键词。道是中国文化表达终极价值观的概念，但道不仅是一个形而上的理念，也不仅是在彼岸世界才可以显现的存在，道具有强烈的现实精神及其目标指向。大同社会提倡"天下为公"的利他主义，但并不绝然地反对私有和亲情，人只要做到"不独亲其亲，不独子其子"就是为公的重要表现，这与柏拉图所描述的理想国形成了鲜明的对比，对后者而言，财产公有制自不待言，还需要对子女甚至妇女实施共有制。③

在大同社会中，社会应对弱势群体成员特别是矜寡孤独废疾者给予特别关怀。为公者虽然应当向所有的人展开其利他的道德面向，但对这些弱势群

① 三大盛世起始终结年代在表述上各有不同，但它们的共同特点是：1. 国势强盛，国家统一，疆域辽阔，周边没有相抗衡的力量；2. 社会总体安定，经济发展，国家富足，国力领先于世界；3. 文化繁荣并辐射周边地区；4. 兴盛持续时间较长。参见姚有志等《中国历史上三大盛世的理性审视》，《光明日报》2005 年 2 月 8 日。

② 《礼记·礼运》："大道之行也，天下为公。选贤与能，讲信修睦，故人不独亲其亲，不独子其子，使老有所终，壮有所用，幼有所长，矜寡孤独废疾者，皆有所养。男有分，女有归。货恶其弃于地也，不必藏于己；力恶其不出于身也，不必为己。是故谋闭而不兴，盗窃乱贼而不作，故外户而不闭，是谓大同。"

③ 柏拉图是世界上第一个国家乌托邦主义的设计者，在《理想国》中，他认为为了培养城邦的护卫者，就要把"城邦里最出类拔萃的男人和女人"挑选出来，"这些女人应该归这些男人公有，任何人都不得与任何人组成一夫一妻的小家庭"。见［古希腊］柏拉图《理想国》，郭斌和等译，商务印书馆 1986 年版，第 190 页。

体还需要给予优先考虑和特别对待。在现代社会，如果一个国家在社会保障制度方面做到了矜寡孤独废疾者皆有所养的地步，也不失为向大同社会迈进的重要表现。此外，要做到天下治理，最为重要的措施应当是"选贤与能，讲信修睦"。这里所讲的"选"是"推选"而不是现代意义上的"选举"，但都是自下而上产生"为公者"的方式，有别于自上而下的"选用"以及具有依附性质的"举荐"任人制度。

从经济学的角度理解小康社会暂时摆脱了"道"是否隐现的难题，但并不意味着放弃在小康社会中实现道的可能性论证。作为一个体现了综合结果的治理体系，小康社会理论仍然包含了追求道的可能性和进入更高一级社会的必要性。然而，如果缺乏一定的物质基础和经济条件，对于理想社会的追求就有可能陷入乌托邦构想，换句实话，天下为公的理念固然不错，倘若不同时赋予"富安天下"的道理，就会使关于理想社会的设计流于空文。①

从中国文化的内在视角对物质生活的基础性功能做出最早阐释的是管仲。在管仲看来，礼节和荣辱固然重要，但是如果没有足够的物质基础和经济水平，这些可欲的目标就可能难以实现。正是在提出了"仓廪实而知礼节，衣食足而知荣辱"论断之后，管仲进一步指出："凡治国之道，必先富民。民富则易治也，民贫则难治也。"② 孔子对管仲的评价很高，既有对管仲人格的赞誉，也包括管子的施政理念和措施。富民政策是弘道的前提和基础。"子适卫，冉有仆。子曰：'庶矣哉！'冉有曰：'既富矣，又何加焉？'曰：'富之'。曰：'既富矣，又何加焉？'曰：'教之。'"③ 富之教之，先富后教，管仲与孔子的思想在这里达到高度的统一。孟子以义论和心善论闻名于世，但也捍卫了先富后教的基础性思想。他告诫统治者："无恒产而有恒心者，惟士为能，若民，则无恒产，因无恒心，放辟邪侈，无不为己。"④

---

① 马克思的最大贡献之一就是发现了物质生活对精神生活的基础作用和前提条件。1883 年恩格斯在马克思的墓前再次总结了马克思的功绩："正像达尔文发现有机界的发展规律一样，马克思发现了人类历史的发展规律。即历来为繁茂芜杂的意识形态所掩盖着的一个简单事实：人们首先必须吃、穿、住、行，然后才能从事政治、科学、艺术、宗教等等；所以，直接的物质的生活资料的生产，因而一个民族或一个时代的一定的经济发展阶级，便构成为基础，人们的国家制度、法的观点、艺术以至宗教观念，就是从这个基础上发展起来的，因而，也必须由这个基础来解释，而不是像过去那样做得相反。"只有那些早已解决了温饱问题，并且把衣食无忧当作自然而然或不在话下的人才会强调精神生活的重要性，就后者而言，也应不失为一条认识人类社会的规律。

② 《管子·治国》。

③ 朱熹注曰："庶而不富，则民生不遂，故制田里，薄赋敛以富之。富而不教，则近于禽兽。故必立学校，明礼义以教之。"

④ 《孟子·梁惠王上》。

在当时的历史条件下，孟子甚至提出了富民的具体策略："五亩之宅，树之以桑，五十者可以衣帛矣。鸡豚狗彘之畜，无失其时，七十者可以食肉矣。百亩之田，勿夺其时，八口之家，可以无饥矣。"① 倘若家家如此，孟子版的小康社会就可以实现了。

儒家的富民之道主张藏富于民，民富而不是国富才符合"富之"的道理。在荀子看来，国富民穷乃是亡国的象征："故王者富民，霸者富士，仅存之国富大夫，亡国富筐箧，实府库。筐箧已富，府库已实，而百姓贫；夫是之谓上溢而下漏。"② 不过，儒家眼中的小康社会仅限于维持人的温饱，它不仅不包含富裕的内涵，还通过德性的理念和礼的规范抑制人们走向富裕。正如史华兹的观察："这种经济上的康乐状况不是根据'经济增长'，而是根据生存，根据满足群众基本的最低需要来构想的。这是一种无忧无虑、满足维持最低生活需要的经济思想。"③

20 世纪 80 年代，小康社会概念再一次进入治国方略和社会主流话语当中。从思想渊源和主要内容上，在邓小平重新提出这个概念并把它作为改革开放时期国家的主要任务的时候，他更像一个儒家的继承人而不独是忠实的马克思主义者。20 世纪 70 年代末，在国民经济面临严重失调、物质生活匮乏的历史前夜，小康社会的奋斗目标足以激发挨饿中人们的想象力和改革的动力，即使不使用像 GDP 或人均 GDP 等现代经济学的概念指标，只要将孟子眼中的小康社会的一些具体目标，如"衣帛"、"食肉"、"无饥"等拿来就可以轻而易举地解决改革开放的合法性问题。

当代中国小康社会的目标主要解决的是温饱问题而不是富裕问题，这一较为明确的指导思想决定了执政党从 1978 年到 2022 年的政策连续性和一以贯之的治国方案。从"基本实现小康"到"全面实现小康"都是为了解决全民温饱问题的阶段性任务，也是执政党向全民做出的政治承诺。解决温饱问题就是解决"挨饿"的问题，是这一阶段的时代困境和主题，它不同于此前的时代困境和主题，即保持民族独立和国家统一的"挨打"问题。那么，在 2020 年如期实现了全面实现小康社会的历史任务之后，新的历史任务和政治承诺又是什么呢？

---

① 《孟子·梁惠王上》。
② 《荀子·王制》。
③ ［美］本明杰·史华兹：《寻求富强：严复与西方》，叶凤美译，江苏人民出版社 2010 年版，第 7 页。

二、小康之后的国家目标

除了极端意义的事例外，就现代社会而言，没有人会认为解决了生存问题就可以顺理成章地进入富裕社会。温饱和富裕不是程度不同的问题，而是具有性质上的差异，二者之间的差异性要大于它们的共同性。温饱涉及基本的生存问题，富裕则关乎人的自由问题。从经验的角度看，可以有许多方法解决生存问题，也可以在不同的政制下解决生存问题，在特定的历史条件下，性质相异的社会制度或可提供富裕的条件，但要持续增量地解决富裕问题唯有通过并依赖于经济自由发展这一种方法。

马克思在《共产党宣言》中证明了经济自由对实现富裕的极端重要性，"资产阶级在它的不到一百年的阶级统治中所创造的生产力，比过去一切时代创造的全部生产力还要多，还要大。自然力的征服，机器的采用，化学在工业和农业中的应用，轮船的行驶，铁路的通行，电报的使用，整个大陆的开垦，河川的通航，仿佛用法术从地下呼唤出来的大量人口，——过去哪一个世纪料想到在社会劳动里蕴藏有这样的生产力呢？"倘若没有解除思想、人身、经济、文化、宗教等方面的束缚，人类社会生产力的大提高、总的财富的大增加就不可能扩展到令马克思大为赞赏的地步。资产阶级是经济自由的总代表，它除了要求无疆域的市场之外，别无所求，但是要做到这一点，就应当借助于与自由市场经济相符的政治体制和社会氛围，在这个意义上，有关自由的所有理念和体制都是市场经济的副产品，就如同皇帝是农业社会的副产品一样。在资本主义发展的过程中，首先获益的是少数人，这些少数人在取得革命成果后就开始自觉或不自觉地限制其他人享有同等获得财富的机会和自由，制造出熊彼特所说的"创造性毁灭"这一典型的资本主义的特征。马克思主义的缘起和延续（新马克思主义）以及后现代主义的兴起也主要基于这样的现实状况，但因此否认自由的成就、市场经济的成就、民主政治的成就同样是不可取的。

从国家治理的角度，有两种富民的路径和方法。一种是自由富民观，另一种是松绑富民观。前者是由亚当·斯密在资本主义发展初期提出并加以论证的方法，其要义是通过劳动分工的原理，以自由竞争为主线，最大限度激发人的创造力和能动性，提高生产效率和劳动生产力，实现财富的增量效益。西方社会在总体方向上遵循了亚当·斯密的教导，把握了市场经济的规律，不仅解决了温饱问题，还较早地实现了富裕。两百多年来，世界上最为富裕的国家和地区是以欧美为中心的西方社会，这是一个最不可否认的事实。当有些人哀叹自己生不逢时或未能生在西方社会时，不也是间接地认可了西方在物质等方面的优越吗？相比较而言，以农业为本的中国传统社会虽然遵循儒家经典的教导，推行富民政策，但总体上以压制财富总量增长为指导思想。这种富民方法看重的是国家不向其子民横征暴敛，倡导轻徭薄赋、休养生息等"不取"政策，提倡"小富即安"的总量限制公共政策。与自由式富民观相比，这种富民观体现的是一种松绑富民观。松绑解除了捆绑，但还不是自由。松绑的程度有松有紧，也有可能随时再被捆绑，如同孙悟空头上的紧箍咒根据如来佛的意志时紧时松。

解决了温饱问题之后的财富增长需要通过自由的观念和制度来实现。在可持续的发展道路上，自由不仅是发展的手段，也是发展的重要目标，体现了自由的工具性和建构性的双重价值，从而为一种合意的可能性生活提供条件和保障。从扩展自由的角度看待发展，就有必要把自由看作一项财富或衡量财富的一个指标。有了这种发展的自由，就具备了创造财富的条件和可能性，也为保卫已经获取的财富提供保障。缺乏自由，即使已经获取的财富可能会失去。阿马蒂亚·森批驳了那种狭隘的发展观，这种观点认为发展就是简单的 GDP 的增长、个人收入提高、或工业化、或技术进步、或社会现代化等。自由发展观要求消除那些限制人们自由的主要因素，包括贫困以及暴政、经济机会的缺乏以及社会系统化的社会剥夺、忽视公共设施以及压迫性政权的不宽容和过度干预。①

马克思主义认为，物质决定精神，但也承认精神的反作用力。观念作为气候之所以重要和有效，乃是因为一种社会氛围一旦形成，人们所讨论的就不再是某种理念是否有价值，而是如何实现这一理念的问题。一个重要的例子就是美国的黑人问题。在文献史上，19 世纪中叶的社会科学理论还时不时出现"人种"是否优劣一本正经的学术讨论，蓄奴主义者理论家甚至通过"科学"的方法实验和证实白种人在智力和道德上的优势地位。一个世纪后，这样的讨论不仅销声匿迹，也成为人类历史上的笑料。就中国当代社会而言，如果还有人像 1978 年以前那样撰写文章，认为农民的土地里长出的都是"资本主义的毒苗和恶果"，呼吁予以铲除和消灭，不仅令人匪夷所思，而且也会被当作侵犯财产权的举动。

自由发展观在当今中国已经变为一种时代的气候和氛围，一旦形成就成

---

① ［印］阿马蒂亚·森：《以自由看待发展》，任赜等译，中国人民大学出版社 2002 年版。

为知识性背景之幕。极端的保守主义者不反对把经济这块蛋糕做大，也不反对人民追求富裕的资格和愿望，回到毛时代的说法不过是要求公平分配蛋糕的激烈用语。改革开放是一项惠及所有人的社会工程，广大的老百姓自然是受益者，但他们还不是最大的受益者，最大的受益者或许包括了那些提议回到过去的人。真小人要比伪君子更令人放心，前者至少是透明的，让你一眼可以看穿，伪君子在道貌岸然的皇帝新装下掩饰而且生产了令人震惊的龌龊、肮脏和丑陋。当然，要求回到过去的言论也是自由的一种表现，但面对不久将要到来的 2020 年，回到过去的说法有替未来主人做主的意味，也是枉费心机的举动。

不同的人群主导不同的社会，新的社会观念往往与主流人群有千丝万缕的联系。2020 年来临的时候，构成社会中坚人群应是八零后甚至九零后等新人类，六零后、七零后正在退出社会舞台，更勿论五零后以及四零后了。时间是最好的调和剂，新人类将如期登上历史舞台，在治国方略中将会重重地写下他们的意志、愿望和理想。新人类是在改革开放的环境中出生和成长的一代人，他们在成长过程中所看到的社会是基本上解决了温饱甚至走向富裕的社会，不挨饿、不挨打对他们而言是天经地义和自然而然的。挣大钱、住豪宅、当老板在他们看来没有什么不对，相反不让他们产生这样的想法才是奇观的。时下的任务当然不是要取缔他们的这些想法，而是要在确立底线公平的前提下发挥他们各自的主动性和创造性，让他们通过自己的努力实现他们的理想。

对新人类而言，温饱之后的社会是父辈给他们的最大遗产，也是他们对国家基本的和朴素的要求，但是，要想解决富裕问题则不能通过单纯地继承遗产（事实上，就普遍意义而言，也不会有这样的丰厚遗产可供他们继承），他们真正需要在一个机会平等和政治民主的社会氛围内完成自我奋斗和自我实现的人生轨迹。自由发展观不仅为他们创造财富，也为充分实现自我提供了广阔的历史舞台——这个历史舞台也本来就属于他们，正如毛泽东对世界与年轻人关系的著名论述所言：世界是你们的，也是我们的，但归根结底是你们的。在这个意义上，尊重历史规律，就是要尊重未来主人的意愿和理想，也是理性对待社会规律的科学方法。

三、国家义务与法治建设

现代社会科学的重大贡献之一乃是在政治上重新确立了统治的合法性，

这种合法性以国家作为中立的规则制定者和执行者的双重身份为要旨。社会契约论的全部目的就是为了说明国家的合法性，它通过强调程序正义而非实体正义实现统治的合法性。如果对霍布斯和洛克的政治哲学给出一个简明的答案，对这些现代国家合法性的最早缔造者而言，不仅个体人的自由和权利是关注的重点，国家及其行为的合法性也是不能忽视的对象。国家是拟制的第三人，是权利主体共同建构的非自然实体，是纠纷规则的裁决者和执行者。从假设的或经验的前提出发，自由的人之间无法公正解决纠纷，除非找到各方都信得过的第三方。国家作为纠纷的最终裁决者实现了私力救济向公力救济的形态转化，但公力救济因此并没有改变权利救济的本来面目，即权利主体自我救济的本质要求。①

救济一词包含了双重含义，在原始意义上它是指"帮助他人脱离困难或威胁"，即实体意义上的救济或曰结果上的救济。现代国家理论在其发展初期并没有赋予国家实体意义上的救济责任，这在早期自由主义哲学中表达的较为明显。就美国而言，程序救济意义的国家责任占据了重要位置，奥巴马政府推行的美国历史上最大的医改政策遭到批评和抵制正是这种观念长期发生作用的结果。然而，随着凯恩斯主义的出现和传播，国家救济责任的含义增加了新的内容，它不仅包括作为公力救济的程序正义，也包括国家向其公民提供社会保障的实体正义，国家在公民生、老、病、死、教育等基本问题上开始系统地承担起责任，而这些责任过去只是国家的道德责任。在欧洲，国家职能的这种转变在时间上要比美国早，也比美国有更为广阔的民情和民意基础，福利国家的出现成为第二次世界大战以来欧洲社会的新的国家形态。

新自由主义开始登上历史舞台，它通过对国家权力的放权与限权的悖论方式为国家的合法性提供理论根据。国家的程序救济责任依然存在，它仍然要在有限政府的框架下保持其中立、客观或无私的形象，但在另一方面，国家要替代家庭的责任而成为全体公民的"父母官"，尤其要对全体公民的教育、生、老、病、死等民生事项负责。有限政府的制度和理念开始动摇，国家向其公民所允诺的社会保障义务越多，实现这些义务所需要的权力就越大。国家逐渐丧失了它的中立性，越来越多的纠纷涉及公民与国家的争议，国家既是案件的当事人也是案件的仲裁者。在福利国家的情形之下，正如当

---

① 关于权利救济的本质性特征的系统讨论，参见贺海仁《谁是纠纷的最终裁决者：权利救济原理导论》，社会科学文献出版社2007年版。

代欧洲社会所呈现的那种高福利情况，国家的"家长式权威"正在以不可阻挡的趋势发展，对这种权威的限制措施却相对滞后，还不能够达到防止国家越权的地步。福利国家的合法性体现在"国家既承担补充市场的任务，又承担着取代市场的任务，并造成了更加富有弹性的剩余价值生产方式。"①一旦国家以提供社会保障和福利产品的名义进入日常生活和市场领域，国家就需要改变或增加自己的功能和定义。

　　与西方社会的国家责任发展史情况相反，中国在六十年的社会发展过程中，先是采取了全民福利的政策，而没有首先将国家定义为纠纷的最终裁判者，前者不可避免地造就了全知全能的政府———一种大而全的高度权威的政府。改革开放之后政府才开始注意到程序性国家的重要性，有意卸下自己作为家长的部分职责，着手构建法治政府和有限政府，注重司法在国家建设中的地位和价值。这是一个有趣的对比，西方社会在国家职能上乃是不断增加义务和责任的过程，中国则是逐渐减少其义务和责任，前者要求国家承担更多的责任，后者则要强化公民的自治权利。

　　新自由主义构成了国家正当性问题的新视角和新问题。通过自由创造财富不同于通过社会保障享有福利。自由是可欲的，福利也是可欲的，在二者不可兼得的情况下，就会出现两种社会体制，一种是自由放任的资本主义社会，一种是高度集权的社会主义社会。前者因漠视普通民众特别是弱势群体的利益产生了马克思所谴责的不公正社会，后者则因抑制或压抑人的主动性、创造性而使社会停滞不前或死水一潭。自由和福利的关系是法治和人治的关系问题，法治只有在程序意义上才能发挥作用，人治则必须顾及结果的平等。法治的同质性既体现在法律适用对象上的无差别性，也表现在通过程序正义而产生的结果无涉性。换句话说，法治要求无差别的平等对待，产生所有社会成员一体遵循的效果，而无论其结果是否平等和一致。福利原则要根据每一个的具体情况考虑结果正义或分配正义，为了做到这一点就要忽视平等对待的法治原则。

　　平衡自由和福利的关系是当代社会理论不可忽视的主题。在自由和福利不可偏废的前提下，就要求设置一种罗尔斯的"词典式"的新发展观。罗尔斯是从社会中"最少受惠者"的角度讨论结果正义，他的国家观是"保障国家"而不是"福利国家"。保障国家体现的是"最低程度的公平"，涉及生存意义的温饱问题，福利国家则触及了富裕和高水平的福利问题。温饱

---

① ［德］哈贝马斯：《合法化危机》，刘北成等译，上海人民出版社2000年版，第91页。

和富裕具有不同的人生指向，决定了国家的责任性质及其走向。一方面，现代国家要解决人的温饱问题，正如在传统社会家庭或家族要解决人的温饱问题，另一方面，现代国家取代了家庭的大部分职责，行使了传统社会中父母才有的职责。不论父母还是国家对其子女或公民承担解决温饱的职责是一种伦理义务，现代国家的合法性基础部分源于该伦理义务。但需要我们注意的是，西方社会在谈论纯粹的法治观的时候总是会默认一个前提，即确认和要求所有公民的起点或机会平等，对于这一点，如果没有适用于全体公民的社会保障制度是难以做到的。

在任何时候，只要一种制度在结果上适用于所有的人且没有差别对待，这样的制度就是包含了实体正义因素的制度。如果解决温饱的义务在于国家，那么国家行走实体正义的路线就不可避免。同样，让国家承担福利的责任也是不折不扣地贯彻了实体正义的路线。温饱可以解决人的生存问题，解决人的衣食住行的问题，却未必就能解决人的富裕或幸福问题。同时，把富裕与幸福等同当然也是没有根据的。幸福的生活因人而异，也因人而变。在解决了温饱问题的基础上，一个人有什么样的幸福观以及达到怎样的幸福状态完全取决于具体的个体的自我判断、自我决定和自我理解。世界上没有像解决温饱问题那样的可以量化的解决幸福的标准，国家结果上不能保障每一个人的幸福不仅是能力不及的问题，也关涉国家的行动边界。事实上，一旦国家承担起解决人的幸福义务，国家在获得更大的权力的同时，也要获得更大的责任，并产生了更多的合法性需求。由于国家需要为一个统一的幸福观厘定标准，这样一来差异性没有了，取而代之的必然是越来越多的大一统方案和政策，这样的结果恰恰是追求幸福的人们所不愿看到的局面。因此，国家在履行其保障每一个人"生老病死"的义务之后，不能或无法保障每一个人都实现其富裕或幸福，换句话说，人们所要求的是一个保障国家而不是福利国家。

四、代议制民主的局限性

倘若承认国家在解决温饱问题上的实体正义因素，就要承认国家的威权统治方式。为了解决所有人的无差别的社会保障问题，国家需要获得必要的权力资源，以便能够动员一切可能的力量解决全体人面临的共同问题。在解决全体人温饱的义务方面，虽然自由主义者和新自由主义者还存在着较大的争议，但在实践层面纯粹的自由主义早已败下阵来，有谁还在无差别地呼吁取消一切意义上的社会保障制度吗？在欧洲福利国家中，不要说取消社会保障制度，即使降低高福利政策也会触犯众怒，使提倡者身败名裂。自由主义不愿意看到国家权力正在增长的事实，新自由主义则肯定了国家权力在社会保障问题上的义务。"当政府对公民幸福所承担的责任被大幅度扩展时，全国性阶级的解释者们改变了它们对民主政治的理解以适应这些新的职责。民主政治的含义基本上已经从程序转向了结果。"①威权统治不同于极权统治，它是在有限的范围内的集权行动，而集权之后如何再有效的分权则属于具体的实施方案问题。新自由主义之新就在于它默认了国家对其公民的保障义务，并将这种保障义务从伦理义务上升到法律义务或国家责任。不过，新自由主义之所以还被戴上自由主义的帽子，乃是因为它并没有放弃国家履行形式救济的责任，履行作为纠纷解决的制定者和仲裁者的义务。

或许有人争辩说，民主国家之所以是民主国家，是因为人们可以自由讨论社会保障问题以及社会保障水平高低的问题。正如极端的自由主义者认为的那样：我所以是自由的，乃是我可以选择不自由，后者也是自由的表现形式。事实上，从古至今，没有一个人愿意选择不自由，也没有人真正去履行不自由的自由。自由讨论社会保障问题恰恰是在享有了社会保障福利之后的产物。古今中外的经验从来都没有支持过先自由后福利的实践，一个长期在温饱线徘徊的人的所思所想与偶然挨饿的人问题意识有天壤之别，听听减肥的人或辟谷的人的说法就一目了然。生存的问题总体上属于技术问题，要求提供吃穿住行的家人或国家运用技术手段从大自然中获取，因此，为了获得全社会成员的生存需要以及维持生存需要所要求的条件，则需要经过挑选或认可的技术专家作为治理国家的统治者。

熊彼特认为，民主是公民通过选举定期挑选和更换领导人的方法和机制，公民与领导人的关系就如同消费者与厂家的关系。这个定义体现了实用主义民主的主要特点，它不理想却非常管用，至少它可以理性、非暴力地解决领导人的更替，从而对所有现任的领导人和未来的领导人形成结构上的压力。精英民主承认了领导人的素质应当像商品那样"物美价廉"、"经久耐用"，由选民定期挑选和更换，这就认可了能人政治继续在现代社会存在的可能性。既然在事实上不能做到"全民统治"，那么选择听上去（或看上

---

① ［美］罗布特·H.威布：《自治：美国民主的文化史》，李振广译，商务印书馆 2006 年版，第 243 页。

去）不错的人作为自己的代表或代理人，并且在有限的时间里可以撤换，这已经是自然而然的事情了。

在人性弱点无处不在且利益日益分化的现代社会，要被选举出来的领导人代表所有人并且一丝不苟地为全体人利益做出决策，实在是难上加难的事情。现代社会的公民不仅"等"不来心中的圣人，也"选"不出理想的圣人，正如柏拉图找不到"哲学王"做领导人一样。退而求其次的挑选能人的方法虽然是无可奈何的次等方案，也是一种实用的应对时代困境的不二法宝。这就要求把神秘的政治世俗化，把正经的统治游戏化，把严肃的选票商品化，让领导人之间形成竞争，定期上台或下台。这样的设计并没有改变代理民主制度的结构，也没有使民主制度更好，它改变的只是人们的心态和看待民主问题的视角，即民主心境的问题。

民主是现代社会新的集权的过程和机制。从方法论的角度看，让全体公民把自己的权利或一部分权利"让渡"给少数人集中行使，即通过被统治者的同意实施集权政治，体现了代理制民主的本色。然而，代理制民主的本质是交易性的，选民将其权利托付给被选举人，后者承诺代理选民完成某种行为，这是代理制民主的真相，也是其他民主理论无法超越的地方。民主式的集权及其趋向被托克维尔概括为"选举型专制主义"，代理制民主越发达，这种类型的专政主义就愈加完善，最终发展为托克维尔也不能命名的统治类型。

应当把代理制民主的弊端与代理制的局限性区分开来，事物的局限性是一切事物都共有的属性。把事物局限性与它的弊端混淆起来乃是非科学的方法。代理制民主不能解决所有的问题，它只解决多数人统治的合法性问题，而不能解决全体人统治的合法性问题，这就造成了少数人的权利常常被多数人专政的问题。不能解决全体人统治的合法性凸显了代理制民主的局限性。过往的理论表述和制度设计往往着眼于大多数人的民主，但实践中连这种大多数民主的成果也无法取得的时候，它的弊端就显露出来，即把少数人的民主当作大多数人的民主，以致不仅少数人的权利不能得到表达和维护，事实上大多数人的权利同样得不到表达和维护。

在当代西方国家，无论是美国还是欧洲国家，获胜者在选举中获得的选票的比例大多不超过全体选民的30%，换句话说，只有大约30%的选民同意获胜者代表他们。斯科特·戈登总结道，"如果采用多数规则，在公共政策是由当选的代表确定的政体中就会造成进一步的难题。假定51%的选票就足以选出一名代表，又假定51%的代表就足以通过一项法规，那就会有如果提交全民公决就只有不到 25% 的人赞成的提案被实施的可能性存在。"① 美国民主实践的赢者通吃说和欧洲议会的联合执政说不仅不能解决大多数民主的合法性问题，而且朝掩盖事实方向上更进了一步。我们需要承认这样一种事实，代理制民主不能解决所有的问题，为此需要考虑代理制民主不能解决的事项，并为代表制民主提供发展的空间。代表制民主作为民主的内在因素不仅是对代理制民主的补充，也提供了认识和构建新民主政治的内容和视角。

五、新熟人社会视野下的和谐世界

理论倘若要具有普遍性，就应当超出民族和国界的范围而具有世界普遍性。主动与世界靠拢并且日益影响世界的中国，在小康社会之后需要根据自己的文化传统，结合百年来吸取国外先进文化和制度的成果，开出具有人类意义的理论成果和价值。和谐世界的提法和运作是中国对世界价值观的贡献。然而，和谐世界作为一种观念仍需要进一步的论证，以便建构系统的理论体系。在这个方面，我们面临的难题是，在一个充满敌人和陌生人的社会和世界中，如何能够产生那种并非通过强制而形成的全球和谐秩序？换句话说，在现实主义或新现实主义大行其道的今天，和谐世界和全球秩序如何可能？

传统社会瓦解的重要标志就是熟人社会的解体，它预示着在人际关系领域中陌生人占据了主导性的地位。现代社会科学理论紧紧地把握了这一重大变化，果断地提出了如何在陌生人之间建立有机团结的命题。陌生人理论包含了足够多的肯定现代性成就的观念、解释和方法，使陌生人首次以正面的形象出现在人类历史发展进程当中。传统社会的熟人虽然温馨且具有有机团结的自然价值，但是这些优点也同时成为妨碍市场经济的扩大化的主要因素。正是在市场经济中，陌生人的出现及其互动推动了市场的繁荣和物质财富的增加。经济领域中的理性人、政治领域中的民主人以及社会领域中的市民都是陌生人在不同公共领域的再现，它们通过契约精神和理性纽带构建了一个前现代社会无法想象的秩序和人文环境。在现代性理论作家看来，现代社会就是这样一个不断"去熟人化"并且使陌生人正当化的时代和过程。

---

① 斯科特·戈登：《控制国家——西方宪政的历史》，应星等译，江苏人民出版社 2001 年版，第 353 页。

以陌生人社会的纯度为标准，陌生人程度越高的社会是高度现代的社会，陌生人程度越低的社会就是低度的现代社会，而以情感、地域和血缘关系为划分标准的熟人关系就被理解为落后甚至愚昧的象征，这一切都表明体现了计算、交易乃至算计特征的陌生人关系则代表了未来社会发展方向。

陌生人理论志在实现比传统社会更美好的社会，但却借助了传统社会的熟人概念。现代性理论既否定熟人关系又肯定熟人关系则是其最大的悖论之一，换句话说，现代性理论一方面通过"除魅"的方法承认传统熟人社会瓦解的合理性，另一方面则在建构新社会的过程中模拟了熟人关系。模拟的熟人关系就是以熟人的视角看待当前的社会关系，因为只有熟人的天然信任属性才能保证社会所需要的有机团结。众所周知，陌生人因其自利的特征而具有合目的性和正当性。现代权利理论假设每一个人都具有绝对的权利，而无绝对的义务（霍布斯），它在主体哲学上呈现了自我判断和自我决定的特征（黑格尔），而无须考虑他者的利益和处境，他者在极端的意义上将会成为自我利益的地狱（萨特）。当然，肯定人的自利并没有忘记谴责人的自私，自私乃是建立在损人的基础上，不论国家的自私还是其他市民的自私都不例外。自私是一个否定性的行为，但通过法律的方法制止自私的行为不同样是一个否定性行为吗？这种意义上的"否定之否定"并没有换来肯定性的价值观，除非对他人的利益做出"设身处地"的自我理解和处置，以此确立共识的意义和价值。

在陌生人理论下没有共识，如果有共识，那也是每个人承认他人自利的正当性和有效性，但这种意义上的共识乃是虚假的共识，反而成为破坏共识的必要条件，因为陌生人之间的共识如果不是建立在法治的强制性规范基础上，共识的产生及其成果就无法保障。因此，转换陌生人的视角就成为现代哲学逐渐显露的主线。伽达默尔的"视域融合"、罗尔斯的"重叠的共识"和哈贝马斯的"转换的视角"理论都提示了一种"关注和善待他者"的观念倾向。他者是外人，是陌生人，也是客人和异族，或者说，他者乃是具有不同于"自己人"文化和价值观下的真实存在和平等主体。用他者的视角和立场来理解他者有别于根据自己人或我们的标准衡量事物的是非曲直，它所取得的一个重大成果就是他者的利益和价值观不再成为与我们相对立的东西，从而也赋予了从前的他者以主体的身份。用马丁·布伯的话讲，就是要把"我与他"的关系转变为"我与你"的关系，正是这种语用学的转向，导致了在人际关系中第一人称和第二人称的广泛适用，也为对话和商谈提供了前提和条件。

在敌我政治观还没有消除的历史背景下，视角转换理论也为一种"化敌为友"的政治实践提供了理论基础。"我们"作为"自己人"总是被置于熟人的总体框架之下，"我们"的范围原先局限在家庭、家族、民族等具有天然的亲密关系的人群当中，此后"我们"的范围被共和制下的公民概念所替代，但并没有消除通过家庭、家族或民族等的界定熟人关系身份的现象。公民共同体再现了（当然也扩大了）熟人关系的范围，这种情况如同所有基督教教徒作为兄弟姐妹而成为由上帝之父统帅的大家庭成员。然而，视角转化只是一种不以他者为敌的观念，它没有消除他者的存在，它是在承认陌生人存在的前提下不再与陌生人为敌的方法论。陌生人还存在，它不再被视为敌人，也有可能被视为客人，但还没有在整体上消灭陌生人，在这种理论之下，无论怎样善待陌生人也不能导致将陌生人转化为熟人共同体。

新熟人社会理论不仅要求消灭敌人，也要求消灭政治意义上的客人和陌生人，它要求"我们共同体"与"人类共同体"具有相同的范围和边界。只要是人，他们就是熟人，只有在新熟人关系的基础上，理解人、善待人才能具有真切性和现世意义。我们将通过以下几个方面论证新熟人社会理论的正当性。

第一，新熟人社会理论的人性基础。把人性当作立论的前提使社会科学理论真正作为一门科学具有了本真的意义。以性善论、性恶论和人性自然论为立论根据产生的哲学和思想构成了人类文化的全部整体。倘若不拘泥于这些不同的哲学前提是否成立的讨论，人们或许注意到，在普遍意义上，那些从各个方面都被证明为恶的人，在对待他自己的家人、亲朋、同事、同派、同党等人时却采取了不同的方法和策略。仔细观察这些被善待的人群，就会发现，他们正是"恶人"视野范围内的熟人。在这个意义上，人性之恶或之善总是具有相对的意义。在有关敌我政治观的讨论中，对"凶险敌人"的无情打击恰恰可能是为了对熟人的安慰和补偿。如果有一种习惯性力量支配着生活中的人，熟人路径依赖则是其中不能排斥和加以拒绝的因素。

第二，新熟人社会理论是关于人的理论。人的理论是道德的理论，伦理、政治和法律理论所涉及的主体都是相对的，它们分别指涉关系密切的人、理性人和法律人。关系密切的人是传统意义上的熟人，以血缘和地缘为纽带，关乎忠诚和背叛的问题。理性人是具有交易关系的人，他们遵循等价交换的原则，注重的是成本和效益关系；法律人是在一定范围的具有平等身份的人，他们在程序正义的指导下，追求的是行为的合法性问题。显而易见，关系密切的人、政治人和法律人与人这个总体性概念相比只体现了人的一个方面，而不能等同于人，但它们全部相加也不能组成人的整体。虽然整体是由部分构成的，但部分之和却不等同于整体。善待自己人，谈不上道德与否的问题，只有善待外人才会让道德发生效力。一个父亲救起了落水的亲生骨肉，这无论如何都是"应当"的举动，体现了伦理的内在要求，人们不能因此说这个父亲就是道德的人。如果这个父亲救起的是落水的他人孩子，在这个人身上就会闪耀着人性和道德的光辉。道德属于人的范畴，它不反对人与人之间的社会、经济、法律或伦理的差别，但道德规范要求在人的前提下关照和衡量诸种差别。尽管如此，人的本性决定了他首先对自己人或熟人释放利他主义的正能量，固守这个起点但不囿于这个起点就可以将自己人或熟人的范围扩大，从而为道德领域提供更多的具体的人而不仅仅是抽象的人。换句话说，不仅把亲朋好友看作当然的熟人，也把所有的其他人看作当然的熟人，就从根本上消解了陌生人的概念，让熟人与人的范围日益趋于一致，最终达到熟人与人的同质性。

第三，新熟人社会是通过自由不断扩展熟人关系的社会。与传统熟人社会相比，新熟人社会乃是通过自由这一维度由当事人建构起来的新型人际关系。在现代性条件下，解放了个人拥有自我判断和自我决定人际关系的资格和能力，他可以自由建构一个可欲的社会关系，也可以自由解构一个社会关系。倘若不做机械的理解，婚姻是拟制的熟人关系的典型形式，但唯有通过人的自由意志和自由行为，这一拟制的熟人关系才能建立起来，任何强制的、先在的规定性都不足以保障在现代条件下构建这种类型的新型人际关系。

正如婚姻作为拟制的熟人关系一样，结社把他者纳入到熟人的共同体当中，它在现代社会以各种非政府组织的形式出现，例如各种协会、行会、志愿者团体、政党等，从社会契约论的角度看，国家也是结社的一种表现形式。哈贝马斯观察到，黑格尔"在现代早期的职业等级社会中借用了社团主义特征来定义理性国家的德行——黑格尔认为，社团是'第二个家园'"。① 此外，公司作为现代社会的重要载体，在股东之间形成了类似于家庭那样具有紧密关系性质的共同体。这就是说，借助于自由原理现代社会在辩证否定传统熟人关系的同时，也在建构性地从事着再熟人化的过程。人类的经验表明，不断向熟悉的事物靠拢乃是体现人的生存最为真实和有效的方式，抛弃这一点反而让我们觉得非自然，也似乎无所适从了。

---

① ［德］哈贝马斯：《后民族结构》，曹卫东译，上海人民出版社 2002 年版，第 98 页。

第四，新熟人社会体现了"天下无外"的人道主义原则。按照任何人都有不被敌人的权利观，任何人都享有一项人之为人的人权。当任何人从远方到达地球的任何角落，只是因为人与地球的自然关系，他就享有作为人的一系列权利。在这种权利观面前，没有敌人和朋友的划分，也无主人和客人的区别。德里达的好客论发挥了这种无外原则，解构了客人身份，再次强化了人的平等性。人有远近之别，而无敌我之分，人有内外之别，而无主客之分。从远方来的人不是陌生人，也不是敌人，而是人。对儒家而言，远人预先设定了熟人的性质。"有朋自远方来"既表明了人本身具有的内在熟人特征，也表达了人需要被熟悉化的道德要求。天下无外的原则体现了熟悉和再熟悉化的过程和精神，但与化敌为友的理论存在本质上的区别。化敌为友表达了同化、归化或善待敌人的信念和道德品质，但它依然以承认敌人的存在为前提，在某种程度上，它没有逃脱敌我的政治划分标准，只不过它是通过理性或者感化的方法消灭敌人，而不是采取暴力的手段解决敌人问题。

新熟人社会理论不仅确立了人与人之间交往的新的观念和视野，也为国与国之间的世界秩序提供了不同于以往的观察视角。哈贝马斯观察到的后民族结构不仅要求重新认识世界秩序，也决定了要在世界社会的背景下考虑人与人之间的有机团结，其论域超出了传统社会契约论者笔下的民族国家。只要承认全球一体化的大趋势以及由此带来的国与国之间"你中有我，我中有你"的真实局面，再熟悉化进程就应当成为不能忽视的历史运动。正是在新熟人社会的理论视野中，联合国人权宣言呼吁的国与国之间"兄弟关系的精神"才具有现实的可能性，而被人津津乐道的"战略伙伴关系"也更具有真切性。兄弟、伙伴、朋友等熟人概念需要在全球视野中重新认识和肯定。今天，地球村较为准确地表达了人类社会更为紧密联系的客观现实，但它不也同时使像邻里这样的熟人概念再次具有了新的文化功能？

六、结语

本章的讨论是关于"明天的历史"的叙事，但针对的仍然是当下的思考和行动。当下是"不再"和"尚未"之间的未满状态，既然如此，当下就不只是一个点，而是一条隐约可现的历史之线，它对中国的改革开放史也同样有效。1978 年在中国现代历史上是一个重要年份，它确立了当代中国改革开放的起点，开启了改革国家制度的大格局和大形势，营造了开放社会的大观念和大气氛，其重要性无论怎样强调都不为过。历史终将证明，改革开放作为历史事件对中国乃至世界的影响，正如美国独立战争对美国乃至世界的影响，法国大革命对欧洲乃至世界的影响。

在改革与开放的关系中，改革是为开放服务的，开放的目的则是人的自由。改革开放对中国社会是一场涉及经济、政治、文化、思想和社会的全面变革，真实、深刻、全面地秉承了"周邦虽旧，其命维新"的古老传统。套用中国文化的思维习惯和历史讲法，改革开放就是当代及未来中国的"命"之展开，其命在生生不息的流变中，其命在和而不同的动态和谐中，其命在始终前行的对未来社会的希望中。改革开放是小平变法，同商鞅变法、康梁变法一样具有解决历史困境的内在价值和动力。小平变法、商鞅变法和康梁变法在解决历史困境方面具有相关性和连续性，也各自具有解决不同时代困境的路径。改革开放面临和需要解决的历史困境依然是人、国家和社会的关系问题，它需要继续完成康梁变法想要完成却未能完成的共和制这一历史困境，但要做到这一点首先需要确立民族独立（"挨打"问题）和温饱（"挨饿"问题）这两个前提。孙中山未能解决这两个前提，毛泽东解决了中国"挨打"问题。就小平变法而言，通过改革开放三十年，基本上解决了"挨饿"的问题。根据执政党的政治承诺，到 2020 年前后，要全面解决实现小康，彻底解决"挨饿"的阶段性问题，在此基础上，为开创后小平时代的政治和国家任务提供坚实的前提和基础。

附　　录

附录一

从"穷治"到"富治"：政治承诺与社会主义法律体系形成

　　中国一切政党的政策及其实践在中国人民中所表现的作用的好坏、大小，归根到底，看它对于中国人民的生产力的发展是否有帮助及其帮助之大小，看它是束缚生产力的，还是解放生产力的。

——毛泽东《论联合政府》

　　政治承诺是现代政党政治的重要组成部分。凡是执政党均有其政治承诺，它集中表达了政党组织的宗旨和行动纲领，是执政党争取人民或选民信任和支持的前提。十一届三中全会至 21 世纪前 20 年，中国共产党的政治承诺是实现小康社会的伟大工程，通过"基本实现小康"、"总体实现小康"和"全面实现小康"等三个步骤实现人民物质文化生活质的飞跃。我国社会主义法律体系形成过程与总体小康社会的实现步骤相适应，是在总体实现小康社会历史背景下完成另一国家建设工程，奠定了全面实现小康社会所需要的法律规范体系，为小康之后的中国社会的新发展提供了制度保障。

一、小康社会与社会主义法律体系形成

　　依法执政，全面建设小康社会是执政党在社会主义法律体系形成后政治承诺的主题和领导全国人民事业的方向性指南。中国共产党作为执政党有实现共产主义长期不变的政治承诺（《中国共产党党章》总纲规定："党的最高理想和最终目标是实现共产主义"），也有历次具有历史意义的党代会所做出的阶段性政治承诺，如"过渡时期的总路线"、"多快好省地建设社会主义"、"以阶级斗争为纲"、"一个中心，两个基本点"、"三个代表"、"和

谐社会"、"科学发展观等"。在社会主义改造完成后，党的八大提出把解决
人民日益增长的物质文化生活水平作为执政的理念和方针，符合历史潮流和
人民意志，也成为中国共产党从革命党转变为执政党的重要标志。然而，由
于左倾路线的干扰和破坏，党的八大提出的政治承诺不仅未得以贯彻实施，
而且重启了革命和战争时期才有的大规模阶级斗争方式，给党和国家的事业
造成了严重的损失。邓小平指出，"文化大革命"结束时，就整个政治局面
来说，是一个混乱状态；就整个经济情况来说，实际上是处于缓慢发展和停
滞状态。① 面对这种政治危局和国穷民亦穷的社会经济状况，十一届三中全
会提出了以经济建设为中心的战略目标，恢复了被"文化大革命"等政治
运动中断的党在社会主义初级阶段正确路线，做出了实现小康社会的政治承
诺，确立了党在改革开放时期的任务和奋斗目标。

　　小康社会是一个古老的中国概念，集中表达了中国人对安逸舒适生
活的理想和追求。改革开放之初，执政党将实现小康社会作为改革开放
时期的执政目标激发了人民对美好生活的想象力，成为这一时期统筹全
局的框架性概念。1979 年邓小平同志提出了小康社会"三步走"的发
展战略，党的十五大明确了"建设小康社会"的历史任务，党的十六
大和十七大确认和细化了建设小康社会的战略规划。从改革开放初期至
二十一世纪前二十年，全面实现小康社会是中国共产党作为执政党在这
一时期向人民做出政治承诺。

　　小康社会的政治承诺与党的八大确立的政治主张具有一致性，都是作为
执政党的中国共产党为人民利益奋斗的执政关键词。刘少奇代表党中央所作
的八大政治报告提出"迅速地把我们的国家建设成为一个伟大的社会主义
国家。"有了符合人民利益的政治承诺，还需要与之相适应的实现政治承诺
的方法。八大之后执政党未能找到适当和正确的执政方法是社会主义建设事
业遭到重创的原因之一，无视或漠视法制建设的作用未能有效地形成规范社
会主义的有效力量，以致一种弥散的、不受约束的权力系统主导了国家和社
会，权力过分集中、党政不分、以党代政、官僚主义、教条主义等都是这种
权力系统支配下的必然产物。良好的目的不能自动生成，方法应当服从或服
务于目的，而方法的相对独立存在又是目的内在需要。改革开放之后，党的

---

① 邓小平：《思想更解放一些，改革的步子更快一些》，《邓小平选集》第 3 卷。

工作重点和方向性目标已经全面转移到小康社会建设方面上，但如果没有实现小康社会的恰当方法，就无法完成具有良好愿景的历史任务，因此，发现和寻找建构小康社会的方法成为具有全局性的战略问题。

> 邓小平批评了毛泽东领导社会主义建设的错误方法："斯大林严重破坏社会主义法制，毛泽东同志就说过，这样的事件在英、法、美这样的西方国家不可能发生。他虽然认识到这一点，但是由于没有在实际上解决领导制度问题以及其他一些原因，仍然导致了'文化大革命'的十年浩劫。这个教训是极其深刻的。不是说个人没有责任，而是说领导制度、组织制度问题更带有根本性、全局性、稳定性和长期性。"党和国家领导制度存在的问题，归根到底是没有从制度上落实实现人民权力的有效方法和保障机制，缺乏规范社会主义建设的法治共识，"为了保障人民民主，必须加强社会主义法制，使民主制度化、法律化，使这种制度和法律具有稳定性、连续性和极大的权威，做到有法可依、有法必依、执法必严、违法必究。"[1] 在依照法律治理国家的思想指导下，2011 年我国社会主义法律形成，制定法律 236 件，行政法规 690 件，地方性法规 8600 件，全面完成了对现行法律和行政法规、地方性法规的集中清理工作。[2]

有法可依不是有法必依的充分条件，法律与法治也没有必然的联系，但有法可依奠定了执政党执政方式转变的前提，蕴含了依法治国的现代性精神。执政党在新的历史时期不失时机地提出了实现小康社会的总体方法，通过法律的正当程序将政治承诺及其治国理念结合起立，初步完成了现代国家治理方法和目的的统一。如果把小康社会视为一项意义深远、福祉人民的社会工程，通过法治实现这个社会工程就有了制度上的保障。法治不能解决人类社会的所有问题，法治的界限限于其能指的范围，但在利益多元化和复杂化的时代，法治特有的理性特征和对权利主体的同等尊重特质可以保障最低意义上的社会团结，营造了人人自由地追求幸福的社会环境提供规范可能性，在这个意义上，法治建设本身成为社会工程的一部分，这也是庞德的社

---

① 邓小平：《党和国家领导制度的改革》，《人民日报》1980 年 8 月 18 日。

② 参见《吴邦国委员长在形成中国特色社会主义法律体系座谈会上的讲话》，载全国人大常委会法制工作委员会编：《中国特色社会主义法律体系学习读本》，新华出版社 2011 年版。

会工程法学的题中应有之义。

法治是现代性的构成要素，呈现了现代性的生成状态，成就了现代性的发展机理。对中国社会而言，把法治建设作为社会工程还具有深刻的历史教训元素，并非一定是现代法治逻辑的产物。现代法治要在中国社会产生实效就需要考虑中国国情，寻找出现代性价值与中国社会结合的恰当方法。中国国情是表述和界定中国特色的客观综合体，是中国历史、文化、政治和经济等因素造就的现实存在状态，它包括政治、经济、文化、社会等各个方面，在一系列国情构成要素中，历史记忆、伤痛心理和悲情意识等元素同样是国情的重要组成部分。党的十五大规划实现小康社会历史任务的同时，提出了"依法治国，建设社会主义法治国家"的构想和目标，这不是偶然出现的历史巧合，也不是迫不得已的权宜之计，而是在总结历史教训基础上遵从了现代社会发展规律，是使中国社会重新回到现代性轨道的正常方法，[①] 对此保持清醒头脑和忧患意识，有助于尊重人类社会的共享的优秀文化成果，有助于中国社会沿着常规但规范的道路前行。

小康社会与依法治国是目的与手段的关系，后者巩固了小康社会不同阶段成果，保障和规范了小康社会沿着符合现代性规律的方向发展，从制度上避免重蹈八大之后偏离或抛弃正确政治承诺之覆辙，同时，也与历史上实现小康社会的方法拉开了距离。在中国历史上，出现过"文景之治"、"贞观之治"、"康乾盛世"等几个接近或达到小康标准的社会，但实现小康社会还是可望而不可即的理想目标。传统社会实现小康社会的总体方法是在儒家思想指导下的重农抑商政策，这一方法被证明只能适应于农业社会和小农经济，适应于满足人的最低生存需要。近现代社会开启以来，传统中国未能及时向工业社会和市场经济转型，未能采纳亚当·斯密开创的以市场经济为方法论的国富术，使中国社会不仅迅速落后于西方，也成为西方国家奴役和殖民的对象，沦为半殖民地半封建国家。在向现代性转型的过程中，与农业社会相适应的人治思想同样不能满足利益多元化和自由竞争的市场经济发展需要，并且日益成为阻碍现代化进程的力量，这就要求建立与市场经济相适应的法治国家，最大限度地保障人的自由和权利，充分发挥人的创造力，落实现代性对新社会的承诺。因此，从历史的视角看待构建小康社会的方法时，

---

① "'文革'中，法制荡然，社会秩序瓦解，人民生命、财产不保，文功武治波及社会各阶层人士，党政官员乃至中共领袖皆不能免。正是对这一惨痛经验的反思和总结，在中国共产党内促成了重建法制的共识。"见梁治平《让"名义法治"名实相符》，《财经》2012 年第 4 期。

构建法治国家是使中国社会进入现代性轨道的不二法则，这就表明了，法治作为实现小康社会的方法以不仅仅是手段，也是目的的组成部分。

政治承诺转化为政治契约是一个政党转变为执政党的重要标志，并非所有政党的政治承诺都可以转化为政治契约。政治承诺是执政党向人民或选民做出的单方面要约和施政意向，要使这种要约和意向转变为全体人民共同努力和遵守的约定，就需要通过法律的正当程序把政治承诺转变为政治契约，赋予政治承诺以法律上的约束力。把小康社会建设纳入法律建设的轨道体现了规范社会主义建设的理性逻辑，是使执政党的政治承诺从政治要约和施政意向转变为政治契约，在这个意义上，社会主义法律体系的形成标志着小康社会政治契约的形成，它在执政党与人民之间确立了具有法律规范性质的权利和义务关系，而不仅是道德责任和伦理义务，不履行或不恰当履行政治契约不仅违背了政治承诺，也是违反政治契约的表现。因此，衡量小康社会政治合法性的标准，不仅要注重不同阶段小康社会的经济指标落实情况，如人均 GDP、环境保护、失业率、产业结构、物质生活质量等，也要注重实现小康社会的方法是否符合法治标准。小康社会的政治契约在内容上既表现为实现小康社会不同阶段的具体任务和目标，也体现在实现小康社会的方法，实现小康社会和依法治国都是政治契约的重要组成部分。

二、"穷管"与"富管"的辩证法

百余年来，"穷"在中国社会具有最为充分的表达力和影响力，它所展示的存在状态几乎成为国家、社会和个人行动的出发点和行动方式。长期的贫穷不能满足人的温饱需要，最终是对人的能力的慢性剥夺，不能有效确立马克思所说的"历史起点"，更勿论追求人的幸福了。

> 马克思在《德意志意识形态》中指出："人们为了能够'创造历史'，必须能够生活。但是为了生活，首先就需要吃喝住穿以及其他一些东西。因此第一个历史活动就是生产满足这些需要的资料，即生产物质生活本身，而且这是这样的历史活动，一切历史的一种基本条件，人们单是为了能够生活就必须每日每时去完成它，现在和几千年前都是这样。"① 满足人在吃穿住行等方面的生存需要是朝向幸福生活的起点，

---

① 《马克思恩格斯选集》第 1 卷，人民出版社 1995 年版，第 67—79 页。

而不是终点和目的。1954 年宪法在序言中宣布"建设繁荣幸福的社会主义社会",第一次在宪法性文件中提出了幸福的概念。[①] 因此,找到满足人的生存需要的方法远远不够,还应当发现如何通向幸福状态的方法。从 1957 年反右运动开始直至二十世纪八十年代,受制于左倾路线错误的方法论,不仅没有实现幸福社会的承诺,"第一个历史活动"的生存需要也未能得到稳定和持久的满足。

在持续性的贫困状态下(有别于偶尔或偶然的缺衣少食等意外事件),救济生命的任何举措都具有霍布斯假设的正当性。霍布斯假设揭示了人与人之间为了生存而展开的包括战争在内的斗争,生存的目的决定了任何手段和方法都具有天然的合理性。然而,霍布斯假设不是唯一维持生存的方法,摆脱自然状态并非必然是原子式的个人的所作所为,由一个组织起来的共同体共同抵御贫困至少在以计划经济为主导的社会中仍然是可行,例如,计划生产、定量供应等都是维持人的生存的国家行为,这些方法可以称为"穷管"的方法,它构成了计划经济或管制经济的大部分内容。

改革开放初期,大多数中国人还生活在温饱线水平上,即使改革开放三十年后的总体小康阶段还是低标准、低水平的小康状态。2011 年中国社会的 GDP 总量位居世界第二,但人居 GDP 位居 87 位,远远落后于欧美等发达国家。按照联合国新的衡量贫困的标准,2012 年我国尚有 1 亿人处在贫困线以下,尽管这一数字比改革开放初贫困线以下人口的比例降低了 87%。"中国虽然已在总体上实现了小康,但尚有大量人口没有被小康之光照到,……包括处于极端贫困的人口、刚刚进入温饱但其温饱生活尚不巩固的人口、温饱虽然已经解决但离小康还有相当一段路程的人口。"[②] 此外,覆盖全国的社会保障制度还没有完全建立起来,在国内外经济形势变动不居的情况下,已经脱离温饱状态的大多数中国人的生存状态还比较脆弱,极易重新回到温饱线的水平,这是为什么我国应当在 2020 年左右建立起惠及更多人、更高层次的全面小康社会的重要原因。在全面实现小康社会之前,从我国社会从改革开放初至 2020 年,我国社会必然是一个有待不断提高水平的

---

① 美国宪法的序言中最早出现了"幸福"字样,它宣称:"我们合众国人民,为建立更完善的联邦,树立正义,保障国内安宁,提供共同防务,促进公共福利,并使我们自己和后代得享自由的幸福……",其源头来自《独立宣言》:"我们认为下面这些真理是不言而喻的:人人生而平等,造物者赋予他们若干不可剥夺的权利,其中包括生命权、自由权和追求幸福的权利。"

② 李培林等著:《中国小康社会》,社会科学文献出版社 2003 年版,第 270 页。

低标准小康社会，总体上的贫困仍然是这一历史时期的特征，这个特征决定了"穷管"的方法依然有其存在的必要性和合理性。

　　穷管的方法虽然不是无序的方法，但也不是法治的方法。"穷管"主要由义务性规范构成，义务性规范满足了解决人的生存状态所需要的最低刚性秩序，但也限制和排斥了人的主动性和创造性，未能有效地释放来自社会层面的巨大活力，更不能同样成为实现人的幸福的有效方法。用解决温饱问题的方法来解决幸福曲解了幸福的本质含义，也是不加区别地机械地沿用了"集中力量办大事"的路径。解决温饱可以通过恩赐的方法，但幸福则要依赖于追求幸福的人的意志自由和行动自由。邓小平在改革开放初期就敏锐地指出："过去我们是穷管，现在不同了，是走向小康社会的宏观管理。不能再搬用过去困难时期那些方法了。"在穷管的众因素当中，为了解决迫在眉睫的生存需要，需要通过政策这种颇具灵活性的工具解决当下的、临时性等事件，政府充当了威权意义上的慈父角色，犹如家长负责解决家庭成员的衣食住行。然而，在复杂的现代社会的背景下，随着利益多元化格局的形成和多维度博弈渐趋合理，以行政和命令作为主要内容的穷管方法早已力不从心，渐渐显现出衰竭的症候。因此，要使幸福及其要素成为执政党新的阶段性政治承诺或其组成部分，就要从思想、观念和制度上完成从"穷管"到"富管"的转变，成为提出和实现"幸福中国"的方法论。

　　　　贫困并不是中国独有的现象，消除贫困具有世界和人类意义。在如何消除贫困的问题上，马尔萨斯的限制人口增长的方法备受关注，引发了人口增长与经济发展之间关系的长久讨论。阿玛蒂尔·森通过阐释自由发展论证明了培植人的发展能力对消除贫困的重要意义。在阿玛蒂尔·森看来，不是物质贫困或人口增长，而是权利贫困导致了饥荒及其自然贫困，这就提出了有别于权力导向性的解决饥荒和温饱的方法。在解决人的生存需求的方法中，"成为权利的需求和未成为权利的需求有什么不同？根本的不同就在于，成为权利的需求是可要求的或可主张的，为成为权利的需求则是不可主张的，它只能请求。"[①] 权利方法不是别的什么方法，它是与"穷管"方法相对应的"富管"方法。

---

　　① 夏勇：《乡民公法权利的生成：原理与现实》，载夏勇主编《走向权利的时代：中国公民权利发展研究》，中国政法大学出版社2000年版，第628页。

　　权利方法不仅在消除贫困方面发挥作用，也是实现幸福的重要方法。在我国社会主义法律体系形成之前，社会治理模式就开始从几乎铁板一块的义务性规范走向授权性规范。20 世纪 90 年代前后，我国改革开放再一次处于发展的关键时刻，执政党政治决断的结果是要在十一届三中全会确立的改革开放的基础上，进一步加大朝向市场经济和民主政治发展的力度，坚守了改革开放初期做出的一系列政治承诺，没有因为一些突发性的政治和社会事件放弃或改变固有的政治承诺。与此同时，理论界敏锐地捕捉到了其潜在的发展脉络和透露出来的时代精神，值得一提的是，法学界关于法的权利本位说的大讨论顺应了时代潮流，强调建构以授权性规范为主、义务性规范为辅的法律制度和法律体系的重要意义，为形成中的我国社会主义法律体系提供了较为成熟的理论指导，也为中国社会向以自由和民主为中心的"富管"的治国方略提供了理论基础。

　　从法律科学的角度看，对"穷管"和"富管"的关系的讨论回应了法律规范"进化"的发展规律和方向。相对于穷管的义务性规范，富管主要体现在授权性规范和承认规则，它通过授权公权力或私权利而使多元化的国家和社会主体享有较大的自治权，主要表现在两个方面：

　　（1）在人民主权的统一格局下，国家权力由中央和地方共同分享（《宪法》第 2 条："人民行使国家权力的机关是全国人民代表大会和地方各级人民代表大会"），立法权的主体不再局限于全国人民代表大会及其常委会，而是分散由国务院、地方人民代表大会以及授权立法等主体共同享有，形成了分层次、多主体的立法体制格局，地方通过"自主性立法"和"创制性立法"获得了更大的自治权和空间，较为科学地解决了央地关系的法治化难题。

　　（2）遵从市场经济的基本规律和不同地方的习俗规范，承认越来越多的私人主体依据契约或习俗自主调整人与人之间的关系，尊重和保障私人领域的自治权利。如果说改革开放在总体上具有放权让利的特征，这一特征在法律机制上表现就是产生了越来越多的授权性规范和承认规则，中央放权让利于地方，中央和地方共同放权让利于私主体，归根结底则扩大了公民、非政府组织和企业等在非公有领域内自由和权能，为国家和社会的繁荣昌盛赋予了活水源头。

　　从中国改革开放的实践过程看，从做出小康社会的政治承诺到建成小康社会的政治承诺之间是或可能是一个从穷管到富管的过渡阶段，在过渡阶段中，以义务性规范为特征的穷管方法依然在发生作用，政府主导的威权治理意识和计划经济思维依旧具有市场，这是引发如何进一步改革开放争论的共同历史背景，不能简单地归结为"左"和"右"意识形态的立场对立。随着改革开放向前推进以及社会主义法律体系的渐次形成，国家和社会的治理方式开始从穷管走向富管，以培养人的实质自由和自治能力的权利方法成为中国社会经济繁荣和社会进步的重要因素。

三、依法执政是执政党履行政治契约的标志

在我国社会主义革命和建设相当长的时间里，由于没有及时制定社会变化和发展的完整法律规范，在治国方略上也未能从革命的意识形态中脱离出来，维系国家和社会秩序的规范往往是以行政命令为主导的党的政策和决定。在实际效果上，党的政策和决定不仅是约束党员的规范性文件，也成为指导和调整全体人民行动的近似法律规范的规范。党的规范性文件在实践中成为法的重要渊源，一旦党的领导方式从思想、路线和发展方向的宏观领导走向直接、具体和细致的微观指导，就削减了其他社会规范特别是法律规范的效力和实效，抹杀了党与国家的合理界限。

现代政治组织通过什么方法调整其党员的行为，对不同的政党来说有不同的规定，这种差异性恰恰体现了政党的个性和自主性，但如果将一个政党的党规和党法适用于社会的全体成员，特别要适用于那些非党员成员，就需要将党规党法转变为国法，成为对全体成员均具有普遍约束力的法律规范。在党规党法未转换为国法之前，党规党法的适用范围只限于其党员成员，对其他非党员成员没有约束力，而且并非不重要的是，适用于党员成员的党规党法也不能超越于国法的原则性规定。执政党是掌握国家权力的政党，它不同于非执政党的地方主要在于执政党的主张、提议和施政纲领往往具有较大的影响力，易于成为国家行动的规则，但这不能说明在执政党的主张和法律之间就会建立直接的转化关系，也不能够说明执政党的任何主张和建议具有法律效力。任何成功获得执政地位的政党在行使国家权力的过程中，都把遵循宪法和法律作为执政的前提和基础，这也是获得执政地位的必要条件，为此，在政党政治的现代社会确立了依法执政的现代治国理念和原则。

依法执政的本质要求是执政党应当依据法律的规定及其方式行使国家权力，由此产生的执政后果由全体人民享有或承担，但违法执政产生的后果则由执政党单独承担。因此，在执政权和执政责任之间必然产生

了前因后果的内在逻辑关系，执政党在行使国家权力的同时负有履行执政责任的义务，而依法执政是执政责任的重要方面。

事实上，在依法治国方略形成过程中，对依法执政的主张和要求越来越成为政治家和理论家关注的重点，在深化对依法执政内涵的理论探讨中，依法执政包含了消极的依法执政和积极的依法执政两个方面，成为依法执政前后相依的发展阶段。

（1）从消极依法执政角度看，依法执政要解决的是党规党法服从于国法的问题。党规党法不是法律体系的组成部分，它只在党规党法适用的领域发生效力，党规党法的自治性对于法律体系而言具有从属性，在制约党员的实际行为后果方面，党规党法的效力应当最终受到国家法的检验。那么，在党规党法与国家法发生冲突的情况下如何协调二者的关系呢？1982 年党的十二大对党章做出了重大修订，规定"党必须在宪法和法律范围内活动"，这就从党的最高法的角度规定了各级党组织及其党员首先应当有服从宪法和法律权威的义务，使宪法和法律成为判断党的各种活动是否合法的最终标准。在党的各种形式的活动中，由一系列言论、标准和纲领性文件构成的政治正确路线仍然具有其内在的合理性，在新的历史时期，衡量政治正确的一个前提是法律正确，"政治上过硬"的党组织或党员同时也是遵守法律的模范和带头人，政治正确应当服从于法律正确。

（2）从积极依法执政角度看，依法执政要求执政党在提出和履行任何政治承诺的过程中应当转换角色，任何具有党员身份的干部在担任国家机关工作人员的时候，应当学会和善于以国家干部的身份而不仅仅是党的干部的身份履行法定的职责，从而在遵守和理解法律完成从"外在陈述"向"内在陈述"的转变。按照哈特的解释，法的外在陈述是法的旁观者的语言，作为旁观者，他本人没有接受这一制度的承认规则，只是说出了他人接受规则的事实。法的内在陈述则是接受者自然地使用和自觉承认法律规则为有效规则，并把承认规则作为指导规则使用。① 对于党员干部来说，至少有两套规则体系同时对他发挥作用，一套是党规规则体系，一套是国法规则体系。在新民主主义革命和社会主义建设的相当长的时期内，党规规则体系几乎是指导党员干部的唯一规范，也成为党员干部自觉遵守这一规范的内在陈述

---

① 参见［英］哈特《法律的概念》，张文显等译，中国大百科全书出版社 1996 年版，第 101—104 页。

者。在社会主义法律规范逐渐形成和完善的过程中，虽然法律规范对党员干部也发生效力，但这种效力似乎只是法的外在陈述的表现，还没有使国法规则体系作为党员干部的内在陈述规则发挥效能。

在构建社会主义法律体系的过程中，党大还是法大的问题之所以成为问题，一个重要的原因就在于党规规则体系一度或实际上成为党员干部的内在规则。这倒不是说党员干部无视国法，也不是说国法对党员干部不发生效力，而是党员干部在面临党规和国法的冲突时习惯于用处理党内事务的方法解决国家和政府的事务，这就在主观认识上不自觉地将自己作为法的外在陈述者，混淆了革命党与执政党的关系。

认识到依法执政是党员干部身份向国家工作人员身份转换的开始和过程，就要使党员干部自觉地将国法规则体系作为指导行动的内在规则，而把党规规则体系作为外在规则，一旦二者发生冲突，就应当将国法规则体系作为唯一的行动指南。

四、党规与国法关系的法理解读

从法理学而不是政治学的角度认识这两种规范体系是法律认识论的重要使命，这种视角是法律认识论而不是法律形成论的前提。从我国国家治理的现实情况看，存在着两种强规范性体系，它们分别是党规规范体系和宪法法律体系，这两种规范体系在基础规范、效力范围、效力内容和惩戒方式四个方面具有较大的差异。

（1）从基础规范的角度看，党规规范体系的基础规范是党章，党章的产生和修改源于党的代表大会。党的代表大会作为政党的最高权力机关确定了党的组织和党员行动的最终依据。任何政治政党，在其政治纲领和政治目标的指引下，形成了较为封闭但在其成员之间联系紧密的共同体。党员身份是一种有别于公民身份的特殊角色，由入党的特殊程序决定。宣誓入党呈现了服从于党的事业的自我约束机制以及自觉放弃某些权利的功能。宣誓具有约定的性质，加入政党就是对一项政治要约的承诺和认可。为此，政党成立之初所形成的第一个党章就具有了约法的功能。政党政治的合法性源自党员相互之间的约定，而不是党组织的单方面授权行为。现代国家被假设是社会契约的结果，是人民相互之间签订的保障权利的政治契约，但这种理论假设的功用只是预设了人民权力的来源，虚拟了人民同时在场的场景，一旦对人民权力和国家权力作出合理的区分，作为政治共同体的国家的正当性则来源于人民的授权或委托，而不是国家与人民之间的约定。

（2）从效力范围看，党法规范体系在属时、属地、属人和属事四个方面与宪法法律体系均有不同。党法规范体系或早于或晚于宪法法律体系，中国共产党先于中华人民共和国成立，其党规规范体系也先于新中国的宪法法律体系。在属地的效力方面，党规规范体系效力不限于一国的范围，它或在国家范围之外对其党员产生约束力，这与两种规范体系对属人的效力情况有相似性。党员是党规规范体系约束的对象，公民是宪法法律体系调整的对象。非党员在事实上可能受到党的行为的影响或支配，但这是法社会学意义上的事实关系，既不属于党规规范体系下的规范关系，也不属于宪法法律体系下的规范关系。就事而论，党的事业可以自觉谋求与国家事物相一致，但国家事务则无须一定要与党的事物相一致。

（3）从效力内容看，党规规范体系形成了忠诚和背叛为内容的权利和义务关系，这是伦理规范在党规规范体系中的反映。忠诚是党员对党的绝对义务和伦理责任，包括对党的主张、建议、路线和命令等各个方面的绝对服从，相反就是背离党组织的行为，这种背离也是程度不同的背叛行为。衡量党员是否忠诚不仅取决于党员个人在行动上始终与党保持一致，更重要的是要有为党的宗旨奋斗的认识自觉和思想觉悟，这就从内在规范角度规范和制约了党员的行为。宪法法律体系是以法律上的合法性作为公民行动的依据，采用了法律明确规定的"应当"作为行为模式，这是一种外在的具有强制力的规范，其效力的合理性程度或低于党规法律体系的内容，但重要的是，法律规范往往将内在规范将排除在公民行为合法是否标准之外，包括良知、道德信念、善意等。就党员而言，党员背叛党组织的行为并不必然构成刑法上的叛国罪，但叛国行为则必然是背叛党组织的行为。

（4）从惩戒方式看，党规规范体系对其违法党规成员的最大处罚莫过于开除其党籍，这是一种古老但有效的放逐习俗在现代政党政治中的再现。被放逐是对党员违反党规的所产生的背叛行为的必然结果，是使党员不再成为政党共同体成员的严厉措施，它剥离了党员享有的在党内的权益和地位。宪法法律体系对违法的公民的惩罚往往采用剥夺生命、限制自由或财产等多种方法，这些方法在严厉承担上要远远超过党规规范体系对其党员的惩处。对党员的党纪处罚不能替代对违纪党员违法犯罪行为的追究，且对违法犯罪党员的惩处不以党组织党纪处分作为前置程序。此外，公民的身份是随出生自然而来，宪法法律体系不能像党规规范体系那样可以剥夺一个人的公民身份，例如，被执行死刑的罪犯和囚禁的罪犯自始至终是公民。就国家是合法地垄断了暴力机器的政治组织这一点而言，国家对其管辖范围内的任何人享有唯一行使合法性暴力的权力。

从以上差别性对比中可以看出，党规规范体系与宪法法律体系之间都是有效力的规范体系，它们各自在属时、属地、属人和属事等方面具有独特的意义。与其他非法律规范体系一样（例如宗教规范体系、道德规范体系或习惯规范体系等），作为非法律规范体系的党规规范体系只有在政治国家的范围内才从属于宪法法律体系。国家和法律秩序具有同一性，"国家是一个政治上有组织的社会，是因为它是一个由强制性秩序构成的共同体，而这个强制性的共同体便是法律"①。具有自治意义的非法律规范体系不从宪法法律体系规范中获得正当性的源头（如果党组织同意，党规规范体系可以自觉地将宪法法律规范作为其合法性根据），但在政治国家的领域中它应当服从宪法法律体系，这是由宪法法律体系的强制性和调整对象的同一性所决定的，但只有当党规规范体系与宪法法律体系发生冲突时，后者作为唯一有效的规范体系才成为可能。相应地，在这两种规范体系不发生冲突的情况下，不同的基础性规范将成为各自规范体系的效力理由，保持它们各自的相对独立性是厘清政治和法治关系的出发点。

在党规规范体系和宪法法律体系之上有没有共属的规范体系则是可以进一步讨论的问题。或许有人认为，可以超越党规规范体系和宪法法律体系的基础规范，寻找出一种它们共有的更高的基础规范，以使两种规范体系成为这更高层次基础规范的子项基础规范，这种认识和努力自然显示了人类不断寻求统一性的倾向，值得尝试而不应被立即否决，在全球一体化的今天，人类社会的整体观念和实践活动迫切要求对政党政治、国家主权和世界范围内人与人之间的关系等作出新的阐释。

五、结语

从法律形成论的角度看，我国社会主义法律体系形成是作为执政党的中国共产党在新时期政治承诺的重要成果，具有较强的计划性、纲领性和政治

---

①　［奥］凯尔森：《法与国家的一般理论》，沈宗灵译，中国大百科全书出版社 1996 年版，第213 页。

性。理解和解释我国社会主义法律体系不能仅限于立法机关的立法规划和立法技术，在很大的程度上，我国社会主义法律体系形成反映了执政党治国理政方式的重大变化，是从执政党的政治承诺向政治契约转变的标志，这种变化也是执政党向逐渐习惯于从内在视角服从宪法法律体系转变的过程，为治国理政从"穷管"向"富管"的转变提供了方向和制度性保障。在社会主义法律体系形成的新的历史背景下，法律实施工作成为依法治国的重心，依法执政的实现情况是落实法律体系实效的保障和前提。

附录二

政府违法定律与法制建设

十二五规划中提出在经济转型过程中要"重视改革的顶层设计和总体规划"。经济要按照市场规律行事，但在经济领域中的这种事先设计提法有重蹈计划经济之嫌，很容易伤害那只给改革开放带来丰厚成果的"看不见的手"，为此要给予足够的警惕。至于有人把这句话移植到政治体制改革领域则未尝不可。现代社会的政治制度无不是在一定的理念支配之下精心设计而非自生自发的产物，区别在于它们是少数人设计还是大多数人或全体人设计。然而，政治的顶层设计已经包含在宪法原则和精神中，重要的是要落实宪法原则，约束政府的权力，其中也必使政府畏惧宪法和法律。政府违法定律是权力制约理论的组成部分，它要回答的问题是在给定政府权力的情况下，政府超越其权限如何承担法律责任的问题。

一、官不畏法，奈何以法俱之

老子在《道德经》中总说些让常人莫名其妙的话，解读者各有其理解。对老子的论述反着去理解往往成为对现实的真实写照，正如当下的时政，当要强调或加强什么的时候，就说明那里的问题已经很严重了。

老子曰："民不畏死，奈何以死惧之。若使民常畏死，而为奇者，吾得执而杀之，孰敢？常有司杀者杀。夫代司杀者杀，是谓代大匠斲，希有不伤其手者矣。"千百年来，除了少之又少且具有信仰的人外，岂有不怕死的人？人一旦认识到死亡的事实后就开始怕死了，怕死是人的本性。霍布斯在《利维坦》中反复说人怕死的道理，并针对人怕死的这样历史和社会前提，开创现代国家理论。老子同样认为人怕死，前提是要让专司杀人者把那些犯上作乱者拘而杀之，以儆效尤。重要的是不可滥杀，也不可枉杀，要设立专门的机构去杀人。倘若有人代司杀者杀，效果非但不好，还可能伤到自身。

倘若把老子话中的"司杀者"看作一个司法机构，那么唯有司法机构才有杀人的正当性，可以使民畏死，达到治理的效果。司法机构就是由掌握特色技艺的人组成的执法部门，如同同样掌握各种技艺的匠人。

说清了民不畏死的道理，接下来说官不畏法的现象。把老子的上面的话中的"民"转化为"官"、把"死"转化为"法"，看看同样的道理是否讲得通。转化后的全文是："官不畏法，奈何以法惧之。若使官常畏法，而为奇者，吾得执而杀之，孰敢？常有司杀者杀。夫代司杀者杀，是谓代大匠斫，希有不伤其手者矣。"官吏并非不畏法，官因法而生也因法而死，古今如此。要使官常畏惧法律，就是要对那些执法犯法的官吏，并通过专门的机构"执而杀之"，如此"孰敢"不"畏法"？如果没有专门的机构对违法的官吏实行制裁，或者虽然有这样的机构却被人代替，就恐怕难以有这样的效果了，不仅如此，自伤的情况也会频频发生。

2011 年中国特色社会主义法律体系形成，这是改革开放三十年取得的最大成果之一，为依法治国的治国方略书写下了重重一笔。不过，社会主义法律体系形成只是立法的成就而非执法或司法的成果，后者的情况似乎越来越不乐观了；社会主义法律体系形成是静态的而非动态的，后者的状况充斥着与前者向左的"潜规则体系"。社会主义法律体系形成只是初步实现了"有法可依"的局面，它并不必然导致"有法必依、执法必严、违法必究"的法治状态。在十一届全国人大常委会第二十次闭幕会上，吴邦国指出："老百姓反映强烈的食品安全、征地拆迁、环境保护等方面的突出问题，并不是无法可依，也不能说领导干部和公职人员完全不知法，关键是在实际工作中不按法律办事、另搞一套，使得本来可以预防和化解的矛盾酿成了大问题。还有的甚至以权谋私、徇私枉法，严重损害人民群众切身利益，在社会上产生了很坏的影响。"一方面法律体系形成了，另一方面却有人"另搞一套"，这就是当今中国法律建设的真实状况。六法全书在立法技术上不可谓不周详，但又有几个人、哪个党或组织认真对待过它们？往前追溯，中国历史上最为严密周详的法律体系还不是六法全书，秦法"繁于秋荼而网密于凝脂"。在制定法的意义上，秦朝的法律体系已经涵盖社会、经济、文化、政治等各个方面，其全面、严谨和细密程度令人叹为观止。

说到这里，立即会有人说，六法全书是恶法，秦法更是恶法。假如这是一场辩论会，我需要提请参与辩论并提出异议的人注意，所有的辩论应当在同一逻辑的层面展开。上面谈论的是法律体系的全面和周详问题，而不是法律体系的品质问题。例如对刀的讨论，议题是刀是否锋利，而不是这把刀用作杀猪还是杀人。人们或许会同意，不能因为刀杀人了就否认刀是刀了。谈话或辩论的语境决定了话语的有效性，说到底都要遵循对话者都认可的说理前提和规则。那种不断变换辩论规则的人无逻辑可言，讲道理首先要讲逻辑。为什么"秀才遇到兵，有理说不清"呢？2010年网民针对违反辩论规则现象总结出当下中国治理的一种反逻辑现象："你和他讲法律，他和你讲政治；你和他讲政治，他和你讲民意；你和他讲民意，他和你耍流氓；你和他耍流氓，他和你讲法律！你讲国际接轨时，他讲中国国情；你讲中国国情时，他讲与国际接轨，"可谓一针见血，精彩绝伦。当然，如果这种关于语境和辩论规则的转换属于修辞学而不是逻辑学的范畴，就进入了以权力为核心的意识形态领域，后者有其特殊的规则和逻辑。

众所周知，人的行为受多重规则的制约，主要包括伦理规则、道德规则、政治规则、市场规则和习俗规则等，这些规则的叠加效益或可以让卢梭发出"人无不在枷锁当中"的永久叹息。规则在不同的场域中会产生不同的效果，也只有在不同的场域中不同的规则才能成为其规则。换句话说，特定的规则如若变换了场域就会失效，尽管在面上它还有效力。伦理规则涉及忠诚与背叛、道德规则涉及善与恶、政治规则涉及权力的分配和制约、法律规则涉及合法与非法、市场规则涉及收益与效率……。治国不同于治家，也不同于做生意。治国以法，以判断人的行为合法与非法。有国有法，无国无法，轻视或蔑视法律实际上等于取消了国家的存在。

二、政府违法定律

官不畏法，不外乎有三个原因。一是法律管不了官，二是法律不惩罚官，三是法律不严格惩罚官。这三个原因都会导致官不畏法的局面，但前两种情况属于立法不公的问题，后一个问题属于执法不公的问题。我假定在立法公平的前提下如何使官员畏法。按照老子的逻辑，要让官畏法，就得严惩其中的害群之马，决不姑息手软，方法之一就是由专门的人或机构独立严格执法，而不能假手他人或自我实施。时下的法律虽多却管不了官，重要的原因就是缺乏"护法使者"，法律自身需要得到呵护。

官员的违法行为不同于政府的违法行为，后者在人民主权论的机理上具有本真的意义。达尔文发现了自然现象的规律，马克思发现了人类社会的规律。在治国方略上的创举就是认可了政府也会违法的事实，因为这一发现，仅仅针对个别官吏违法的防范措施就显得捉襟见肘，必也使人类开动脑筋制约政府的行为。对此，尚没有更好的名称，姑且称为政府违法定律。

政府违法定律是一个假设性的定义命题，它包括四个相互关联的子命题。

假设1：所有的政府（无论是立法的、行政的还是司法的）都有可能违法。

设立政府的必要性以及正当性不必导出政府无错论。政府或许在道德方面犯错，可能在法律方面犯错，或者在法律和道德两个方面同时犯错。假设1建立在政府作为拟制的人格理论基础上，在此政府不必是所有其他人行为的合法性来源，它只是众多的法人体的一个方面。政府作为拟制的人，如同所有的人一样在其行为时可能犯错。仅在传说当中，圣人不会犯错，但政府不是圣人，圣人也不在天子位。政府是一个特殊的社团。

假设2：政府的违法行为将导致比其他法人格更大的危害。

以政府名义产生的行为针对的是潜在的不特定对象，即使政府想要对个别人采取行动也要假装超越了个别的人。因此，在假设1成立的前提下，政府的违法行为将给不特定的多数造成损害。政府的违法行为就是柳宗元所讲的苛政，也是西方自然法学者讲的暴政。无论苛政还是暴政在性质上都是一样的，它们都损害了人的基本权利。它们在伤人吃人，但都以"合法的"形式进行。

假设3：政府应当对其违法行为所导致的损害承担责任。

根据政府违法行为的程度以及损害的大小，政府应当承担相应的法律责任，它包括但不限于停止违法行为、赔礼道歉、赔偿损害、恢复原状等。倘若这些责任中的一个或所有方面都不能消除民众对政府的信任，政府还要承担被解雇或下台的责任。在现代社会，所有的政府都是有限政府，它特指政府在法律许可的范围内并且在特定的时期内履行法定职责。民众不会因为政府承担了法律责任而必然消除对政府的信任。政府的违法行为本身就会造成民众对政府的不信任，如同婚姻危机的根源是感情破裂一样。

　　假设 4：政府应当对其组成人员的行为负道德和法律上的连带责任。

　　政府是抽象的法人格，它的行为通过组成它的成员代为行使。除非盗用了政府的名义，政府组成人员从事的行为都是或可以推定为政府行为。政府工作人员的行为或者因有权代理或者因无权代理都会造成事实上的政府行为，其后果都应当由政府承担。根据政府工作人员过错的大小，政府或承担道德责任，或承担法律责任，无论什么样的责任，如果使民众彻底丧失了信任，就会承担下台的结果。下台的方式有两种：主动下台和被迫下台。被迫下台的最新（2011 年初）实例就是埃及的穆巴拉克。他老人家当总统如同做皇帝，早已失去埃及民众的信任却自我感觉良好。这一次他终于要下台了，不过是被迫的。

三、内在制约和外在制约

　　政府违法定律破除了政府永远正确的迷信和谎言，在某种程度上，这一定律也是一个经验性命题。政府违法的实例极多，无须一一列举。马克思主义的理论告诉我们，由资产阶级组成的政府不仅是一个法人体，也是一个自私的法人体，它打着为人民谋福利的口号行小团体之私。马克思主义同时告诉我们，改变政府的组成人员，即从少数人当政换成多数人当政就可以有效解决这一难题。从资本主义社会过渡到社会主义社会就是让大多数人当家做主，这在历史方向上是没有错的，理论上也有较强的指导性。不过，在没有充分实现社会主义的时候，由少数人掌权的局面总是存在的，政府违法定律依然有效。但是，重要的不仅是追究政府的责任，而且要防止政府及其工作人员犯错。在这个问题上，任何体制的政府虽有共识，但所采取的措施截然不同，大体可分为"内在制约型"和"外在制约型"两种防止政府犯错的方法。

　　内在制约型也称为道德自纠法，其基础是好人理论。它假定占据政府职位的都是好人，好人只为他人谋福利，随时会反省自己的行为，因而不会犯错。好人治国的典范就是中国的尧舜，尧舜几乎是高、大、全的最完美的政府道德形象。儒家号召统治者要以尧舜为楷模，并通过礼的规范作用实现尧舜之治。齐家、治国、平天下是对统治者治理的最高境界的描述，但要做到这一点，就要"皆以修身为本"。修身是齐治平的根本和基础。没有修身，一切治理都是假的，也不可能获得有效的、良好的治理。那么，如何做到修身呢？"欲修其身者，先正其心；欲正其心者，先诚其意；欲诚其意者；先致其知；致知在格物。物格而后知至，知至而后意诚，意诚而后心正，心正而后身修，身修而后家齐，家齐而后国治，国治而后天下平"。修身方法的逻辑顺序是心正、意诚、知至和格物。修身是一种自我控制法，它借助于人的自觉、自愿和自省而达到富勒所称的"愿望的道德"。能做到心正、意诚、知至和格物的修身者可以被称为圣人，圣人应在天子位。

外在制约型则是一种外部控制，它假定人在无法控制自己的情况下如何让人不能为恶。外在制约理论认为，人的内心的情感、良心、宗教、传统习惯等固然重要，但当它们分别或集体失灵的情况下如何制约人的行为，从而不给他人和社会造成伤害。如果内在制约理论是扬善的理论，外在制约理论则是治恶的理论。极端的外在制约理论也是一种坏人理论，它假定占据政府位置的人都是坏人。制度设计者应当考虑在坏人占据了政府位置的情况下，怎样防止他们不能干坏事。麦迪逊理论就是这样认为的。麦迪逊不认为良心不好，但像良心这样的自我约束往往靠不住，尤其在治国理政方面靠不住。麦迪逊说过这样的话："良心——唯一遗留的关节——在个人那里是不充分的；人数一多，从良心那里人们便得不到什么。"由此，在设计美国的政治制度的时候，他相信这样一条规则并隐含地认为是一个公理："如果不受外部制约的限制，任何既定的个人或个人群体都将对他人施加暴政。"他心目中的外部制约就是通过宪法的安排实施的政治权力的分权和制衡原理，分权的意义是用野心制约野心，用一种激情抵消另外一种激情。

四、党员的守法义务

内在制约型应当是最好的统治方式，因为它确立了统治者毫不利己、专门为人的准则。毛泽东提倡的张思德精神以及为人民服务的思想都是对内在制约型理论的极好概括。刘少奇在《论共产党员的修养》中专门论述了共产党员的道德自律和修养问题。在文中，他提到了"人皆可以为尧舜"、"先天下之忧而忧，后天下之乐而乐"、"吾日三省吾身"等修身的古典名句，又引用了天降大任的苦行方法，这一切都要求共产党员在抱有共产主义理想的同时要以尧舜为榜样修身养性。今天，我们重温这些话语并希望有更多的张思德、雷锋式的人物出现，这样的人物越多，人类社会的善的成分就越多，治理所花费的成本就越少。

不过，中国共产党从革命党转变为执政党后，具体参与国家管理的共产党员就具有了双重身份：一方面他仍然是共产党员，另一方面他是政府的组成人员。党与国的关系就提上了议事日程。作为共产党员，一个人应当根据党纪修身养性、自我升华，而作为政府工作人员，他就应当依法办事。前者要求吃苦在前，享有在后；后者要求依法作为或不作为。这是两种标准，期间的差距显而易见。此外，我们还要注意，我们所说的这个既是共产党员也是政府工作人员的人也还有一个公民的身份，这使得他与所有其他公民都享有了法律规定的权利和义务。当共产党员、政府官员和公民的三重身份发生冲突的时候，究竟以什么标准衡量这个人的行为呢？

这里就涉及角色理论，它包括角色期待、角色规则和角色本位等方面。并非所有的角色规则都是显而易见的，除了角色的内在规则不断发生内涵上的变动外，不能有效识别角色规则起了重要作用。换句话说，重叠的角色不是强化了人的责任，而恰恰是为人逃避角色义务提供了理由，这就为角色从相对客观主义走向绝对的主观主义开启了方便之门。这样做的后果则是相当严重的：在人人声称都赋有责任的时候却无人负责，留下的是混乱不堪的无序场面。角色规则只有在特定的场域中才能发挥作用，角色和场域的非对称关系才是使角色失效的背后因素，这种原初意义上的错位现象可以让人们摧毁了人们对角色期待的信心。

显而易见，一个人违反了党章并不意味着违反了法律和宪法。例如，党员有保守党的秘密的义务，如果这个义务不同时也成为国家的秘密，泄露党的秘密的人只会受到党内的制裁，但不会因此受到法律的制裁。然而，人们对党员的角色期待还在于他克己奉公的牺牲精神，成就这一目标的是强大的内驱力和道德自觉，即一种内在制约型的行为动力，它只可以提倡而不能强制。在遵循党章的基本义务的前提下，一个党员应当做到克己奉公、吃苦在前享受在后、为共产主义事业牺牲自己。相比而言，法律对政府官员的要求和设定的标准就低得多，而且这样的标准是强制性的，绝不是提倡性的，倘若政府官员没有做到这一点将会受到法律的制裁。这就是说，对政府官员的管理并没有倚重道德提倡或内在制约力，而是来自外部的制度性压力。由此可见，对党员的要求是一种"愿望的道德"要求，对官员的要求则是一种"义务的道德"要求。对富勒来说，愿望的道德是为善的行为规范，义务的道德则是防恶治恶的行为规范。

人类社会从提倡为善到以各种方法防恶证明了总体性德性的衰落，也很难说明人的文明程度在增加。政府违法定律乃是一种不得不为的权宜制度。政府为善固然重要，应当不断鼓励和提倡，但倘若政府做不到这一点，就要防止它为恶。防止政府为恶，正如防止人撒谎、偷窃或杀人一样，在方法论上已经不能只依靠内在制约力，还要靠外部的制度性压力。

五、顶层设计与法律

防止政府为恶的标准就是法律。但是，我们怎样知道政府违反了法律呢？政府往往通过制定法律的方式违反最高规范，在现代社会，这个最高规范就是宪法。宪法是基础规范，是最高的规范，也是所有"顶层设计和总体规划"的基础。凯尔森当年为了证明法律体系的合法性，曾精心罗列了法律有效性的等级秩序，但同时他呼吁再也不要追问基础规范的依据了。一个稳定的秩序需要刚性的原则，后者需要用一个点凝固（哪怕是暂时的），一个最高的权威，否则，社会也就不会成为社会了。宪法的存在不是一个假定，它确立政府之所以合法以及如何行动的原则。判断政府是否违法的最高标准就是宪法的规范。当政府违法行为产生时，人们通常所称的宪法危机也就开始了。宪法危机等同于战争状态。

对中国而言，八二年宪法是被法学家公认为是新中国成立以来最好的宪法，这部宪法就是政治制度的"顶层设计"。现在需要做的不是另起顶层设计的工程，而是要对已有的宪法做出解释和呵护。宪法设定了公权力的边界，确认了人权的基本内容和精神。它尤其对政府的行为做出了限制，体现在"四个一切"：中华人民共和国的一切权力属于人民，一切法律、行政法规和地方性法规都不得同宪法相抵触，一切国家机关和武装力量、各政党和各社会团体、各企业事业组织都必须遵守宪法和法律，一切违反宪法和法律的行为、必须予以追究。这"四个一切"是全面的、肯定的和明确的，它使得包括政府、政党在内的组织成为宪法制约和制裁的对象，同时也肯定了政府违法定律的存在。

在制裁政府违法行为中，世界各国的体制为我们提供了不少好的经验。违宪审查制度是纠正政府错误的不错的制度。违宪审查制度不必非要是司法式的，如美国，它也可以是议会式的，如北欧。当前中国虽然没有规范意义上的违宪审查制度，但不能说没有违宪审查的机理。由宪法规定的"四个一切"和由立法法规定的法律、法规审查制度就体现了违宪审查的原理。

在未来的制度设计中，把目前存在于全国人大常委会下的法规审查备案室升格为宪法审查委员会并非没有可能，倘若直接设立宪法法院也未尝不可，对此，可以对"四个一切"中的第四个一切做出宪法修正案的解释就可以完成。

不过，我所关心的仍然是老子所讲的对政府及其工作人员的"执而杀之"的原理，即当政府根据类似于违宪审查制度被证明违法时，政府及其负责人如何承担法律责任的问题。这不是顶层设计但胜于顶层设计。我相信，只有这样，才能从根本上解决官员不畏法的时代难题。

参 考 文 献

《史记·秦本纪》。

《史记·孔子》。

《史记会注考证》卷 130。

《检论·原法》。

《史记·荀卿》。

《战国策·燕策》。

《商君书·算地》。

《商君书·壹言》。

《战国策·秦策一》。

《管子·治国》。

《孟子·梁惠王上》。

《孟子·梁惠王下》。

《管子》卷六，《法法》。

康有为：《大同书》，华夏出版社 2002 年版。

梁启超：《先秦政治思想史》，浙江人民出版社 1998 年版。

梁启超：《梁启超法学文集》，范中信选编，中国政法大学出版社 2000
年版。

牟宗三：《中国哲学十九讲》，上海世纪出版集团 2005 年版。

余英时：《士与中国文化》，上海人民出版社 2003 年版。

郭沫若：《十批判书》，东方出版社 1996 年版。

唐德刚：《晚清七十年》，岳麓书社 2006 年版。

《马克思恩格斯选集》第 3、4 卷，人民出版社 1960、1958 年版。

《邓小平文选》第 2 卷，人民出版社 1994 年版。

何怀宏：《良心论》，上海三联书店 1994 年版。

苏力：《法治及其本土资源》（修订版），中国政法大学出版社 2004 年版。

赵汀阳：《天下体系——世界制度哲学导论》，江苏教育出版社 2005 年版。

费孝通：《乡土中国　生育制度》，北京大学出版社 1998 年版。

徐贲：《通往尊严的公共生活：全球正义和公民认同》，新星出版社 2009 年版。

江必新：《论公益诉讼的价值及其建构》，《人民法院报》2009 年 10 月 29 日。

许玉秀主编：《刑事法之基础与界限》，台北学林出版公司 2003 年版。

刘仁文：《刑法的结构与视野》，北京大学出版社 2010 年版。

游子安：《善与人同——明清以来的慈善与教化》，中华书局 2005 年版。

夏勇：《乡民公法权利的生成》，载夏勇主编《走向权利的时代——中国公民权利发展研究》，中国政法大学出版社 2000 年修订版。

夏勇主编：《走向权利的时代——中国公民权利发展研究》，中国政法大学出版社 2000 年版。

夏勇：《人权概念起源：权利的历史哲学》，中国政法大学出版社 2001 年版。

王绍光：《民主四讲》，生活·读书·新知三联书店 2008 年版。

应奇主编：《代表理论与代议民主》，林明义译，吉林出版集团有限责任公司 2008 年版。

梁慧星主编：《为权利而斗争》，中国法制出版社 2000 年版。

贺海仁：《无讼的世界——和解理性与新熟人社会》，北京大学出版社 2009 年版。

贺海仁：《谁是纠纷的最终裁决者：权利救济原理导论》，社会科学文献出版社 2007 年版。

［英］霍布斯：《论公民》，应星等译，贵州人民出版社 2003 年版。

［德］卡尔·雅斯贝尔斯：《大哲学家》，李雪涛等译，社会科学文献出版社 2010 年版。

［法］德里达等：《论好客》，贾江鸿译，广西师范大学出版社 2008 年版。

［美］本明杰·史华兹：《古代中国的思想世界》，程钢译，江苏人民出

版社 2004 年版。

　　[英] 约瑟夫·拉兹:《法律的权威:法律与道德论文集》,朱峰译,法律出版社 2005 年版。

　　[奥] 凯尔森:《法与国家的一般理论》,沈宗灵译,中国大百科全书出版社 1996 年版。

　　[英] 大卫·休谟:《休谟政治论文选》,张若衡译,商务印书馆 2010 年版。

　　[美] 马克·E. 沃伦编:《民主与信任》,吴辉译,华夏出版社 2004 年版。

　　[美] 郝大伟、安乐哲:《先贤的民主:杜威、孔子与中国民主之希望》,何刚强译,江苏人民出版社 2004 年版。

　　[美] 加里·斯坦利·贝克尔:《家庭论》,王献生、王宇译,商务印书馆 1998 年版。Michael Walzer, The Spheres of Justice, NewYork: Basic Books, 1993.

　　[英] 马丁·雅克:《当中国统治世界》,张莉等译,中信出版社 2010 年版。

　　[法] 托克维尔:《论美国的民主》,董果良译,商务印书馆 1996 年版。

　　[英] 波普尔:《开放社会及其敌人》,陆衡等译,中国社会科学出版社 1999 年版。

　　[美] 弗洛姆:《逃避自由》,陈学明译,工人出版社 1987 年版。

　　[古希腊] 柏拉图:《理想国》,郭斌和等译,商务印书馆 1986 年版。

　　[美] 亚历山大·温特:《国际政治的社会理论》,秦亚青译,上海世纪出版集团 2008 年版。

　　[德] 恩斯特·卡西尔:《国家的神话》,范进等译,华夏出版社 2003 年版。

　　[法] 菲利普·尼摩:《什么是西方:西方文明的五大来源》,阎雪梅译,广西师范大学出版社 2009 年版。

　　[美] 列奥·施特劳斯:《自然权利与历史》,彭刚译,生活·读书·新知三联书店 2003 年版。

　　[英] J. 斯威夫特:《格列佛游记》,沈明琦译,太白文艺出版社 2008 年版。

　　[德] 康德:《论永久和平》,何兆武译,上海人民出版社 2005 年版。

　　[德] 卡尔·施密特:《宪法学说》,刘锋译,上海人民出版社 2005

年版。

〔德〕卡尔·施密特：《政治的概念》，刘宗坤等译，上海人民出版社2003年版。

〔英〕鲍曼：《现代性与大屠杀》，杨渝东等译，译林出版社2002年版。

〔德〕哈贝马斯：《后民族结构》，曹卫东译，上海人民出版社2002年版。

〔德〕哈贝马斯：《包容他者》，曹卫东译，上海人民出版社2002年版。

〔美〕汉娜·阿伦特：《黑暗时代的人们》，王凌云译，江苏教育出版社2006年版。

〔美〕汉娜·阿伦特：《极权主义的起源》，林骧华译，生活·读书·新知三联书店2008年版。

〔美〕汉娜·阿伦特：《人的条件》，竺乾威译，上海人民出版社1999年版。

〔法〕卢梭：《论人类不平等的起源和基础》，李常山译，商务印书馆1997年版。

〔法〕卢梭：《爱弥儿》，李平沤译，商务印书馆1996年版。

〔美〕列奥·施特劳斯：《自然权利和历史》，彭刚译，生活·读书·新知三联书店2003年版。

〔法〕弗朗索瓦·于连：《道德奠基：孟子与启蒙哲人的对话》，宋刚译，北京大学出版社2002年版。

〔英〕亚当·斯密：《道德情操论》，蒋自强等译，商务印书馆1997年版。

〔美〕罗尔斯：《正义论》，何怀宏等译，中国社会科学出版社1988年版。

〔美〕富勒：《法律的道德性》，郑戈译，商务印书馆2005年版。

〔德〕马丁·布伯：《我与你》，陈维刚译，生活·读书·新知三联书店2002年版。

〔挪威〕格德门德尔·阿尔弗雷德松等主编：《世界人权宣言：努力实现的共同标准》，中国人权研究会组织翻译，四川人民出版社1999年版。

〔英〕米尔恩：《人的权利与人的多样性：人权哲学》，夏勇、张志铭译，中国大百科全书出版社1995年版。

〔英〕梅因：《古代法》，沈景一译，商务印书馆1959年版。

〔美〕罗伯特·达尔：《民主理论的前言》（扩充版），顾昕译，东方出版社 2009 年版。

　　［法］弗朗索瓦·傅勒：《思考法国大革命》，孟明译，生活·读书·新知三联书店 2005 年版。

　　［法］雷蒙·阿隆等：《托克维尔与民主精神》，陆象淦等译，社会科学文献出版社 2008 年版。

　　［美］米尔斯：《权力精英》，王崑等译，南京大学出版社 2004 年版。

　　［美］科恩：《论民主》，聂崇信等译，商务印书馆 2005 年版。

　　［古希腊］亚里士多德：《政治学》，吴寿彭译，商务印书馆 1997 年版。

　　［美］约瑟夫·熊彼特：《资本主义、社会主义与民主》，吴良建译，商务印书馆 2002 年版。

　　［美］理查德·A. 波斯纳：《法律、实用主义与民主》，凌斌等译，中国政法大学出版社 2005 年版。

　　［英］戴维·赫尔德：《民主与全球秩序：从现代国家到世界主义治理》，胡伟译，上海人民出版社 2003 年版。

　　［英］戴维·赫尔德：《民主的模式》，燕继荣等译，中央编译出版社 1998 年版。

　　［美］查尔斯·蒂利：《欧洲的抗争与民主：1650—2000》，陈周旺等译，格致出版社 2008 年版。

　　［法］贝尔纳—亨利—莱维：《美国的迷惘：重寻托克维尔的足迹》，赵梅译，广西师范大学出版社 2009 年版。

　　［印］阿马蒂亚·森：《以自由看待发展》，任赜等译，中国人民大学出版社 2002 年版。

跋

收录本书的文章大致是我从 2009 年初到 2012 年 12 月思考和学习的作品，大多文章在这里首次发表。各篇文章字数不等，但均在万字以上，可见不是小文章。我是按照时下通行的学术规范标准一一撰写，让各篇看上去像论文，重要的是在寻找我对事物的最佳表达方式。不过，"术"之规范不等于"学"之高深，"学"与"术"既有关联，也有区分，相互之间更不能相互替代。写作过程充满了痛苦，修改过程尤其令我难以忍受，在每一次的自我阅读中，都可以发现可以修改的地方，有时候修改频率之高，几乎让我怀疑此前的一切努力，我不希望因此染上修改癖。虽然深信文章是修改出来的说法，但频繁的修改的确让我自己一度灰心，怀疑自己是否真的适合搞研究这一行。对于一项职业，倘若你总是处在痛苦的自我质疑中，这恐怕就是危险的事情了。

这些文章就是在我的质疑、不安和痛苦中完成的，事实上，除了 2008 年在欧洲完成的《我们都是少数人：欧洲民主琐记》（山东人民出版社 2009 年版）一书，大多数的文章都是在这种情绪氛围中完成的。让我坚持写作的最大原因莫过于兴趣，这些文章中的内容都是我愿意探讨的主题，在痛苦的写作过程中没有失去写作兴趣。它们基本上不是"命题作文"，也不是为了完成某一个课题的需要。在主题上，它们从不同角度讨论了法治、人权和民主的命题，提出了我认为需要进一步阐释的概念，例如"法人民"、"新熟人社会"、"以国为国，依法治国"、"人民民主代表制"、"统权与治权"等。这些概念的产生让我意识到，对于事物的认识和判断不完全是方法论的改变，有时候视角发生转换，就有可能产生一种新的理论解释模型。视角比方法重要，这是近年来我越来越坚持的看法。维特根斯坦的"视角融合"应当首先建立在承认视角独立存在的基础上，而要产生一种新的视角，就必须从"根除观念"和"植入观念"两个方面同时着眼，前者体现了质疑精神，后者则体现了创新思维。

　　有了新视角，就会提出一些新的概念，从新概念入手，就可以对以往的理论注入新的解释，但这并不意味着就有新的理论产生。新的理论除了要与历史的现实相契合，也要赋予自身的逻辑合理性，后者不是推论的结果，而是需要一个争论和讨论的气氛。我希望，收录本书的文章可以在能读到它们的读者那里展开讨论，指出疑问，并提出可以改进的地方，帮助我进一步修改和完善。最后向所有志于道的同人致以谢意，以爱我的人我也爱的人这句话最能表达我的感激之情。

2011 年 1 月 29 日于北京东花市初稿

2012 年 9 月 24 日修改

2013 年 2 月 22 日定稿